Eine Arbeitsgemeinschaft der Verlage

Böhlau Verlag · Wien · Köln · Weimar
Verlag Barbara Budrich · Opladen · Toronto
facultas.wuv · Wien
Wilhelm Fink · Paderborn
A. Francke Verlag · Tübingen
Haupt Verlag · Bern
Verlag Julius Klinkhardt · Bad Heilbrunn
Mohr Siebeck · Tübingen
Nomos Verlagsgesellschaft · Baden-Baden
Ernst Reinhardt Verlag · München · Basel
Ferdinand Schöningh · Paderborn
Eugen Ulmer Verlag · Stuttgart
UVK Verlagsgesellschaft · Konstanz, mit UVK/Lucius · München
Vandenhoeck & Ruprecht · Göttingen · Bristol
vdf Hochschulverlag AG an der ETH Zürich

Colonna Traiana

GEORG A. KAISER

Romanische Sprachgeschichte

UTB basics

Wilhelm Fink

Der Autor:
Georg A. Kaiser ist Professor für Romanistische Sprachwissenschaft an der Universität Konstanz.

Umschlagabbildung:
M. Dubourg: Rome, Trajan's Column Etching, London 1820, lizensiert unter Wikimedia Commons

Online-Angebote oder elektronische Ausgaben sind erhältlich unter **www.utb-shop.de**

Bibliografische Information der Deutschen Nationalbibliothek

Die Deutsche Nationalbibliothek verzeichnet diese Publikation in der Deutschen Nationalbibliografie; detaillierte bibliografische Daten sind im Internet über http://dnb.d-nb.de abrufbar.

(Wilhelm Fink GmbH & Co. Verlags-KG, Jühenplatz 1, D-33098 Paderborn)

Internet: www.fink.de

Printed in Germany.
Herstellung: Ferdinand Schöningh, Paderborn
Einbandgestaltung: Atelier Reichert, Stuttgart

UTB-Band-Nr: 3717
ISBN 978-3-8252-3717-2

Inhalt

Vorbemerkung

Idee und Konzeption dieses Buches basieren auf einer Einführungsveranstaltung in die romanischen Sprachen, die vom Verfasser seit vielen Jahren zunächst an der Universität Hamburg und später an der Universität Konstanz durchgeführt wurde. Ziel ist es, das Grundwissen über die Geschichte der romanischen Sprachen kompakt und anschaulich zu vermitteln. Dabei soll deutlich werden, dass die Beschäftigung mit Sprachgeschichte im Allgemeinen zu einem besseren Verständnis sprachwissenschaftlicher Zusammenhänge führen und dass die Kenntnis der Geschichte der romanischen Sprachen im Besonderen wichtige Einsichten für das Verständnis (und Studium) einer romanischen Einzelsprache liefern kann. Gleichzeitig geht es auch darum, das Interesse für sprachgeschichtliche Fragestellungen und für die Geschichte der romanischen Sprachen zu wecken.

Das vorgelegte Lehrbuch knüpft an die Einführung *Romanische Sprachwissenschaft* von Christoph Gabriel und Trudel Meisenburg an, die ebenfalls beim Wilhelm Fink Verlag in der Reihe „utb basics" erschienen ist. Ein enger Anknüpfungspunkt besteht vor allem zum 3. Kapitel und dort insbesondere zum Abschnitt 3.4, der der Herausbildung der romanischen Sprachen gewidmet ist und einen ersten Einblick in den Gegenstand des hier vorliegenden Buches liefert. Die Lektüre dieser Einführung ist sehr zu empfehlen, allerdings ist sie keine Voraussetzung für das Verständnis des hier vermittelten Wissens.

Ebenso wie die Einführung von C. Gabriel und T. Meisenburg richtet sich das hier vorliegende Lehrbuch vor allem an Studierende, die eine oder mehrere romanische Sprachen im Rahmen einer Bachelor- oder Lehramtsausbildung studieren. Im Mittelpunkt stehen die Schulsprachen Französisch, Italienisch und Spanisch. Ergänzend werden auch andere romanische Sprachen, insbesondere Portugiesisch und Rumänisch, berücksichtigt. Auch das Lateinische nimmt – *nolens volens* – einen wichtigen Platz ein. Allerdings sind für das Verständnis dieses Buches weder Lateinkenntnisse noch die Kenntnis einer oder gar mehrerer romanischer Sprachen notwendig. Alle Beispiele sind glossiert und ins Deutsche übersetzt. Im Unterschied zu den Einführungen in die Geschichte romanischer Einzelsprachen steht hier der sprachvergleichende Aspekt im Mittelpunkt. Dabei liegt der Schwerpunkt auf der Entstehung der romanischen Sprachen und ihrer Ausgliederung aus dem Latein.

Entsprechend der Konzeption der UTB-Reihe „basics" enthält jedes Kapitel einleitend eine knappe Inhaltsübersicht und schließt mit einer Zusammenfassung. Die Marginalien sollen der Erleichterung der Lektüre und dem punktuellen Zugriff auf einzelne Abschnitte dienen. Gelegentlich eingefügte Hinweise und Definitionen sind dazu gedacht, die Vertiefung des Stoffes zu erleichtern. Mit Hilfe von Testfragen am Ende eines jeden Kapitels kann der gelesene Stoff kontrolliert werden. Die jeweiligen Lösungsvorschläge sind im Internet unter folgender Adresse verfügbar: www.utb-shop.de/9783825237172. Außerdem enthält das Buch zahlreiche Exkurse, die ergänzende Informationen zum Haupttext und insbesondere Angaben zu den hier nicht im Mittelpunkt stehenden romanischen Sprachen enthalten. Den Kern des Buches bilden die Kapitel 5 und 6, in denen die Besonderheiten des so genannten ‚Vulgärlateins' und der daraus entstandenen romanischen Sprachen beschrieben werden. Bedingt durch die Fülle des Stoffes sind beide Kapitel sehr umfangreich. Sie sind parallel aufgebaut, sodass zum Vergleich auf die entsprechenden Abschnitte in dem jeweils anderen Kapitel zurückgegriffen werden kann. Zur besseren Veranschaulichung des Stoffes enthält das Buch zahlreiche Karten und Tabellen sowie Beispiele, die das Dargestellte illustrieren sollen. Dabei wird für die vulgärlateinischen und frühromanischen Beispiele in der Regel die Originalquelle angegeben. Zusätzlich wird auch auf sprachwissenschaftliche Literatur hingewiesen, in der diese Beispiele erwähnt und diskutiert werden. Diese Angaben erlauben es, sich in den jeweiligen Stoff vertiefend einzuarbeiten. Als erster Einstieg hierfür hilft außerdem die am Schluss eines jeden Kapitels angegebene Literatur. Bei der Verwendung von Beispielen aus kleineren, nicht-standardisierten Sprachen werden in der Regel die Daten einer Varietät verwendet. Im Falle des Okzitanischen ist es das Languedokische, beim Rätoromanischen das Engadinische und beim Sardischen das Nuoresische.

Bei der Entstehung dieses Buches haben viele Personen mitgewirkt, denen ich herzlich danken möchte. Mein ganz besonderer Dank geht an Nikolaus Schpak-Dolt, der diese Arbeit von Beginn an über mehrere Jahre kritisch begleitet und viele Aspekte und Detailfragen mit mir diskutiert hat. Dank seiner umfangreichen Anregungen und Kritik konnten viele Schwachstellen beseitigt werden. Herzlich bedanken möchte ich mich auch bei Marc-Olivier Hinzelin, Trudel Meisenburg und Christoph Schwarze sowie bei Franziska Maria Hack, Stefano Quaglia, Christine Rahn und Michael Zimmermann. Ihre gründliche Durchsicht früherer Fassungen dieses Buches hat sehr viel dazu beigetragen, es zu verbessern und Fehler zu vermeiden. Besonders erwähnen möchte ich außerdem Joachim Fugmann und Johannes Müller-Lancé, die mir mit ihren ausführlichen Kommentaren zu den beiden Lateinkapiteln sehr geholfen haben. Für weitere Kommentare und Hilfestellungen danke ich Leonel Figueiredo de Alencar, Georg Bossong, Ellen Brandner, Guylaine Brun-Trigaud, Sofiana Chiriacescu, Richard Faure, Martin Haspelmath, Bart Jacobs, Carmen Kelling, Aurelia Merlan, Michèle Oliviéri, Edgar Onea, Tania Paciaroni und Clau Solèr. Mein Dank geht auch an meine studentischen Hilfskräfte Katharina Kaiser, Samuel Klassen, Maria Steinle und Carmen Widera sowie nicht zuletzt an die Studierenden und Tutoren, die eine der Einführungsveranstaltungen, auf denen dieses Buch basiert, besucht und durch Rückfragen kontinuierlich verbessert haben. Bedanken möchte ich mich auch bei Nadine Albert vom Wilhelm Fink Verlag für die gute Betreuung des Manuskripts und die stets angenehme Zusammenarbeit.

Mein ganz herzlicher Dank gilt schließlich meiner Frau für ihre ausdauernde Unterstützung insbesondere bei der Korrektur und der Endredaktion dieses Buches.

Konstanz, im Dezember 2013
Georg A. Kaiser

Abkürzungen

KAPITÄLCHEN	Schreibweise für 1. lateinische Beispielwörter, 2. grammatische Glossierung
kursiv	Schreibweise für sonstige fremdsprachliche Beispielwörter
˘	Notation für kurzen Vokal in lateinischen Beispielwörtern
¯	Notation für langen Vokal in lateinischen Beispielwörtern
ˈ	Notation für betonte Silbe
.	Notation für Silbengrenze
*	Notation für 1. nicht belegte, rekonstruierte Wortform, 2. ungrammatische Form
/.../	phonologische Umschrift
[...]	phonetische Umschrift
<...>	graphische Notation
[ ]	Kennzeichnung für Satz- oder Konstituentengrenze
<	„ist entstanden aus“
>	„wurde zu“
†	ausgestorbene Sprache
Abl./ABL	Ablativ (Kasus)
AcI	*Accusativus cum Infinitivo* (Akkusativ mit Infinitiv)
afrz.	Altfranzösisch (842- ca. 1300)
ahdt.	Althochdeutsch
air.	Altirisch
ait.	Altitalienisch (ca. 800-1500)
Akk./AKK	Akkusativ (Kasus)
alat.	Altlatein
aport.	Altportugiesisch
arab.	Arabisch
arag.	Aragonesisch (in Nordspanien gesprochene spanische bzw. romanische Varietät)
asp.	Altspanisch (ca. 1000-1500)
astur.	Asturianisch (in Nordspanien gesprochene spanische bzw. romanische Varietät)
AUX	Auxiliar

bair.	Bairisch
bask.	Baskisch
bport.	Brasilianisches Portugiesisch
bret.	Bretonisch
dalm.	Dalmatisch
Dat./DAT	Dativ (Kasus)
Dekl.	Deklination
DET	Determinierer (Artikel)
dlad.	Dolomitenladinisch
DOM	Differenzielle Objektmarkierung (‚präpositionaler Akkusativ')
dt.	Deutsch
engad.	Engadinisch (Varietät des Bündnerromanischen)
engl.	Englisch
f./fem.	Femininum (Genus)
frk.	Fränkisch
frz.	Französisch
FUT	Futur (Tempus)
gad.	Gadertalerisch (Varietät des Dolomitenladinischen)
gal.	Galicisch
gask.	Gaskognisch
Gen./GEN	Genitiv (Kasus)
germ.	Germanisch
got.	Gotisch
griech.	Griechisch
hebr.	Hebräisch
ide.	Indoeuropäisch/Indogermanisch
IMPFKT	Imperfekt (Tempus)
IPA	*International Phonetic Association*
ir.	Irisch
it.	Italienisch
kal.	Kalabresisch (süditalienischer Dialekt)
kat.	Katalanisch
kelt.	Keltisch
klat.	Klassisches Latein
klit.	klitisch (gebunden)
KOND	Konditional (Modus)
Konj./KONJ	Konjunktiv (Modus)
korn.	Kornisch
lat.	Lateinisch

logud.	Logudoresisch (Varietät des Sardischen)
lombard.	Lombardisch (norditalienischer Dialekt)
m./mask.	Maskulinum (Genus)
mfrz.	Mittelfranzösisch (ca. 1300-1500)
mold.	Moldavisch (Varietät des Rumänischen)
n./neutr.	Neutrum (Genus)
ndl.	Niederländisch
NEG	Negationselement
nfrz.	Neufranzösisch (ab ca. 1500)
nit.	Neuitalienisch (ab ca. 1500)
Nom./NOM	Nominativ (Kasus)
nordit.	Norditalienisch
nsp.	Neuspanisch (ab ca. 1500)
O	Objekt
Obl.	Obliquus (Kasus)
Okl/OKL	klitisches Objektpronomen (gebundenes, schwachtoniges Objektpronomen)
okz.	Okzitanisch (falls nicht anders angegeben, wird zur Illustration das Languedokische verwendet)
Pass.	Passiv
PFKT	Perfekt (Tempus)
Pl./PL	Plural
port.	Portugiesisch
PRÄP	Präposition
PRÄS	Präsens (Tempus)
PTKL	Partikel
Rekt.	Rektus (Kasus)
rum.	Rumänisch
S	1. Subjekt, 2. Satz
sard.	Sardisch (falls nicht anders angegeben, wird zur Illustration das Nuoresische verwendet)
Sg./SG	Singular
siz.	Sizilianisch
sp.	Spanisch
surm.	Surmeirisch (Varietät des Bündnerromanischen)
surs.	Surselvisch (Varietät des Bündnerromanischen)
Top	Topikalisierung
V	Verb
vlat.	Vulgärlateinisch
Vok.	Vokativ (Kasus)

vorrom.	Vorromanisch
walis.	Walisisch (Kymrisch)

1 | Was ist (romanische) Sprachgeschichte?

Mit ‚Sprachgeschichte' wird auf ein Teilgebiet der Sprachwissenschaft Bezug genommen, in dem mit Hilfe wissenschaftlicher Methoden versucht wird, zum einen Fragen nach dem Ursprung der untersuchten Sprache(n) zu beantworten und zum anderen Prozesse des Wandels dieser Sprache(n) zu beschreiben und zu erklären. Die diesbezüglichen Erklärungsansätze berücksichtigen dabei sowohl sprachexterne Faktoren, insbesondere geschichtliche Ereignisse, als auch sprachinterne Faktoren. Die Disziplin, die sich mit diesen Fragen beschäftigt, wird als **historische Sprachwissenschaft** oder **diachron(isch)e Sprachwissenschaft** bezeichnet. Häufig wird auch – wie in diesem Buch – der Begriff ‚Sprachgeschichte' verwendet. Durch die Hinzufügung des Adjektivs ‚romanisch' wird der Bezug zur Familie der **romanischen Sprachen** hergestellt, deren Geschichte hier behandelt wird.

Die Frage, was unter romanischer Sprachgeschichte zu verstehen ist, lässt sich somit in zwei Fragestellungen unterteilen, die in diesem Kapitel kurz erörtert werden sollen:

1. Was versteht man unter ‚romanischen Sprachen'?
2. Wodurch zeichnet sich die wissenschaftliche Beschäftigung mit der Geschichte dieser Sprachen aus?

Die romanischen Sprachen

Als Einstieg in die Diskussion der ersten Frage soll hier exemplarisch auf die Definition zurückgegriffen werden, die in der Brockhaus-Enzyklopädie unter dem Stichwort ‚romanische Sprachen' zu finden ist:

Zitat

romanische Sprachen

Gruppe von Sprachen, die auf dem Boden des Römischen Reiches aus dem zur italischen Gruppe der indogermanischen Sprachen gehörenden Lateinischen (Vulgärlatein) hervorgegangen sind. (Romania)(Brockhaus Enzyklopädie online 2005-2011)

Romanisch-lateinischer Wörtervergleich

Die Tatsache, dass die romanischen Sprachen aus dem Lateinischen entstanden sind, dürfte weithin bekannt sein. In einigen romanischen Sprachen kommt dies bereits durch ihre Bezeichnung als ‚neulateinische Sprachen' (z. B. it. *lingue neolatine*) zum Ausdruck. Die enge Beziehung der romanischen Sprachen untereinander wird durch einen Blick auf den Wortschatz schnell erkennbar. So lauten im Französischen, Italienischen und Spanischen beispielsweise die Wörter für ‚Buch' sehr ähnlich: frz. *livre*, it. *libro*, sp. *libro*. Und der Vergleich mit dem Lateinischen, in dem ‚Buch' als LIBER bezeichnet wird, deutet auf den engen Bezug zu dieser Sprache hin. Solche und ähnliche Beobachtungen werfen allerdings die Frage auf, wie es dazu gekommen ist, dass sich die Wörter in den drei romanischen Sprachen vom lateinischen Wort und auch untereinander unterscheiden. Im Italienischen und Spanischen sind die Wörter im Singular identisch, jedoch nicht im Plural: it. *libr**i*** versus sp. *libro**s***. Und beim Vergleich zwischen dem Spanischen und dem Französischen zeigt sich, dass der Plural im Französischen ebenso wie im Spanischen zwar durch die Anfügung von *-s* gebildet wird (*livre**s***), dass aber dieses *-s* im Französischen normalerweise nicht ausgesprochen wird, sodass *livre* und *livres* gleich lauten, nämlich: [livʁ(ə)]. Bei einer genaueren Betrachtung des Spanischen stellt sich jedoch heraus, dass in vielen Dialekten, vor allem in Andalusien und Südamerika, das *-s* ebenfalls nicht oder nur behaucht ausgesprochen wird.

Wissenschaftliches Arbeiten

Im Mittelpunkt dieses Buches steht allerdings nicht die vergleichende Betrachtung dieser Sprachen aus der heutigen Perspektive. Vielmehr geht es um Fragen, die den Ursprung und die Entwicklung der romanischen Sprachen betreffen. Dies führt zu der Frage, wodurch die diesbezügliche wissenschaftliche Beschäftigung gekennzeichnet ist. Auch hier soll ein Blick in die Brockhaus-Enzyklopädie als Einstieg dienen.

Zitat

> **Wissenschaft**
> [zu Wissen], das jeweils historisch, sozial oder sonst wie kollektiv bezogene System menschlichen Wissens, das nach je spezifischen Kriterien erhoben, gesammelt, aufbewahrt, gelehrt und tradiert wird; eine Gesamtheit von Erkenntnissen, die sich auf einen Gegenstandsbereich beziehen, nach bestimmten Regeln erworben und nach bestimmten Mustern, gegebenenfalls institutionell organisiert beziehungsweise geordnet werden und in einem intersubjektiv nachvollziehbaren Begründungszusammenhang stehen. (Brockhaus Enzyklopädie online 2005-2011)

Systematisches Sammeln von Daten

Wissenschaftliches Arbeiten zeichnet sich zunächst vor allem durch die Herangehensweise an den Untersuchungsgegenstand aus. Im Mittelpunkt steht das systematische Sammeln, Bewahren und Tradieren von Wissen. Wissenschaft befasst sich mit Daten, die unter

Abb. 1.1 Karl Popper (1902-1994)

anderem durch Beobachtung gewonnen werden und die nachprüfbar sind. Hierzu werden je nach Gegenstandsbereich eigene Methoden entwickelt. Wichtig dabei ist, dass diese Vorgehensweise **objektiv** sein muss, das heißt, dass dieses Wissen auf eine Weise erworben wird, die für alle, die sich damit beschäftigen, nachvollziehbar ist.

Hypothesenbildung

Diese Objektivität bedeutet aber nicht, dass sich wissenschaftliches Arbeiten ausschließlich auf das Sammeln und Beobachten von Daten beschränkt. Vielmehr impliziert Wissenschaft auch das Erklären der beobachteten Daten und damit verbunden die Formulierung von Hypothesen über den Untersuchungsgegenstand. Grundsätzlich gilt dabei, dass die Ebene der Beobachtung und die theoretische Ebene der Erklärung möglichst voneinander getrennt zu halten sind. In der Praxis stellt sich allerdings heraus, dass dies nicht möglich ist. Dies hängt damit zusammen, dass bereits für das Sammeln und Beobachten von Daten theoretische Vorüberlegungen unerlässlich sind. Denn hierfür muss eine Auswahl getroffen werden, die von zuvor gemachten theoretischen Annahmen über den Untersuchungsgegenstand abhängig ist. In Anlehnung an den österreichisch-britischen Wissenschaftstheoretiker **Karl Popper** lässt sich dieser Tatbestand folgendermaßen beschreiben: „Beobachtung ist notwendigerweise und von Anfang an theoriegeladen" (Lyons 1983: 44). Wenngleich nicht unumstritten ist, was unter ‚theoriegeladen' genau zu verstehen ist, so ist Poppers Kernaussage zweifellos richtig: Beobachtung und Datensammlung sind erst auf der Grundlage einer vorausgegangenen Hypothesenbildung über den Untersuchungsgegenstand möglich. Aufgrund der gemachten Beobachtungen lassen sich diese Hypothesen überprüfen. Entscheidend ist hierbei ein weiterer Aspekt: Diese Hypothesen müssen so formuliert sein, dass sie prinzipiell widerlegbar sind. Wissenschaftliche Erkenntnis wird letztendlich nur dadurch erreicht, dass eine ursprünglich erstellte Hypothese aufgrund von Beobachtungen oder neuen Erkenntnissen widerlegt, d. h. **falsifiziert** wird. Sie muss dann revidiert oder verworfen werden. Anschließend werden neue – adäquatere – Hypothesen aufgestellt, die wiederum überprüft und gegebenenfalls zugunsten neuer – adäquaterer – Hypothesen aufgegeben werden.

Romanisch-lateinischer Wörtervergleich (‚Akkusativhypothese')

Zur Illustration dieser Vorgehensweise im Bereich der romanischen Sprachgeschichte soll noch einmal auf die Beobachtungen beim Vergleich der romanischen Wörter für ‚Buch' eingegangen werden. Eine Hypothese zur Erklärung der Herkunft dieser Wörter aus dem Lateinischen lautet, dass sie nicht auf die nominativische Wortform LIBER, sondern auf die ihnen ähnlichere Akkusativform LIBRUM zurückzuführen sind. Gestützt wird diese **Akkusativhypothese** durch die aufgrund zahlreicher Quellen belegte Beobachtung, dass im umgangssprachlichen Latein, d. h. in dem in der Brockhaus-Definition erwähnten ‚Vulgärlatein', der Laut [m] am Ende eines Wortes meist nicht gesprochen wurde. Demzufolge erklären sich die Wortformen *livre* bzw. *libro* dadurch, dass sie aus der umgangssprachlichen Akkusativform LIBRU abgeleitet sind. Gegen diese Erklärung, die noch durch weitere Beobachtungen gestützt werden kann, spricht allerdings die Pluralbildung in Sprachen wie dem Italienischen. Sie ist, wie die bereits erwähnte Form *libr**i*** zeigt, durch eine vokalische Endung gekennzeichnet. Dies deutet auf eine Ableitung aus der Form des lateinischen Nominativs, LIBRI, hin. Die intensiv diskutierte Frage ist nun, ob aufgrund dieser Beobachtung die Hypothese, wonach sich die Nomina *aller* romanischen Sprachen in der Regel aus den Akkusativformen der lateinischen Nomina ableiten, aufgegeben werden muss. Für die Akkusativhypothese spricht, dass sie eine plausible Erklärung für die Pluralbildung der meisten romanischen Sprachen liefert. Sie bilden den Plural in der Regel durch das Anfügen von *-s*. Wenngleich in einigen dieser Sprachen *-s* am Wortende nicht immer gesprochen wird, so lässt sich diese Pluralbildung zweifelsohne auf die Bildung des Akkusativs Plural im Lateinischen zurückführen, der bei den meisten Nomina durch -S gekennzeichnet wird. Dies ist auch bei LIBER der Fall, das im Akkusativ Plural LIBROS lautet. Die zentrale Frage lautet somit, ob für Sprachen wie das Italienische eine andere Entstehung der Substantive – zumindest im Plural – postuliert werden muss oder ob angenommen werden kann, dass die vokalische Pluralbildung in diesen Sprachen eine separate, möglicherweise erst später eingetretene Entwicklung darstellt und somit ursprünglich konsonantisch war, sodass die Akkusativhypothese für *alle* romanischen Sprachen aufrecht erhalten werden könnte.

Paradigmenwechsel innerhalb der Sprachwissenschaft

In Verbindung mit einem solchen stetigen Überprüfen und Abwägen von Hypothesen kann es darüber hinaus innerhalb einer wissenschaftlichen Disziplin immer wieder zu einer grundsätzlichen Neuausrichtung der Fragestellungen kommen. Dies gilt auch für die

Sprachwissenschaft, deren Geschichte bisweilen als eine abwechselnde Abfolge von neuen Grundrichtungen (Paradigmen) beschrieben worden ist, in deren Mittelpunkt entweder die Betrachtung (aktueller) Sprachzustände von Einzelsprachen oder eine sprachgeschichtlich und sprachvergleichend ausgerichtete Betrachtung von Sprachen stehen (Renzi 1980: 4f, Coseriu 1992: 14).

▶ Paradigmen der Sprachwissenschaft

Anfänge → → Renaissance	Renaissance → → 18. Jh.	18. Jh.	19. Jh.	20. Jh.
Theorie und Beschreibung (von Einzelsprachen)	Vergleich und Geschichte (verschiedener Sprachen)	Theorie und Beschreibung (von Einzelsprachen)	Vergleich und Geschichte (verschiedener Sprachen)	Theorie und Beschreibung (von Einzelsprachen)
	Klassisches Paradigma		Paradigma der historisch-vergleichenden Methode	Strukturalistisches Paradigma

‚Der Klassische Trugschluss'

Diese Übersicht macht deutlich, dass die geschichtliche Betrachtung von Sprache relativ jung ist. Abgesehen von einigen Ansätzen im Mittelalter und in der Renaissance war die Beschäftigung mit Sprache bis in das 19. Jahrhundert hinein vorwiegend von dem aus der Antike stammenden Gedanken des ‚**klassischen Paradigmas**' geprägt, wonach Sprachen weitgehend statisch und nicht veränderbar sind. Diese als ‚Klassischer Trugschluss' bezeichnete, vor allem am Griechischen und Lateinischen orientierte Auffassung bestand darin, dass der ‚Wert' einer Sprache daran zu messen ist, ob sie verschriftet und ‚literaturfähig' ist. Abweichungen von der Schrift und somit jede Form der Umgangssprache wurden ebenso als ‚verderbt' und ‚unrein' angesehen wie die (nicht verschrifteten) Sprachen der ‚Barbaren'. Erst mit dem Entstehen der **historisch-vergleichenden Methode** im 19. Jahrhundert ist in dieser Hinsicht eine radikale Wende eingetreten. Dennoch sind Auffassungen, wonach bestimmte Sprachen ‚reiner' als andere und bestimmte Sprachen oder Sprachvarietäten dementsprechend ‚primitiver' sind, heute immer noch weit verbreitet (vgl. Bauer & Tudgill (eds.) 1998). Solche Wertungen sind mit der eben geforderten wissenschaftlichen Objektivität nicht vereinbar. Es sei an dieser Stelle ausdrücklich betont, dass es keinen ‚reinen' Zustand einer Sprache gibt und dass Sprachwandel nicht bedeutet, dass sich eine Sprache von diesem Zustand entfernt oder diesem nähert. Mit Bezug auf den Gegenstand dieses Buchs ist daher festzuhalten, dass weder der Erfolg des Lateinischen in der Antike auf seine angeblich ‚reine(re)' und ‚ausgereifte(re)' Struktur noch die Entstehung der romanischen Sprachen auf eine angebliche ‚Vereinfachung' des Lateins zurückgeführt werden können.

Innerhalb des zu Beginn des 20. Jahrhunderts entstandenen **Strukturalismus**, zu dem auch die **generative Grammatiktheorie** gerechnet wird, ist es wieder zu einer Neuorientierung gekommen, bei der die Beschäftigung mit Sprachgeschichte zunächst nur eine untergeordnete Rolle gespielt hat. Allerdings ist im Laufe der Entwicklung des strukturalistischen Paradigmas wieder eine Hinwendung zu sprachgeschichtlichen Fragestellungen zu beobachten.

Gegenstand dieses Buches

Das vorliegende Buch führt in die Geschichte der romanischen Sprachen ein. Dabei stehen der Prozess der Entwicklung aus dem Lateinischen und die Ausgliederung in die romanischen Einzelsprachen im Mittelpunkt. Das folgende Kapitel befasst sich mit allgemeinen Fragestellungen der historischen Sprachwissenschaft und zeigt anhand ausgewählter theoretischer Ansätze, wie sprachgeschichtliche Prozesse beschrieben und erklärt werden können. Anschließend stehen im 3. Kapitel die Einordnung der romanischen Sprachen in die indoeuropäische Sprachfamilie und die Gliederung der romanischen Sprachen im Mittelpunkt. Das 4. Kapitel widmet sich dem Ursprung der romanischen Sprachen, dem Lateinischen. Hierbei wird vor allem das Vulgärlatein betrachtet, das die Grundlage für die romanischen Sprachen bildet und sich durch zahlreiche Besonderheiten vom klassischen Latein unterscheidet. Diese Besonderheiten sind der Gegenstand des 5. Kapitels. Im 6. Kapitel folgt eine ausführliche Betrachtung der wichtigsten Entwicklungen, die bei der Ausgliederung der romanischen Sprachen aus dem Lateinischen zu beobachten sind. Das 7. Kapitel schließlich beschäftigt sich mit den möglichen Gründen für diese Entwicklungen.

Literatur

Dieses Kapitel stützt sich bei der Darstellung des wissenschaftlichen Arbeitens insbesondere auf Lyons (1971). Für den Überblick über die Geschichte der (romanischen) Sprachwissenschaft orientiert es sich an den entsprechenden Kapiteln in Renzi (1980), Renzi & Andreose (2003) sowie Gauger, Oesterreicher & Windisch (1981) und Tagliavini (1998).

Sprachgeschichte als Gegenstand der wissenschaftlichen Untersuchung | 2

Inhalt

Dieses Kapitel erläutert zunächst die diachrone Betrachtung von Sprache im Unterschied zur synchronen Betrachtungsweise (2.1). Anschließend werden ausgewählte Theorien des Sprachwandels (2.2) dargestellt, wobei zwischen Theorien unterschieden wird, die vorwiegend sprachexterne Gründe für Sprachwandel anführen (2.2.1), und solchen, wonach Sprachwandel vor allem durch sprachinterne Faktoren ausgelöst wird (2.2.2). Abschließend geht Abschnitt 2.3 auf die Aufgaben und Methoden der historischen Sprachwissenschaft ein.

Die diachrone Dimension von Sprache | 2.1

Sprache als Varietätengefüge

Eine Sprache kann als ein komplexes Gebilde angesehen werden, das in vielen Bereichen Variation aufweist. Zur Erfassung dieser Variation wird häufig ein mehrdimensionales ‚Diasystem' angenommen und jede Einzelsprache als ein „**geordnet differenziertes Varietätengefüge**" (Gabriel & Meisenburg 2014: 65) aufgefasst. In einem solchen Modell der ‚Architektur der Sprache' werden primär die drei Dimensionen **Raum**, **Gesellschaft** und **Sprechsituation** unterschieden (Coseriu 1992: 294ff). Mit der räumlichen Dimension (**diatopisch**) wird auf regionale Unterschiede Bezug genommen, bei der Dimension ‚Gesellschaft' (**diastratisch**) werden Unterschiede berücksichtigt, die mit der Zugehörigkeit zu gesellschaftlichen Schichten oder Gruppen zusammenhängen, und bei der Dimension ‚Sprechsituation' (**diaphasisch**) werden Unterschiede einbezogen, die sich aus der jeweiligen Situation ergeben, in der eine Äußerung getätigt wird. Häufig wird noch eine **diamesische** Dimension postuliert, bei der eine Unterscheidung hinsichtlich der Wahl des Kommunikationsmediums (graphisches Medium versus nicht-graphisches Medium) und der damit meist korrelierenden **Konzeption** von Sprache innerhalb des Kontinuums zwischen ‚kommunikativer Nähe' und ‚kommunikativer Distanz' vorgenommen wird (Koch & Oesterreicher 2011).

Abgesehen von diesen vier eng miteinander verflochtenen Dimensionen lässt sich noch eine davon unabhängige Dimension von Sprache festmachen, nämlich die **diachron(isch)e** Dimension, bei der auf die **Zeit** Bezug genommen wird. Somit ergibt sich folgendes Schema der Variationsdimensionen (vgl. Berschin, Felixberger & Goebl 2008: 15, Gabriel & Meisenburg 2014: 67):

▶ Variationsdimensionen

	Bezeichnung der Variation	Varietät	Maßeinheit	Beispiel
Raum	diatopisch	Dialekt	Region	Paris, Südfrankreich, Nordfrankreich
Gesellschaft	diastratisch	Soziolekt	Schicht, Gruppe	Ober-, Unterschicht; Jugendsprache
Sprechsituation	diaphasisch	Register	Formalitätsgrad	formell, informell
Konzeption / Medium	diamesisch	Nähe-Distanz-Kontinuum	Grad der kommunikativen Nähe bzw. Distanz	Beitrag in einem Chat; Verwaltungsvorschrift
Zeit	diachronisch	Stadium	Epoche / Periode	Altfranzösisch, Mittelfranzösisch, Neufranzösisch

Diachrone versus synchrone Sprachbetrachtung

Die **diachrone Dimension** unterscheidet sich von den übrigen Dimensionen dadurch, dass sie sozusagen quer zu ihnen liegt, da jede Dimension auch unter dem zeitlichen Aspekt betrachtet werden kann. In vielen variationslinguistischen Untersuchungen spielt die diachrone Dimension allerdings nur eine geringe Rolle. Hier wird in der Regel **synchron(isch)** vorgegangen, indem die untersuchte Sprache zu einem bestimmten Zeitpunkt unter bestimmten Gesichtspunkten beschrieben und analysiert wird. Die synchrone Sprachbeschreibung beschränkt sich dabei meist auf die Betrachtung von aktuellen Sprachstufen, sie kann sich aber auch auf den Zustand einer Sprache zu einem früheren Zeitpunkt beziehen. Die Voraussetzung für die diachrone Betrachtung von Sprache ist eine synchrone Beschreibung einzelner Sprachzustände zu verschiedenen – mindestens zwei – Zeitpunkten. Sprachwandel wird somit dadurch erfasst, dass man für bestimmte Zeitpunkte synchrone Schnitte vornimmt und die dabei gemachten Beobachtungen miteinander im Hinblick auf mögliche Veränderungen vergleicht (Berschin, Felixberger & Goebl 2008: 13):

► **Beziehung zwischen synchron und diachron**

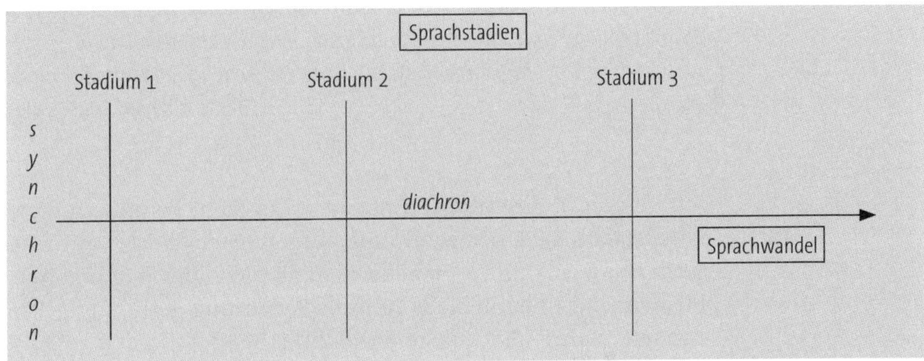

Exkurs

Die beiden Begriffe ‚synchron' und ‚diachron' sowie deren Unterscheidung gehen auf **Ferdinand de Saussure** (1857-1913), einen der wichtigsten Vertreter der **strukturalistischen Sprachwissenschaft**, zurück. Dabei räumt Saussure der synchronen Betrachtung von Sprache den Vorrang vor der diachronen ein (‚Primat der Synchronie vor der Diachronie'). Saussure begründet dies damit, dass im Bewusstsein des Sprechers einer Sprache diese nur synchron gegeben ist, da ihm normalerweise die diachrone Dimension seiner Sprache nicht bekannt ist (Wunderli 2013: 190-193).

Abb. 2.1: Ferdinand de Saussure (1857-1913)

Synchroner Vergleich der romanischen Sprachen

Für die romanischen Sprachen steht fest, dass sie in diachroner Hinsicht eng miteinander verbunden sind. Diese Beobachtung machte bereits im 14. Jahrhundert der italienische Dichter **Dante Alighieri** (1265-1321) in seiner Schrift *De vulgari eloquentia* (dt. ‚Über die Redegewandtheit in der Volkssprache'). Er vergleicht darin die Sprachen der drei von ihm als *Yspani*, *Franci* und *Latini* bezeichneten romanischen Völker und stellt zahlreiche Gemeinsamkeiten in deren Wortschatz fest, die er auf eine gemeinsame Ursprache zurückführt:

Zitat

Signum autem quod ab uno eodemque ydiomate *istarum* trium gentium progrediantur vulgaria, in promptu est, quia multa per eadem vocabula nominare videntur, ut Deum, celum, amorem, mare, terram, est, vivit, moritur, amat, alia fere omnia.

‚Aber der Beweis dafür, dass die Sprache dieser drei Völker einer und derselben Sprache entstammt, ist klar, weil sie vieles durch dasselbe Wort bezeichnen, wie *Deum* ‚Gott', *celum* ‚Himmel', *amorem* ‚Liebe', *mare* ‚Meer', *terram* ‚Erde', *est* ‚(er) ist', *vivit* ‚(er) lebt', *moritur* ‚(er) stirbt', *amat* ‚(er) liebt' und nahezu alles andere auch.'

(Dante Alighieri 1996: I, VIII, 8)

Ein Vergleich dieser Wörter aus heutiger Sicht kommt zu dem Ergebnis, dass viele der von Dante aufgeführten Wörter auch heute noch fast ausnahmslos in allen romanischen Sprachen erhalten geblieben sind und allenfalls in ihrer Bedeutung geringfügige Änderungen erfahren haben (Stefenelli 2011: 565f):

▶ Romanische Wortgleichungen

Portugiesisch	Spanisch	Katalanisch	Okzitanisch	Französisch	Rätoromanisch	Italienisch	Sardisch	Rumänisch	
céu	*cielo*	*cel*	*cèl*	*ciel*	*tschêl*	*cielo*	*chelu*	*cer*	‚Himmel'
amor	*amor*	*amor*	*amor*	*amour*	*amur*	*amore*	*amore*	*(iubire)*	‚Liebe'
mar	*mar*	*mar*	*mar*	*mer*	*mar*	*mare*	*mare*	*mare*	‚Meer'
terra	*tierra*	*terra*	*tèrra*	*terre*	*tera*	*terra*	*terra*	*ţară*	‚Erde; Land'
morrer	*morir*	*morir*	*morir*	*mourir*	*murir*	*morire*	*morrer*	*muri*	‚sterben'
amar	*amar*	*(estimar)*	*aimar*	*aimer*	*amar*	*amare*	*amare*	*(iubi)*	‚lieben'

Vergleich mit dem Englischen

Für die Klassifikation dieser Sprachen als gemeinsame Sprachgruppe sind derartige Wortgleichungen jedoch nur bedingt geeignet. So weisen Sprachen, die im langjährigen Kontakt mit einer oder mehreren romanischen Sprachen standen und stehen, aufgrund von Entlehnung viele lexikalische Gemeinsamkeiten mit diesen Sprachen auf. Dies trifft etwa für das Albanische, das Baskische, das Maltesische oder die in Nordafrika gesprochenen Berbersprachen zu

(Posner 1996: 35). Auch ein Vergleich mit dem **Englischen** lässt zahlreiche lexikalische Übereinstimmungen mit den romanischen Sprachen erkennen. Dies bestätigt beispielsweise eine von Walter (2001: 122-145) erstellte Liste „sehr guter englisch-französischer Freunde", die 3222 homographe und bedeutungsgleiche Wörter aus dem Englischen und Französischen enthält. Aufgrund solcher zahlreichen Gemeinsamkeiten im Wortschatz wird bisweilen vom Englischen als einer „halbromanischen Sprache" gesprochen (Stroh 2008: 11). Abgesehen von deutlichen Unterschieden in den Bereichen Phonologie und Morphosyntax widerspricht aber ein Blick in den **Kernwortschatz** deutlich einer Zuordnung des Englischen zur Gruppe der romanischen Sprachen. Dies veranschaulicht ein Vergleich anhand einer der so genannten ‚Swadesh-Listen', die die wichtigsten, in allen Sprachen vorkommenden Begriffe enthalten (vgl. Swadesh 1971). Laut einer Untersuchung von Posner (1996: 91) weisen von den ersten 100 Wörtern einer dieser Listen fast die Hälfte in allen romanischen Sprachen große Übereinstimmungen auf. Ein Vergleich der ersten zehn dieser von Posner als gemeinromanisch klassifizierten Wörter mit dem Englischen zeigt, dass das Englische nur im Fall des Wortes für ‚Tier', das aus dem Altfranzösischen oder Lateinischen entlehnt wurde, eine Übereinstimmung mit den romanischen Sprachen aufweist.

▶ Englisch-romanische Wortgleichungen

Englisch	Portugiesisch	Spanisch	Französisch	Italienisch	Rumänisch	
all	*tudo*	*todo*	*tout*	*tutto*	*tot*	‚alle'
and	*e*	*y*	*et*	*e*	*şi*	‚und'
animal	*animal*	*animal*	*animal*	*animale*	*animal*	‚Tier'
blood	*sangue*	*sangre*	*sang*	*sangue*	*sânge*	‚Blut'
bone	*osso*	*hueso*	*os*	*osso*	*os*	‚Knochen'
to come	*vir*	*venir*	*venir*	*venire*	*veni*	‚kommen'
to die	*morrer*	*morir*	*mourir*	*morire*	*muri*	‚sterben'
to drink	*beber*	*beber*	*boire*	*bere*	*bea*	‚trinken'
ear	*orelha*	*oreja*	*oreille*	*orecchio*	*ureche*	‚Ohr'
egg	*ovo*	*huevo*	*œuf*	*uovo*	*ou*	‚Ei'

Für die romanischen Sprachen würde der Anteil der Gemeinsamkeiten in dieser Grundwortschatzliste sogar auf über die Hälfte steigen, wenn man das Rumänische außer Betracht ließe. Denn häufig weicht lediglich der rumänische Wortschatz von dem der übrigen romanischen Sprachen ab (Posner 1996: 92, Stefenelli 2011: 576). Während das Rumänische diejenige Sprache innerhalb der romanischen Sprachen mit den größten Besonderheiten im Wortschatz ist, weist das Italienische demgegenüber die meisten Wörter auf, die mit anderen romanischen Sprachen (und dem Lateinischen) übereinstimmen. Aus diesem Grund werden das Italienische häufig als die „romanischste" und das Rumänische als die „am wenigsten romanische" aller romanischen Sprachen bezeichnet (Posner 1996: 94).

Exkurs

Auch ein Vergleich mit den **romanisch-basierten Kreolsprachen** zeigt viele lexikalische Gemeinsamkeiten mit den romanischen Sprachen. Kreolsprachen sind unter besonderen Bedingungen des Kontakts entstanden (insbesondere zur Zeit der Kolonialisierung und der Sklaverei). Im Wortschatz enthalten sie sehr viele Wörter, die aus derjenigen Sprache stammen, die bei ihrer Entstehung als Kontaktsprache fungiert hat. Dies illustriert ein Vergleich der eben betrachteten Wörter der romanischen Sprachen mit den Entsprechungen im französisch-basierten Haitianisch, im portugiesisch-basierten Kapverdianisch sowie im Papiamento, das auf dem Spanischen und Portugiesischen basiert, aber auch starke Einflüsse aus dem Niederländischen aufweist (Targète & Uriciolo 1993, Brüser & Reis Santos 2002, Kramer 2013):

▶ **Wortgleichungen romanisch-basierter Kreolsprachen**

Haitianisch	Kapverdianisch	Papiamento	
syèl, lesyèl	*séu*	*cielo*	‚Himmel'
amou, lanmou	*amor*	*amor*	‚Liebe'
la(n)mè, mè	*már*	*lamar, laman*	‚Meer'
tè, latè	*téra*	*tera*	‚Erde; Land'
mouri	*móre*	*muri*	‚sterben'
(renmen)	*áma*	*((e)stima)*	‚lieben'

Trotz dieser Ähnlichkeiten im Wortschatz werden die romanisch-basierten Kreolsprachen normalerweise nicht zur Gruppe der romanischen Sprachen gerechnet, weil sie sich in den Bereichen Morphologie und Syntax deutlich von ihnen abgrenzen (Posner 1996: 35).

Romanische Sprachgeschichte als zentraler Gegenstand der romanischen Sprachwissenschaft

Auch eine synchrone Gegenüberstellung der modernen romanischen Sprachen in anderen Bereichen als dem Wortschatz und der Vergleich mit anderen Sprachen würden zu ähnlichen Ergebnissen führen und charakteristische Gemeinsamkeiten der romanischen Sprachen zu Tage fördern. Die Beschreibung und Erklärung dieser Gemeinsamkeiten gehört daher zu den Hauptaufgaben der romanischen Sprachwissenschaft. Gleichzeitig ergibt sich aus der Tatsache, dass diese Gemeinsamkeiten mit der Entstehung und der historischen Entwicklung dieser Sprachen zusammenhängen, ein weiterer zentraler Gegenstand der romanischen Sprachwissenschaft. Nach Ansicht von Meyer-Lübke (1966: 7) bildet die Frage, „weshalb das Lateinische, das zu Augustus' Zeiten auf dem weiten *Orbis Romanus* ein im ganzen einheitliches war, sich in so viele unter sich so stark verschiedene Idiome gespalten habe" sogar „das A und O aller romanischen Linguistik". In den folgenden Kapiteln soll diese Frage genauer erörtert und gezeigt werden, welche Antworten in der romanischen Sprachwissenschaft hierfür gegeben werden. Zuvor werden in diesem Kapitel noch kurz einige Theorien und Methoden dargestellt, die bei der Beantwortung dieser Frage eine wichtige Rolle spielen.

2.2 Theorien des Sprachwandels

Hauptziele der historischen Sprachwissenschaft

Für die diachrone Sprachbetrachtung gilt wie für jedes wissenschaftliche Arbeiten der Grundsatz, dass das Beobachten und das Erklären von Fakten voneinander getrennt zu halten sind. In der historischen Sprachwissenschaft lassen sich hier grundsätzlich drei Ebenen unterscheiden, die auch als ihre drei Hauptziele formuliert werden können (Werner 1993: 93f):

1. Dokumentation und Beschreibung von jeglicher Art von Sprachwandel für jede Sprache und für jede Sprachebene;
2. Suche nach wiederkehrenden Sprachwandelphänomenen und nach allgemeinen Regularitäten und Prinzipien oder möglicherweise sogar ‚Gesetzen', denen der Sprachwandel unterliegt;

3. Erklärung von Sprachwandel und/oder Vorhersage von zukünftigem Sprachwandel.

Bei den bisherigen Versuchen, diesen Zielen näher zu kommen, erweist es sich als besonders schwierig, Sprachwandel zu erklären oder gar vorherzusagen. Nach Werner (1993) liegt dies daran, dass unser Wissen über die komplexe Struktur von Sprache noch zu beschränkt ist, um adäquate Aussagen über den möglichen Wandel von Sprache machen zu können. Andere sehen den Grund vielmehr darin, dass ihrer Ansicht nach Sprache ein ‚Kulturphänomen' ist und damit der kreativen und freien Tätigkeit des Menschen unterliegt, sodass – im Unterschied zu naturwissenschaftlich erklärbaren Ereignissen – „alles Sprachliche sich [...] nicht in Kausalbegriffen interpretieren und erklären läßt" (Coseriu 1974: 166).

Sprachextern versus sprachintern bedingter Sprachwandel

Bei der Untersuchung von Sprachwandel geht es daher primär darum, die Bedingungen für das Auftreten der beobachteten Wandelphänomene möglichst *plausibel* zu machen (Berschin, Felixberger & Goebl 2008: 29, Windisch 1988: 116). Hierbei lassen sich grob zwei Ansätze unterscheiden. Zum einen handelt es sich um Ansätze, die vor allem **sprachexterne** Gründe hierfür verantwortlich machen und in politischen oder sozial- und kulturgeschichtlichen Entwicklungen die Auslöser von Sprachwandelprozessen sehen. Zum anderen gibt es Ansätze, die versuchen, Sprachwandel primär auf **sprachinterne**, also auf innerhalb der Sprache selbst angelegte Faktoren zurückzuführen. Allerdings ist es nicht möglich, eine klare Trennung zwischen diesen Ansätzen zu ziehen. Vielmehr muss Sprachgeschichte als eine Kombination aus interner und externer Geschichte verstanden werden (Pharies 2006: xi). Sie kann nur adäquat erfasst werden, wenn – wie beispielsweise Gerritsen & Stein (1992: 2) in Anlehnung an Weinreich, Labov & Herzog (1968) betonen – sowohl interne als auch externe Faktoren berücksichtigt werden:

Zitat

> [...] the question of why a change occurred will never be answered if one does not reckon with both internal and external factors of language change.

Dies wird auch in der folgenden Zusammenstellung ausgewählter Sprachwandeltheorien deutlich. Lediglich aus Gründen der besseren Anschaulichkeit wird im Folgenden die Unterscheidung zwischen sprachextern und sprachintern bedingtem Sprachwandel vorgenommen. Im Mittelpunkt stehen dabei vor allem solche Ansätze, die für die Erklärung der Entstehung und Entwicklung der romanischen Sprachen eine wichtige Rolle spielen bzw. gespielt haben.

2.2.1 Sprachextern bedingter Sprachwandel

Sprachkontakt

In vielen Erklärungsansätzen wird dem **Sprachkontakt** eine entscheidende Rolle beim Sprachwandel zugeschrieben. Voraussetzung für Sprachkontakt ist ein sprachexterner Faktor, nämlich das Aufeinandertreffen von Sprechern zweier oder mehrerer Sprachen und ihre Kommunikation miteinander bis hin zum Erwerb der anderen Sprache. Im Falle der romanischen Sprachgeschichte ist Sprachkontakt meist eine Folge von militärischen Auseinandersetzungen: Aufgrund der Ausbreitung des Römischen Reiches kam es zunächst zum Kontakt der römischen Eroberer mit den Bewohnern der eroberten Gebiete und deren Sprachen. Später wurden im Zuge der Völkerwanderung und des Niedergangs des Römischen Reiches diese romanisierten Gebiete durch andere Völker erobert und mit neuen Sprachen in Kontakt gebracht.

Adstrat

Die hierdurch hervorgerufenen Sprachkontakte hatten zur Folge, dass über einen langen Zeitraum eine große Anzahl von Sprechern der betreffenden Gebiete zwei- oder mehrsprachig gewesen ist. Dadurch kam es zu einer gegenseitigen Beeinflussung der dabei beteiligten Sprachen, die als **Adstrate** oder **Adstratsprachen** (lat. ADSTRĀTUM ‚Hinzugestreutes') bezeichnet werden (vgl. Geckeler & Kattenbusch 1992: 125).

▶ Adstrat

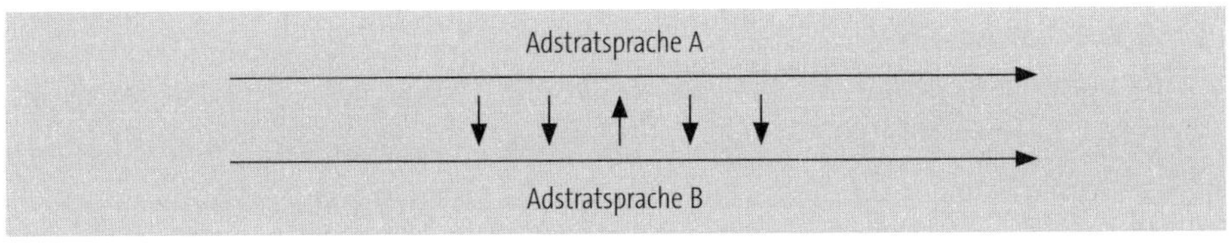

Definition

Adstrat ist die Bezeichnung für eine Sprache, die mit einer anderen Sprache im Kontakt steht, bzw. für den Einfluss, den diese Sprachen gegenseitig aufeinander ausüben.

Dieser gegenseitige Einfluss muss keineswegs ausgeglichen sein. Vielmehr ist es häufig so, dass eine der Adstratsprachen die andere stärker beeinflusst als umgekehrt. Langfristig kommt es daher in solchen Fällen oft zu einer Änderung der Sprachkontaktsituation, die darin besteht, dass eine der beiden in Kontakt stehenden Sprachen von den Sprechern nicht mehr an die nächste Generation weitergegeben wird und somit ausstirbt. Die Gründe hierfür sind vielfältig. Meist sind kulturelle und/oder soziale Unterschiede zwischen den betroffenen Sprechergruppen oder politische Faktoren dafür ausschlaggebend (Kramer 1990, Rindler Schjerve 1998).

Substrat, Superstrat, Stratum

Für die Untersuchung von Sprachwandel ist die Tatsache entscheidend, dass eine Sprache, bevor sie ausstirbt, in der oft Jahrhunderte andauernden Phase des Sprachkontakts die überlebende Sprache beeinflusst oder gar verändert:

Zitat

> *Eine aus irgendeinem Grunde einer anderen unterlegene Sprache erlischt nicht, ohne auf diese eine nicht unerhebliche Einwirkung ausgeübt und sie sich angepaßt zu haben.* Im Falle der romanischen Sprachen konnten die einzelnen Völkerstämme so [...] auf das Lateinische einwirken und ihm ihre untilgbare Spur aufprägen.
>
> (Merlo 1982: 234)

Generell werden hier zwei verschiedene Konstellationen des Sprachverlusts unterschieden. Dabei spielen Faktoren wie politisch-militärische oder kulturelle Über- bzw. Unterlegenheit eine zentrale Rolle. Einerseits gibt es die Konstellation, in der die Sprache, die von der politisch-militärisch unterworfenen Bevölkerungsschicht gesprochen wird, verloren geht. Sie wird als **Substrat** oder **Substratsprache** (lat. SUBSTRĀTUM ‚Daruntergestreutes') bezeichnet.

Definition

Substrat bezeichnet die untergegangene Sprache eines unterworfenen Volkes, die von der Sprache der Eroberer verdrängt wurde, bzw. den Einfluss, den diese Sprache auf die weiterbestehende Sprache der Eroberer, das Stratum, ausgeübt hat.

Analog dazu gibt es andererseits die Konstellation, in der die Sprache der politisch-militärisch dominierenden Bevölkerungsschicht aufgegeben wird. Diese Sprache wird **Superstrat** oder **Superstratsprache** (lat. SUPERSTRĀTUM ‚Darübergestreutes') genannt.

Definition

Superstrat bezeichnet die untergegangene Sprache eines erobernden Volkes, die von der Sprache des unterworfenen Volkes verdrängt wurde, bzw. den Einfluss, den diese Sprache auf die weiter bestehende Sprache des unterworfenen Volkes, das Stratum, ausgeübt hat.

In beiden Fällen kommt es zu einem Sprachwechsel zugunsten einer Sprache, die auch als **Stratum** (Grundsprache) bezeichnet wird. Die Sprachkontaktsituation wird dabei jeweils von einem späteren Entwicklungsstand her betrachtet. Nach dem Aussterben einer Sprache, die über längere Zeit in einem Adstratverhältnis zu einer anderen Sprache stand, wird der Einfluss betrachtet, den sie auf die überlebende andere Sprache ausgeübt hat (Geckeler & Kattenbusch 1992: 124, Krefeld 2003: 557, Dietrich & Noll 2012: 182f).

▶ **Substrat und Superstrat**

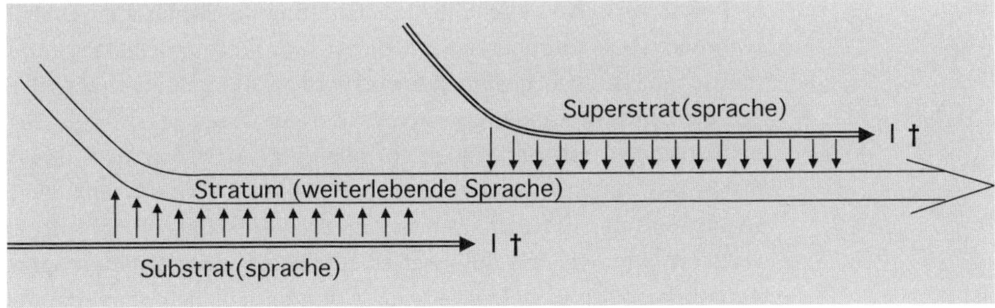

Auf die romanische Sprachgeschichte bezogen sind mit Stratum stets das von den Römern mitgebrachte Latein und die sich daraus entwickelnden romanischen Sprachen gemeint. Bei den Substratsprachen handelt es sich um die Sprachen derjenigen Völker und Stämme, die die Römer bei ihren Eroberungen unterworfen und die im Zuge der Romanisierung ihre Sprache aufgegeben haben. Die Superstratsprachen, die für die romanische Sprachgeschichte von Bedeutung sind, sind vor allem die Sprachen der verschiedenen germanischen Völker, die im Zuge des Untergangs des Römischen Reiches in die romanisierten Gebiete eingedrungen sind und allmählich die Sprache der einheimischen Bevölkerung übernommen haben.

Exkurs

Problematische Klassifizierungen von Kontaktsprachen

Der Fall des **Baskischen** zeigt, dass eine klare Unterscheidung zwischen Adstrat einerseits und Substrat bzw. Superstrat andererseits nicht immer möglich ist. Da es bis heute noch gesprochen wird, stellt es nach der gegebenen Definition keine Substratsprache dar. Dennoch ist vor allem im Zusammenhang mit der Herausbildung des Spanischen in der Regel vom baskischen Substrat die Rede (vgl. Tagliavini 1998: 106-111, Bollée & Neumann-Holzschuh 2003: 16). Dies hängt damit zusammen, dass das Sprachgebiet des Baskischen zur Zeit der Romanisierung wesentlich größer war, als es heute ist (siehe Exkurs S. 61f). In denjenigen Gebieten, in denen das Baskische verloren gegangen ist, hat es folglich einen Substrateinfluss ausgeübt, der insbesondere bei der Entstehung des Spanischen eine besondere Rolle gespielt hat. In den Gebieten, in denen es noch erhalten geblieben ist, fungiert es allerdings bis heute noch als Adstratsprache zum Spanischen und Französischen bzw. Okzitanischen.

Problematisch ist auch die Klassifizierung des **Arabischen**. Es wurde während der Maurenherrschaft von 711-1492 jahrhundertelang auf der Iberischen Halbinsel gesprochen und wird meist als Superstrat in Bezug auf die dort entstandenen romanischen Sprachen betrachtet. Gegen eine solche Klassifizierung spricht allerdings nicht nur, dass das Arabische bekanntlich noch heute gesprochen wird, sondern auch die Tatsache, dass das Arabische auf der Iberischen Halbinsel nicht deshalb verloren ging, weil die Sprecher es zugunsten einer anderen Sprache aufgaben, sondern weil sie vertrieben wurden. Folglich ist es adäquater, das Arabische als Adstratsprache zu betrachten. Aufgrund des großen Einflusses der Araber im Bereich von Kultur und Wissenschaft wird das Arabische gelegentlich auch als Kulturadstrat angesehen (Dietrich & Noll 2012: 192-196).

Die Bezeichnung Kulturadstrat trifft in besonderem Maße für das **Griechische** zu. Es genoss ein sehr hohes Prestige bei den Römern und wurde von gebildeten Sprechern als Fremdsprache erlernt. Abgesehen von einigen kleinen Sprachinseln in Süditalien (siehe Hinweis S. 81) wird es heute nur in Gebieten gesprochen, in denen sich die romanischen

Sprachen nicht durchgesetzt haben. Folglich stand es zum Latein und den sich daraus entwickelnden romanischen Sprachen eher in einem Adstratverhältnis. Darüber hinaus hat es später – insbesondere seit der Renaissance – in allen romanischen Sprachen einen wichtigen Einfluss durch viele Entlehnungen aus dem Altgriechischen im Bereich des fachsprachlichen Wortschatzes und der Wortbildung ausgeübt (Dietrich 1998). Auch das **Lateinische** selbst kann in dieser Hinsicht als Kulturadstrat verstanden werden. Es hat in Form des klassischen Lateins durch zahlreiche Entlehnungen vor allem bei der Herausbildung des fachsprachlichen Wortschatzes Eingang in viele romanische Sprachen gefunden (Lüdtke 1998, Tagliavini 1998: 261-268, Dietrich & Noll 2012: 197f).

Innerhalb der romanischen Sprachgeschichtsschreibung gibt es eine lange Tradition der Untersuchung von Substrat- und Superstrateinflüssen sowie von Adstrateinflüssen. Diese Einflüsse sind auf allen sprachlichen Ebenen beobachtet worden und spielen, wie im 7. Kapitel gezeigt wird, eine wichtige Rolle bei den Theorien über die Herausbildung der romanischen Sprachen. Allerdings sind die Belege meist sehr dürftig. Dies gilt vor allem für die Substratforschung, da über die meisten Substratsprachen kaum etwas bekannt ist. Bereits Meyer-Lübke (1966: 8) kritisiert, dass sich die Vertreter der Substrattheorien oft mit „Behauptungen“ begnügen und „willigen Glauben statt einer durch wissenschaftliche Beweisführung gewonnenen Überzeugung“ verlangen. Trotz dieser Kritik ist es unstrittig, dass sowohl Substrat- als auch Superstratsprachen einen nicht unerheblichen Einfluss bei der Ausgliederung der romanischen Sprachen gespielt haben. In der diesbezüglichen Forschung haben sich unter anderem folgende Kriterien etabliert, auf deren Grundlage versucht wird, den Einfluss von Substrat und Superstrat bei der Herausbildung der romanischen Sprachen zumindest plausibel zu machen (Ascoli 1982, Merlo 1982, Wartburg 1950: 155ff, Fn.1, Krefeld 2003: 561ff):

- die Beobachtung der geographischen Übereinstimmung zwischen dem vermuteten Siedlungsgebiet der Sprecher einer Substrat- oder Superstratsprache und dem beobachteten Sprachwandelphänomen;
- der Nachweis ähnlicher Phänomene in noch existierenden Sprachen, die mit den untergegangenen Substrat- oder Superstratsprachen verwandt sind;

- der Nachweis ähnlicher Sprachwandelvorgänge bei der Entwicklung nicht-romanischer Sprachen, die vergleichbaren Substrat- oder Superstrateinflüssen ausgesetzt waren.

Standardisierung und Sprachnormierung

Viele Sprachen haben im Laufe ihrer Geschichte eine Standardisierung und Normierung erfahren. Standardisierung ist die – gesteuerte oder ungesteuerte – Vereinheitlichung von mehreren Varietäten einer Sprache durch die gegenseitige Anpassung von Regeln und Prinzipien. Zur Herausbildung einer Norm kommt es dann, wenn diese Regeln – meist aufgrund politischer Entscheidungen – zur Grundlage für den offiziellen Sprachgebrauch eines Sprachgebietes erhoben werden. Dadurch entsteht eine **präskriptive Norm**, die in der Schule vermittelt und durch sprachpflegende Institutionen gefördert wird (Schmitt 2001).

Exkurs

Sprachakademien zur Pflege und Bewahrung der Sprache

Die ersten Standardisierungen haben die romanischen Sprachen bereits im Mittelalter erfahren; zu den ersten Normierungsversuchen kommt es ab dem Beginn der Neuzeit (Schmitt 2001: 447). Eine wichtige Rolle spielen hierbei die Sprachakademien, die ab dem 16. Jahrhundert gegründet werden. Ihre Aufgabe besteht vor allem darin, Normierungsbestrebungen zu begleiten und zu fördern mit dem Ziel, die jeweilige Sprache zu pflegen und zu bewahren. Die älteste Sprachakademie ist die Accademia della Crusca, die 1583 zum Studium und zur Bewahrung des Italienischen gegründet wurde. Ähnliche Ziele verfolgen die 1635 ins Leben gerufene Académie française und die 1713 gegründete Real Academia Española. Zu den Aufgaben, die sich diese Akademien gaben, gehörte vor allem die Herausgabe von Wörterbüchern zur Erfassung des Wortschatzes der jeweiligen Sprache.

Sprachnormierung und deren Durchsetzung können eine hemmende Wirkung auf Sprachwandel ausüben, weil dadurch Neuerungen von den Sprechern als Abweichungen von der Norm empfunden und abgelehnt werden. Inwiefern sich Neuerungen durchsetzen können und es somit zu Sprachwandel kommt, hängt unter anderem von gesellschaftlichen Bedingungen und von den Sprechern selbst ab (Stark 2007). Normierung kann – muss aber nicht notwendigerweise – dazu führen, dass Varietäten, die der präskriptiven Norm nicht oder nur teilweise entsprechen, einen Wandel erfahren, indem sich die Sprecher stärker der Norm anzunähern oder von ihr abzugrenzen versuchen (Várvaro 1991, Penny 2000: 194-220).

Von dieser präskriptiven Norm wird bisweilen eine weitere Art von Norm unterschieden, die als **‚normale'** oder **‚tradierte' Norm** bezeichnet wird (Coseriu 1974). Hiermit ist die Sprachform gemeint, die das Gemeinsame einer Sprache oder einer sprachlichen Varietät darstellt, also der Sprachgebrauch, der von den Sprechern als ‚normal' empfunden und tradiert wird. Ähnlich wie die präskriptive Norm wirkt die tradierte Norm eher hemmend auf den Sprachwandel. Nach der diesem Normbegriff zugrunde liegenden Sprachkonzeption, in der Sprechen als schöpferischer Akt jedes einzelnen Sprechers verstanden wird, entstehen zwar immer wieder neue Formen von Sprache aufgrund individueller Innovation, diese Neuerungen haben aber in der Regel keine Auswirkungen auf die Norm. Dies ist erst dann der Fall, wenn sie von einer größeren Anzahl von Sprechern übernommen und verbreitet und damit Teil der neuen Norm werden (Coseriu 1974: 68, Oesterreicher 2001: 1583f). Sprachwandel entsteht demnach also durch die kollektive Übernahme und Diffusion individueller Innovation. In der Regel geschieht dies nur dann, wenn die Tradierung der bisherigen Norm behindert oder unterbrochen wird und die Sprecher Neuerungen nicht als Normabweichungen empfinden. Dies kann vor allem durch sprachexterne Ereignisse, wie z. B. politische oder demographische Entwicklungen, ausgelöst werden (Eckert 1986: 340-353).

2.2.2 Sprachintern bedingter Sprachwandel

Lautgesetze

Einer der wichtigsten Erklärungsversuche von sprachintern bedingtem Sprachwandel geht auf die Vertreter der so genannten junggrammatischen Schule zurück. Sie wirkten vor allem in der zweiten Hälfte des 19. Jahrhunderts im Rahmen der historisch-vergleichenden Sprachwissenschaft. Ihr Ziel war es vor allem, Regelmäßigkeiten im Bereich des Lautwandels in Anlehnung an naturwissenschaftliche Gesetzmäßigkeiten mit Hilfe **allgemeiner Lautgesetze** zu erfassen und deren ausnahmslose Gültigkeit nachzuweisen. Dieser Ansatz wurde heftig kritisiert und in der Folge von den Junggrammatikern selbst abgeschwächt. Abweichungen vom Wirken der Lautgesetze wurden zum einen mit **Analogiewirkung** und zum anderen durch die **Entlehnung von ‚gelehrten' Wörtern** zu erklären versucht.

Lautgesetze und Analogiebildung

Ein häufig auftretender regelmäßiger Prozess des Lautwandels ist die Assimilation, d. h. die (teilweise) Anpassung eines Lautes an einen benachbarten Laut hinsichtlich des Artikulationsortes oder der Artikulationsart. Das Wirken mehrerer solcher Assimilationsprozesse lässt sich beispielsweise anhand der Entwicklung im Spanischen für das lateinische Verb DĪCERE ‚sagen' illustrieren (Penny 2002: 112ff). Im Paradigma dieses Verbs lautet der Verbstamm im Indikativ Präsens regelmäßig auf /k/ aus:

Sg.	1.	DĪCO	/ˈdiː**k**oː/
	2.	DĪCIS	/ˈdiː**k**is/
	3.	DĪCIT	/ˈdiː**k**it/
Pl.	1.	DĪCIMUS	/ˈdiː**k**imus/
	2.	DĪCITIS	/ˈdiː**k**itis/
	3.	DĪCUNT	/ˈdiː**k**unt/

Im modernen Spanischen hingegen ist hier eine Variation im Stammmorphem zu beobachten. Während in der ersten Person Singular der Stamm auf dem stimmhaften Verschlusslaut /g/ endet, ist der stammauslautende Konsonant in den anderen Personen der Reibelaut /θ/ (bzw. /s/ in vielen Varietäten des Spanischen):

Sg.	1.	*digo*	/ˈdi**g**o/
	2.	*dices*	/ˈdi**θ**es/
	3.	*dice*	/ˈdi**θ**e/
Pl.	1.	*decimos*	/deˈ**θ**imos/
	2.	*decís*	/deˈ**θ**is/
	3.	*dicen*	/ˈdi**θ**en/

Die Erklärung für diese divergierende Entwicklung besteht darin, dass in beiden Fällen der betreffende Konsonant jeweils eine für das Spanische regelmäßige Lautentwicklung durchlaufen hat: In der ersten Person Singular ist es zu einer – in den meisten romanischen Sprachen eingetretenen – Sonorisierung gekommen, da der stimmlose Verschlusslaut /k/ des Lateinischen in intervokalischer Stellung in einen stimmhaften Laut umgewandelt, d. h. sonorisiert wurde. In den übrigen Personen steht /k/ zwar ebenfalls in einer intervokalischen Position, das Besondere hierbei ist jedoch, dass es sich bei dem folgenden Vokal um einen vorderen Vokal, also /e/ oder /i/, handelt. In diesem Kontext ist /k/ einer anderen – in fast allen romanischen Sprachen regelmäßig eingetretenen – Entwicklung unterworfen, nämlich einer Palatalisierung, d. h. der Anpassung des Artikulationsortes des velaren /k/ an den des folgenden vorderen Vokals. Im Spanischen sind dabei die Reibelaute /θ/ bzw. /s/ entstanden. Die regelmäßigen Prozesse bei der Lautentwicklung des Spanischen haben folglich zu einer **Unregelmäßigkeit** im morphologischen Paradigma geführt.

Sehr häufig tritt in solchen Fällen ein **analogischer Ausgleich** oder eine **Analogiebildung** ein. Dabei wird entweder eine ansonsten regelmäßige phonologische Entwicklung wieder rückgängig gemacht oder die entsprechende phonologische Regel nicht eingehalten, sodass ein regelmäßiges Paradigma entsteht oder aufrecht erhalten bleibt.

Definition

Unter Analogie versteht man einen besonders im Sprachwandel auftretenden Prozess der Angleichung lexikalisch oder grammatisch zusammengehöriger morphologischer Einheiten, bei denen aufgrund regelmäßiger lautlicher Veränderungen voneinander abweichende Formen herausgebildet wurden bzw. worden wären.

Dieser Vorgang lässt sich am Beispiel der Entwicklung des auf lat. PLICĀRE ‚zusammenfalten' zurückgehenden spanischen Verbs *llegar* ‚ankommen' veranschaulichen. Das lateinische Flexionsparadigma ist dadurch gekennzeichnet, dass der Stamm im Indikativ und Konjunktiv Präsens stets auf /k/ auslautet:

		Indikativ Präsens		Konjunktiv Präsens	
Sg.	1.	PLICŌ	/ˈpli**k**oː/	PLICEM	/ˈpli**k**em/
	2.	PLICĀS	/ˈpli**k**aːs/	PLICĒS	/ˈpli**k**eːs/
	3.	PLICAT	/ˈpli**k**at/	PLICET	/ˈpli**k**et/
Pl.	1.	PLICĀMUS	/pliˈ**k**aːmus/	PLICĒMUS	/pliˈ**k**eːmus/
	2.	PLICĀTIS	/pliˈ**k**aːtis/	PLICĒTIS	/pliˈ**k**eːtis/
	3.	PLICANT	/ˈpli**k**ant/	PLICENT	/ˈpli**k**ent/

Analog zur Entwicklung bei *decir* wäre hier im Spanischen zu erwarten, dass der stammauslautende Konsonant im Indikativ Präsens sonorisiert und im Indikativ Konjunktiv wegen des nachfolgenden Vokals palatalisiert wird. Während im Indikativ die regelmäßige Sonorisierung eintritt, kommt es im Konjunktiv aber nicht zu der erwartenden Palatalisierung und somit beispielsweise nicht zur Entwicklung von PLICEM > **llece*. Stattdessen setzt sich in Analogie zum Indikativ Präsens der velare Verschlusslaut /g/ durch, sodass sich das folgende regelmäßige Paradigma für das Verb *llegar* herausgebildet hat (Penny 2002: 177):

		Indikativ Präsens		Konjunktiv Präsens	
Sg.	1.	*llego*	/ˈʎego/	*llegue*	/ˈʎege/
	2.	*llegas*	/ˈʎegas/	*llegues*	/ˈʎeges/
	3.	*llega*	/ˈʎega/	*llegue*	/ˈʎege/
Pl.	1.	*llegamos*	/ʎeˈgamos/	*lleguemos*	/ʎeˈgemos/
	2.	*llegáis*	/ʎeˈgajs/	*lleguéis*	/ʎeˈgejs/
	3.	*llegan*	/ˈʎegan/	*lleguen*	/ˈʎegen/

Diese unterschiedliche lautliche Entwicklung der Stammmorpheme der spanischen Verben *decir* und *llegar* veranschaulicht somit einen häufig im Bereich der Morphologie zu beobachtenden Sprachwandelvorgang, der auch als ‚Kampf' zwischen dem regelmäßigen phonologischen Wandel einerseits und dem analogischen Ausgleich andererseits beschrieben werden kann:

Zitat

> Morphological change, then, may be viewed as (in part) the result of competitive struggle between phonological change (which normally operates without regard to the meaning or function of the words it affects and leads to disruption of paradigms) and analogical adjustment (which maintains or restores phonological similarity between forms which have a related function). (Penny 2002: 113)

Lautgesetze und ‚gelehrte' Wörter

Eine andere Abweichung von regelmäßigen Lautentwicklungen ist dann zu beobachten, wenn Wörter als Lehnwörter in eine Sprache gelangen. Im Spanischen lässt sich das beispielsweise an der Entwicklung lateinischer Wörter illustrieren, die ein intervokalisches -/t/- aufweisen: lat. VĪTA ‚Leben', MŪTUS ‚stumm', PRĀTUM ‚Wiese' , ROTA ‚Rad' versus sp. *vi**d**a, mu**d**o, pra**d**o, rue**d**a*. Ähnlich wie bei der eben beschriebenen Entwicklung von lat. DĪ**C**Ō zu sp. *di**g**o* haben wir es hier mit einer Entwicklung zu tun, bei der ein stimmloser Verschlusslaut in intervokalischer Stellung sonorisiert wurde. Dieser regelmäßige Lautwandel, der in den meisten romanischen Sprachen zu beobachten ist, lässt sich somit als ‚Lautgesetz' formulieren und für das Spanische mit folgender phonologischer Regel erfassen (Lloyd 1987: 2):

(1) lat. /t/ → sp. /d/ / V __ V

Es gibt allerdings im Spanischen Wörter, in denen das lateinische /t/ in intervokalischer Stellung diese Änderung nicht erfahren hat: lat. PATERNUS ‚väterlich', VĪTALIS ‚lebenswert, lebenswichtig', ROTULA ‚kleines Rad' versus sp. *pa**t**erno, vi**t**al, ró**t**ula* ‚Kniescheibe'. Interessanterweise ist das erste Auftreten dieser Wörter in spanischen Texten erst relativ spät belegt: *paterno* erstmals 1343, *vital* erstmals um 1440, *rótula* erstmals 1737 (BDELC). Wörter, in denen der lateinische Verschlusslaut sonorisiert ist, sind in der Regel hingegen wesentlich älter. Es handelt sich hier um ‚Erbwörter' oder ‚volkstümliche Wörter', die in allen Vorstufen des Spanischen vorhanden waren. Die Abweichung von Regel (1) in Wörtern wie *paterno, vital* oder *rótula* kann daher damit erklärt werden, dass diese Wörter keine Erbwörter sind, sondern als so genannte ‚gelehrte' Wörter zu einem späteren Zeitpunkt in den Wortschatz des Spanischen aufgenommen wurden. Sie haben folglich nicht den (sprachinternen) regelmäßigen Lautwandel durchlaufen, den diejenigen Wörter im Spanischen erfahren haben, die sich in einem jahrhundertelangen Prozess aus dem Lateinischen entwickelt haben.

‚Unsichtbare Hand'

Ein weiterer Erklärungsansatz des sprachintern bedingten Sprachwandels ist die Theorie der so genannten ‚**unsichtbaren Hand**' (Keller 2003). Hier handelt es sich um einen funktionalen oder sprechhandlungsorientierten Erklärungsversuch, der auf der Annahme basiert, dass das menschliche Sprechen durch Kommunikationsmaximen gesteuert wird (Grice 1975). Dabei wird angenommen, dass ein Sprecher für eine Äußerung in der Regel nur so viel (artikulatorischen) Aufwand aufbringt, wie benötigt wird, um die Äußerung dem Gesprächspartner verständlich zu machen. Um allerdings das Risiko zu vermeiden, aufgrund zu geringer artikulatorischer Anstrengung vom Gesprächspartner nicht verstanden zu werden, benutzt der Sprecher in geringem Umfang mehr sprachliche Mittel, als für die Aufrechterhaltung und das Verständnis der Kommunikation eigentlich notwendig sind. Gleichzeitig muss der Sprecher aber auch darauf achten, seine Äußerung(en) nicht zu redundant zu gestalten, da er in diesem Fall riskieren würde, die Aufmerksamkeit des Zuhörers zu verlieren. Demzufolge ist die menschliche Kommunikation durch eine „Redundanzsteuerung" (Lüdtke 1980: 189) gekennzeichnet. Entscheidend ist hier die Annahme, dass diese Selbstregulierung als eine „notwendige unbeabsichtigte Konsequenz individueller Handlungen" (Keller 2003: 215) angesehen wird, die von den Sprechern nach bestimmten konversationellen Handlungsmaximen vollzogen werden.

Ein oft zitiertes Beispiel für einen solchen Sprachwandelprozess ist die Entstehung des französischen Wortes *aujourd'hui* ‚heute'. Es stammt vom lat. Adverb HODIE ‚heute' ab, das sich wiederum aus einer **Verschmelzung** der Ablativformen von HOC ‚dieser' und DIĒS ‚Tag' ableitet und somit ursprünglich ‚an diesem Tag' bedeutete. In der Entwicklung vom Lateinischen zum Altfranzösischen ist es zu einer **lautlichen Schrumpfung** gekommen, indem HODIE zu *(h)ui* [ɥi] reduziert wurde. Im Neufranzösischen wurde dieses Wort vermutlich aufgrund seiner geringen Lautsubstanz durch eine **lexikalische Anreicherung** in Form von *au jour d(e)* ‚am Tag von' wieder erweitert. Diese neu gebildete Form ist allerdings mittlerweile wieder soweit verschmolzen, dass einem Sprecher des Französischen die eigentliche Bedeutung von *aujourd'hui*, nämlich ‚am Tag von diesem Tag', heute nicht mehr bewusst ist. Denkbar ist, dass diese neu entstandene, verschmolzene Form in einem endlosen und irreversiblen Kreislauf wieder lautlich schrumpft, bis sie durch neues lexikalisches Material wieder angereichert wird (Lüdtke 1980, Keller 2003: 150).

Diese Entwicklung von *aujourd'hui* wird der Wirkungsweise der ‚unsichtbaren Hand' zugeschrieben. Nach Ansicht von Keller (2003: 151) sind hierbei sogar mehrere Phänomene der ‚unsichtbaren Hand' „zyklisch hintereinandergeschaltet [...], dergestalt, daß der Output des jeweils vorausgehenden Prozesses (wo auch immer man den Anfang setzt) die entscheidende [...] Input-Bedingung des jeweils folgenden Prozesses darstellt und diesen in Gang setzt".

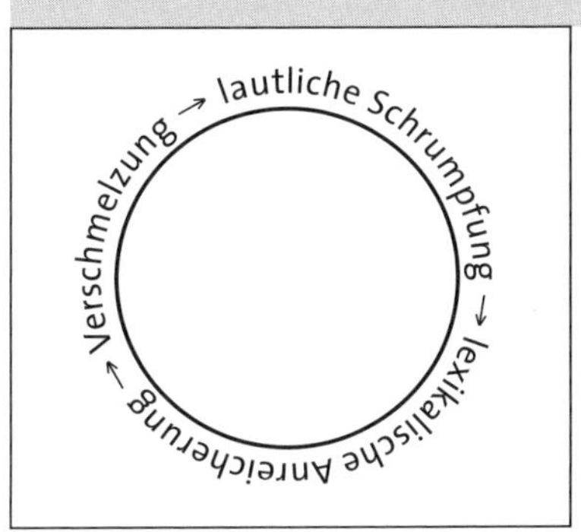

Grammatikalisierung

Ein anderer Erklärungsansatz, in dem sprachinterne Faktoren für Sprachwandelprozesse verantwortlich gemacht werden, ist die so genannte **Grammatikalisierung** (Meillet 1912, Detges & Waltereit 2002, Hopper & Traugott 2003). Hiermit ist gemeint, dass ein ursprünglich syntaktisch selbstständiges Wort mit einer lexikalischen Bedeutung aufgrund sprachinterner Abnutzungsprozesse zu einem gebundenen Element mit einer rein grammatischen Funktion wird. Von Givón (1971: 413) ist dieser Sprachwandelprozess folgendermaßen charakterisiert worden: „Today's morphology is yesterday's syntax".

Definition

Grammatikalisierung bezeichnet einen Prozess des Sprachwandels, bei dem frei auftretende lexikalische Einheiten allmählich ihre Autonomie verlieren und zu gebundenen, grammatischen Elementen werden.

Als ein typischer Fall für einen solchen Grammatikalisierungsvorgang wird die Entstehung von Ausdrucksmitteln zur pronominalen Referenz angesehen. Dabei wird angenommen, dass sich ein nominales Element unter bestimmten Bedingungen über mehrere Zwischenstufen zu einem Affix entwickelt, das der Person-Numerus-Markierung dient (vgl. Lehmann 1985: 47, Hopper & Traugott 2003: 142):

▶ Grammatikalisierung der pronominalen Referenz

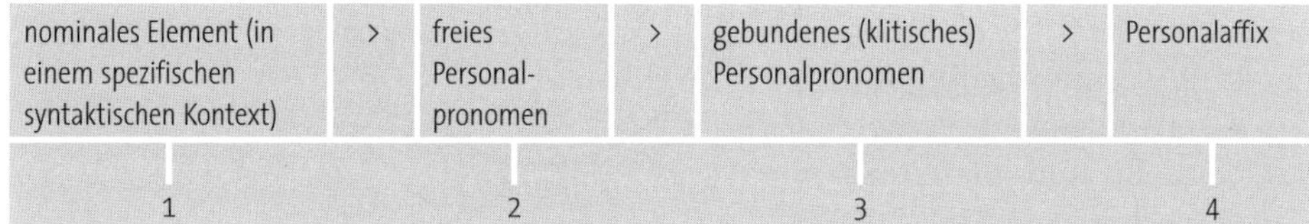

Häufig wird für die Subjektpronomina im Französischen eine solche Entwicklung angenommen. Im Altfranzösischen wiesen diese Pronomina noch alle typischen Eigenschaften lexikalischer Nomina auf: Sie konnten unter anderem allein stehen und miteinander koordiniert oder kontrastiv betont werden. Im modernen Französischen haben diese Pronomina diese Eigenschaft vollkommen verloren. Sie sind zu **klitischen Pronomina** geworden, da sie nur in Verbindung mit einem anderen Element – in der Regel dem finiten Verb – auftreten und weder miteinander koordiniert noch kontrastiv betont werden können.

Definition

Als **klitisch** werden schwachtonige Elemente bezeichnet, die nicht isoliert auftreten können, sondern sich an ein starktoniges Nachbarelement (engl. *host*) „anlehnen" (griech. *klínein* ‚beugen, anlehnen') müssen. Sie binden sich dabei entweder enklitisch an ein vorangehendes oder proklitisch an ein nachfolgendes Element. Klitische Elemente, auch Klitika genannt, nehmen eine Zwischenstellung zwischen freien Wörtern und Affixen ein.

Sehr umstritten ist die Annahme, dass die klitischen Subjektpronomina des umgangssprachlichen Französischen noch eine Weiterentwicklung erfahren haben und zu Flexionsaffixen grammatikalisiert worden sind (Meisenburg 2000, Kaiser 2008). Diese Entwicklung wird sehr häufig damit in Verbindung gebracht, dass im gesprochenen Französischen die Personalflexion teilweise verloren gegangen ist. Es wird angenommen, dass die klitischen Subjektpronomina diese Flexionsaffixe ersetzt und somit die gleiche Funktion übernommen haben wie die entsprechenden Suffixe im Lateinischen oder in anderen romanischen Sprachen:

Zitat

> Namentlich wo die Personalendungen fast ganz verschwinden, wie im Französischen, nehmen dann diese Pronomina ganz die Stelle der einstigen Endungen ein, der Unterschied zwischen den Personen wird nicht mehr wie im Lateinischen nach, sondern vielmehr vor dem Stamme zum Ausdruck gebracht, so daß also z.B. *žę̥* in *žę̥ šãt* [‚ich singe'] für das nicht grammatisch geschulte Sprachbewußtsein des Franzosen nicht mehr bedeutet als *-o* in *amo* [‚ich liebe'] für den Römer oder Spanier. (Meyer-Lübke 1894: 97f)

Ein anderes Beispiel für einen Grammatikalisierungsvorgang, der in den meisten romanischen Sprachen zu beobachten ist, ist die Bildung von Adverbien. Ihre Formen gehen in der Regel auf die Verbindung eines (femininen) Adjektivs mit der Ablativform MENTE des lateinischen Substantivs MENS ‚Geist, Sinn' zurück. Dieses Substantiv konnte im Lateinischen nur mit Adjektiven verbunden werden, die einen semantischen Bezug zu MENS hatten, wie zum Beispiel in CLARA MENTE ‚mit klarem Geist'. Folglich beziehen sich im Lateinischen solche Periphrasen mit MENTE ausschließlich auf Personen. Bei der Herausbildung der romanischen Sprachen ist diese semantische Beschränkung verloren gegangen, sodass es zu einer Verbindung mit jeglicher Art von Adjektiven kommen konnte. Dieser – auch als **‚semantic bleaching'** bezeichnete – Vorgang tritt oft parallel zu einem Grammatikalisierungsprozess ein: In den romanischen Sprachen haben die Nachfolgeformen von MENTE ihre syntaktische Unabhängigkeit verloren und werden als Suffixe an das Adjektiv gebunden, wie zum Beispiel in frz. *clairement*, it. *chiaramente*, sp. *claramente* ‚klar, in klarer Weise'. In einigen romanischen Sprachen sind noch heute Spuren der ursprünglichen syntaktischen Unabhängigkeit von MENTE zu finden. So kann zum Beispiel im Spanischen bei der Kombination von zwei Adverbien auf das Suffix *-mente* im ersten Wort verzichtet werden: *clara y concisamente* ‚auf klare und prägnante Weise' (Deutschmann 1971: 71-80, Lausberg 1972: 99-103).

Die Rolle des Erstspracherwerbs

In vielen Theorien des Sprachwandels wird dem kindlichen Erstspracherwerb eine entscheidende Bedeutung zugeordnet:

Zitat

> Es liegt auf der Hand, dass die Vorgänge bei der Spracherlernung von der allerhöchsten Wichtigkeit für die Erklärung der Veränderung des Sprachusus sind, dass sie die wichtigste Ursache für diese Veränderungen abgeben. Wenn wir, zwei durch einen längeren Zwischenraum von einander getrennte Epochen vergleichend, sagen, die Sprache habe sich in den Punkten verändert, so geben wir ja damit nicht den wirklichen Tatbestand an, sondern es verhält sich vielmehr so: die Sprache hat sich ganz neu erzeugt und diese Neuschöpfung ist nicht völlig übereinstimmend mit dem Früheren, jetzt Untergegangenen ausgefallen. (Paul 1920: 34)

Diese Auffassung von Sprachwandel ist auf der Grundlage eines Modells von Andersen (1973) für den phonologischen Wandel im Tschechischen in vielen modernen Sprachwandeltheorien formalisiert und weiterentwickelt worden. Das Modell basiert auf der Annahme, dass Kinder beim Spracherwerb keinen *direkten* Zugang zum sprachlichen Wissen und damit zur Grammatik der erwachsenen Sprecher haben. Für den Erwerb ihrer eigenen Grammatik stehen den Kindern stattdessen lediglich die Äußerungen der Erwachsenen zur Verfügung, die auf den Regeln der Erwachsenengrammatik basieren. Auf dieser Grundlage rekonstruieren die Kinder unter Mitwirkung von vorgegebenen Regeln und Prinzipien einer (angeborenen) Universalgrammatik die Grammatik der Erwachsenensprache und bilden ihre eigene Grammatik (Anttila 1989: 196f, Kaiser 2002: 12):

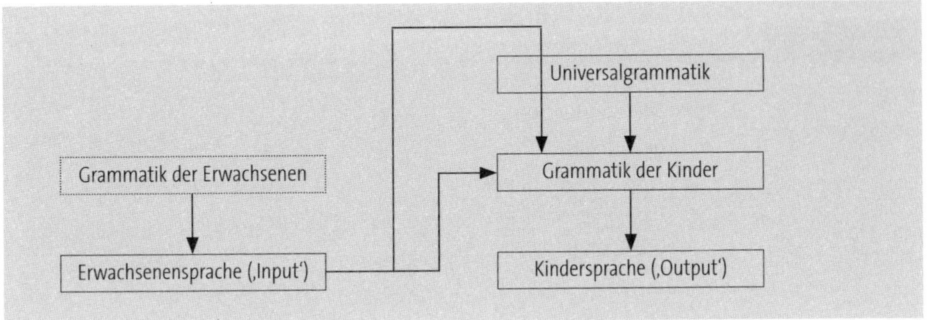

Reanalyse

Zum Sprachwandel kann es einem solchen Ansatz zufolge dadurch kommen, dass Kinder bestimmten Äußerungen der Erwachsenen eine andere grammatische Struktur zuweisen, als es in der Erwachsenengrammatik der Fall ist. Man spricht in diesem Fall von **Reanalyse** (Langacker 1977). Das Ergebnis einer solchen Reanalyse muss sich allerdings nicht unbedingt in den sprachlichen Äußerungen der Kinder manifestieren. Vielmehr kann der Wandel erst viel später – möglicherweise einige Generationen später – in sprachlichen Äußerungen zum Ausdruck kommen. Die Annahme einer Reanalyse setzt somit eine Theorieorientierung voraus, die darin besteht, dass für sprachliche Äußerungen zwei Strukturebenen, eine zugrunde liegende Struktur und eine Oberflächenstruktur, angenommen werden. Dies wiederum impliziert die Einbettung in ein Theoriemodell, das eine (gute) theoretische Beschreibung dieser Ebenen liefert, auf dessen Grundlagen sich (sinnvolle) Aussagen über den Sprachwandel machen lassen (Abraham 1992).

Zur Illustration eines solchen Reanalyseansatzes soll das Beispiel der französischen Subjektpronomina dienen. Wie soeben gezeigt, wird vielfach angenommen, dass sich die klitischen Subjektpronomina im modernen (umgangssprachlichen) Französischen zu Personalaffixen weiterentwickelt haben. Gestützt wird diese Annahme nicht nur durch den weitgehenden Verlust der Verbflexionsendungen in der gesprochenen Sprache, sondern auch dadurch, dass im umgangssprachlichen Französischen sehr häufig Nomina oder Pronomina gleichzeitig mit einem klitischen Subjektpronomen verwendet werden, das die gleiche Referenz besitzt.

Beispiel

(2) a. *Moi, je chante.*
ich ich singe
‚ICH singe.'

b. *Paul, il chante.*
Paul er singt
‚PAUL singt.'

Wie durch die in der Schreibung übliche Kommasetzung angedeutet, wird für diese Konstruktion im Französischen generell angenommen, dass das vorangestellte Element vom Rest des Satzes abgetrennt ist. Die pragmatische Funktion einer solchen Voranstellung (Dislokation) besteht darin, das vorangestellte Element hervorzuheben oder zu betonen. Somit kann für solche Sätze eine Struktur angenommen werden, in der das klitische Subjektpronomen die Subjektposition besetzt und zusammen mit dem Verb den eigentlichen Satz (S) bildet, während das vorangestellte Element in einer separaten, vom eigentlichen Satz getrennten ‚Topikalisierungsposition' (Top) auftritt (Rizzi 1986):

Beispiel

(3) a. [$_{\text{Top}}$ *Moi* [$_{\text{S}}$ *je chante*]]

b. [$_{\text{Top}}$ *Paul* [$_{\text{S}}$ *il chante*]]

Aufgrund der Tatsache, dass solche Dislokationen im umgangssprachlichen Französisch sehr häufig verwendet werden, muss davon ausgegangen werden, dass diese Hervorhebungsfunktion weitgehend verloren gegangen ist (Sankoff 1982). Somit scheint die Stuktur in (3) für Sätze wie in (2) im umgangssprachlichen Französisch nicht mehr adäquat zu sein. Denkbar wäre, dass ein solcher Wandel der Struktur durch folgende Reanalyse bewirkt worden ist: Kinder ordnen Sätzen wie in (2), die sie während der Spracherwerbsphase häufig hören, nicht die Struktur der Erwachsenengrammatik, nämlich (3), zu; stattdessen interpretieren sie die vorangestellten Elemente als Subjekte des Satzes und analysieren die klitischen Subjektpronomina nicht mehr als Subjekte, sondern als Flexionspräfixe:

Beispiel

(4) Grammatik der Erwachsenen: → Grammatik der Kinder:

a. $[_{Top}$ *Moi* $[_S$ *je chante*$]]$ → $[_S$ *Moi je-chante*$]$

b. $[_{Top}$ *Paul* $[_S$ *il chante*$]]$ → $[_S$ *Paul il-chante*$]$

Parameterwechsel

Eine solche Reanalyse kann eine grundlegende Umstrukturierung der gesamten Grammatik der Sprache zur Folge haben, die auch als ein so genannter **Parameterwechsel**, einer besonderen Form der Reanalyse, aufgefasst werden kann (Roberts 2007a). Die Konzeption des Parameterwechsels basiert auf der in der generativen Grammatiktheorie vertretenen Annahme, dass bestimmte sprachliche Prinzipien parametrisch festgelegt sind. Damit ist gemeint, dass der Erwerb bestimmter Eigenschaften von Sprachen dadurch geschieht, dass Kindern während des Erstspracherwerbs Wahlmöglichkeiten zur Verfügung stehen, die sie auf bestimmte Werte festlegen. Diese Festlegung erfolgt auf der Grundlage spezifischer Inputdaten, so genannter ‚Trigger'-Daten, und impliziert den Erwerb aller mit diesem Wert verbundenen Eigenschaften. Am intensivsten ist bislang der so genannte **Nullsubjektparameter** (***pro-drop*-Parameter**) diskutiert worden (Roberts 2007b, Holmberg 2010). Hiermit wird eine Unterscheidung zwischen Nullsubjektsprachen, wie zum Beispiel Italienisch oder Spanisch, und Nicht-Nullsubjektsprachen, wie zum Beispiel Englisch, vorgenommen. Nullsubjektsprachen sind dadurch gekennzeichnet, dass das Subjektpronomen in Sätzen mit einem finiten Verb ausgelassen werden kann, während in Nicht-Nullsubjektsprachen die Realisierung des Subjektpronomens in diesen Sätzen obligatorisch ist. Im Rahmen der generativen Grammatiktheorie wird der Unterschied in der Regel dadurch erfasst, dass in Nullsubjektsprachen aufgrund der parametrischen Fixierung ein leeres Pronomen (*pro*) die Subjektposition einnehmen kann, während in Nicht-Nullsubjektsprachen diese Option ausgeschlossen ist:

Beispiel

(5) it./sp. pro *canto.*
singe-PRÄS.1SG
‚Ich singe.'

(6) engl. a. *I sing.*
b. **Sing*
‚Ich singe.'

Ausgehend von der hier skizzierten Reanalyse hätte das Französische einen Wandel bezüglich der Festlegung für den Wert des Nullsubjektparameters erfahren: Da in der von den Kindern rekonstruierten Grammatik die klitischen Subjektpronomina nicht mehr als Subjekte fungieren, müsste für Sätze ohne ein (pro-)nominales Element in der Subjektposition angenommen werden, dass die Subjektposition durch ein leeres Subjektpronomen *pro* besetzt ist:

Beispiel

(7) a. [$_S$ pro *je-chante*]
b. [$_S$ pro *il-chante*]

Im Rahmen eines parametrischen Ansatzes könnte der Wandel der klitischen Subjektpronomina im umgangssprachlichen Französischen damit erklärt werden, dass Kinder während ihrer Spracherwerbsphase den Wert für den Nullsubjektparameter positiv fixiert haben. Der Wandel würde darin bestehen, dass die Kinder den Parameter anders gesetzt haben als die erwachsenen Sprecher, die während ihrer Spracherwerbsphase dem Französischen den Wert als eine Nicht-Nullsubjektsprache zugewiesen hatten.

Ein generelles Problem für jede Art von Theorie, die dem Spracherwerb eine entscheidende Rolle für den Sprachwandel zuordnet, besteht aber darin, dass unklar ist, wodurch eine Reanalyse oder Parameterumfixierung ausgelöst worden sein könnte. Grundsätzlich stellt sich hier nämlich die Frage, warum Kinder überhaupt die Grammatik ihrer Eltern reanalysieren sollten:

Zitat

> The theory of language acquisition [...] presents a problem when we try to explain linguistic change. If every generation acquires the grammar of their parents, how can languages change? It should be expected that grammars remain constant, since linguistic change implies that there is at least one generation whose grammar is different from that of the parental generation and who thus acquire a 'wrong' grammar. (Brandner & Ferraresi 1996: 14)

Aus dieser Überlegung wird häufig die Schlussfolgerung gezogen, dass Kinder nur dann eine interne Umstrukturierung ihrer Muttersprache vornehmen können, wenn es bereits bei den erwachsenen Sprechern zu Veränderungen im Gebrauch der eigenen Sprache gekommen ist.

Diese Veränderungen bestehen vor allem in der zunehmenden Verwendung bestimmter Konstruktionen, wie beispielsweise der eben beschriebenen Dislokationen im gesprochenen Französisch. Vielfach wird angenommen, dass es zu solchen (morphosyntaktischen) Veränderungen im Sprachgebrauch aber nur dann kommen kann, wenn zusätzliche, d. h. externe Faktoren im Spiel sind (vgl. auch Longobardi 2001: 299):

Zitat

> Irrespective of the validity and usefulness of D[iachronic] R[eanalyse]s, I have not yet seen a persuasive argument for a change motivated entirely by internal factors [...]. It seems to me to be axiomatic that there can be no change in grammars without change in trigger experiences. (Lightfoot 1997: 269)

Sprachkontakt als Auslöser für Sprachwandel

Diese Beobachtung führt zurück zu den eben dargestellten Ansätzen für sprachextern motivierten Sprachwandel. Es wird häufig angenommen, dass der Wandel der so genannten ‚Trigger'-Daten, d. h. der Daten, die eine Reanalyse oder einen Parameterwechsel auslösen oder fördern, insbesondere durch den Kontakt mit anderen Sprachen oder anderen Dialekten bewirkt werden kann. Kinder werden auf diese Weise mit Sprachdaten konfrontiert, die von der Grammatik der eigenen Muttersprache abweichen (Lightfoot 1997). Allerdings hat eine solche Sprachkontaktsituation keineswegs notwendigerweise einen Sprachwandel zur Folge (Poplack & Levey 2010). Kinder sind durchaus in der Lage, unterschiedliche Sprachen (oder Dialekte) zu differenzieren und somit zu kompetenten Sprechern mehrerer Sprachen zu werden, ohne eine der zu erwerbenden Sprachen zu reanalysieren (Meisel 2001). Ein anderes Modell sieht im fehlerhaften Zweitspracherwerb einer neuen Kontaktsprache durch erwachsene Sprecher einen möglichen Auslöser für Sprachwandel (Thomason & Kaufman 1988: 39, Kroch & Taylor 1997: 318). Kinder können dadurch mit neuen, von ihrer Muttersprache abweichenden Sprachdaten konfrontiert werden, die eine Reanalyse oder einen Parameterwechsel auslösen könnten (Weerman 1993, Meisel 2011, Meisel, Elsig & Rinke 2013). In jedem Fall wird in allen diesen Ansätzen angenommen, dass ein sprachinterner Wandel durch einen sprachexternen Faktor, nämlich durch den Kontakt mit Sprechern anderer Sprachen, ausgelöst oder zumindest gefördert wird. Dies macht einmal mehr deutlich, dass eine strikte Trennung zwischen sprachinternen und sprachexternen Auslösern für Sprachwandel nicht möglich ist.

2.3 | Aufgaben und Methoden der historischen Sprachwissenschaft

Eingeschränktes Datenmaterial

Jede wissenschaftliche Untersuchung der Geschichte einer oder mehrerer Sprachen ist mit dem Problem konfrontiert, dass sie sich – insbesondere bei der Berücksichtigung älterer Sprachstufen – oft nur auf ein lückenhaftes und eher zufälligerweise erhaltenes Datenmaterial stützen kann (Labov 1994: 11). Für diachrone Untersuchungen, die einen Zeitraum vor dem 20. Jahrhundert umfassen, handelt es sich hierbei ausschließlich um schriftliches Material. Da die Sprecher nicht mehr leben, gibt es für diese Untersuchungen außerdem nicht die Möglichkeit, das Datenmaterial durch Grammatikalitätsurteile kompetenter Sprecher zu überprüfen oder zu ergänzen. Folglich können die sprachhistorischen Daten allenfalls Auskunft über den Sprachgebrauch, aber nicht über die diesem Gebrauch zugrunde liegende(n) Grammatik(en) liefern (Rinke & Elsig 2010: 2557). Doch auch der tatsächliche Sprachgebrauch in den untersuchten Sprachstufen lässt sich aus dem vorhandenen Datenmaterial meist nur bruchstückhaft erschließen. Dies liegt daran, dass es vor allem für die frühen Sprachstufen nur sporadische Belege gibt, die oft nur aus einzelnen Wörtern oder Textfragmenten bestehen. Die ersten umfangreicheren Texte sind häufig juristische und stark formalisierte Texte, wie zum Beispiel Eidesformeln, Urkunden oder religiöse Texte. Da diese Texte einem eher formalen Register angehören, liefern sie nur eingeschränkte Auskunft darüber, wie die Sprecher zu der jeweiligen Zeit tatsächlich gesprochen haben. Aber auch Texte, die eher einer mündlichen Tradition entsprechen, wie beispielsweise Lieder oder Gedichte, erlauben kaum Rückschlüsse auf den tatsächlichen mündlichen Sprachgebrauch. Hinzu kommt, dass lyrische Texte, deren Anteil in den frühen Sprachstufen sehr hoch ist, durch Versmaß und Reimvorgaben bestimmt und somit etwa für die Erschließung syntaktischer Regelmäßigkeiten kaum geeignet sind. Auch die tatsächliche Aussprache lässt sich aus den sprachhistorischen Dokumenten aufgrund der verwendeten Grafiesysteme, die sich am Lateinischen orientierten und erst allmählich eine Normierung erfuhren, nur in eingeschränktem Maße erschließen (Meisenburg 1996, Selig 2006).

Erstellung und Auswertung von Korpora

Eine wichtige Aufgabe der historischen Sprachwissenschaft besteht zunächst darin, das historische Datenmaterial zu sichten, zu klassifizieren und zu editieren. Auf dieser Grundlage lassen sich Korpora erstellen, die je nach Gegenstand der Untersuchung sprachwissenschaftlich annotiert und ausgewertet werden können. Durch die Entwicklung der digitalen Datenerfassung sind in den letzten Jahrzehnten im Rahmen der **Korpuslinguistik** auch zu älteren Sprachstufen umfangreiche maschinenlesbare Korpora erstellt und neue Auswertungsmöglichkeiten entwickelt worden (Pusch, Kabatek & Raible (Hgg.) 2005, Piotrowski 2012, Bennett, Durrell, Scheible & Whitt (eds.) 2013). Diese neuen Möglichkeiten der Untersuchung großer Datenmengen dürfen jedoch nicht darüber hinwegtäuschen, dass das Datenmaterial den eben beschriebenen Einschränkungen unterliegt. Es müssen daher Mittel und Methoden entwickelt werden, um aus dem vorhandenen schriftlichen Datenmaterial Informationen über den tatsächlichen Sprachgebrauch zu erlangen. Hierzu gehört unter anderem das Identifizieren von Textstellen, die Auskunft über den **mündlichen Sprachgebrauch** im jeweils untersuchten Zeitraum liefern:

Zitat

> Sprachstufen der Vergangenheit sind – bis in die unmittelbare Gegenwart hinein – ausschließlich über die überlieferten schriftlichen Texte zugänglich. Da die schriftliche Kommunikation in jeder Synchronie nur einen Ausschnitt des Sprachraumes wiedergibt, muß man, um diesen in seiner Gesamtheit rekonstruieren zu können, die Grenzen der schriftlichen Überlieferung überschreiten. Man muß dafür die schriftlichen Texte ‚gegen den Strich' lesen, das in ihnen suchen, was sie nicht bzw. nur in geringem Umfang repräsentieren: eine gewissermaßen negativ definierte ‚Mündlichkeit', nämlich all das, was in der betreffenden Synchronie normalerweise nur in mündlicher Kommunikation zu beobachten ist. (Selig 1997: 213)

Ausgehend von der Annahme, dass „allein im Diskurs die empirischen Daten für die Untersuchung von Sprachlichem gegeben sind" (Oesterreicher 2001: 1563) wird neben dem Auffinden von Textstellen, die möglichst die gesprochene Sprache repräsentieren, von vielen Sprachhistorikern auch die Bestimmung von **Diskurstraditionen** und rhetorischen Strategien als eine wichtige Aufgabe der historischen Sprachwissenschaft angesehen (Kabatek (ed.) 2008, Waltereit 2012). Dies gilt vor allem für sprachhistorische Ansätze, in denen davon ausgegangen wird, dass sich Sprachwandel in der Übernahme und Verbreitung individueller Innovationen manifestiert, die von der ‚tradierten' Norm abweichen. Darüber hinaus gehört es zur Aufgabe der historischen Sprachwissenschaft, die Rolle der davon zu unterscheidenden präskriptiven Norm zu erfassen. Dies geschieht unter anderem durch die

Auswertung von Grammatiken und Sprachlehrwerken. Erst dann ist es möglich zu beurteilen, ob der in den Korpora beobachtete Sprachwandel ‚natürlich' verlaufen ist oder möglicherweise durch sprachnormierende Maßnahmen beeinflusst wurde (Stark 2007: 82).

Verwendung von Paralleltexten

Ein anderer Versuch, ein adäquateres Bild über die Entwicklung einer Sprache zu erlangen, ist der Vergleich von Paralleltexten. Hierbei handelt es sich um Texte, die auf einer gemeinsamen Textgrundlage basieren und immer wieder neu übersetzt oder neu verfasst wurden. Bekannte zeitgenössische Beispiele sind Übersetzungen von *Der kleine Prinz, Der Vorleser* oder *Harry Potter* (Meisenburg 2001, Stolz 2007). Sie sind allerdings nur für den synchronen Vergleich moderner Sprachen geeignet. Für diachrone Untersuchungen ist die Bibel der wichtigste Paralleltext (Cysouw & Wälchli 2007, Vries 2007). Von ihr liegt weltweit nicht nur die weitaus größte Anzahl von Übersetzungen vor, sondern es gibt auch in vielen Sprachen Übersetzungen aus früheren Sprachstufen. Nicht zuletzt aufgrund der Tatsache, dass die ersten schriftlich fixierten Texte vieler romanischer Sprachen Bibel(teil)übersetzungen sind, existiert für deren vergleichende diachrone Untersuchung eine lange Tradition (Abel 1971, Kaiser 2005). Auch von antiken Texten aus dem Griechischen oder Lateinischen liegen zahlreiche Übersetzungen aus unterschiedlichen Sprachstufen vor, die häufig zum diachronen Sprachvergleich herangezogen werden. Ein Beispiel sind die zahlreichen Übersetzungen von Titus Livius' *Ab Urbe condita*, die von Stein (1997) ausführlich untersucht wurden. Zur Illustration der Methode des Vergleichs von Paralleltexten für die diachrone Untersuchung romanischer Sprachen soll an dieser Stelle die Übersetzung des folgenden Satzes aus dem Buch von Titus Livius dienen (Stein 1997: 508):

Beispiel

(8) lat.

IUPPITER	FERETRI,	INQUIT,	HAEC	TIBI	VICTOR	ROMULUS	REX
Jupiter	Feretrius,	sagen-PRÄS.3SG	diese	dir	Sieger	Romulus	König

REGIA	ARMA	FERO
königliche	Waffen	bringen-PRÄS.1SG

‚Jupiter Feretius, sagt er, ich Romulus, Sieger und König bringe dir diese königlichen Waffen'

So lässt sich beispielsweise anhand des Vergleichs von französischen Übersetzungen dieses Satzes aus verschiedenen Jahrhunderten deutlich die Entwicklung nachvollziehen, die die Subjektpronomina im Französischen erfahren haben (Stein 1997: 508f):

Beispiel

(9) afrz. (13.Jh.) a.

O	*tu*	*Jupiter*	*feretri,*	***Je***	*Romulus*	*Roy*	*&*	*vainqueur*
o	du	Jupiter	Feretrius	ich	Romulus	König	und	Sieger

aporte	*a*	*toy*	*ces*	*Royaulx*	*armes*
bringe	PRÄP	dir	diese	königlichen	Waffen

mfrz. (15.Jh.) b.

Iupiter	*feretrie,*	***Ie***	*Romulus*	*Roy*	*vaincueur*	*te*
Jupiter	Feretrius	ich	Romulus	König	Sieger	dir

presente	*ces*	*Royalles*	*armes*
zeige	diese	königlichen	Waffen

nfrz. (17.Jh.) c.

Jupiter	*Férétrien,*	*dit-*	*il,*	*un*	*roi*	*vainqueur*	*te*
Jupiter	Feretrius	sagt	er	ein	König	Sieger	dir

présente	*les*	*dépouilles*	*roiales*	*d'*	*un*	*autre*
zeigt	die	Beute	königliche	von	einem	anderen

nfrz. (19.Jh.) d.

Jupiter	*Férétrien,*	*dit-*	*il,*	*après*	*cette*	*victoire,*	***je***	*t'*
Jupiter	Feretrius	sagt	er	nach	diesem	Sieg	ich	dir

apporte,	*moi*	*Romulus,*	*le*	*roi,*	*ces*	*armes*	*royales*
bringe	ich	Romulus	der	König	diese	Waffen	königliche

In der ersten Übersetzung aus dem 13. Jahrhundert ist zu beobachten, dass das Subjektpronomen der ersten Person Singular, *je*, durch die Ergänzung *Romulus Roy & vainqueur* ‚Romulus König und Sieger' vom finiten Verb *aporte* ‚(ich) bringe' getrennt erscheint (9a). Dies trifft auch für alle weiteren mittelalterlichen Übersetzungen zu (9b). Ab den Übersetzungen aus dem 16. Jahrhundert tritt diese Stellung nicht mehr auf. Stattdessen sind zunächst vorwiegend Umschreibungen anzutreffen, in denen der Sprecher auf sich in der dritten Person verweist (9c). Wenn das Subjektpronomen *je* aber verwendet wird, wie in der Übersetzung aus dem 19. Jahrhundert (9d), erscheint es direkt vor dem finiten Verb, von dem es nur durch ein klitisches Objektpronomen getrennt ist. Die daran anschließende Ergänzung *Romulus, le roi* wird durch das Pronomen *moi* eingeleitet. Der Vergleich solcher Paralleltexte illustriert somit die Entwicklung des Personalpronomens *je* von einem freien zu einem klitischen Pronomen und bestätigt den angenommenen Grammatikalisierungsschritt bei der Entwicklung der Pronomina im Französischen.

Mit Hilfe von Paralleltexten lässt sich diese Entwicklung im Französischen mit anderen romanischen Sprachen vergleichen. So kann in den entsprechenden Übersetzungen des Spanischen und Italienischen keine solche Entwicklung bei der Verwendung des Personalpronomens beobachtet werden. Sowohl in den frühen als auch in den späteren Übersetzungen werden *yo* bzw. *io* stets als betonte Pronomen in Verbindung mit der nominalen Ergänzung verwendet (Stein 1997: 509f):

Beispiel

(10) asp. (14.Jh.) a.

O	*tu*	*Júpiter*	*del*	*ataúd,*	***yo***	*Rómulus,*	*rey*	*vencedor,*	*presento*
o	du	Jupiter	des	Sargs	ich	Romulus	König	Sieger	zeige

a	*ti*	*estas*	*armas*	*reales*
PRÄP	dir	diese	Waffen	königlichen

nsp. (19.Jh.) b.

Júpiter	*Feretrio,*	*dijo,*	*estas*	*armas*	*de*	*un*
Jupiter	Feretrius	sagen-PFKT.3SG	diese	Waffen	von	einem

rey	*te*	*traigo*	***yo*****,**	*el*	*victorioso*	*rey*	*Rómulo*
König	dir	bringe	ich	der	sieghafte	König	Romulus

ait. (13.Jh.) a.

Juppiter	*feretre*	*dissegli*	***io***	*Romolo*	*Re*
Jupiter	Feretrius	sagen-PFKT.3SG-ihm	ich	Romulus	König

uincitore	*toffero*	*queste*	*armi*
Sieger	dir-anbieten-PRÄS.1SG.	diese	Waffen

nit. (19.Jh.) b.

«Giove	*Ferètrio,»*	*disse,*	*«**io***	*Romolo*	*re*
Jupiter	Feretrius	sagen-PFKT.1SG	ich	Romulus	König

vittorioso	*ti*	*offro*	*queste*	*regie*
siegreicher	dir	anbieten- PRÄS.1SG	diese	königlichen

armi	*[...]»*
Waffen	

Dieser Vergleich macht noch einmal deutlich, dass das Französische bei der Verwendung der Subjektpronomina einen Wandel erfahren hat, während in den meisten anderen romanischen Sprachen der Gebrauch dieser Pronomina noch weitgehend mit dem des Lateinischen übereinstimmt.

„Change in progress"

Eine andere Methode der Untersuchung von Sprachwandel besteht in der Untersuchung von Sprachdaten zeitgenössischer Sprecher. Pionier in diesem Bereich ist der amerikanische Soziolinguist William Labov. Die Grundidee seines Ansatzes besteht im „use of the present to explain the past" (Labov 1994). Labovs Ziel ist es, auf der Grundlage der beobachteten Unterschiede im **aktuellen Sprachgebrauch** von Sprechern verschiedener Generationen Rückschlüsse auf die diachrone Entwicklung der Sprache zu ziehen und bisherige diesbezügliche Erkenntnisse zu überprüfen. Der Vorteil dieser Methode besteht darin, dass sie sich auf Daten der gesprochenen Sprache stützen kann und außerdem soziologische Kriterien, wie Alter, Bildung oder Geschlecht der Sprecher, mit einbezieht. Eine bekannte Untersuchung im Bereich der romanischen Sprachen, in der diese Methode angewendet wurde, ist eine Studie von Ashby (1981) zur Negation im Französischen. Darin wird der Gebrauch der präverbalen Negationspartikel *ne* von Französischsprechern aus der Stadt Tours untersucht, die unterschiedlichen Altersgruppen und sozialen Schichten angehören, und festgestellt, dass jüngere Sprecher *ne* häufiger auslassen als ältere Sprecher. Für Ashby (1981) liefert dieses Ergebnis einen Beleg für einen Wandel im Französischen, der darin besteht, dass die Negation zunehmend nur noch durch das postverbale Negationsadverb *pas* ausgedrückt wird. Eine Bestätigung hierfür sieht der Autor in den Ergebnissen einer weiteren Studie, die er 20 Jahre später erneut mit Sprechern aus Tours durchgeführt und bei der er eine insgesamt noch häufigere Auslassung von *ne* beobachtet hat (Ashby 2001).

Zusammenfassung

Sprache kann als ein Varietätengefüge verstanden werden, das sich unter verschiedenen Gesichtspunkten untersuchen lässt. Eine Möglichkeit ist die Untersuchung der diachronen Dimension von Sprache. Voraussetzung hierfür ist die synchrone Betrachtung von Sprache, d. h. die Beschreibung bestimmter Aspekte einer Sprache zu einem gegebenen Zeitpunkt. Die diachrone Dimension wird dadurch erfasst, dass eine Sprache zu mehreren Zeitpunkten synchron analysiert wird und die Ergebnisse dieser Analyse miteinander verglichen werden. Die für diese Vorgehensweise entwickelten Erklärungsansätze werden oft danach unterschieden, ob sprachexterne oder sprachinterne Faktoren im Mittelpunkt der Untersuchung stehen. Allerdings ist eine klare Trennung hier nicht möglich. Zu den sprachexternen Faktoren von Sprachwandel gehören vor allem der Sprachkontakt und die damit verbundenen verschiedenen Arten des fremdsprachlichen Einflusses. Zu den wichtigsten sprachinternen Faktoren für Sprachwandel zählen die Analogiebildung und die Vorgänge der Grammatikalisierung und Reanalyse. Die Untersuchung der diachronen Dimension von Sprache ist dadurch gekennzeichnet, dass man sich nur auf ein eingeschränktes, oft nur bruchstückhaft und schriftlich vorliegendes Datenmaterial stützen kann. Daher sind im Rahmen der historischen Sprachwissenschaft Techniken entwickelt worden, die es ermöglichen, den tatsächlichen Gebrauch einer Sprache zu einem bestimmten historischen Zeitpunkt auf der Grundlage des zur Verfügung stehenden Materials zu erfassen. In jüngerer Zeit sind durch die Entwicklung der elektronischen Datenverarbeitung neue Untersuchungsmöglichkeiten entstanden, die es erlauben, große Mengen historischen Datenmaterials zu analysieren.

Literatur

Der erste Abschnitt dieses Kapitels basiert vor allem auf Ausführungen zur Sprachvariation bei Berschin, Felixberger & Goebl (2008), Pirazzini (2013) und Gabriel & Meisenburg (2014) sowie auf Koch (2003) und Koch & Oesterreicher (2011). Die beiden anderen Abschnitte orientieren sich an Lass (1980), Anttila (1989), McMahon (1994) und Trask (2007) sowie an Gerritsen & Stein (1992) und Berschin (2001), die insbesondere die Problematik der Unterscheidung zwischen interner und externer Sprachgeschichte erörtern. Zurückgegriffen wurde außerdem auf Erklärungsversuche einzelner Sprachwandelphänomene in den romanischen Sprachen in Battye & Roberts (eds.) (1995), Kemenade & Vincent (eds.)(1997), Ernst, Gleßgen, Schmitt & Schweickardt (Hgg.)(2003, 2006, 2008), Detges & Waltereit (eds.)(2008) und Heinemann (Hg.)(2008).

Testfragen

(1) Erläutern Sie den Unterschied zwischen synchroner und diachroner Herangehensweise. In welcher Beziehung stehen beide Vorgehensweisen zueinander?

(2) Was versteht man unter ‚tradierter' oder ‚normaler' Norm im Sinne Coserius? Wie wird im Rahmen dieses Modells Sprachwandel aufgefasst?

(3) Mit Hilfe welcher zwei Mechanismen werden in der Regel Abweichungen vom Wirken eines Lautgesetzes zu erklären versucht?

(4) Was versteht man unter Reanalyse?

(5) Wie wird bei einer Sprachwandelanalyse vorgegangen, die auf der Untersuchung von Paralleltexten basiert?

Die romanischen Sprachen als Gegenstand der wissenschaftlichen Untersuchung | 3

Inhalt

Dieses Kapitel stellt die romanischen Sprachen als Gegenstand wissenschaftlicher Untersuchung vor. Dabei wird die genealogische Einordnung der romanischen Sprachen in die Gruppe der indoeuropäischen Sprachen betrachtet und gezeigt, nach welchen Kriterien die romanischen Sprachen untereinander klassifiziert werden und welche Probleme mit einer solchen Klassifikation verbunden sind.

Die romanischen Sprachen als Teil der indoeuropäischen Sprachfamilie | 3.1

Wie der im 1. Kapitel zitierten Brockhaus-Definition entnommen werden kann, gehören die romanischen Sprachen zur ‚indogermanischen' Sprachfamilie. Diese Bezeichnung nimmt Bezug auf die äußeren Ränder ihres ursprünglichen Verbreitungsgebietes, nämlich Indien im Osten und dem germanischen Sprachgebiet im Nordwesten. International gebräuchlicher ist der Begriff ‚indoeuropäisch'. Einer der ersten, der auf die Existenz der indoeuropäischen Sprachfamilie hingewiesen hat, ist der Brite **William Jones** (1746-1794), der als Richter in Bengalen, einem Teil der damaligen britischen Kolonie Indien, tätig war. Während seines dortigen Aufenthaltes befasste er sich intensiv mit dem **Sanskrit**, der klassischen altindischen Sprache, und präsentierte 1786 vor der *Royal Asiatic Society* das folgende Ergebnis seiner Studien:

Abb. 3.1: William Jones (1746-1794)

Zitat

> The *Sanscrit* language, whatever be its antiquity, is of a wonderful structure; more perfect than the *Greek;* more copious than the *Latin,* and more exquisitely refined than either, yet bearing to both of them a stronger affinity, both in the roots of verbs and in the forms of grammar, than could possibly have been produced by accident; so strong indeed, that no philologer could examine them all three, without believing them to have sprung from some common source, which, perhaps, no longer exists; there is a similar reason, though not quite so forcible, for supposing that both the *Gothick* and the *Celtick,* though blended with a very different idiom, had the same origin with the *Sanscrit,* and the old *Persian* might be added to the same family. (William Jones zitiert nach Cannon 1990: 245)

Historisch-vergleichende Sprachwissenschaft

Die Entdeckung, die hier von Jones zum Ausdruck gebracht wird, ist in zweierlei Hinsicht bemerkenswert: Zum einen wird dem Sanskrit eine ‚edle' Struktur zugestanden, wie man sie zur damaligen Zeit in der Regel nur dem Griechischen und Lateinischen zugeschrieben hatte; zum anderen werden die beobachteten Ähnlichkeiten damit erklärt, dass es für diese sowie für die germanischen und keltischen Sprachen und ebenso für das Altpersische eine gemeinsame Ursprache gegeben haben muss. Diese Entdeckung hat in der Sprachwissenschaft zur intensiven Erforschung der Verwandtschaftsbeziehungen zwischen diesen Sprachen mit Hilfe der **(historisch-)vergleichenden Methode** geführt.

Indoeuropäische Wortgleichungen

Diese Methode besteht vor allem darin, durch Vergleiche von Wörtern (‚Wortgleichungen') und durch den Vergleich morphologischer Mittel der Nominal- und Verbalflexion die Ähnlichkeiten und Verschiedenheiten von Sprachen herauszuarbeiten. Zentrales Ziel dabei ist die Rekonstruktion einer angenommenen gemeinsamen Ursprache, dem Ur-Indoeuropäischen (Baldi 1999: 8ff, Mallory & Adams 2006, Kausen 2012: 60f):

▶ Indoeuropäische Wortgleichungen

Ur-Indo-euro-päisch	Indoarisch	Griechisch	Italisch	Germanisch			Slavisch
	Sanskrit		Lateinisch	Englisch	Gotisch	Deutsch	Altkirchen-slavisch
**mā́tḗr*	*mātár*	*mḗtēr*	*māter*	*mother*	*muoter* (ahdt.)	*Mutter*	*mati*
**tréyes*	*tráyaḥ*	*treīs*	*trēs, tria*	*three*	*Þreis*	*drei*	*tri(je)*
**néu̯os*	*náva*	*né(w)os*	*novus*	*new*	*niujis*	*neu*	*novŭ*
**esti*	*ásti*	*estí*	*est*	*is*	*ist*	*ist*	*jestŭ*

Es wird vermutet, dass die indoeuropäische Ursprache vor etwa 6.000 bis 7.000 Jahren in der Gegend des Schwarzen Meeres gesprochen wurde. Allerdings sind sowohl diese zeitliche Einordnung als auch die räumliche Bestimmung sehr umstritten. Als gesichert kann lediglich gelten, dass die geographische Verbreitung der indoeuropäischen Ursprache und die Aufgliederung in verschiedene indoeuropäische Sprachen vor allem das Ergebnis von Wanderungen sind.

Exkurs

Die wichtigsten indoeuropäischen Sprachen

Die indoeuropäischen Sprachen werden in etwa ein Dutzend Hauptgruppen unterschieden, die wiederum in zahlreiche Untergruppen unterteilt werden: Im Osten sind es die vom **Sanskrit** abstammenden indoarischen Sprachen, die in Nordindien, Pakistan und Nepal gesprochen werden und zu denen mit **Hindi/Urdu** und **Bengali** zwei der meistgesprochenen Sprachen der Erde gehören. Von den weiter westlich gesprochenen iranischen Sprachen sind das **Persische** und **Kurdische** die bekanntesten. **Armenisch** und das ausgestorbene **Anatolisch** (**Hethitisch**) sowie **Albanisch** und **Griechisch** bilden jeweils eine eigene Hauptgruppe. Weiter nördlich werden die slavischen Sprachen gesprochen. Zu ihnen gehören die ostslavischen Sprachen wie **Russisch**, **Weißrussisch** und **Ukrainisch**, die westslavischen Sprachen wie **Polnisch**, **Tschechisch** und **Slovakisch** sowie die südslavischen Sprachen wie **Bulgarisch**, **Slovenisch** und **Serbokroatisch**, das sich aus Bosnisch, Serbisch und Kroatisch zusammensetzt. Zu den westslavischen Sprachen wird auch das in der ostdeutschen Lausitz gesprochene **Sorbisch** gerechnet. Im Baltikum werden die baltischen Sprachen **Lettisch** und **Litauisch** gesprochen. Im Westen findet sich die Gruppe der germanischen Sprachen, die traditionell in die nordgermanischen Sprachen wie **Schwedisch**, **Dänisch** und **Isländisch** und in die westgermanischen Sprachen mit dem **Deutschen**, **Niederländischen** und **Englischen** eingeteilt werden. Darüber hinaus gibt es noch die ostgermanischen Sprachen mit dem **Gotischen, Vandalischen** und **Burgundischen**, die seit langem nicht mehr gesprochen werden. Sie sind hier deshalb erwähnenswert, weil sie zusammen mit einigen westgermanischen Sprachen eine nicht unerhebliche Rolle bei der Ausgliederung der romanischen Sprachen gespielt haben. Bei der ebenfalls im Westen angesiedelten Gruppe der keltischen Sprachen unterscheidet man zwischen dem Inselkeltischen mit dem **Irischen, Schottisch-Gälischen, Walisischen** sowie dem in Frankreich gesprochenen **Bretonischen** und dem Festlandkeltischen, zu denen das **Keltiberische** und das **Gallische** zählen. Letztere sind heute zwar längst ausgestorben, sie haben aber einen wichtigen Einfluss auf die Ausgliederung der romanischen Sprachen ausgeübt. Im Süden Europas ist schließlich die Gruppe der italischen Sprachen angesiedelt, deren prominentester Vertreter das **Latein** mit den daraus entstandenen romanischen Sprachen darstellt. Weitere italische Sprachen sind das **Oskische** und **Umbrische**, die heute nicht mehr gesprochen werden, aber bei der Herausbildung der romanischen Sprachen eine ähnliche Rolle wie die keltischen Sprachen gespielt haben (Kausen 2012: 669-692).

Ausbreitung der indoeuropäischen Sprachen

Die heutige große Bedeutung der indoeuropäischen Sprachen hängt vor allem mit der außerordentlich intensiven Expansion von drei Sprachgruppen zusammen, der germanischen, der italisch-romanischen und der slavischen. Diese Ausbreitung ist verbunden mit der Verdrängung und dem Aussterben vieler Sprachen, die ursprünglich in den heutigen Verbreitungsgebieten dieser drei Sprachgruppen gesprochen wurden, und ausschlaggebend dafür, dass die indoeuropäischen Sprachen heute die mit weitem Abstand größte Sprachfamilie der Welt bilden.

Exkurs

Nicht-indoeuropäische Sprachen in Europa

Im heutigen Europa werden nur wenige nicht-indoeuropäische Sprachen gesprochen. Innerhalb des Sprachgebiets der romanischen Sprachen sind dies das am Golf von Biskaya gesprochene **Baskische** sowie das **Ungarische**, das außer in Ungarn unter anderem auch in Teilen Rumäniens gesprochen wird. Das Ungarische gehört zu den **finno-ugrischen Sprachen**, die die bedeutendste nicht-indoeuropäische Sprachgruppe in Europa bilden. Hierzu werden außerdem das **Finnische, Estnische** und **Samische** sowie kleinere, in verschiedenen Regionen Russlands gesprochene Sprachen gerechnet. Neben dem **Türkischen** und zahlreichen im Kaukasus gesprochenen Sprachen, wie z. B. **Georgisch**, ist auch das auf der Insel Malta gesprochene **Maltesisch** eine nicht-indoeuropäische Sprache. Es gehört zur Gruppe der semitischen Sprachen, einer Untergruppe der afroasiatischen Sprachen. Alle diese Sprachen unterscheiden sich in ihrer Struktur und in ihrem Wortschatz deutlich von den indoeuropäischen Sprachen. Dies belegen die Wortgleichungen einiger dieser Sprachen im Vergleich mit den Wortgleichungen der indoeuropäischen Sprachen.

▶ Wortgleichungen nicht-indoeuropäischer Sprachen

Ur-Indoeuropäisch	Baskisch	Finnisch	Maltesisch	Türkisch	Ungarisch	
**mā́tēr*	*ama*	*äiti*	*omm*	*anne*	*anya*	‚Mutter'
**tréyes*	*hiru*	*kolme*	*tlieta*	*üç*	*három*	‚drei'
**néu̯os*	*berri*	*uusi*	*ġdid*	*yeni*	*új*	‚neu'
**esti*	*da*	*on*	*hu(wa)*	*o*	*van*	‚ist'

Das Baskische

Exkurs

Eine besondere Rolle in Bezug auf die Geschichte der romanischen Sprachen nimmt das Baskische (bask. *euskera*) ein. Es ist die einzige vorromanische Sprache, die nach der Romanisierung auf dem heutigen Gebiet der romanischen Sprachen erhalten geblieben ist (zum Status des Griechischen siehe Hinweis S. 81). Baskisch wird heute von ca. 500.000-700.000 Menschen im Nordosten Spaniens und im Südwesten Frankreichs gesprochen. Über seine Herkunft ist wenig bekannt. In der Regel wird es als **isolierte Sprache** angesehen, die folglich mit keiner anderen Sprache der Welt verwandt ist. Es gilt als gesichert, dass das ursprüngliche Sprachgebiet des Baskischen weitaus größer war, als es heute ist. Dies lässt sich unter anderem aus den zahlreichen baskischen Lehnwörtern schließen, die im Okzitanischen, vor allem im Gaskognischen, sowie in den iberoromanischen Sprachen zu finden sind, wie z. B. sp. *arroyo*, port. *arroio* ‚Bach', gask. *arroulho* ‚Graben' < bask. *arroila* ‚Furche, Graben' bzw. arag. *arrèc* ‚Bach' < bask. *erreka* ‚Bach' (Tagliavini 1998: 110, Allières 1998: 324). Auch aufgrund von Orts- oder Flussnamen lassen sich Rückschlüsse auf baskische Siedlungsgebiete ziehen. Beispielsweise deutet der Name des okzitanischen Pyrenäentals *Val d'Aran* darauf hin, dass hier ursprünglich Basken gesiedelt haben könnten, da *(h)aran* im Baskischen ‚Tal' bedeutet. Einige Forscher versuchen anhand von Ortsnamen in Nord- und Mitteleuropa, wie z. B. das britische *Arundel* oder das deutsche *Arn-*

stein, sogar nachzuweisen, dass das Siedlungsgebiet der Basken ursprünglich fast ganz Europa umfasst hat. Begründet wird dies nicht nur mit der Ähnlichkeit zu bask. *(h)aran*, sondern auch mit der Lage dieser Ortschaften in Tälern (Vennemann 1999: 30-33). Solche Annahmen sind jedoch sehr spekulativ (Trask 1997: 364-368). Als eher gesichert gilt hingegen, dass das baskische Sprachgebiet seit dem 10. Jahrhundert weitgehend auf die Gegend um den Golf von Biskaya beschränkt gewesen ist, in der sich auch die sieben traditionellen baskischen Provinzen befinden.

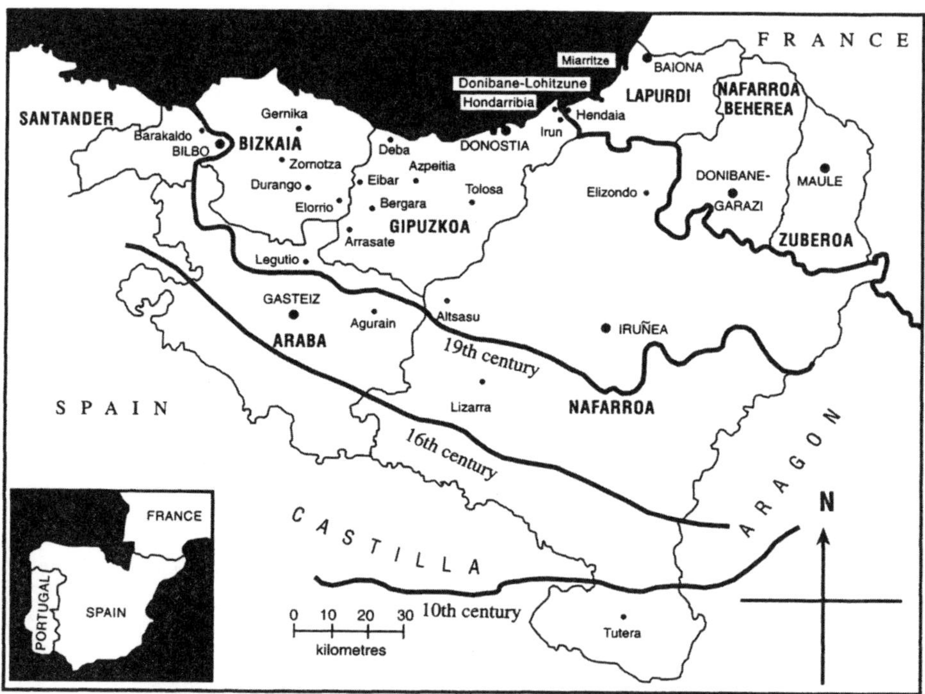

Abb. 3.2 | ▶ Rückgang des baskischen Sprachgebietes

3.2 | Die Klassifikation der romanischen Sprachen

Erste Klassifikationsversuche

Die Auffassung darüber, wie viele romanische Sprachen es gibt, variiert sehr stark. Einer der ersten Klassifikationsversuche geht auf **Dante Alighieri** (1265-1321) zurück. In seiner bereits im 2. Kapitel erwähnten Abhandlung *De vulgari eloquentia* (dt. ‚Über die Redegewandtheit in der Volkssprache') nimmt er nicht nur eine erste Einteilung der italienischen Dialekte vor, sondern klassifiziert auch die romanischen Sprachen als eigene Sprachengruppe, die er in drei Untergruppen unterteilt. Als Unterscheidungskriterium dienen ihm die verschiedenen Ausdrucksformen für das Wort ‚ja'. Im klassischen Latein gab es hierfür keine eigene Form, denn die Bejahung eines Sachverhaltes erfolgte im Lateinischen in der Regel durch die Wiederaufnahme des finiten Verbs in der entsprechenden Person: VENĪS MĒCUM? – VENIŌ ‚Kommst du mit mir? – ‚Ich komme'. Im umgangssprachlichen Latein wurden allerdings statt dessen sehr häufig Wörtchen wie SĪC ‚so', HOC ‚dieses' oder HOC ILLE ‚dieses jener' verwendet. Diese Antwortformen haben sich in den romanischen Sprachen weitgehend durchgesetzt und regional unterschiedlich verbreitet. Aufgrund der verschiedenen Formen der Bejahung grenzt Dante Alighieri (1996: I, VIII, 7) die romanischen Sprachen einerseits von den germanisch-slavischen Sprachen im Norden und dem Griechischen im Osten ab und unterteilt sie andererseits untereinander in Sprachen, die mit *oc*, *oïl* oder *si* bejahen (Tagliavini 1998: 4f).

Abb. 3.3: Dante Alighieri (1265-1321)

Exkurs

Diese erste grobe Klassifikation der romanischen Sprachen ist aus heutiger Sicht veraltet und unzureichend. Rohlfs (1971b: 42f) liefert ein moderneres Bild der Situation. Seinen Untersuchungen zufolge ist die Form *oc*, die in der Bezeichnung für das in Südfrankreich gesprochene Okzitanische enthalten ist, weitgehend nur noch in den Formen *ò*, *yò*, *òy* vereinzelt im Gaskognischen sowie als *o* im katalanischen Sprachgebiet an der französisch-spanischen Grenze erhalten geblieben. Die Bezeichnung *oïl* ist aus HOC ILLE entstanden und hat sich später im Französischen zu *oui* entwickelt. Das lateinische SĪC wurde im Italienischen sowie in den iberoromanischen Sprachen zu it. *sì*, sp. / kat. *sí* oder port. *sim*, in der im Engadin gesprochenen bündnerromanischen Varietät zu *schi* und im Rumänischen zu *așa*, das aber heute weitgehend von dem aus dem Slavischen entlehnten *da* verdrängt wurde. Darüber hinaus gibt es in zahlreichen romanischen Varietäten weitere Bejahungspartikeln, wie z. B. *èmmo*, das sich aus dem lateinischen Verstärkungsadverb IMMŌ ‚gewiss doch, ja sogar' ableitet und in Varietäten in Zentralsardinien anzutreffen ist, oder das ebenfalls im Sardischen verbreitete *éi*, das auch in vielen norditalienischen Dialekten verwendet wird und dessen Herkunft unklar ist.

Abb. 3.4: Die Bezeichnung für ‚ja' in den romanischen Sprachen

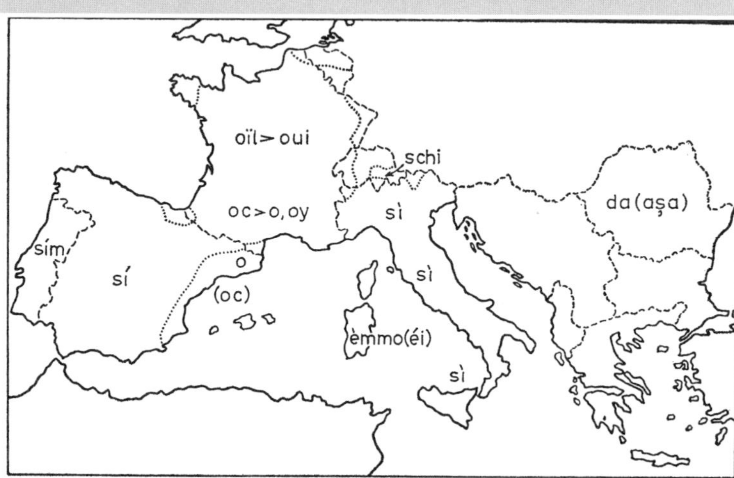

Das Portugiesische und Rumänische zeichnen sich außerdem dadurch aus, dass sie ähnlich wie das Lateinische eine syntaktische Bejahungsmöglichkeit kennen. So wird im Portugiesischen eine Frage wie *Vens comigo?* ‚Kommst du mit mir?' in der Regel durch *Venho* ‚Ich komme' statt mit *sim* affirmativ beantwortet. Ebenso kann im Rumänischen die affirmative Antwort auf *Vii cu mine* ‚Kommst du mit mir?' *Vin* ‚Ich komme' lauten.

Die Klassifikation von Friedrich Diez

Die erste umfassende wissenschaftliche Abhandlung über die romanischen Sprachen ist die 1836-1844 erstmals erschienene dreiteilige *Grammatik der romanischen Sprachen* von **Friedrich Diez** (1794-1876). Er wird daher meist auch als der ‚Vater' der Romanischen Philologie angesehen (Iordan 1962: 1, Gauger, Oesterreicher & Windisch 1981: 14, Pöckl, Rainer & Pöll 2013: 20).

Abb. 3.5: Friedrich Diez (1794-1876)

Exkurs

Bisweilen wird auch **François-Juste Raynonard** (1761-1836) die Rolle des Begründers der Romanischen Philologie zugeschrieben (Posner 1996: 3, Tagliavini 1998: 7). Seine Arbeiten, in denen er einige enge Zusammenhänge zwischen den romanischen Sprachen aufgezeigt hat, lieferten eine wichtige Grundlage für die Arbeit von Diez. Allerdings ging Raynouard davon aus, dass die romanischen Sprachen nicht unmittelbar aus dem Latein, sondern aus dem Altokzitanischen, mit dem er sich eingehend befasst hat, abstammen (Wunderli 2001: 122).

Einleitend zu seiner Grammatik nimmt Diez (1882: 1) eine Einteilung in sechs romanische Sprachen vor, wobei er mit ‚Walachisch' das Rumänische bezeichnet und mit ‚Provenzalisch' den früher üblichen Begriff für das ‚Okzitanische' verwendet:

Zitat

> Sechs romanische Sprachen ziehen von Seiten grammatischer Eigenthümlichkeit oder litterärischer Bedeutung unsre Aufmerksamkeit auf sich: zwei östliche, die italienische und walachische; zwei südwestliche, die spanische und portugiesische; zwei nordwestliche, die provenzalische und französische.

Kriterien zur Klassifikation der romanischen Sprachen

Heute geht man allerdings von mehr als sechs romanischen Sprachen aus. In den meisten Darstellungen und Einführungen werden zwischen neun und elf Sprachen unterschieden. Bisweilen werden auch mehr Sprachen postuliert. Das *Lexikon der Romanistischen Linguistik* (LRL) unterscheidet entsprechend der Titel seiner Teilbände 16 romanische Sprachen. Je nachdem, ob man noch weitere Untergruppierungen vornimmt und welchen Status man diesen zuordnet, kann die Zahl auf 20 oder mehr Sprachen ansteigen (z. B. Renzi & Andreose 2003: 33-68, Gabriel & Meisenburg 2014: 47-59).

Diese starken Abweichungen hängen damit zusammen, dass es aus sprachwissenschaftlicher Sicht sehr schwierig ist, klare Kriterien für die Bestimmung einer Sprache und für deren Abgrenzung zu Dialekten zu formulieren. Die Kriterien hierfür sind sehr unterschiedlicher Natur und es ist unklar, wie sie zu gewichten sind. Diez beruft sich bei seiner Einteilung auf zwei Kriterien, die er miteinander verknüpft: ein sprachwissenschaftliches, nämlich das der grammatischen Besonderheit, und ein literatur- bzw. kulturwissenschaftliches, das der literarischen Bedeutung einer Sprache.

Die Klassifikation von Wilhelm Meyer-Lübke

Nach Ansicht von **Wilhelm Meyer-Lübke** (1861-1936), einem weiteren Pionier der romanistischen Sprachwissenschaft, lassen sich fünf dieser Sprachen, nämlich Portugiesisch, Spanisch, Französisch, Italienisch und Rumänisch, auch ‚politisch', d. h. hinsichtlich ihrer Anerkennung als Sprache eines Staates, bestimmen. Dem Okzitanischen, das hier ebenfalls wie bei Diez Provenzalisch genannt wird, gesteht Meyer-Lübke aufgrund seiner literarischen Bedeutung und aufgrund der sprachlichen Unterschiede zum Französischen den Status einer eigenen romanischen Sprache zu. Außerdem nimmt er aus ‚linguistischen' Gründen noch drei weitere romanische Sprachen an, nämlich das geographisch stark zersplitterte Rätoromanische, das Diez (1882: 110ff) unter der Bezeichnung „churwälsche Mundarten" zwar ebenfalls erwähnt, aber nicht als eigenständige romanische Sprache klassifiziert, das Sardische sowie das hier als Dalmatinisch bezeichnete Dalmatische, das Ende des 19. Jahrhunderts ausgestorben ist. Somit gelangt Meyer-Lübke (1920: 16f) zu folgender Einteilung der romanischen Sprachen:

Zitat

Die **Gliederung der gesamten Romania** ist hauptsächlich durch politische und durch literarische Verhältnisse bedingt. Die namentlich früher übliche Unterscheidung von sechs romanischen Sprachen: Rumänisch, Italienisch, Französisch, Provenzalisch, Spanisch, Portugiesisch verbindet beide Gesichtspunkte, sofern sie dem Provenzalischen mit Rücksicht auf die Wichtigkeit seines Schrifttums und auf die verhältnismäßig größeren Unterschiede vom Nordfranzösischen eine besondere Stellung einräumt [...]. Als siebente Sprache wurde später das Rätoromanische eingeführt, dessen Gebiet, Graubünden, Tirol, Friaul umfaßt und früher auch einen Teil von Istrien umfaßt hat [...]. Die Zusammenfassung der Mundarten dieses Gebietes ist eine lediglich linguistische, da sie zwar zu keinen Zeiten eine politische oder literarische Einheit gebildet haben, sich aber für den Sprachforscher und zumeist auch im Volksbewußtsein ganz entschieden abheben von den angrenzenden italienischen Dialekten. [...] Als weitere Gruppen sind endlich die sardische und die dalmatinische zu nennen.
Danach bekommt man also von Osten nach Westen:

1. Rumänisch,	4. Italienisch,	7. Französisch,
2. Dalmatinisch,	5. Sardisch,	8. Spanisch,
3. Rätoromanisch,	6. Provenzalisch,	9. Portugiesisch.

Abstand und Ausbau

Das ‚linguistische' Kriterium Meyer-Lübkes entspricht hier dem, was häufig in Anlehnung an Kloss (1967) auch als sprachlicher **Abstand** bezeichnet wird. Damit wird auf die Größe der sprachstrukturellen Unterschiede zwischen zwei Varietäten Bezug genommen. Sind diese Unterschiede eher groß, wird angenommen, dass es sich um zwei verschiedene Sprachen (Abstandsprachen) handelt. Sind die Unterschiede eher gering, tendiert man dazu, sie als Dialekte einer Sprache zu klassifizieren. Es liegt auf der Hand, dass es unmöglich ist, hier objektiv vorzugehen. Abgesehen davon, dass die Kriterien ‚groß' oder ‚klein' relativ sind, ist nicht festgelegt, welche sprachinternen Kriterien für die Feststellung des Abstands ausschlaggebend sind und wie sie gewichtet werden. Es ist also demjenigen, der die Klassifikation vornimmt, selbst überlassen, etwa lautlichen Kriterien mehr Gewicht zu geben als morphologischen und lexikalische Faktoren beispielsweise unberücksichtigt zu lassen. Ein anderes Kriterium, das eher objektiv erfassbar ist, ist das des **Ausbaus**. Es geht ebenfalls auf Kloss (1967) zurück und entspricht in gewisser Weise dem, was Meyer-Lübke unter der Bezeichnung ‚Wichtigkeit des Schrifttums' subsumiert. Demnach wird eine Varietät dann als Sprache und nicht als Dialekt eingestuft, sobald sie ‚ausgebaut' ist, d. h. wenn sie mit einer eigenen Orthografie kodifiziert ist sowie über sprachwissenschaftliche Beschreibungen, wie z. B. Grammatiken oder Wörterbücher, verfügt und zur Produktion von Literatur oder anderen anspruchsvolleren Texten benutzt wird.

Die Einstellung der Sprecher

Meyer-Lübke bringt schließlich noch das Kriterium des ‚Volksbewusstseins' ins Spiel. Hiermit ist die **subjektive Einstellung der Sprecher** gegenüber der von ihnen gesprochenen Varietät gemeint sowie ihre Einschätzung darüber, ob es sich hier eher um den Dialekt einer übergeordneten Varietät oder vielmehr um eine eigene Sprache handelt. Dieses Kriterium beinhaltet auch eine starke politische Komponente. Es bezieht nämlich auch die Einstellung der Sprecher gegenüber dem Staat oder anderen Sprachgemeinschaften innerhalb des Staates, in dem sie leben, ein. Selbstverständlich ist es sehr schwer, solche Einstellungen möglichst objektiv zu erfassen. Dennoch spielen diese Einstellungen durchaus eine wichtige Rolle bei der Unterscheidung von Sprache und Dialekt.

Der Status des Katalanischen

In den Einteilungen von Diez und Meyer-Lübke fehlt schließlich noch eine Sprache, die heute in keiner Liste der romanischen Sprachen mehr fehlt: das **Katalanische**. Das Katalanische wird von ca. 7.000.000 Sprechern in vier autonomen Gemeinschaften Spaniens, nämlich in Katalonien, auf den Balearischen Inseln und in Teilgebieten von Valencia und Aragón, sowie in Teilen des französischen Departements Pyrénées-Orientales, in dem Pyrenäenkleinstaat Andorra und in dem Ort L'Alguer (it. Alghero) auf Sardinien gesprochen. Es ist unstrittig, dass das Katalanische sowohl aufgrund seiner bedeutenden (mittelalterlichen und modernen) Literatur als auch aufgrund seines Ausbaus als Standardsprache sowie aufgrund des Bewusstseins seiner Sprecher als eine eigenständige romanische Sprache anzusehen ist. Den Status als Staats- oder Nationalsprache hat das Katalanische bislang nur in Andorra. In den katalanischsprachigen Autonomen Gemeinschaften Spaniens ist Katalanisch zwar kooffizielle Sprache neben dem Spanischen, hat aber trotz mehrerer Versuche dort bislang nicht die Anerkennung als Staats- oder Nationalsprache erfahren.

Einteilung der romanischen Sprachen

Rechnet man also das Katalanische zur Klassifikation Meyer-Lübkes hinzu, erhält man eine Liste von **zehn** romanischen Sprachen. Diese Einteilung findet sich heute in sehr vielen Handbüchern, wobei allerdings häufig das ausgestorbene Dalmatische unberücksichtigt bleibt (Gauger, Oesterreicher & Windisch 1981: 3f, Bossong 2008: 28f). Oft wird darüber hinaus eine Einteilung in vier sprachübergreifende Gruppen vorgenommen, deren Bezeichnung zum Teil auf den Namen von Sprachen beruht, die vor der Romanisierung auf dem Gebiet der heutigen romanischen Sprachen gesprochen wurden (Renzi 1980: 90, Harris 1988, Tagliavini 1998: 279, Kabatek & Pusch 2011a: 70, Gabriel & Meisenburg 2014: 47-59):

▶ Einteilung der romanischen Sprachen

Iberoromanisch	Portugiesisch	(mit Galicisch)
	Spanisch (Kastilisch)	(mit Judenspanisch)
	Katalanisch	
Galloromanisch	Okzitanisch	(mit Gaskognisch)
	Französisch	(mit Frankoprovenzalisch)
	Rätoromanisch	
Italoromanisch	Sardisch	
	Italienisch	(mit Korsisch)
	Dalmatisch †	
Balkanromanisch	Rumänisch	(mit Aromunisch, Meglenorumänisch und Istrorumänisch)

Die Gliederung der romanischen Sprachen in vier übergeordnete Gruppen ist nicht unproblematisch (Hoinkes 2003: 133) und kann allenfalls als „eine erste, grobe Orientierung" (Bossong 2008: 306) dienen. Dem Dalmatischen und Katalanischen werden nach dieser Einteilung eine Art ‚Brückenfunktion' zwischen der Italo- und der Balkanromania einerseits und der Ibero- und Galloromania anderseits zugeschrieben (Vidos 1968: 319-335). Umstritten ist die Stellung des Rätoromanischen zwischen der Gallo- und Italoromania (Tagliavini 1998: 306-311). Es setzt sich aus drei geographisch voneinander getrennten Varietäten, dem Bünderromanischen, Dolomitenladinischen und Friaulischen, zusammen. Aufgrund gemeinsamer lautlicher und morphologischer Besonderheiten bilden diese drei Varietäten eine „unleugbare Einheit" (Tagliavini 1998: 306). Sie unterscheiden sich dadurch einerseits vom Italienischen und zeigen andererseits Übereinstimmungen mit dem Französischen. Eine besondere Rolle nehmen auch die in der Einteilung nicht aufgeführten norditalienischen Dialekte ein. Sie bilden aufgrund vieler Gemeinsamkeiten untereinander und mit den galloromanischen Sprachen einen „ziemlich geschlossenen Block" (Renzi 1980: 100) und heben sich deutlich von den italienischen Varietäten Mittel- und Süditaliens ab. Lausberg (1969: 39) unterteilt daher das Italienische in die Gruppen „Norditalien" und „Mittel- und Süditalien". Damit bezieht er sich auf eine andere übergeordnete Unterteilung der romanischen Sprachen in **West-** und **Ostromania**, als deren Grenze die Linie zwischen La Spezia und Rimini in Italien angenommen wird (Wartburg 1950). Zur Ostromania werden folglich die balkanromanischen Sprachen sowie die mittel- und süditalienischen Dialekte – einschließlich des Standarditalienischen – gezählt, während alle übrigen romanischen Sprachen die Westromania bilden. Das Sardische nimmt bezüglich dieser Unterteilung, auf die später noch näher eingegangen wird, eine besondere Rolle ein. Eine andere Gliederung der romanischen Sprachen, die bisweilen vorgeschlagen wurde, ist die Unterteilung in **Rand- und Zentralromania** (Bartoli 1978). Sie basiert auf der Beobachtung, dass die ibero- sowie balkanromanischen Sprachen einerseits und die gallo- sowie italoromanischen Sprachen andererseits gewisse Gemeinsamkeiten vor allem im Bereich des Wortschatzes aufweisen.

Probleme der vorgeschlagenen Einteilung

In der hier vorgeschlagenen Einteilung der romanischen Sprachen sind in Klammern noch einige Sprachvarietäten aufgeführt, deren Klassifikation als eigene Sprachen oder Dialekte einer Sprache sehr unterschiedlich gehandhabt wird. Im Bereich des Galloromanischen gehören hierzu das **Gaskognische** und das **Frankoprovenza-**

lische (auch Arpitanisch genannt). Am Beispiel des Frankoprovenzalischen, das in der Gegend um Lyon und Genf sowie im italienischen Aostatal gesprochen wird, lässt sich das Dilemma bei der Unterscheidung von Sprache und Dialekt sehr gut veranschaulichen. Auf der Grundlage rein linguistischer Kriterien weist es einen relativ großen Abstand zum Französischen auf, sodass bereits Ascoli (1878) dessen Klassifikation als eigenständige Sprache vorgenommen hat (Martin 1990). Ähnliches gilt für das Gaskognische, das traditionell aufgrund seines „individuellen Charakter[s]" (Tagliavini 1998: 343) oft auch als eigene Einheit neben dem Okzitanischen betrachtet wird (Rohlfs 1977, Massourre 2012). Allerdings haben weder das Frankoprovenzalische noch das Gaskognische jemals einen Ausbau erfahren und werden außerdem im Bewusstsein vieler ihrer Sprecher wohl eher als Dialekte des Französischen bzw. des Okzitanischen angesehen. Beide Varietäten stellen folglich „Zwischenkategorien" (Bossong 2008: 28) dar, bei denen Ausbau und Abstand nicht übereinstimmen und für die eine eindeutige Klassifikation nicht möglich ist. Einen ähnlichen Status haben das **Galicische** (auch Galegisch genannt) (Kabatek 2000), das **Judenspanische** (auch Ladino, Sephardisch oder Judezmo genannt) (Arnold 2012), und das **Korsische** (Goebl 1988). Rein linguistisch gesehen ist der Abstand dieser Sprachen zu den mit ihnen verbundenen Sprachen Portugiesisch, Spanisch und Italienisch relativ gering. Im Gegensatz zum Frankoprovenzalischen und Gaskognischen haben sie aber eine eigene Norm und ein eigenständiges Schrifttum entwickelt, sodass sie daher bisweilen als „Kulturdialekte" klassifiziert werden (Bossong 2008: 28).

Nicht ganz unproblematisch ist die Aufnahme des seit dem Ende des 19. Jahrhunderts nicht mehr gesprochenen **Dalmatischen** als eigene romanische Sprache. Traditionellerweise wird hier ähnlich wie beim Sardischen mit sprachlichen Besonderheiten und dem Abstand zum Italienischen argumentiert. Streng genommen müsste man diesem Prinzip folgend aber auch das ebenfalls ausgestorbene **Mozarabische** als eigene romanische Sprache aufnehmen. Es wurde im Mittelalter vor allem im Süden und Osten der Iberischen Halbinsel während der Maurenherrschaft gesprochen. Obwohl es nur bruchstückhaft dokumentiert ist, kann es nach Ansicht von Bossong (2008: 29) als eine „autochthone romanische Sprache" angesehen werden, die eigenständig genug ist, um von den anderen iberoromanischen Sprachen unterschieden werden zu können.

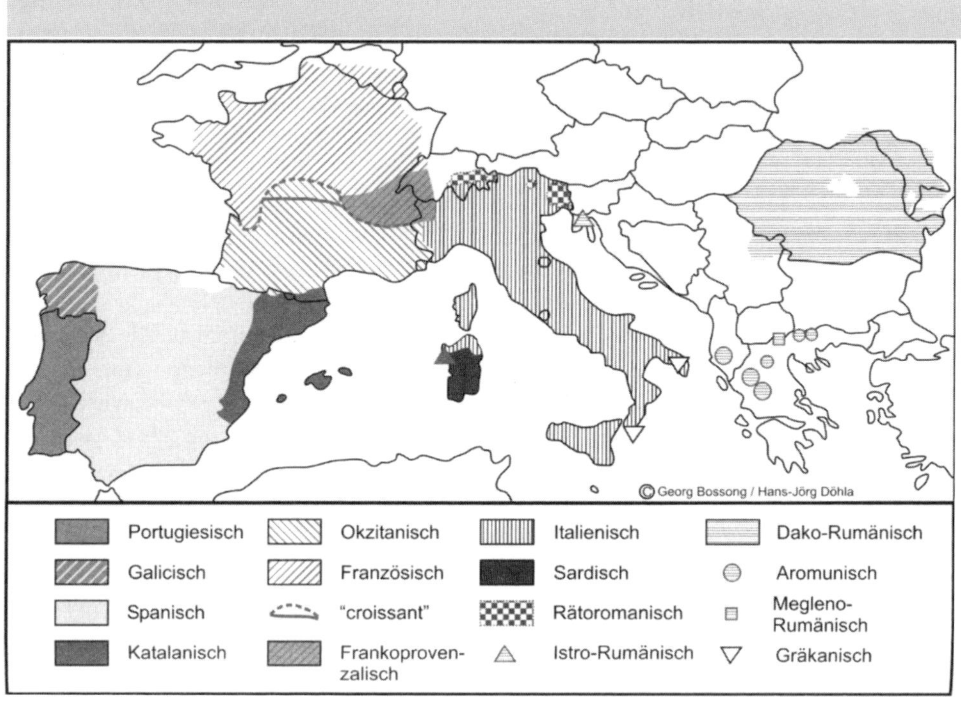

Die romanischen Sprachen in Europa ◀ **Abb. 3.6**

Die Karte von Bossong (2008: 322) in Abbildung 3.6 liefert eine Übersicht über die – heute noch gesprochenen – romanischen Sprachen in Europa. Interessanterweise sind darin auch die Sprachgebiete des Galicischen und Frankoprovenzalischen ausgewiesen, obwohl beide Varietäten von Bossong als Dialekte angesehen werden. Das Korsische hingegen, das Bossong als Kulturdialekt (des Italienischen) klassifiziert, ist nicht aufgeführt. Demgegenüber enthält die Karte das **Aromunische**, das **Meglenorumänische** und **Istrorumänische**, die von Bossong in Anlehnung an die traditionelle Einteilung der romanischen Sprachen als Varietäten des Rumänischen betrachtet werden. Außerdem sind unter der Bezeichnung ‚Gräkanisch' das in einigen süditalienischen Ortschaften gesprochene Griechische verzeichnet, das selbstverständlich nicht zu den romanischen Sprachen gehört. Diese kleinen Widersprüche machen noch einmal die

Problematik der Klassifikation von Sprachen deutlich. Da eindeutige Kriterien für eine solche Klassifikation fehlen, sind derartige Unstimmigkeiten unvermeidlich.

Es sollte klar geworden sein, dass die hier vorgestellte Einteilung der romanischen Sprachen eine „unregelmäßig motivierte" (Lausberg 1969: 40) ist und daher eher eine „pädagogische Konstruktion" (Meier 1941: 100) darstellt, die „im wesentlichen praktischer und nicht wissenschaftlicher Natur" (Tagliavini 1998: 281) ist. Sie soll im Folgenden als Grundlage für die Behandlung der Geschichte und der Herausbildung der romanischen Sprachen dienen.

Sprachgeographie

Zum Abschluss der Diskussion soll noch einmal auf die Problematik der in der Karte eingezeichneten Sprachgrenzen eingegangen werden. Es wurde gezeigt, dass es Übergangszonen gibt, wie z. B. das in der Karte als ‚croissant' bezeichnete Übergangsgebiet zwischen der Langue d'Oïl und der Langue d'Oc. Noch nicht diskutiert wurde, worauf diese Grenzlinien basieren. Hier kommt den Untersuchungen im Rahmen der **Sprachgeographie** eine entscheidende Rolle zu. Erste Ansätze in dieser Richtung gehen zurück bis in das revolutionäre Frankreich des ausgehenden 18. Jahrhunderts, als der Priester und Politiker **Abbé Grégoire** (1750-1831) eine Umfrage zum Gebrauch der regionalen Sprachen und Dialekte in Frankreich durchführen ließ (Walter 1988: 106f, Berschin, Felixberger & Goebl 2008: 215-218). Ihm ging es dabei weniger um die sprachwissenschaftliche Bestimmung dieser Dialekte und Sprachen, als vielmehr darum, sie zu verdrängen und das Französische als alleinige Sprache der Republik und der Freiheit durchzusetzen. Demgegenüber hatte sein Zeitgenosse **Charles Coquebert de Montbret** (1755-1831) durchaus auch sprachwissenschaftliche Ziele. In seiner Funktion als Direktor der statistischen Abteilung im französischen Innenministerium ließ Coquebert de Montbret 1806–1822 in ca. 200 Orten in Frankreich (und in von Frankreich besetzten Gebieten) unter anderem Übersetzungen des ‚Gleichnisses vom verlorenen Sohn' aus dem Neuen Testament (Lukas 15, 11-32) in der jeweiligen lokalen Varietät anfertigen. Sein Ziel, diese Dialekte und Sprachen sprachwissenschaftlich zu dokumentieren und geographisch abzugrenzen, konnte er jedoch nicht mehr verwirklichen (Brunot 1927: 525f, Simoni-Aurembou 1989, Ködel 2010). Allerdings hat sein Sohn Eugène einen Teil der Übersetzungen publiziert und damit als einer der ersten die Dialekt- und Sprachensituation Frankreichs umfangreich dokumentiert. In seiner Textsammlung findet sich außerdem die erste wissenschaftliche Abhandlung über die Sprachgeographie (Coquebert de Montbret 1831).

Die erste sprachwissenschaftlich fundierte sprachgeographische Untersuchung Frankreichs ist der *Atlas linguistique de la France* (ALF), der vom Schweizer **Jules Gilliéron** entworfen und angefertigt wurde. Die Daten wurden von **Edmond Edmont** auf der Grundlage eines von Gilliéron erstellten Fragebuches erhoben. Damit befragte Edmont in insgesamt 639 Orten in Frankreich sowie in angrenzenden Gebieten in Italien, der Schweiz und Belgien jeweils eine einheimische Gewährsperson. Auf der Grundlage dieser Daten erstellte Gilliéron zahlreiche Karten zur Aussprache, zum Wortschatz sowie zur

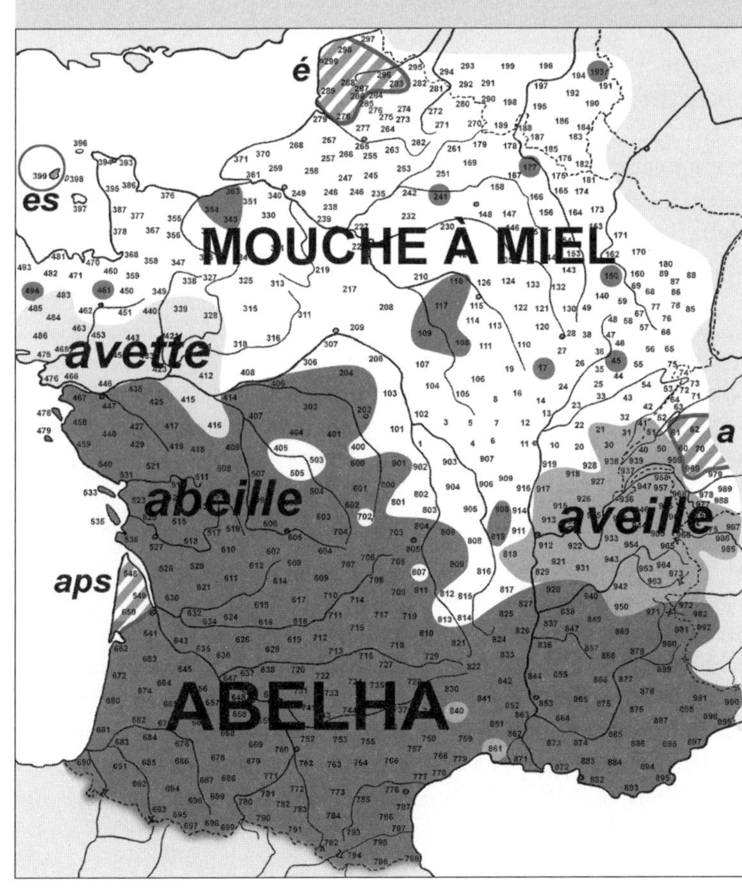

Abb. 3.7: Die Bezeichnung für ‚Biene' in Frankreich laut *ALF* (Karte 1)

Morphosyntax der Sprachen und Dialekte in den befragten Gebieten, die ein beeindruckendes Bild der damaligen sprachlichen Verhältnisse liefern. Zur Illustration soll hier die Karte in Abbildung 3.7 dienen, in der basierend auf Gilliérons ALF-Daten die verschiedenen Bezeichnungen für ‚Biene' (frz. *abeille*) in der jeweiligen lokalen Varietät verzeichnet sind. Sie zeigt deutlich die (damalige) Zweiteilung der Sprachenlandschaft Frankreichs: Im Süden wurde hauptsächlich ein Wort verwendet, das auf lat. APICULUS, einem von lat. APIS ‚Biene' abgeleiteten Diminutiv, zurückgeht, während im Norden vorwiegend eine Form gebraucht wurde, die auf dem Kompositum *mouche à miel* (wörtlich ‚Honigfliege') basiert (Elcock 1975: 170ff).

Isoglossen

Die Grenzlinien, die man aufgrund einer solchen Erhebung ziehen kann, werden **Isoglossen** genannt. In dem vorliegenden Beispiel basiert die Ziehung dieser Linien auf der Verwendung unterschiedlicher Wörter mit der gleichen Bedeutung. Mit Hilfe sprachgeographischer Untersuchungen lassen sich solche Linien nicht nur für die Ebene des Wortschatzes, sondern auch für jede andere Sprachebene bestimmen. Von besonderem Interesse ist hierbei der Vergleich mehrerer solcher Grenzlinien, und zwar besonders dann, wenn sie aufeinander treffen. In diesem Fall spricht man von **Isoglossenbündeln**.

Definition

Als **Isoglossen** werden die Grenzlinien bezeichnet, die in Bezug auf ein bestimmtes sprachliches Phänomen zwischen den Realisierungsgebieten zweier unterschiedlicher Dialekte oder Sprachen gezogen werden. Das Zusammentreffen mehrerer Isoglossen auf einer gemeinsamen Linie wird als **Isoglossenbündel** bezeichnet.

Die in den Karten der romanischen Sprachen gezogenen Grenzen basieren auf solchen Isoglossenbündeln: Je mehr solche Isoglossen sich bündeln lassen, desto mehr spricht dafür, dass von einer Dialekt- oder gar einer Sprachgrenze ausgegangen werden kann. Berschin, Felixberger & Goebl (2008: 261) veranschaulichen diesen Sachverhalt mit Hilfe einer in Anlehnung an Rosenqvist (1919) erstellten Karte. Sie enthält die Isoglossenverläufe aus insgesamt 68 ALF-Karten und liefert das folgende Bild der sprachlichen Gliederung Frankreichs und einiger angrenzender Gebiete.

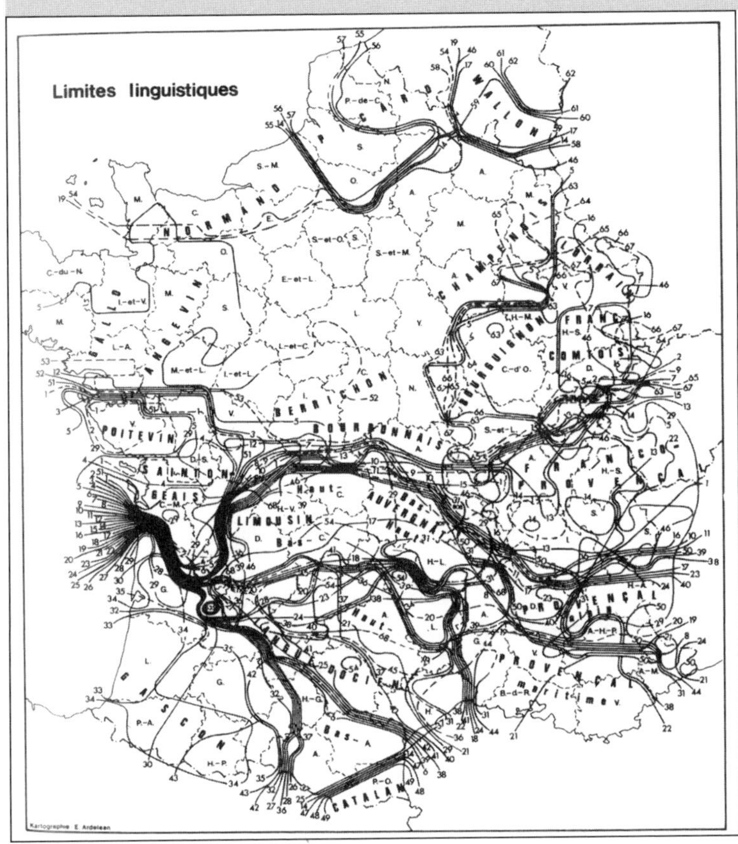

Abb. 3.8: Die sprachliche Gliederung Frankreichs und angrenzender Gebiete aufgrund von ALF-Isoglossen

Im Anschluss an die Pionierarbeit von Gilliéron und Edmont sind auch für andere Gebiete der romanischen Sprachen ähnliche Sprachatlanten erstellt worden (Goebl 1992, Winkelmann & Lausberg 2001). Für das italienische Sprachgebiet ist dies der *Sprach- und Sachatlas Italiens und der Südschweiz* (AIS) von Karl Jaberg und Jakob Jud und für die Iberische Halbinsel der von Tomás Navarro Tomás begonnene *Atlas lingüístico de la Península Ibérica* (ALPI). Die Arbeiten an letzterem wurden allerdings durch den spanischen Bürgerkrieg unterbrochen, sodass bislang nur der erste Band veröffentlicht wurde (Heap 2008). Mittlerweile sind alle romanischen Sprachen und eine Vielzahl regionaler Varietäten durch – teilweise sehr umfangreiche – Sprachatlanten erfasst. Die Qualität der erhobenen Daten hat sich in den letzten Jahrzehnten aufgrund neuer Techniken enorm verbessert. Heutzutage werden die Daten meist digital erfasst und oft auch per Internet zugänglich gemacht (z. B. ALD I/II, THESOC, VIVALDI). Die Erhebung von Sprachdaten hat allerdings nicht nur aus technischen Gründen tiefgreifende Änderungen erfahren, wie Berschin, Felixberger & Goebl (2008: 242) in Bezug auf die Sprachsituation in Frankreich konstatieren:

Zitat

> Dem zeitgenössischen Leser sollte [...] klar sein, daß durch die Dynamik des sozialen, technischen und ökonomischen Wandels in der zweiten Hälfte des 20. Jh. und der damit verbundenen Mobilität der Bevölkerung die Frage der Raumgliederung eine neue Dimension bekommen hat: Es ist z. B. nicht mehr möglich, den Verlauf der Sprachgrenze zwischen Langue d'Oïl und Langue d'Oc theoretisch und praktisch so zu studieren, wie dies noch zu Zeiten von Jules Gilliéron (1854-1926) [...] möglich war. Daraus folgt aber nicht, daß räumliche Unterschiede verschwinden oder belanglos würden (allein die alltägliche touristische Erfahrung geht in eine andere Richtung). Das Problem der «Gliederung Frankreichs» stellt sich heute als komplexe Frage, wo einige aus früherer Zeit gut bekannte Konstanten mit vielen, weitgehend unbekannten Variablen zusammenwirken.

Verhältnis von National- und Regionalsprachen

Eine dieser Variablen hängt mit der veränderten Rolle der Nationalsprache Französisch und ihrem Verhältnis zu den Regionalsprachen zusammen. Anders als im 19. und im frühen 20. Jahrhundert gibt es heutzutage kaum noch Sprecher einer Regionalsprache in Frankreich, die nicht auch Französisch – meist mit muttersprachlicher Kompetenz – sprechen. Dies führt zu einer zunehmenden Bedeutung des Französischen im Alltagsleben und auch dazu, dass viele Sprecher einer Regionalsprache darauf verzichten, diese ihren Kindern zu vermitteln, sodass sie nur noch Französisch erlernen. Die Folge ist, dass die Regionalsprachen zugunsten des Französischen zurückgedrängt werden und vielfach sogar in ihrer Existenz bedroht sind. Diese Entwicklung ist auch bei vielen Regionalsprachen in anderen romanischsprachigen Ländern zu beobachten.

Allochthone und autochthone Sprachen

Abschließend ist noch darauf hinzuweisen, dass in den genannten sprachgeographischen Untersuchungen **allochthone Sprachen** nicht erfasst sind. Hiermit sind Sprachen gemeint, die im Laufe der Jahrhunderte durch Immigranten in romanischsprachige Länder gelangt sind und über kein festes Territorium verfügen. Die Untersuchungen beziehen sich somit nur auf **autochthone Sprachen**, d. h. auf diejenigen Sprachen von Sprechern, die seit vielen Generationen in einem bestimmten Gebiet historisch ansässig sind. Die hier und im Folgenden gezeigten Sprachkarten geben daher eine Sprachsituation wieder, die als Ergebnis der Ausgliederung der romanischen Sprachen angesehen werden kann und bis etwa zu Beginn des 20. Jahrhunderts weitgehend stabil geblieben ist (Gleßgen 2012: 48).

Zusammenfassung

Die romanischen Sprachen sind als Nachfolgersprachen des Lateins Teil der italischen Sprachgruppe, einem Zweig der indoeuropäischen Sprachfamilie. Die Verwandtschaft der Sprachen wurde im 18. Jahrhundert entdeckt und mit Hilfe von Wortgleichungen belegt. Die indoeuropäischen Sprachen bilden die mit Abstand größte Sprachfamilie der Welt. In Europa werden nur sehr wenige nicht-indoeuropäische Sprachen gesprochen, auf dem Gebiet der romanischen Sprachen sind es das Baskische und das Ungarische. Die ersten Versuche einer internen Klassifikation der romanischen Sprachen wurden im Mittelalter unternommen, die erste umfassende wissenschaftliche Klassifikation stammt aus dem 19. Jahrhundert. Heutzutage geht man von ca. zehn romanischen Sprachen aus, die aufgrund unterschiedlicher Kriterien als romanische Sprache klassifiziert werden. Darüber hinaus werden die romanischen Sprachen häufig in übergeordnete Gruppen unterteilt. Die wichtigste dieser Unterteilungen ist die Unterscheidung in west- und ostromanische Sprachen. In sprachwissenschaftlicher Hinsicht lassen sich Sprach- oder Dialektgrenzen auf der Grundlage von Isoglossen bestimmen, die mit Hilfe sprachgeographischer Untersuchungen erfasst werden können.

Literatur

Der Abschnitt zu den indoeuropäischen Sprachen stützt sich unter anderem auf Kausen (2012) und Mallory & Adams (2006). Die hier vorgeschlagene Klassifikation der romanischen Sprachen orientiert sich vor allem an Tagliavini (1998), Renzi (1980) und Bossong (2008). Für die Ausführungen zur Sprachgeographie wurde hauptsächlich Berschin, Felixberger & Goebl (2008) zu Rate gezogen.

Testfragen

(1) Nennen Sie für jede der zehn hier angenommenen romanischen Sprachen jeweils die wichtigsten Kriterien, nach denen die jeweilige Sprache als eigenständige Sprache und nicht als Dialekt angesehen werden kann.

(2) Was spricht dafür und was spricht dagegen, das Gaskognische und das Frankoprovenzalische als eigene romanische Sprache zu klassifizieren?

(3) Was versteht man unter Isoglossen und was sind Isoglossenbündel?

(4) Erläutern Sie die Begriffe ‚autochthon' und ‚allochthon'.

Der Ausgangspunkt: Das (Vulgär-)Latein

4

Inhalt

Dieses Kapitel befasst sich mit dem Ausgangspunkt der romanischen Sprachen, nämlich dem Lateinischen und insbesondere dem Vulgärlatein. Zunächst wird auf die Ausbreitung und auf die Varietäten des Lateinischen eingegangen. Anschließend werden die Quellen dargestellt, anhand derer das Vulgärlatein beschrieben werden kann.

4.1 Die Ausbreitung des Lateins

Die Ausbreitung der lateinischen Sprache ist verbunden mit der Geschichte des Römischen Reiches, das im 8. oder 7. Jahrhundert v. Chr. mit der Gründung Roms seinen Anfang genommen und zu Beginn des 2. Jahrhunderts n. Chr. unter Kaiser Trajan seine größte Ausdehnung erfahren hat. Im Zuge der Völkerwanderung setzte etwa ab dem 4. Jahrhundert n. Chr. die allmähliche Auflösung des Römischen Reiches ein. Es endete im Westen mit der schrittweisen Ablösung durch germanische Reiche und schließlich durch die Absetzung des letzten weströmischen Kaisers Romulus Augustulus im Jahr 476 und im Osten im Jahre 1453 aufgrund der Eroberung Konstantinopels durch die Türken.

Entstehung und Ausdehnung des Römischen Reiches

Es wird allgemein angenommen, dass die Gründung Roms auf den Zusammenschluss von dörflichen Siedlungen der späteren Stadt Rom zurückgeht, der der Legende nach im Jahre 753 v. Chr. stattgefunden haben soll. In einer vom 3. bis zum 1. Jahrhundert v. Chr. andauernden Phase gelang es den Römern, sich die Vorherrschaft zunächst im mittleren, dann auch südlichen **Italien** sowie auf **Sizilien**, **Sardinien** und **Korsika** zu sichern. In der Folge des 2. Punischen Krieges (218-201 v. Chr.) kam es zur allmählichen Ausdehnung des Römischen Reiches nach **Norditalien** und auf die **Iberische Halbinsel**. Im 2. Jahrhundert v. Chr. eroberten die Römer fast den gesamten Mittelmeerraum und richteten im heutigen **Südfrankreich** die Provinz Gallia Narbonensis (121 v. Chr.) ein. Im 1. Jahrhundert v. Chr. wurden unter Caesar im Verlauf des Gallischen Krieges (58-51/50 v. Chr.) das heutige **Nord-** und **Südwestfrankreich** sowie **Belgien** und anschlie-

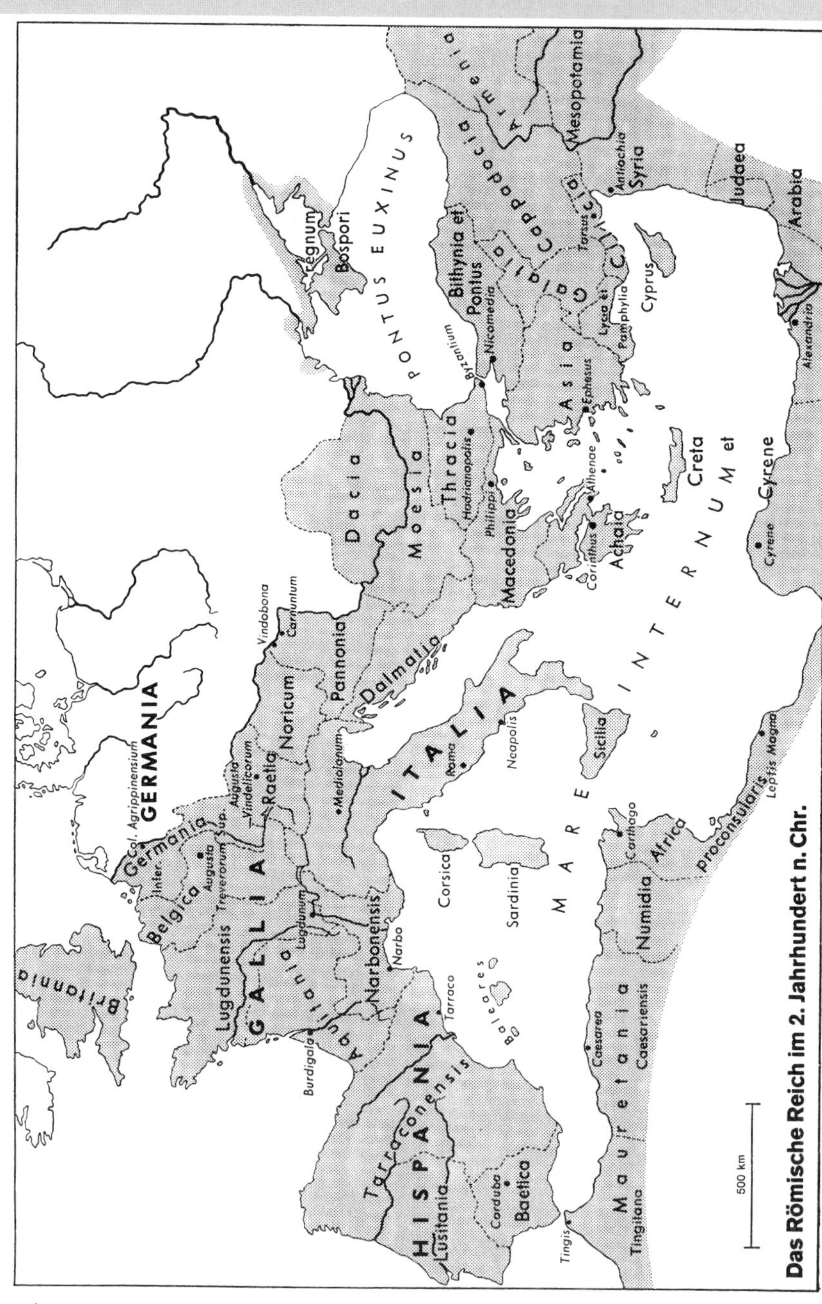

Abb. 4.1 ▶ Die Ausbreitung des Römischen Reiches

ßend unter Augustus der gesamte **Alpenraum** (15-12 v. Chr.) und Teile **Germaniens**, **Britanniens** und des **Balkanraums** (12 v. Chr.-9 n. Chr.) erobert. Unter Kaiser Trajan (98-117 n. Chr.) erlangte das Römische Reich durch die Eroberung Dakiens (106/107 n. Chr.), das etwa dem heutigen **Rumänien** entspricht, und großen Teilen des Nahen Ostens schließlich im Jahre 117 n. Chr. seine größte Ausdehnung (Klinkenberg 1999: 126f, Tagliavini 1998: 68).

Für die Entstehung der verschiedenen romanischen Sprachen ist die Tatsache entscheidend, dass im Zuge der römischen Eroberungen das Lateinische als Verkehrs- und Amtssprache durch Militär und Verwaltung eine enorme Ausbreitung erfuhr. In vielen Gebieten des Römischen Reiches wurde es allmählich zur Muttersprache der einheimischen Bevölkerung. Lediglich in den östlichen Provinzen blieb das **Griechische** weitgehend erhalten. Aufgrund der hochentwickelten hellenistischen Kultur genoss es ein hohes Prestige und wurde von den Römern lange Zeit selbst, etwa auf den Gebieten der Rhetorik oder Philosophie, verwendet (Janson 2006: 20f, Leonhardt 2009: 83f). Aus diesem Grunde war der Einfluss des Lateinischen in der östlichen Hälfte des Römischen Reiches geringer, sodass das Griechische dort nicht verdrängt wurde. In den westlichen Gebieten des Römischen Reiches, in denen die Griechen vor der Eroberung durch die Römer Besitzungen hatten, vor allem in Süditalien oder an der französisch-spanischen Mittelmeerküste, wie z. B. *Massilia* (heute *Marseille*) und *Nikaia* (heute *Nizza*), ging das Griechische hingegen (fast) vollständig verloren.

Hinweis

Griechisch in Italien
In Süditalien gibt es einige Dörfer, in denen heute (noch) Griechisch gesprochen wird. Es wird als Gräkanisch oder Griko bezeichnet. Umstritten ist, ob es sich hier noch um eine Kontinuität des antiken Griechischen des früheren Großgriechenlands (Magna Graecia) handelt oder ob das Griechische ausgestorben war und von Einwanderern aus Byzanz, die im 9. Jahrhundert nach Süditalien kamen, neu nach Italien eingeführt wurde (Tagliavini 1998: 84f, Dietrich 1998: 129).

Verlorene Romania

Abgesehen von den Provinzen, in denen das Griechische dominierte, wurde auch im übrigen Römischen Reich das Lateinische nicht überall zur Sprache der einheimischen Bevölkerung. Dies gilt vor allem für die Randgebiete, in denen die Romanisierung nicht vollständig erfolgte. Dort setzten sich zum einen die Sprachen derjenigen Völker durch, die vor dem Eindringen der Römer in diesen Gebieten siedelten, oder zum anderen Sprachen von Völkern, die beim Zerfall des Römischen Reiches in diese Gebiete eindrangen: im Nordwesten keltische Sprachen, im Nordosten germanische Sprachen, im Osten Ungarisch und slavische Sprachen und im Süden Berberisch und Arabisch. Diese Gebiete werden **Verlorene Romania** (*Romania submersa* ‚Untergegangene Romania') genannt. Dort weisen heute noch lateinischstämmige Ortsnamen auf die ehemalige Präsenz der Römer hin, wie z. B. *Köln* (< COLONIA (CLAUDIA ARA AGRIPPINENSIUM)). Zur Verlorenen Romania werden auch solche Gebiete gerechnet, in denen eine romanische Sprache entstand, aber später wieder verloren ging. Hierzu zählt unter anderem die Adriaküste des heutigen Kroatien, wo bis in das 19. Jahrhundert hinein das Dalmatische gesprochen wurde (Schlösser 2001: 14f). Die Karte von Wartburg (1950: Karte 10) in Abbildung 4.2 zeigt alle mutmaßlich romanisierten Gebiete:

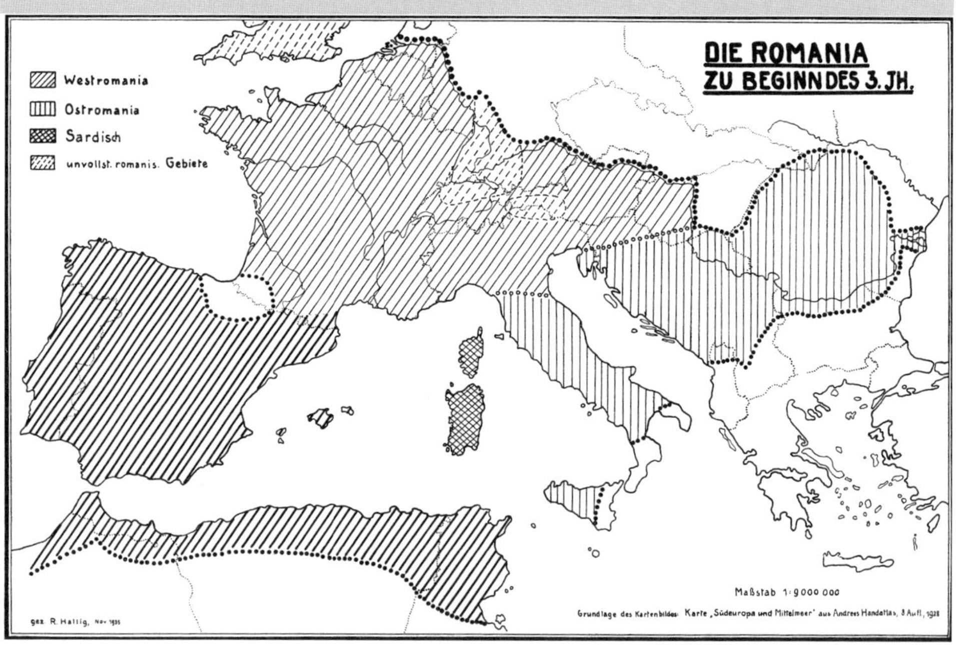

Abb. 4.2 | ► Das romanische Sprachgebiet zu Beginn des 3. Jahrhunderts

Alte und Neue Romania

Diejenigen Gebiete des Römischen Reiches, in denen eine romanische Sprache entstanden ist und bis heute weiterlebt, werden als

Alte Romania (*Romania antiqua*) bezeichnet. Demgegenüber wird mit dem Begriff **Neue Romania** (*Romania nova*) auf diejenigen Gebiete außerhalb des ehemaligen Römischen Reiches Bezug genommen, in denen heute eine romanische Sprache gesprochen wird. Hierbei handelt es sich um fast ganz Süd- und Mittelamerika sowie um Gebiete in Nordamerika, Afrika und Asien, in denen sich seit dem 15. Jahrhundert das Spanische, Portugiesische und Französische im Zuge der Kolonialisierung ausbreiteten.

Exkurs

Gelegentlich wird in Anlehnung an Alonso (1978) auch die Bezeichnung *Romania discontinua* verwendet (Schmitt 2000: 1064). Sie erfasst innerhalb der Alten Romania das Französische und Rumänische als eigene Gruppe, da diese beiden Sprachen nach dem Zusammenbruch des Römischen Reiches besonders stark durch Kontaktsprachen beeinflusst worden sind und dadurch nach Auffassung von Alonso (1978: 178) einen „Mischcharakter" angenommen haben.

Abschließend sei in diesem Zusammenhang daran erinnert, dass die enorme Ausbreitung, die das Lateinische und in dessen Nachfolge die romanischen Sprachen erfahren haben, in keiner Weise etwas mit diesen Sprachen selbst zu tun hat. Das Schicksal des Lateins hätte auch eine der Sprachen erfahren können, die in den Nachbarstädten Roms gesprochen wurden, etwa im etruskischen Tarquinii (heute Tarquinia), im umbrischen Iguvium (heute Gubbio) oder im kampanischen Capua:

Zitat

> Daß man heute im westlichen Europa (und sekundär in der Südhälfte de[r] westlichen Hemisphäre) seine Sprachgeschichte auf Rom und nicht auf Tarquinii, Iguvium oder Capua zurückführen kann, liegt nicht an der sprachlichen oder kulturellen Vorzüglichkeit des Lateinischen, sondern an den Wechselfällen der politisch-militärischen Geschichte. So ist also der Kriegsgott Mars für die Ausdehnung der Romania verantwortlich; [...]. (Kramer 2000: 29)

4.2 Das Vulgärlatein und die Varietäten des Lateins

Das Vulgärlatein als Ausgangspunkt der romanischen Sprachen

Die romanische Philologie ist im Vergleich zu anderen Philologien in der besonderen Lage, dass die Quelle der von ihr untersuchten Sprachen hinlänglich bekannt ist. Das Lateinische ist seit über 2500 Jahren durch schriftliche Zeugnisse belegt und von seinen Sprechern selbst intensiv beschrieben und dokumentiert worden. Dies ist jedoch nur ein scheinbarer Vorteil, denn die romanischen Sprachen leiten sich nicht aus dem gut dokumentierten **klassischen Latein** ab, sondern gehen vielmehr auf das so genannte **Vulgärlatein** zurück. Auf diese Tatsache weist bereits Diez (1882: 1f) in der Einleitung zu seiner Grammatik der romanischen Sprachen hin:

Zitat

> Aber nicht aus dem classischen Latein, dessen sich die Schriftsteller bedienten, flossen [die romanischen Sprachen], sondern [...] aus der römischen Volkssprache oder Volksmundart, welche neben dem classischen Latein im Gebrauche war, und zwar, wie sich versteht, aus der spätlateinischen Volksmundart. [...] Nur muss man sich hüten, unter jenem Idiome etwas anders zu verstehen, als [...] den niedern Redegebrauch in einer und derselben Sprache, der sich in nachlässigerer Aussprache der Wörter, in der Hinneigung zur Auflösung grammatischer Formen, in der Anwendung zahlreicher von den Schriftstellern gemiedener Ausdrücke, in eignen Redeweisen und Constructionen zu erkennen gibt. [...] Ist nun das Dasein einer Volkssprache eine aus allgemeinen Gründen gewisse Thatsache, so ist die Ableitung der romanischen Mundarten aus derselben eine nicht minder gewisse, da die lateinische Schriftsprache als eine auf der Vergangenheit beruhende, nur von den höhern Ständen und den Schriftstellern gepflegte ihrer Natur nach keine neue Production gestattete, wogegen die weit geschmeidigere Volksmundart für eine durch die Zeit gebotene Entwicklung Keim und Empfänglichkeit in sich trug. Als nachher durch das grosse Ereignis der germanischen Eroberung mit den höhern Ständen die alte Cultur untergieng, erlosch das vornehme Latein von selbst, und das Volkslatein verfolgte, vorzugsweise in den Provinzen, seine Bahn nun um so rascher und ward endlich der Quelle, aus der es hergeleitet ward, in hohem Grade unähnlich [...].

Sprachliche Variation des Lateins

Diez spricht hier das im 2. Kapitel erörterte Phänomen der sprachlichen Variation an, durch das auch das Lateinische gekennzeichnet war. Es herrscht heute weitgehend Einigkeit darüber, dass sich das Vulgärlateinische dabei in diamesisch-diaphasischer Hinsicht vom klassischen Latein dadurch unterscheidet, dass es vorwiegend in gesprochener Form und als Umgangssprache verwendet wurde (Kiesler 2006: 10f). Was die diatopische Differenzierung betrifft, so wird für das Vulgärlatein in der Regel davon ausgegangen, dass die regionalen Unterschiede bis zum 3./4. Jahrhundert n. Chr. nur sehr gering ausgeprägt waren, was „die Auffassung des ‚Vulgärlateins' als eines mehr oder weniger einheitlichen Systems" rechtfertigt (Coseriu 2008a: 84). Umstritten ist, ob und inwiefern das Vulgärlatein diastratisch markiert war. Dies suggerieren zumindest der von Diez gemachte Hinweis auf die ‚Volkssprache oder Volksmundart' oder die – stark kritisierte, aber etablierte – Bezeichnung ‚**Vulgärlatein**' selbst, die auf den von Cicero geprägten lateinischen Begriff *vulgaris sermo* ‚zum Volk gehörige, gemeine Sprache' zurückgeht (Väänänen 1981: 5, Tagliavini 1998: 159, Fn.3). Viele Autoren gehen von einer solchen diastratischen Komponente aus und sehen im Vulgärlatein „die Sprache der niedersten, der Zucht der Schule und den Vorbildern der Literatur am meisten entwöhnten oder von ihnen am wenigsten beeinflußten Schichten" (Hofmann 1972: 47*; auch Herman 1975: 15f). Gegen eine solche Auffassung des Vulgärlateins als Sprache unterer Gesellschaftsschichten spricht jedoch die Tatsache, dass auch gebildete Sprecher, wie z. B. Cicero in seinen Briefen, durchaus auch diese Varietät des Lateins verwendet haben (Durante 1993: 66, Kiesler 2006: 11). Demzufolge scheint es angebrachter zu sein, das Vulgärlatein als ein nähesprachliches oder „**sprechsprachliches Register ohne soziale Markierung**" (Müller-Lancé 2012: 63) anzusehen, d. h. als „die Sprache des täglichen Lebens, gesprochen von allen Teilen der Bevölkerung des Imperium Romanum, die des Lateinischen kundig waren, ohne Rücksicht darauf, wie hoch oder wie niedrig der Bildungsgrad des einzelnen gewesen ist" (Reichenkron 1965: 63).

Die diachrone Entwicklung des Lateinischen

Hinsichtlich der diachronen Variation des Lateinischen lassen sich hier vereinfacht die folgenden Sprachstufen annehmen: **archaisches und Altlatein** (600-80 v. Chr.), **klassisches Latein** (80 v. Chr.-180 n. Chr.) und **Spätlatein** (180-650 n. Chr.). Danach nimmt man in der Regel noch eine **mittellateinische** (ca. 650-1400 n. Chr.) und eine **neulateinische** Epoche (seit ca. 1400) an (Müller-Lancé 2012: 74). Sehr umstritten ist, wie das Vulgärlatein in diese Periodisierung einzuordnen ist. Kiesler (2006: 11) plädiert für eine „maximalistische Auffassung", die auch hier übernommen werden soll. Demnach hat das Vulgärlatein ununterbrochen seit Beginn der Latinität als „diastratisch und diatopisch variable Umgangssprache aller Mitglieder der lateinischen Sprachgemeinschaft" (Kiesler 2006: 13) parallel zu den hochsprachlichen Varietäten des Lateinischen existiert (Pulgram 1978: 30, Gauger, Oesterreicher & Windisch 1981: 108, Coseriu 2008b: 127, Reutner & Schwarze 2011: 8, Müller-Lancé 2012: 74):

▶ Die diachrone Entwicklung des Lateins

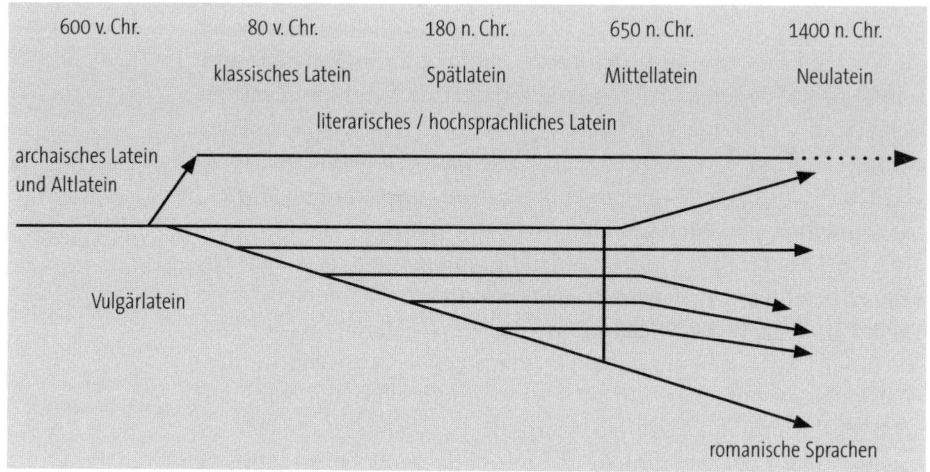

Das klassische Latein, das in der Schule vermittelt wird, ist demgegenüber eine standardisierte und weitgehend homogene Form des Lateins, die in Anlehnung an das Griechische und im bewussten Gegensatz zur (gesprochenen) Umgangssprache als Schriftsprache etabliert wurde. Es bildete auch in nachklassischer Zeit das Vorbild für das literarische und hochsprachliche Latein. Im parallel dazu gesprochenen Vulgärlatein entstanden hingegen immer größere Unterschiede zum klassischen Latein, die schließlich zur Herausbildung der romanischen Sprachen führten. Das bedeutet aber nicht – wie manchmal angenommen wird (Steinbauer 2003: 513f) –, dass das Vulgärlatein durch einen „fehlerhafte[n] Gebrauch" des Lateins und durch eine „Verflachung" der Grammatik gekennzeichnet gewesen war:

Zitat

> Für die heutige Romanistik ist das Vulgärlatein nicht [...] eine fehlerhafte Sprachform der Epoche der Dekadenz, in der Kasus ‚verwechselt' oder ‚falsche' Konstruktionen verwendet wurden, sondern Grundlage des Übergangs zu etwas Neuem, die lebendige Ausgangssprache für die romanischen Idiome. Die Romanistik betrachtet das Vulgärlatein als die normale, spontane Ausdrucksform der Römer, das klassische Latein dagegen eher als hoch entwickelte Sonderform des Lateinischen. Die romanischen Sprachen sind die Fortsetzer des Vulgärlateins und insofern lebendes, modernes Vulgärlatein. (Dietrich & Noll 2012: 171)

Exkurs

Ableitung aus dem Lateinischen
Wenn man die (etymologische) Herleitung eines Wortes einer romanischen Sprache aufzeigen will, geht man in der Regel von dem entsprechenden Wort des klassischen Lateinischen aus und leitet daraus die vulgärlateinische Form ab. Oft schreibt man die lateinischen Formen in KAPITÄLCHEN, um sie von den daraus abgeleiteten romanischen Wortformen zu unterscheiden. Die vulgärlateinische Form wird, sofern sie nicht belegt ist, sondern rekonstruiert wurde, mit einem Asterisk (*) gekennzeichnet. Durch das Zeichen ‚>' wird angezeigt, dass sich eine Form zu einer anderen entwickelt hat. Zur Illustration hierfür soll die folgende Herleitung des französischen Wortes *heure* dienen (vgl. Berschin, Felixberger & Goebl 2008: 29ff):

Beispiel

(1) klat. HŌRA > vlat. *ORA > afrz. ***oure*** > ***eure*** > frz. ***heure*** ‚Stunde'

Aus der eben beschriebenen Entwicklung des Lateinischen ergibt sich jedoch, dass eine solche Darstellungsweise nicht korrekt ist. Vielmehr wäre eine Notation adäquater, in der die klassisch-lateinische und die vulgärlateinische Form als gleichwertig nebeneinander stehen, aus der sich die alt- bzw. neufranzösischen Formen ableiten (vgl. Wolf & Hupka 1981: 6 und 44):

Beispiel

(2) klat. HŌRA, vlat. *ORA > afrz. ***oure*** > ***eure*** > frz. ***heure*** ‚Stunde'

Eine solche Schreibweise trägt der Tatsache Rechnung, dass das Vulgärlatein parallel zum klassischen Latein existiert hat und nicht daraus entstanden ist. Dass in der romanischen Sprachgeschichtsschreibung bei der Darstellung von romanischen Wortableitungen dennoch in der Regel auf die traditionelle Schreibweise in (1) zurückgegriffen wird, hängt mit der eben gegebenen Definition des Vulgärlateins zusammen. Es umfasst im Grunde „sämtliche [...] vom klassischen Standard abweichenden *sermones* (*familiaris, cotidianus, plebeius, rusticus, humilis, castrensis, vulgaris*)" (Müller-Lancé 2012: 63), sodass „sich in Wirklichkeit jede Charakterisierung des Vulgärlateins auf das klassische Latein beziehen" muss (Coseriu 2008b: 128).

Vulgärlatein und Protoromanisch

Sehr schwierig zu beantworten ist die Frage nach dem Ende des Vulgärlateins und dem Beginn der romanischen Sprachen. Hier muss von einer langen Übergangsphase ausgegangen werden, die etwa in der Zeit des Spätlateins einsetzt und spätestens im 9. Jahrhundert mit den ersten schriftlichen Belegen der romanischen Sprachen endet. In dieser Zeit haben sich die lateinische Hochsprache und das Vulgärlatein immer weiter voneinander entfernt. Häufig wird daher von einer Diglossiesituation ausgegangen, in der das Hochlatein als so genannte H(igh)-Varietät von immer weniger Sprechern beherrscht wurde und immer mehr Sprecher ausschließlich die umgangssprachliche(n) L(ow)-Varietät(en) verwendeten (Durante 1993: 83f, Steinbauer 2003: 514, Müller-Lancé 2012: 41-43). Diese umgangssprachlichen Varietäten werden oft als **Protoromanisch** bezeichnet. Andere nennen es auch „protoromanische[s] Vulgärlatein" (Stefenelli 2003: 531) oder „fortentwickeltes Latein" (Reichenkron 1965: 78) oder es werden verschiedene Stufen des (Vulgär-) Lateins oder Romanischen postuliert, z. B. „ROMANISCH$_1$" und „ROMANISCH$_2$" (Lüdtke 2009: 176), „latino$_1$", „latino$_2$" und „latino$_3$" (Renzi 1994: 154), „Spoken Latin I" und „Spoken Latin II" (Klausenburger 2001: 33f) oder „latin parlé classique", „latin parlé tardif 1" und „latin parlé tardif 2 / protoroman" (Banniard 1997: 56-61). Die Verwendung unterschiedlicher Begriffe belegt noch einmal die Unmöglichkeit einer genauen Differenzierung zwischen dem Vulgärlatein und den sich herausbildenden romanischen Sprachen und gibt eher jenen Recht, die eine solche protoromanische Zwischenstufe als eine „im Grunde nutzlose Ebene" (Kramer 2011: 199) bezeichnen.

Exkurs

Erste Quellen der romanischen Sprachen

Die ersten Texte, die sich eindeutig von lateinischen Texten unterscheiden und als romanischsprachig klassifiziert werden können, stammen aus dem 9. Jahrhundert. Sehr häufig wird hier das Jahr **842** genannt. Hierbei wird auf eine Eidesformel Bezug genommen, in der sich am 14. Februar 842 zwei Enkel Karls des Großen, Ludwig der Deutsche und Karl der Kahle, zusammen mit ihren Armeen gegenseitigen Beistand gegen ihren Bruder Lothar zusicherten. Das Besondere dieses als **Straßburger Eide** (*Serments de Strasbourg*) bezeichneten Textes besteht darin, dass er abgesehen von einem auf Lateinisch verfassten Teil auch eine althochdeutsche und eine altromanische Textstelle enthält (Berschin, Felixberger & Goebl 2008: 183-189). Dieser romanische Text wird allgemein nicht nur als der erste Beleg für das Französische angesehen, sondern er ist „zugleich der älteste zusammenhängende Text, d. h. aus fort-

laufenden Sätzen bestehende Text, der ganz bewußt in der Volkssprache abgefaßt wurde“ (Tagliavini 1998: 373).
Als erste Belege für das Italienische gelten das Fragment eines Rätseltextes (*Indovinello Veronese*), der um 800 verfasst wurde, sowie drei Schwurformeln aus Süditalien aus den Jahren 930 und 963 (*Placiti campani*) (Blasco Ferrer 1994: 138-141, 237-240, Michel 2005: 288-298, Reutner & Schwarze 2011: 51-53). Die ersten Belege für das Spanische sind eine um 980 entstandene Liste aus einem Kloster über die Ausgabe von Käse (*Nodicia de kesos*) und in einen lateinischen Text eingefügte Übersetzungen (*Glosas Emilianenses* und *Glosas Silenses*), die vermutlich aus dem 10. Jahrhundert stammen (Bollée & Neumann-Holzschuh 2003: 56ff, Bustos Tovar 2005).

Bevor im folgenden Kapitel die typischen Eigenschaften des Vulgärlateins betrachtet werden, soll zunächst noch kurz auf die Quellen eingegangen werden, auf deren Grundlage das Vulgärlatein beschrieben werden kann.

4.3 Quellen des Vulgärlateins

Im Vergleich zum klassischen Latein ist über das Vulgärlatein nur sehr wenig bekannt. Da es vor allem gesprochen und normalerweise nicht schriftlich festgehalten wurde, gibt es nur wenige Quellen, die (direkte oder indirekte) Rückschlüsse auf die besonderen Merkmale des Vulgärlateinischen erlauben.

Kritik lateinischer Grammatiker

Eine wichtige Quelle sind sprachkritische Hinweise von Grammatikern bzw. Rhetorikern, unter anderem Quintilian (1. Jh. n. Chr.), Donat (ca. 350 n. Chr.) und Priscian (ca. 500 n. Chr.), in Bezug auf die Verwendung von Wörtern und Konstruktionen in umgangssprachlicher Form. Die wichtigste Quelle dieser Art ist die im folgenden Exkurs kurz beschriebene so genannte ***Appendix Probi***.

Exkurs

Appendix Probi
Die *Appendix Probi* ist ein Anhang an eine lateinische Grammatik, die dem Grammatiker Valerius Probus aus dem 1. Jh. n. Chr. zugeordnet wird. Der tatsächliche Autor und die genaue Entstehungszeit des Anhangs sind unbekannt. Man geht davon aus, dass der Anhang im 5. oder 6. Jahrhundert nochmals redigiert und um das Jahr 700 in einem Kloster in Bobbio in Norditalien auf ein Palimpsest, d. h. ein abgeschabtes Pergament, geschrieben wurde (Tagliavini 1998: 164).

Der Anhang besteht aus einer Liste von insgesamt 227 Eintragungen, in denen die Form eines oder mehrerer Wörter einer geringfügig anderen Form gegenübergestellt wird. Dazwischen steht jeweils *ñ* als Abkürzung für das Wort NON ‚nicht'. Im Folgenden sind die ersten zehn Eintragungen aufgelistet (Elcock 1975: 40-46, Powell 2007: 695):

▶

1	PORPHIRETICUM MARM'R ñ PURPURETIC' MARMUR
2	TOLONIUM ñ TOLONEUM
3	SPECUL'M ñ SPECLUM
4	MASCUL'S ñ MASCLUS
5	U&ULUS ñ UICLUS [=UETULUS ñ UECLUS]
6	UITULUS ñ UICLUS
7	UERNAC'LUS ñ UERNACLUS
8	ARTICUL'S ñ ARTICLUS
9	BACULUS ñ UACLUS
10	ANGULUS ñ ANGLUS

Der Zweck einer solchen Liste ist offenkundig. Der Autor stellt von ihm häufig beobachtete Abweichungen in Bezug auf das klassische Latein zusammen und rät von deren Gebrauch ab, indem er sie den als korrekt erachteten klassisch-lateinischen Formen gegenüberstellt.
Für die Bestimmung typischer Kennzeichen des Vulgärlateins ist diese Liste eine sehr gute Quelle. Beispielsweise wird mit der Gegenüberstellung von SPECL(U)M und SPECULUM ‚Spiegel' die Auslassung von U in der unbetonten Position im Inneren eines Wortes moniert. Insgesamt enthält die *Appendix Probi* 25 Eintragungen dieser Art. Dies kann als klarer Beleg dafür gesehen werden, dass es sich hier um eine typische, regelmäßige Eigenschaft des Vulgärlateins handelt.

Glossare und Glossen

Eine andere wichtige Quelle für das Vulgärlatein bilden Glossare und Glossen. Die bekanntesten Quellen dieser Art sind die vermutlich im heutigen Nordfrankreich im 9. Jahrhundert entstandenen *Reichenauer Glossen*. Sie sind nach der ehemaligen Benediktinerabtei auf der gleichnamigen Bodenseeinsel benannt, wo das Manuskript 1883 entdeckt wurde. Eine weitere wichtige Glossensammlung sind die aus dem Kloster Fulda stammenden *Kasseler Glossen*.

Definition

Glossen sind Erläuterungen oder Übersetzungen schwieriger oder unverständlicher fremdsprachiger Wörter oder Textstellen. Sie wurden entweder als Listen im Anhang eines Textes aufgeführt oder direkt in einen Text oder an dessen Rand geschrieben. Eine Sammlung von Glossen bezeichnet man als **Glossar**.

Einige Beispiele sind die folgenden Einträge aus den Reichenauer Glossen, die als eine Art Wörterbuch für die lateinische Vulgata-Übersetzung der Bibel konzipiert waren. Dabei steht links das Wort aus dem lateinischen Originaltext und rechts die entsprechende vulgärlateinische Übersetzung oder Erläuterung (Elcock 1975: 323-335, Tagliavini 1998: 365-373):

Lateinisches Lemma	Glosse	
AGER	CAMPUS	‚Feld'
ARĒNAM	SABULO	‚Sand'
AMNE	FLUVIO	‚Strom, Fluss'
LĪTUS	RIPA	‚Ufer'
PLAUSTRA	CARRA	‚Wagen (Pl.)'
APER	SALVATICUS PORCUS	‚Wildschwein'
IECORE	FICATO	‚Leber'
ĪCTUS	COLPUS	‚Schlag'
SĀNIŌRE	PLUS SANO	‚gesünder'
OPTIMUM	VALDE BONUM	‚sehr gut'
TETIGIT	TANGIT	‚er hat berührt'
PULCRA	BELLA	‚schön (f.)'
IS	ILLE VEL (‚oder') ISTIS	‚er'
CUNCTĪ	OMNES	‚alle'

Volkstümliche Inschriften und ‚Graffiti'

Volkstümliche Inschriften vor allem auf Grabsteinen oder ‚Graffiti' an Hauswänden liefern ebenfalls Aufschlüsse über das Vulgärlatein. Von besonderem Interesse sind hier die zahlreichen in Pompeji gefundenen Inschriften, die aufgrund des Vesuvausbruchs im Jahre 79 n. Chr. erhalten geblieben sind und Einblick in das Alltagsleben der damaligen Zeit erlauben. Ein anschauliches Beispiel ist eine Inschrift (3a), die einen ursprünglich hochlateinischen Zweizeiler (Distichon) (3b) wiedergibt. Der Text ist vor allem durch das weitgehende Fehlen von Auslaut-T gekennzeichnet (Suchier 1902: 199, Pulgram 1978: 215f, Baldi 1999: 237, Hunink (Hg.) 2011: 342f):

Beispiel

(3) vlat. a. QUISQUIS AMA VALIA PERIA QUI NOSCI AMA(RE)
jeder-der liebt lebe-wohl verderbe der nicht-weiß zu-lieben
BIS (T)ANTI PERIA QUISQUIS AMARE VOTA
doppelt soviel verderbe jeder-der lieben verbietet (CIL 4, 1173)

klat. b. QUISQUIS AMA**T** VALEA**T** PEREA**T** QUI NESCI**T** AMARE BIS TANTI PEREA**T** QUISQUIS AMARE VETA**T**!
‚Jeder, der liebt, lebe! Möge der verderben, der die Liebe nicht kennt. Und möge der doppelt verderben, der die Liebe verbietet!'

Ein anderes Beispiel ist eine bekannte römische Grabinschrift, mit deren Hilfe der Schreiber offenbar Grabräuber abzuwehren versuchte (Blänsdorf 1996: 97, Tagliavini 1998: 166):

Beispiel

(4) vlat. FOSSOR VIDE NE FODIAS DEUS MAGNU OCLU ABET
Gräber sieh dass-nicht gräbst Gott großes Auge hat
‚Gräber, sieh (zu), dass du nicht gräbst! Denn Gott hat ein großes Auge.' (CIL 6, 34635a)

Neben der bereits erwähnten Vokalauslassung (OCLU statt OCULU(M)) (siehe Exkurs zur *Appendix Probi*, S. 89f) weist der Text zwei weitere für das Vulgärlatein typische Auslassungen auf, nämlich die des Auslaut-M im Akkusativobjekt MAGNU OCLU (statt MAGNU**M** OCULU**M**) sowie des Anlaut-H in der Verbform ABET (statt **H**ABET).

(Literarische) Texte lateinischer Autoren

Hinweise auf das Vulgärlatein liefern auch (literarische) Texte lateinischer Autoren aus (vor-)klassischer Zeit. Hier sind vor allem die Komödien der Dichter Plautus (um 255-184 v. Chr.) und Terenz (ca. 190-159 v. Chr.) zu nennen, die etwa zur Charakterisierung bestimmter Protagonisten umgangssprachliche Elemente einfließen lassen (Palmer 2000: Kap. IV). Auffallend ist bei Plautus beispielsweise die häufige Verwendung expressiver Ausdrücke, wie etwa Diminutiva (vor allem als Kosebezeichnung, z. B. ANIMULUS ‚Seelchen' zu ANIMUS ‚Seele') oder verstärkende Präfixe (CŌNSILĒSCERE ‚verstummen', zu klat. SILĒSCERE ‚still werden') (Baldi 1999: 229). Erwähnenswert ist auch der intensiv erforschte Schelmenroman *Satyricon* des Dichters Petron (ca. 14-66 n. Chr.) mit der berühmten *Cena Trimalchionis*, dem ‚Gastmahl des Trimalchio' und dem darin in der lateinischen Umgangssprache geführten Gespräch freigelassener Sklaven. Darin gebraucht einer der Gesprächsteilnehmer beispielsweise die Neutra BALNEUM ‚Bad' und VĪNUM ‚Wein' mit der Endung eines maskulinen Substantivs (Väänänen 1981: 104, Alkire & Rosen 2010: 193):

Zitat

> Et mundum frigus habuimus. Vix me **balneus** calfecit. Tamen calda potio vestiarius est. Staminatas duxi, et plane matus sum. **Vinus** mihi in cerebrum abiit.
> ‚Und wir hatten eine ganz schöne Kälte. Das Bad wärmte mich kaum. Dennoch ist ein heißes Getränk (wie) ein Kleid. Ich trank aus vollen Krügen und war vollkommen betrunken. Der Wein ist mir in den Kopf gestiegen.' (Petr. 41, 11-12)

Eine andere Quelle sind die Briefe von Cicero (106-43 v. Chr.), insbesondere die an seinen Freund Atticus, die viele umgangssprachliche Elemente enthalten. Zu nennen sind noch die zu Beginn des 2. Jahrhunderts n. Chr. in Ägypten verfassten Briefe und Berichte des Marinesoldaten Claudius Terentianus, die nach Durante (1993: 36) das „echteste und vielleicht auch wichtigste Zeugnis der volkssprachlichen Tradition" darstellen.

Texte christlicher Autoren

Von besonderer Bedeutung sind auch die Texte christlicher Autoren. Hierzu gehören die ersten Bibelübersetzungen ins Lateinische, zunächst Teilübersetzungen im 2. Jahrhundert (*Vetus Latina* bzw. *Itala*) und Ende des 4. Jahrhunderts die vollständige Übersetzung des Alten und Neuen Testaments durch Hieronymus (*Vulgata*). Diese Übersetzungen sind vor allem deshalb für die Erforschung des Vulgärlateins interessant, weil die Übersetzer primär die „kleinen Leute der unteren Schichten" ansprechen wollten und daher ein „verwildertes Latein" verwendeten, um von ihnen verstanden zu werden (Hofmann 1972: 44*). Weitere wichtige Dokumente sind das *Itinerarium Egeriae ad loca santa* (früher auch als *Peregrinatio Aetheriae* bezeichnet), ein Pilgerfahrtbericht nach Palästina von einer (aus Hispanien oder Gallien stammenden) Nonne namens Egeria aus dem 4. Jahrhundert sowie die Schriften des Bischofs Gregor von Tours (538-594).

Schreibfehler und hyperkorrekte Formen

Eine weitere Quelle sind Schreibfehler oder aufgrund von Hyperkorrekturen entstandene falsche Schreibungen in Handschriften oder in Texten von Kopisten. Ein Beispiel für eine solche Hyperkorrektur findet sich in der bereits erwähnten *Appendix Probi*. Dort möchte der Verfasser mit dem Hinweis LABSUS *non* LAPSUS ‚Fall, Fehltritt' die umgangssprachlich häufig anzutreffende stimmlose Aussprache eines stimmhaften Konsonanten kritisieren. Allerdings bemerkt er dabei nicht, dass in diesem Fall der stimmlose Konsonant und somit die von ihm monierte Form LĀPSUS der Norm des Standardlateins entspricht (Müller-Lancé 2012: 71).

Rekonstruktion

Abgesehen von den hier aufgelisteten Quellen liefern die romanischen Sprachen selbst wichtige Hinweise auf das Vulgärlatein. Sie werden mit Hilfe der **Rekonstruktion** gewonnen. Diese in der Historisch-Vergleichenden Sprachwissenschaft entwickelte Methode des Wortschatz- und Grammatikvergleichs gilt als die wichtigste Quelle für das Vulgärlatein. Dabei werden zwei Verfahren unterschieden, der Vergleich der romanischen Sprachen und der Vergleich mit benachbarten nicht-romanischen Sprachen:

Vergleich der romanischen Sprachen

– Durch den Vergleich der romanischen Sprachen können Formen des Vulgärlateins rückprojiziert und durch vulgärlateinische Quellen belegte Funde bestätigt oder präzisiert werden. Ein Beispiel ist die Bestimmung des vulgärlateinischen Wortes für ‚Ohr'. Es ist in der *Appendix Probi* als vlat. ORICLA belegt, das sich aus dem klassisch-lateinischen Diminutiv AURICULA ‚Öhrchen' ableitet. Ein Vergleich der romanischen Sprachen bestätigt, dass in allen romanischen Sprachen dem Wort für ‚Ohr' die lateinische Diminutivform zugrundeliegt und nicht das in der *Appendix Probi* empfohlene klassisch-lateinische Wort AURIS ‚Ohr'. Gleichzeitig zeigt der Vergleich auch, dass die vermutete Monophthongierung des klassisch-lateinischen Diphthongs AU möglicherweise keine gesamtromanische Erscheinung ist und damit nicht überall im Vulgärlateinischen verbreitet gewesen war, da das okzitanische Wort ***au**relha* lautet (Lausberg 1969: 197, Stefenelli 2003: 531). Durch das Verfahren des innerromanischen Vergleichs können auch nichtbelegte vulgärlateinische Formen erschlossen werden. Ihre Existenz gilt dann als belegt, wenn eine ableitbare Form in (fast) allen romanischen Sprachen nachgewiesen werden kann (vgl. *POTERE ‚können') oder wenn sich in einer geographisch zusammenhängenden größeren Gruppe der romanischen

Sprachen eine formale Übereinstimmung feststellen lässt (vgl. *ESSERE ‚sein') (REW, Voßler 1953: 73, Kiesler 2006: 39):

▶ Rekonstruktion des Vulgärlateins durch romanische Wortgleichungen

Vulgärlatein	Portugiesisch	Spanisch	Katalanisch	Okzitanisch	Französisch	Rätoromanisch	Italienisch	Sardisch	Rumänisch	
ORICLA	*orelha*	*oreja*	*orella*	*aurelha*	*oreille*	*uraglia*	*orecchio*	*oricra*	*ureche*	‚Ohr'
*POTERE	*poder*	*poder*	*poder*	*poder*	*pouvoir*	*puder*	*potere*	*poder*	*putea*	‚können'
*ESSERE	*(ser)*	*(ser)*	*ésser*	*èsser*	*être*	*esser*	*essere*	*esser*	*(fi)*	‚sein'

Vergleich mit benachbarten nicht-romanischen Sprachen

– Das zweite Verfahren zur Rekonstruktion des Vulgärlateins besteht in der Analyse von lateinischen Lehnwörtern in nicht-romanischen Sprachen. Dadurch können ebenfalls Rückschlüsse auf das Vulgärlateinische gezogen werden. Bekannte Beispiele sind deutsche Wörter wie *Keller* oder *Kirsche*. Hierbei handelt es sich um Wörter, die vermutlich zu einem frühen Zeitpunkt des Kontakts zwischen Römern und Germanen aus lat. CELLĀRIU(M) ‚Vorratsraum' bzw. lat. CERAS(I)U(M) ‚Kirsche' in das Germanische entlehnt wurden (vgl. auch ndl. *kelder*, *kers*) (Roegiest 2006: 50f). Die Aussprache dieser Wörter im Deutschen (und im Niederländischen) deutet darauf hin, dass der lateinische Buchstabe <C> vor den Vokalen /e/ und /i/ ursprünglich velar, d. h. als [k], gesprochen wurde. Unterstützt wird diese Annahme durch weitere lateinische Lehnwörter, etwa im Baskischen, z. B. bask. *ba**k**e* ‚Friede' < PĀCE(M), oder durch die griechische Schreibweise lateinischer Wörter, z. B. griech. <κέρτος> für lat. CERTUS ‚sicher' (Binder 2000: 234). Andererseits belegt die Aussprache deutscher Wörter wie ***Z**elle* und ***Z**ins*, die erst etwa im 3. Jahrhundert n. Chr. mit dem Christentum aus CELLA(M) ‚(Vorrats-)Kammer' bzw. CĒNSU(M) ‚Schätzung, Steuer' ins Germanische gelangt sind, die im späteren Vulgärlatein eingetretene Palatalisierung von c (vor /e/ und /i/) (EWDS, Kiesler 2006: 40).

Begrenztheit der Rekonstruktion

Die Methode der Rekonstruktion gilt als das wichtigste Verfahren zur Bestimmung der Charakteristika des Vulgärlateins (Voßler 1953: 72). Allerdings ist ihre Aussagekraft begrenzt, da sie nur einen indirekten und nicht gesicherten Einblick in die möglichen Verhältnisse des Vulgärlateins liefert (Lüdtke 2001). Viele Wörter können gar nicht rekonstruiert werden, denn sie haben keine Fortsetzung in den romanischen Sprachen erfahren. Hinzu kommt, dass unter den miteinander verglichenen Formen selbstständig entwickelte oder aus einer anderen romanischen Sprache entlehnte Formen vorkommen können (Stefenelli 1981: 21, Kiesler 2006: 104f). Solche Eigenentwicklungen sind beispielsweise bei der Monophthongierung von lat. AU zu beobachten, die in den einzelnen romanischen Sprachen unterschiedlich und mit verschiedenen Ergebnissen verlaufen sind (Kiesler 2006: 44). Außerdem erlaubt die Rekonstruktion keine Aussagen über die Variation innerhalb des Vulgärlateinischen. So kann beispielsweise nicht ausgeschlossen werden, dass die palatale Aussprache von lat. C- im Vulgärlatein nicht viel früher eingetreten ist, als es die Entlehnungen im Germanischen vermuten lassen. Es ist beispielsweise angenommen worden, dass diesbezüglich eine (diastratische oder diaphasische) Variation innerhalb des Vulgärlateins existert hat, die darin bestand, dass sozial niedrig stehende Sprecher bereits früh mit der Palatalisierung begonnen haben, während Sprecher der Oberschicht noch über einen langen Zeitraum die (konservative) velare Aussprache beibehalten haben (Brüch 1926, Väänänen 1981: 56). Die Rekonstruktion ist somit zwar ein wichtiges Hilfsmittel zur Bestimmung der besonderen Eigenschaften des Vulgärlateins, sie ist aber mit vielen Unsicherheiten verbunden und daher „grundsätzlich mit Umsicht zu handhaben" (Stefenelli 1981: 21).

Zusammenfassung

Die Existenz und Verbreitung der romanischen Sprachen in Europa gründet auf der Ausbreitung des Lateins im Zuge der Ausdehnung des Römischen Reiches. Mit Ausnahme der östlichen Provinzen, in denen das Griechische als Verkehrssprache erhalten blieb, wurde in den übrigen Gebieten des Römischen Reiches das Latein zur vorherrschenden Sprache und die übrigen Sprachen wurden weitgehend zurückgedrängt. In einem Großteil dieser Gebiete kam es schließlich zur Herausbildung romanischer Sprachen. Diese Sprachen sind Nachfolger des Vulgärlateins, der gesprochenen Varietät des Lateinischen. Die Kenntnisse über das Vulgärlatein basieren nur auf wenigen Quellen, zu denen unter anderem Inschriften, die beispielsweise in Pompeji gefunden wurden, oder Hinweise von Grammatikern oder Sprachlehrern gehören. Eine indirekte Quelle sind die durch die Methode der Rekonstruktion ermittelten Wortformen.

Literatur

Die Ausführungen zur Ausbreitung des Lateins und zur römischen Geschichte basieren vor allem auf Heuss (1998) und Gehrke & Schneider (Hgg.)(2010). Für die Periodisierung des Lateins und die Definition des Begriffs ‚Vulgärlatein' wurden insbesondere Stefenelli (2003), Kiesler (2006) und Müller-Lancé (2012) zu Rate gezogen. Die Zusammenstellung der Quellen zur Kenntnis des Vulgärlateins stützt sich vorwiegend auf Väänänen (1981: 14-20) und ergänzend auf Herman (1975: 27-35) und Tagliavini (1998: 160-167).

Testfragen

(1) Was versteht man unter ‚Verlorener Romania' und was unter ‚Neuer Romania'?

(2) Zählen Sie die wichtigsten Quellen auf, die einen direkten Aufschluss über das Vulgärlatein liefern.

(3) Was ist die Appendix Probi? *Was enthält sie und worüber liefert sie Aufschlüsse?*

(4) Welche drei typischen Kennzeichen des Vulgärlateins sind in diesem Hinweis aus der Appendix Probi zu erkennen?
AURIS ñ ORICLA *(‚Ohr nicht Öhrchen')*

(5) Mit Hilfe welcher Methode lassen sich indirekte Hinweise auf das Vulgärlatein ermitteln? Welche zwei Verfahren können hierbei unterschieden werden?

5 | Besonderheiten und Entwicklungen des Vulgärlateins

Inhalt

Dieses Kapitel befasst sich mit den wichtigsten Besonderheiten des Vulgärlateins (im Vergleich zum klassischen Latein) sowie mit den zentralen Veränderungen, die innerhalb des Vulgärlateinischen eingetreten sind. Dabei stehen zunächst die zahlreichen besonderen Eigenschaften im Mittelpunkt, die das Vulgärlatein in lautlicher Hinsicht (5.1) im Vokalbereich (5.1.1) und im Konsonantenbereich (5.1.2) auszeichnen. Anschließend werden die wichtigsten morphologischen Besonderheiten und Entwicklungen (5.2) im Nominalbereich (5.2.1) sowie im Verbalbereich (5.2.2) betrachtet. Schließlich wird auf die besonderen syntaktischen (5.3) und lexikalischen (5.4) Eigenschaften des Vulgärlateinischen eingegangen.

5.1 | Lautliche Besonderheiten und Entwicklungen

Im Bereich der Phonetik und Phonologie weist das Vulgärlatein im Vergleich zum klassischen Latein zahlreiche Unterschiede auf. Viele von ihnen sind deshalb besonders wichtig, weil sie Neuerungen in der Morphologie des Vulgärlateins bedingt haben.

Exkurs

Lautliche Kennzeichen des frühen (Vulgär-)Lateins

Einige der lautlichen Veränderungen des Lateins sind bereits in vorklassischer Zeit eingetreten und finden sich auch im klassischen Latein wieder. Hierzu gehört der **Rhotazismus**, d. h. der Wandel eines Konsonanten (insbesondere /s/ oder /l/) zu /r/ (griech. *rho*). Dieses Phänomen betraf Substantive im Lateinischen, deren Stamm ursprünglich stets auf /s/ auslautete. In einem relativ frühen Stadium des Lateins trat im Genitiv einiger dieser Substantive ein Wandel zu /r/ ein, der sich teilweise auch auf den Nominativ ausweitete (Baldi 1999: 5f, Klausenburger 2001: 19f):

	Altlatein		Klassisches Latein / Vulgärlatein
Nom. Gen.	FLŌS FLŌSIS	‚Blume'	FLŌS FLŌRIS
Nom. Gen.	HONŌS HONŌSIS	‚Ehre'	HONŌS / HONOR HONŌRIS
Nom. Gen.	AMŌS AMŌSIS	‚Liebe'	AMOR AMŌRIS

Eine weitere, sehr früh eingetretene Neuerung des Lateins betrifft die zahlreichen, aus dem Indoeuropäischen ererbten Diphthonge, von denen die meisten im Laufe der Entwicklung des Lateins zu einfachen Vokalen geworden sind. Bei den Diphthongen OU /ow/, OI /oj/ und EI /ej/ ist diese **Monophthongierung** bereits in vorklassischer Zeit eingetreten (Tagliavini 1998: 159, Alkire & Rosen 2010: 23, Müller-Lancé 2012: 75):

Altlatein		Klassisches Latein / Vulgärlatein
DOUCERE	‚führen'	DŪCERE
OINUS	‚ein(er)'	ŪNUS
DEICERE	‚sagen'	DĪCERE

Somit besitzt das Latein etwa ab dem Ende des 3. Jahrhunderts nur noch die Diphthonge AU /aw/, AE /aj/ sowie den in einigen Fällen erhalten gebliebenen Diphthong OE /oj/ (Väänänen 1981: 38). Sie werden im Laufe der Entwicklung des Vulgärlateins später ebenfalls weitgehend monophthongiert.

5.1.1 Besonderheiten und Entwicklungen im Vokalbereich

Eine der wichtigsten lautlichen Veränderungen, die das Vulgärlatein auszeichnen, betrifft die Anzahl und die Art der Vokalphoneme. Das Alt- und klassische Latein (sowie das sehr frühe Vulgärlatein) besaßen ein relativ einfaches Vokalsystem mit den fünf Vokalen /a/, /e/, /i/, /o/ und /u/. Die Vokalquantität war phonematisch, d. h. durch die kurze oder lange Aussprache eines Vokals konnten Bedeutungen unterschieden werden (Väänänen 1981: 29, Lloyd 1987: 71, Kiesler 2006: 42):

/iː/	LĪBER	‚frei'	/i/	LĬBER	‚Buch'
/eː/	VĒNIT	‚er kam'	/e/	VĔNIT	‚er kommt'
/aː/	MĀLUM	‚Apfel'	/a/	MĂLUM	‚Fehler, Übel'
/oː/	ŌS	‚Mund'	/o/	ŎS	‚Knochen'
/uː/	LŪTUM	‚Gelbkraut'	/u/	LŬTUM	‚Schlamm'

Das klassische Latein verfügte demzufolge über ein Phonemsystem von fünf Vokalen mit jeweils einer Quantitätsopposition (Lausberg 1969: 144, Lloyd 1987: 70):

► Die Vokalphoneme des Alt- und klassischen Lateins

	vorn	zentral	hinten
hoch	iː i		uː u
mittel	eː e		oː o
tief		aː a	

Diese quantitative Opposition zwischen langen und kurzen Vokalen war vermutlich mit einer allophonischen, also phonologisch nicht relevanten qualitativen Unterscheidung der Vokale verbunden. Das heißt, der Artikulationsort der kurzen Vokale war etwas niedriger als derjenige der langen Vokale, sodass kurze Vokale generell offener als lange Vokale gesprochen wurden. Es wird daher angenommen, dass bereits im frühen Vulgärlatein ein System existierte, das die Vokale hinsichtlich ihrer Qualität, d. h. nach Öffnungsgrad und Klangfarbe, unterschieden hat. Lediglich beim Vokal /a/ wurde jegliche Art von Unterscheidung aufgegeben, sodass im Vulgärlatein zunächst von folgendem neungliedrigen Vokalsystem ausgegangen werden kann (Tagliavini 1998: 184, Lloyd 1987: 111, Penny 2002: 46):

▶ Die Vokalphoneme des (frühen) Vulgärlateins

	vorn	zentral	hinten
hoch	i		u
	ɪ		ʊ
mittel	e		o
	ɛ		ɔ
tief		a	

‚Quantitätenkollaps‘

Traditionell wird dieser Unterschied zwischen dem klassischen und vulgärlateinischen Vokalsystem als ‚**Quantitätenkollaps**‘ bezeichnet. Anders als der Ausdruck ‚Kollaps‘ suggeriert, darf man hier allerdings nicht von einem plötzlich eintretenden Vorgang ausgehen, der ein ursprüngliches, auf Quantitätsunterscheidungen basierendes System ‚kollabieren‘ ließ (Väänänen 1981: 31). Vielmehr haben wir es hier mit einem allmählichen Prozess zu tun, der keineswegs die vollkommene Aufgabe der Unterscheidung zwischen langen und kurzen Vokalen bewirkte, sondern lediglich zum Verlust der phonologischen Relevanz dieser Unterscheidung führte. Auf jeden Fall handelt es sich bei diesem Wandel um eine sehr wichtige Veränderung, die als der „einzig wirklich revolutionäre Vorgang in der phonologischen Geschichte des Lateinisch-Romanischen“ (Lausberg 1939: 82) angesehen werden kann (Väänänen 1981: 29). Umstritten sind Beginn und Ursachen dieses Wandels (Straka 1959: 291, Lloyd 1987: 111f). Es wird vermutet, dass die Verbreitung des Lateinischen den Wandel gefördert haben könnte, weil es dadurch zum Kontakt mit Sprachen kam, die kein auf Quantitätsunterscheidungen basierendes Lautsystem besaßen (Lausberg 1969: 144, Tagliavini 1998: 184). Hinweise für den Wandel liefern Inschriften aus Pompeij sowie Anmerkungen bei Grammatikern ab dem 3. Jahrhundert n. Chr., die die Kürzung der langen Vokale monieren und auf Schwierigkeiten bei der Unterscheidung von langen und kurzen Vokalen hinweisen (Herman 1975: 37, Väänänen 1981: 31).

Zusammenfall der Vokale

Der durch den Quantitätenkollaps hervorgerufene Wandel bildet noch im Vulgärlateinischen die Grundlage für die Herausbildung regional unterschiedlicher Vokalsysteme. Sie sind alle dadurch gekennzeichnet, dass die in der Folge des Quantitätenkollapses entstandenen Vokale in unterschiedlicher Weise miteinander zusammengefallen sind. Dabei muss zwischen betonten und unbetonten Vokalen unterschieden werden. In allen Systemen führte dieser Zusammenfall der betonten Vokale zum Verlust der Unterscheidung von zwei Öffnungsgraden bei den hohen Vokalen.

‚Italisches' Vokalsystem

Das Vokalsystem, das die mit Abstand größte Verbreitung im Vulgärlateinischen erfahren hat, ist das so genannte **‚italische' Vokalsystem**'. Es wird häufig mit dem vulgärlateinischen Vokalsystem gleichgesetzt, weil es sich fast im gesamten Sprachgebiet des Vulgärlateins durchgesetzt hat. Nur auf Sardinien und Südkorsika sowie im südlichen Süditalien und in Dakien sind andere Vokalsysteme entstanden (siehe Exkurs S. 104f). Im ‚italischen' Vokalsystem sind die betonten Vokale Ĭ und Ē sowie Ō und Ŭ vom Zusammenfall betroffen und konvergieren zu den Vokalen /e/ bzw. /o/ (Lausberg 1969: 145, Gauger, Oesterreicher & Windisch 1981: 103f).

► Quantitätenkollaps und Zusammenfall der betonten Vokale in der Westromania und in Nord- und Mittelitalien (‚Italisches' System)

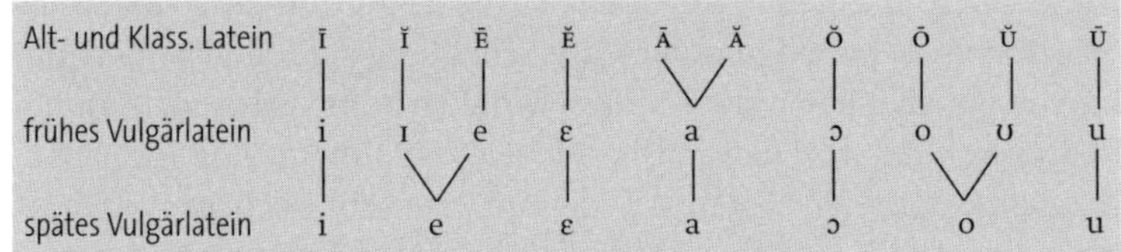

Alt- und Klass. Latein	Ī	Ĭ	Ē	Ĕ	Ā	Ă	Ŏ	Ō	Ŭ	Ū
frühes Vulgärlatein	i	ɪ	e	ɛ	a		ɔ	o	ʊ	u
spätes Vulgärlatein	i	e		ɛ	a		ɔ	o		u

Hinweis

Transkription

In den romanistischen Lehrbüchern wird traditionellerweise die Qualität der Vokale mit einem Haken bzw. einem Punkt unter dem jeweiligen Laut gekennzeichnet (z. B. ọ für [o] und ǫ für [ɔ]). Heute werden die Laute meist nach der IPA-Schreibweise transkribiert. Lediglich bei der Markierung der Quantität der Laute des klassischen Lateins wird üblicherweise die traditionelle Schreibweise beibehalten, bei der ein langer Vokal mit einem waagerechten Strich über dem Buchstaben (z. B. Ā) und ein kurzer Vokal mit einem halbkreisartigen Bogen (z. B. Ă) gekennzeichnet werden.

Für die Entstehung dieses neuen Vokalsystems gibt es schon in römischer Zeit zahlreiche Belege. Insbesondere die Entwicklung von Ĭ > /e/ ist durch Inschriften belegt. Die ersten Belege stammen aus der Zeit vor dem 3. Jahrhundert n. Chr., wie z. B. FEDE (statt klat. FĬDEM ‚Glaube') oder ACCEPERE (statt klat. ACCĬPERE ‚annehmen') (Tagliavini 1998: 185). In einigen romanischen Sprachen ist das Ergebnis dieser Entwicklung noch heute sichtbar (Lausberg 1969: 153, Lüdtke 2009: 239):

Latein		Portugiesisch	Spanisch	Italienisch
PĬLU(M)	‚Haar'	*pelo*	*pelo*	*pelo*
NĬGRU(M)	‚schwarz'	*negro*	*negro*	*nero*

Hinweis

Verwendung der lateinischen Akkusativform
Im Allgemeinen wird davon ausgegangen, dass sich die Substantive der romanischen Sprachen aus den Formen des lateinischen Akkusativs ableiten (siehe Abschnitt 6.2.1). Aus diesem Grund wird üblicherweise bei Ableitungen romanischer Substantive aus dem Lateinischen die Form des Akkusativs Singular angegeben. Dabei wird das auslautende -M, durch das der Akkusativ Singular im Lateinischen meistens gekennzeichnet ist, in der Regel entweder in Klammern gesetzt oder gar nicht angegeben, weil es bereits im frühen Vulgärlatein weitgehend nicht mehr gesprochen wurde.

Etwas jüngeren Datums ist der Zusammenfall von ō und ŭ zu /o/. Er ist sowohl durch einige Inschriften, wie z. B. vlat. AVONCULUS (statt klat. AVUNCULUS ‚Onkel (mütterlicherseits)'), als auch durch Hinweise in der *Appendix Probi* belegt (Tagliavini 1998: 185):

COL**U**MNA non COL**O**MNA	‚Säule'
T**U**RMA non T**O**RMA	‚Schwadron; Gruppe'
COL**U**BER non COL**O**BER	‚Schlange'

Die Resultate dieser Entwicklung sind in vielen romanischen Sprachen noch heute deutlich zu erkennen (Lausberg 1969: 162, Lüdtke 2009: 239):

Latein		Portugiesisch	Spanisch	Italienisch
BŬCCA(M)	‚Backe'	*boca*	*boca*	*bocca*
GŬLA(M)	‚Kehle'	*gola*	*gola*	*gola*

Exkurs

Die Herausbildung anderer Vokalsysteme
Neben dem italischen Vokalsystem haben sich im Vulgärlatein regional noch drei weitere Vokalsysteme herausgebildet. Das einfachste System, auch ‚**archaisches**' **System** genannt, ist auf Sardinien und in Südkorsika sowie in Süditalien im Norden Kalabriens und in Teilen Lukaniens entstanden. Dort ist es zur Aufgabe aller Quantitäts- bzw. Qualitätsunterschiede und somit zur Herausbildung eines einfachen fünfgliedrigen Vokalsystems gekommen (Lausberg 1969: 146, Tagliavini 1998: 186).

► Quantitätenkollaps und Zusammenfall der betonten Vokale in Sardinien, Südkorsika und Teilen Lukaniens (‚Archaisches' System)

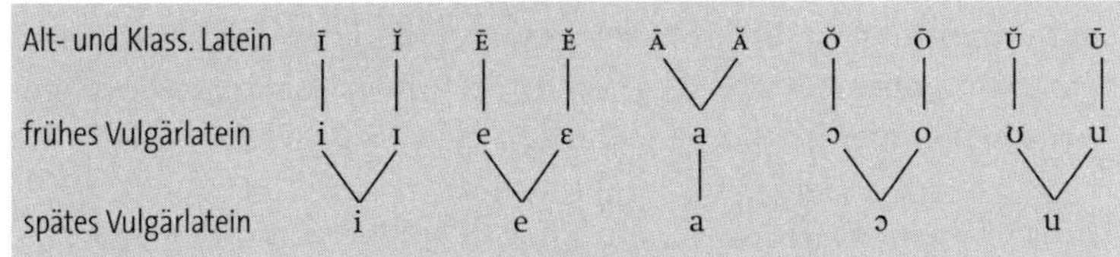

Belege für dieses System finden sich unter anderem in sardischen Erbwörtern. Bei diesen Wörtern ist nicht erkennbar, ob das Wort im Lateinischen einen langen oder kurzen Vokal hatte. So werden die betonten Vokale *i* und *o* in den sardischen Wörtern *filu* ‚Faden' und *pira* ‚Birne' sowie *roda* ‚Rad' und *sole* ‚Sonne' jeweils identisch als [iː] bzw. [ɔ] ausgesprochen, obwohl die lateinischen Ursprungswörter eine quantitative Unterscheidung aufwiesen: FĪLU(M) versus PĬRA(M) sowie RŎTA(M) versus SŌLE(M) (Lausberg 1969: 147, Loporcaro 2011a: 112).
Ein anderes System, das sich insbesondere auf Sizilien und ebenfalls in Teilen Süditaliens – möglicherweise aufgrund des starken Kontakts mit dem Griechischen – herausgebildet hat, ist das ‚**sizilianische**'. Wie im archaischen System kommt es hier zur Bildung von fünf Vokalen. Dabei sind vermutlich zunächst Ĭ und Ē bzw. Ō und Ŭ zu /ɪ/ und /ʊ/ zusammengefallen, die später mit Ī bzw. Ū zu /i/ und /u/ verschmolzen sind, wie

z. B. in siz. *tila* ‚Stoff' (< lat. TĒLA(M)) oder siz. *niputi* ‚Neffe' (< lat. NEPŌTE(M)) erkennbar (Lausberg 1969: 149, Tagliavini 1998: 186, Loporcaro 2011a: 116):

▶ **Quantitätenkollaps und Zusammenfall der betonten Vokale auf Sizilien und in großen Teilen Süditaliens (‚Sizilianisches' System)**

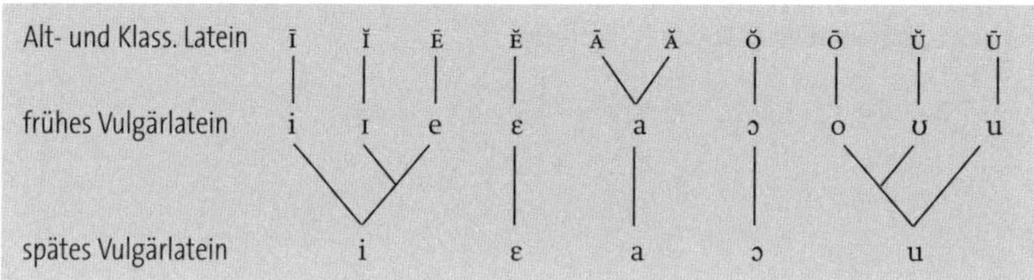

In der Balkanromania und im östlichen Süditalien hat sich das sogenannte ‚**Kompromisssystem**' herausgebildet. Es wird deshalb so bezeichnet, weil die palatalen Vokale die gleiche Entwicklung wie im italischen System aufweisen, während es bei den velaren Vokalen zu einer Entwicklung wie im archaischen System gekommen ist (Lausberg 1969: 148, Tagliavini 1998: 186):

▶ **Quantitätenkollaps und Zusammenfall der betonten Vokale in der Balkanromania und im östlichen Süditalien (Ostlukanien) (‚Kompromisssystem')**

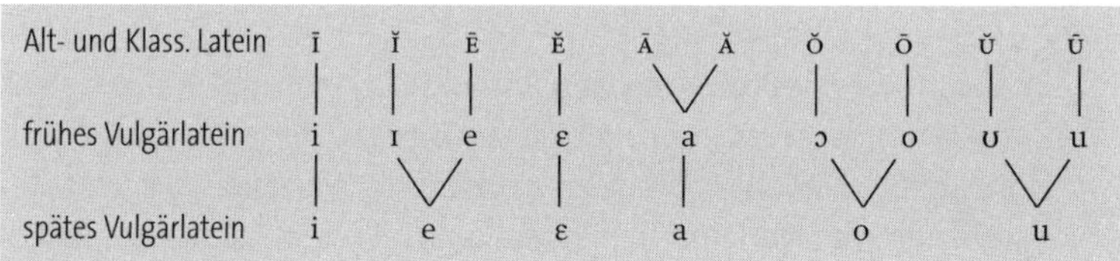

Die folgenden Beispiele illustrieren diese Entwicklung am Beispiel des Rumänischen (Lausberg 1969: 148f):

▶

Latein		Rumänisch
NĬGRU(M)	‚schwarz'	*negru*
STĒLLAE	‚Sterne'	*stele*
CŎRNŪ	‚Horn'	*corn*
NŌDU(M)	‚Knoten'	*nod*
CRŬCE(M)	‚Kreuz'	*cruce*
MŪRU(M)	‚Mauer'	*mur*

Entwicklung der unbetonten Vokale

Im Bereich der **unbetonten Vokale** ist eine noch stärkere Reduktion als bei den betonten Vokalen eingetreten, wobei ebenfalls eine Ausgliederung in vier Systeme erfolgt ist. Für das ‚italische' Vokalsystem lässt sich die folgende Entwicklung konstatieren (Lausberg 1969: 194):

► **Zusammenfall der unbetonten Vokale in der Westromania und in Nord- und Mittelitalien (‚Italisches' System)**

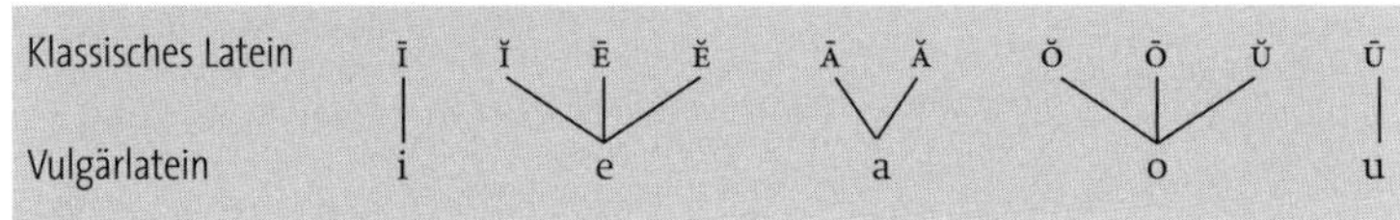

Belegt ist im Vulgärlatein die Entwicklung von ĭ > /e/ sowohl durch die *Appendix Probi* als auch durch Inschriften (Penny 2002: 56):

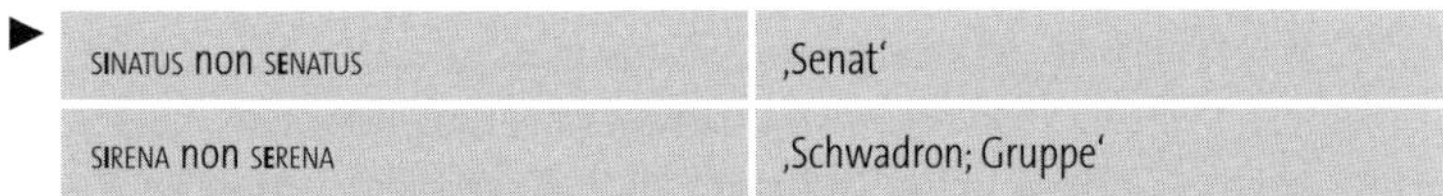

SINATUS non SENATUS	‚Senat'
SIRENA non SERENA	‚Schwadron; Gruppe'

►

Klassisches Latein		Vulgärlatein
FRI'CĀRE	‚reiben'	FRECARE

In den modernen romanischen Sprachen, denen das ‚italische Vokalsystem' zugrundeliegt, ist der Zusammenfall der unbetonten Vokale vor allem in solchen Wörtern erkennbar, in denen sie im Lateinischen den wortinitialen Nebentonvokal bildeten (Lausberg 1969: 196, Penny 2002: 56):

►

Latein		Portugiesisch	Spanisch	Französisch	Italienisch
CĬR'CĀRE	‚einkreisen'	*cercar*	*cercar*	*chercher*	*cercare*
SĒ'CŪRU(M)	‚sicher'	*seguro*	*seguro*	afrz. *sëur*	*sicuro*
SĔPTI'MĀNA(M)	‚Woche'	*semana*	*semana*	*semaine*	*settimana*
DŎ'LORE(M)	‚Schmerz'	*dor*	*dolor*	afrz. *dolor*	*dolore*
NŌMI'NĀRE	‚(be)nennen'	*nomear*	*nombrar*	*nommer*	*nominare*
SŬS'PECTU(M)/-A(M)	‚Verdacht'	*suspeita*	*sospecha*	*soupçon*	*sospetto*

Bei den anderen Vokalsystemen, die im Vulgärlateinischen entstanden sind, sind ähnliche, zum Teil noch weitgehendere Reduktionen zu beobachten. Generell gilt, dass die unbetonten Vokale noch im Vulgärlatein häufig eine wichtige Weiterentwicklung erfahren haben: Sie sind entvokalisiert (oder konsonantisiert) worden, wenn sie sich in einem Hiatus befanden, d. h. an der Silbengrenze auf einen anderen Vokal trafen (Lausberg 1969: 194f).

Entvokalisierung

Diese Entwicklung betrifft die unbetonten Vokale /i/ und /e/ sowie /o/ und /u/. Sie entwickelten sich zu den Halbvokalen oder Gleitlauten [j] (auch ‚Jot' genannt) bzw. [w] und verloren ihren Status als eigenständige Silbenträger. Die Folge ist die Entstehung eines Diphthongs anstelle eines Hiatus und die Verschiebung des Akzents auf den zweiten Vokal, z. B. klat. MUL'I.EREM > vlat. MULI'ERE (Lausberg 1969: 140, Tagliavini 1998: 188, Schwarze 1992: 65). Diese schon sehr früh eintretende Entwicklung ist sowohl durch Hinweise in der *Appendix Probi* als auch durch Inschriften belegt. Hierbei deutet die vom klassischen Latein abweichende Schreibweise darauf hin, dass die Vokale /e/ und /i/ als [j] bzw. [w] ausgesprochen wurden (Väänänen 1981: 46, Lloyd 1987: 133, Alkire & Rosen 2010: 58, 340, Fn. 4:3):

VIN**E**A non VIN**I**A	‚Weinberg'
LANC**E**A non LANC**I**A	‚Lanze'
CL**O**ACA non CL**U**ACA	‚Kloake'
VAC**U**A non VA**QU**A	‚leer (f.)'

Klassisches Latein		Vulgärlatein
ĀL**E**A	‚Würfel'	AL**I**A
FACIŌ	‚(ich) mache'	FAC**J**O / FATIO
CĀS**E**UM	‚Käse'	CAS**I**U
IĀNUĀR**I**UM	‚Januar'	JANUAR**J**I
PĀSC**U**A	‚Weide'	PAS**QU**A

Exkurs

Die Weiterentwicklung von [j]

Der Gleitlaut [j] entwickelte sich noch innerhalb des Vulgärlateins weiter. Zum einen wurde er im Silbenanlaut zur Affrikate, worauf die Schreibweise in einigen (späten) lateinischen Inschriften hingedeutet (Tagliavini 1998: 192):

Klassisches Latein		Vulgärlatein
IĀNUĀRIUS	‚Januar'	ZANUARIU
CONIUGI	‚Gattin (Dat.Sg.)'	CONGIUGI

Zum anderen kam es durch die Assimilation vorangehender Konsonanten zur Bildung eines „palatalen Komplexes" (Lüdtke 2009: 240). Dies war dann der Fall, wenn sich [j] unmittelbar hinter /d/ und /g/ bzw. /t/ und /k/ befand. Dabei bildeten sich palatale Affrikaten wie [dz], [dʒ] oder [ts] heraus, wie zahlreiche Inschriften belegen (Väänänen 1981: 54ff, Tagliavini 1998: 191f, Penny 2002: 62-65):

Klassisches Latein		Vulgärlatein
HO**DIĒ**	‚heute'	**OZ(I)**E
SEPTUĀ**GI**NTĀ	‚siebzig'	SEPTUA**Z**INTA
VINCEN**TI**US	‚Vincentius'	VINCEN**TZ**US
TER**TIŌ**	‚zum dritten Mal (wiederholen)'	TER**SI**O / TER**CI**O
IN**CI**TĀMENTO	‚Anreiz (Dat.)'	IN**TC**ITAMENTO

Für eine Reihe ähnlicher Assimilierungsvorgänge gibt es keine vulgärlateinischen Quellen. Hierzu gehört vor allem die Entwicklung der Konsonantengruppe -CT- /-kt-/, in der /k/ zu [j] geworden ist, oder in den Konsonantenverbindungen /l/+[j] und /n/+[j], die sich noch im Vulgärlatein größtenteils zu /ʎ/ und /ɲ/ entwickelt haben. Diese Entwicklungen lassen sich nur durch den Vergleich der romanischen Sprachen rekonstruieren (Schwarze 1992: 61-72).

In einigen Fällen kam es auch zum vollständigen Verlust des Gleitlauts oder eines der im Hiatus auftretenden Vokals. Dies belegen ein Hinweis in der *Appendix Probi* sowie einige Inschriften (Lausberg 1967: 195, Väänänen 1981: 46):

FEBRUARIUS non FEBRARIUS	‚Februar'

Klassisches Latein	Vulgärlatein
QUIĒTĪ ‚ruhig (Nom.Pl.)'	QUETI
DUODECIM ‚zwölf'	DODECI(M) / DODECE

Einfügung eines Vokals vor /s-/ + Konsonant (Prothese)

Ein weiteres lautliches Kennzeichen des Vulgärlateins ist die Einfügung eines Vokals (meist /i-/) vor der Lautfolge /s-/ + Konsonant im Wortanlaut. Diese als **Pro(s)these** bezeichnete besondere Form der Einfügung eines zusätzlichen Lautes (Epenthese) ist durch eine Inschrift aus Pompeji für den Ortsnamen SMYRNA belegt und findet sich später vor allem in vulgärlateinischen Quellen aus dem westromanischen Sprachraum (Prinz 1937, Herman 1975: 44, Väänänen 1981: 47):

Klassisches Latein		Vulgärlatein
SMYRNA	(Ortsname)	ISMURNA
SCRĪPTA	‚geschrieben (f.)'	ISCRIPTA

Monophthongierung der Diphthonge

Nachdem bereits in vorklassischer Zeit die Diphthonge OU /ow/, OI /oj/ und EI /ej/ monophthongiert wurden (siehe Exkurs S. 99), kommt es im späteren Vulgärlatein auch zu einer Monophthongierung von AE /aj/ (meist zu /ɛ/) und OE /oj/ (meist zu /e/) (Väänänen 1981: 38, Lloyd 1987: 106).

Klassisches Latein		Vulgärlatein
CAELUM	‚Himmel'	CELU
VĪCĪNAE	‚Nachbarin (Gen.Sg.)'	VICINE
FOEDUS	‚hässlich'	FEDU
POENA	‚Strafe'	PENA

Die Monophthongierung des Diphthongs AU /aw/ hat sich im Vulgärlateinischen nur sehr langsam durchgesetzt und ist zunächst vor allem auf Mittelitalien beschränkt geblieben. Belegt ist die Entwicklung durch einen Hinweis in der *Appendix Probi* sowie durch Inschriften oder entsprechende Hinweise bei Grammatikern (Lausberg 1969: 191, Väänänen 1981: 39, Tagliavini 1998: 188):

AURIS non **O**RICLA	‚Ohr' (eigentl. ‚Öhrchen')

Klassisches Latein		Vulgärlatein
AURUM	‚Gold'	**O**RU
C**AU**PŌ	‚Gastwirt'	C**O**PO

Diese Monophthongierung war offenbar auch diaphasisch markiert und eher Bestandteil der familiären Umgangssprache. Darauf deutet unter anderem der Gebrauch einer umgangssprachlichen Redewendung in einem Brief Ciceros an seinen Bruder Quintus hin (ORICULĀ INFIMĀ MOLLIOREM ‚weicher als das Ohrläppchen') (Väänänen 1981: 39).

Wegfall unbetonter Vokale

In Verbindung mit den durch den Quantitätenkollaps ausgelösten Veränderungen wandelte sich das vulgärlateinische Akzentsystem dahingehend, dass die betonten Vokale statt eines melodischen Akzents einen Druckakzent erhalten und dadurch intensiver betont wurden. Als indirekte Folge davon wurden die unbetonten Vokale weiter geschwächt und fielen häufig aus (Herman 1975: 44ff, Müller-Lancé 2012: 89). Besonders vom Ausfall betroffen waren die unbetonten Vokale /i/, /e/ und /u/, wenn sie im **Wortinneren** auftraten (**Synkope**). Hierfür gibt es nicht nur in der *Appendix Probi* zahlreiche Hinweise – wie im Exkurs S. 89f gezeigt –, sondern auch in Inschriften und bei vulgärlateinischen Autoren (Väänänen 1981: 40, 42):

Klassisches Latein		Vulgärlatein
DOM**I**NUS, DOM**I**NA	‚Herr', ‚Herrin'	DOMNUS, DOMNA
CAL**E**FACERE	‚erwärmen'	CALFACERE
PERĪC**U**LUM	‚Gefahr'	PERICLU

Obwohl sich die Art der Betonung im Lateinischen geändert und zum Wegfall unbetonter Vokale geführt hat, ist die Position des Akzents im klassischen Latein und im Vulgärlatein weitgehend stabil geblieben. Auch in den romanischen Sprachen wird meist die gleiche Silbe wie im Lateinischen betont. Da der Wegfall von Silben oft den hinteren Teil eines Wortes betraf, hat dies häufig dazu geführt, dass sich die Stellung der betonten Silbe innerhalb eines Wortes geändert hat. So kann beispielsweise ein Wort, das im Lateinischen auf der vorletzten Silbe betont wurde (*Pänultima*), in den romanischen Sprachen die Betonung auf der letzten Silbe tragen (*Ultima*) (Herman 1975: 46, Müller-Lancé 2012: 90):

Latein		Spanisch	Französisch	Italienisch
CĪVI'TĀTE(M)	‚Bürgerschaft'	*ciu'**dad***	*ci'**té***	*cit'**tà***

Eine andere Folge des Wegfalls von Vokalen besteht darin, dass neue Konsonantenverbindungen entstanden, die bei der späteren Herausbildung der romanischen Sprachen unterschiedliche Entwicklungen erfahren haben.

5.1.2 Besonderheiten und Entwicklungen im Konsonantenbereich

Wegfall von Auslautkonsonanten

Ein markantes Kennzeichen des Vulgärlateins ist der Wegfall von Konsonanten im absoluten Auslaut. Aufgrund ihrer Stellung in einer schwachtonigen Silbe waren sie hierfür besonders anfällig. Am weitesten verbreitet ist der Schwund der Nasalkonsonanten /-m/ und /-n/. Dies ist für beide Konsonanten durch zahlreiche Inschriften ab dem 3. Jahrhundert v. Chr. belegt. Der Ausfall von /-m/ wird außerdem durch mehrere Hinweise in der *Appendix Probi* bestätigt (Väänänen 1981: 66f, Stefenelli 2003: 534):

PRIDE**M** non PRIDE	‚längst, vor langer Zeit'
OLI**M** non OLI	‚einst'

Klassisches Latein		Vulgärlatein
PĀNE**M**	‚Brot (Akk.)'	PANE
IA**M**	‚schon'	ia
NOME**N**	‚Name'	nome

Der Wegfall beider Nasalkonsonanten setzt sich noch im Vulgärlateinischen vollständig durch. Ausnahmen bilden lediglich einsilbige Wörter, bei denen in einigen romanischen Sprachen ein Nasalauslaut erhalten geblieben ist, z. B. lat. CUM ‚mit' > it./sp. *con*, lat. NŌN ‚nicht' > it. *non*, lat. QUEM ‚wen' > sp. *quién* / port. *quem* ‚wer'.

Auch der Wegfall von /-t/ ist durch Inschriften dokumentiert, wie beispielsweise die im 4. Kapitel erwähnte Inschrift aus Pompeji zeigt (siehe Beispiel (3), S. 92). Allerdings ist die Anzahl der Belege für Auslassungen dieser Art deutlich geringer als bei den Nasalkonsonanten (Väänänen 1981: 68f):

Klassisches Latein		Vulgärlatein
DEDI**T**	‚(er) hat gegeben'	DEDE
HABITAN**T**	‚(sie) (be)wohnen'	HABITAN

Da es in den romanischen Sprachen nur wenige Spuren von /-t/ gibt, muss davon ausgegangen werden, dass im späten Vulgärlatein der Wegfall dieses Konsonanten deutlich zugenommen hat. Er ist vor allem dann eingetreten, wenn das folgende Wort mit einem Konsonanten begann (Herman 1975: 50).

Eine besondere und verhältnismäßig komplexe Entwicklung ist bei /-s/ zu beobachten. In frühen vulgärlateinischen Quellen fehlt dieser Konsonant häufig in Wörtern, die auf -OS oder -US enden, vor allem dann, wenn diesen Wörtern ein konsonantisch anlautendes Wort folgt. In Quellen ab dem 1. Jahrhundert n. Chr. sind diese Auslassungen wesentlich seltener zu beobachten. So liefern beispielsweise die Inschriften aus Pompeji kaum Belege hierfür. Auch in der *Appendix Probi* findet sich kein einziger Hinweis. Als Folge dieser Entwicklung bildeten sich im Lateinischen einige Doppelformen mit und ohne auslautendem /-s/ heraus (Lausberg 1967: 80):

Latein		
MAGIS	MAGE	‚mehr'
LAUDĀRIS	LAUDĀRE	‚(du) wirst gelobt'
QUĪS	QUI	‚wer'

In nachklassischer Zeit kam es wieder häufiger zu Auslassungen von /-s/. Sie unterlagen allerdings starken Schwankungen, sodass für das spätere Vulgärlatein von einer uneinheitlichen Realisierung von /-s/ ausgegangen werden muss (Lausberg 1967: 80, Väänänen 1981: 67).

Wegfall von /h/

Eine regelmäßige und bereits sehr früh eintretende Entwicklung im Vulgärlateinischen ist der Verlust der Aspiration im Wortanlaut und im Wortinnern. Dies ist sowohl durch die *Appendix Probi* als auch durch zahlreiche Inschriften belegt (Väänänen 1981: 55):

HOSTIAE non OSTIAE	‚Opfertier (Nom.Pl.), Hostie (Nom.Pl.)'
ADHUC non ADUC	‚bis jetzt, immer noch'

Klassisches Latein		Vulgärlatein
HABĒRE	‚haben'	ABERE
HIC	‚dieser'	IC
PREHENDERE	‚ergreifen'	PRENDERE

Eine Bestätigung für die Existenz solcher Auslassungen im Vulgärlateinischen liefern auch zahlreiche hyperkorrekte Formen. So ist in vielen Inschriften die fehlerhafte Verwendung von <H> zu beobachten, z. B. HOLIM statt ŌLIM ‚einst'. Ein anderes bekanntes Beispiel stammt aus einem Text von Catullus (ca. 84-54 v. Chr.). Darin mokiert sich der Autor über jemanden, der fälschlicherweise HINSIDIAS statt das korrekte Wort INSIDIAS ‚Hinterhalt' (Akk.Pl.) verwendet (*Cat.* 84, p. 182) (Herman 1975: 47f).

Exkurs

Der Laut [h] in den romanischen Sprachen

Der lateinische Laut /h/ ist in keiner romanischen Sprache erhalten geblieben. Allerdings wurde bei der Entwicklung der romanischen Schriftsysteme unter Bezugnahme auf das klassisch-lateinische Vorbild bisweilen der Buchstabe <h> eingeführt, vgl. frz. <**h**eure> [œʁ], sp. <**h**ora> [ora] versus it. <ora> [o:ra] ‚Stunde' (aber auch it. <**h**o> [ɔ] ‚(ich) habe' versus <abbiamo> [ab:ja:mo] ‚(wir) haben').

In einigen Sprachen ist es zu einer neuen Herausbildung von /h/ gekommen. Dies ist im Altspanischen und im Altgaskognischen der Fall, wo in lateinischen Erbwörtern der Laut /f/ im Wortanlaut in der Regel durch /h/ ersetzt wurde. Im modernen Spanischen ist diese ursprüngliche Aspiration wieder weggefallen und nur noch vereinzelt in ländlichen Gebieten Spaniens und Lateinamerikas erhalten geblieben (Penny 2000: 162f). Das moderne Gaskognische hat in einigen Dialekten noch die Aussprache von /h/ bewahrt: *haria* ‚Mehl' [**h**ariɔ] (< lat. FARĪNA(M)) (Massourre 2012: 125f).

In vielen modernen Varietäten des Spanischen, unter anderem im andalusischen und karibischen Spanisch, wird der Laut /s/ vor Konsonant oder am Wortende aspiriert (und teilweise auch ausgelassen): *estos* ‚diese' [e**h**to(^{h})], *los monos* ‚die Affen' [lɔ**h**mɔnɔ(^{h})] (Penny 2000: 122-125). Im brasilianischen Portugiesisch wird anlautendes oder intervokalisches /r/ oft als [h] gesprochen: *rio* ‚Fluss' [**h**iu], *carro* ‚Auto' [ka**h**u] (Schäfer-Prieß & Schöntag 2012: 86).

Auch im Altfranzösischen gab es den Laut /h/. Er trat im Wortanlaut in Wörtern auf, die aus dem Germanischen entlehnt wurden: ***h**ache* ‚Axt' (< frk. ****h**apja*), ***h**anche* ‚Hüfte' (< frk. ****h**anka*). Im Neufranzösischen wird /h/ nicht mehr gesprochen. Es ist nur noch dialektal vor allem in Nordfrankreich und in der Wallonie erhalten geblieben (Pfister 1978: 158ff). Trotz der verloren gegangenen Aspiration wird der Laut noch heute als ‚*h aspiré*' bezeichnet. Er ist im Neufranzösischen lautlich insofern relevant, da er – im Unterschied zu dem in Erbwörtern aus dem Lateinischen vorkommenden ‚*h muet*' (‚stummes h') – bewirkt, dass die Elision und die Liaison in Verbindung mit einem vorangehenden Wort verhindert werden: *l'**h**eure* [lœʁ] ‚die Stunde', *les **h**eures* [le**z**œʁ] ‚die Stunden' mit ‚*h muet*' versus *la **h**ache* [l**a**ʔaʃ] ‚die Axt', *les **h**aches* [l**e**ʔaʃ] ‚die Äxte' mit ‚*h aspiré*' (Rheinfelder 1976a: 178f).

Wegfall von /n/ in -NS-

Ebenfalls sehr früh eingetreten ist der Wegfall von /n/ in der Konsonantengruppe -NS-. Die ersten Belege hierfür stammen bereits aus dem 3. Jahrhundert v. Chr. (Väänänen 1981: 64):

Klassisches Latein		Vulgärlatein
CŌNSUL	‚Konsul'	COSOL
CĒNSOR	‚Zensor'	CESOR

In der *Appendix Probi* findet dieser Wegfall von /n/ in zweierlei Hinsicht Erwähnung: Zum einen durch die Auflistung von Wörtern mit fehlendem <N>, zum anderen auf indirekte Weise, indem die Verwendung von Wörtern, die ein zusätzliches, hyperkorrektes <N> enthalten, kritisiert wird (Alkire & Rosen 2010: 35):

MENSA non MESA	‚Tisch'
ANSA non ASA	‚Griff'
HERCULES non HERCULENS	‚Herkules'
OCCASIO non OCCANSIO	‚Gelegenheit'

Bestätigt wird diese Auslassung auch durch den Grammatiker Velius Longus, der darauf hinweist, dass Cicero gerne in Wörtern wie z. B. FORĒNSIA ‚Prunkgewänder' oder HORTĒNSIA ‚Gartenfrüchte' <N> aus Gründen des Wohlklangs („lenitatis causa") wegließ (Kramer 1976: 64f).

Wegfall von intervokalischem /-g-/

Auch das intervokalisch auftretende /-g-/ tendiert im Vulgärlateinischen dazu ausgelassen zu werden. Dies trifft vor allem für das Personalpronomen EGO zu, aus dessen reduzierter Form EO sich in fast allen romanischen Sprachen das Subjektpronomen der 1. Person Singular ableitet (Tagliavini 1998: 191, Alkire & Rosen 2010: 35f):

Klassisches Latein		Vulgärlatein
EGO	‚ich'	EO
IAM MAGIS	wörtl. ‚schon mehr'	JAM MAES ‚nie'

Zusammenfall von /b/ und [w]

Eine weitere lautliche Besonderheit des Vulgärlateins betrifft die Entwicklung des Konsonanten /b/, geschrieben <B>, und des Halbvokals [w], geschrieben <U> oder <V>. Beide Laute tendierten im Vulgärlateinischen dazu, als bilabialer Reibelaut [β] ausgesprochen zu werden. Für [w] wird diese Entwicklung durch die Schreibweise lateinischer Lehnwörter im Griechischen belegt: Während bei frühen Entlehnungen der Halbvokal noch mit den griechischen Buchstaben <ου> wiedergegeben wird, wird er später als <β> geschrieben. Im späten Vulgärlatein wandelte sich der Laut in weiten Teilen der Romania zu einem labiodentalen Reibelaut /v/ (Tagliavini 1998: 193). Für /b/ ist in Inschriften ab dem 1. Jahrhundert n. Chr. häufig die Schreibung als <v> zu beobachten, zunächst in intervokalischer Position oder nach einem Liquid, später auch im Anlaut. Die *Appendix Probi* bestätigt die Verwechslung von /b/ und /v/ (Betazismus) in beide Richtungen, nämlich sowohl /v/ statt /b/ (vlat. VENE statt klat. BENE ‚gut') als auch /b/ statt /v/ (vlat. *CORBUS statt klat. CORVUS ‚Rabe') (Väänänen 1981: 50f, Berschin, Felixberger & Goebl 2008: 71f).

BACULUS non **V**ACULUS	‚Stock'
PLE**B**ES non PLE**V**IS	‚Volksmenge'
BRA**V**IUM non BRA**B**IUM	‚Siegespreis'
AL**V**EUS non AL**B**EUS	‚Wanne'

Exkurs

Weitere lautliche Entwicklungen im Konsonantenbereich

Zu den weiteren Entwicklungen der Konsonanten im Vulgärlatein gehört die **Kürzung von Geminaten**, d. h. von langen Konsonanten, die wegen ihrer Schreibweise auch ‚Doppelkonsonanten' genannt werden. Hier erlaubt der Vergleich zwischen den romanischen Sprachen den Rückschluss darauf, dass diese Entwicklung noch im (späten) Vulgärlatein regional eingetreten ist. Fast alle romanischen Sprachen mit Ausnahme des Standarditalienischen, einschließlich der mittel- und süditalienischen Dialekte, sowie des Sardischen weisen eine generelle Kürzung der lateinischen Geminaten auf (Maurer 1959: 47f, Väänänen 1981: 58):

Latein		Portugiesisch	Spanisch	Okzitanisch	Altfranzösisch	Rumänisch	Italienisch	Sardisch
VACCA(M)	‚Kuh'	*vaca*	*vaca*	*vaca*	*vache*	*vacă*	*vacca*	*bacca*
FLAMMA(M)	‚Flamme'	*chama*	*llama*	*flama*	*flame*	*flame*	*fiamma*	*flamma*
ANNU(M)	‚Jahr'	*ano*	*año*	*an*	*an*	*an*	*anno*	*annu*

Gleichzeitig ist demgegenüber an einigen vulgärlateinischen Wörtern zu beobachten, dass Konsonanten spontan gelängt worden sind. Durch eine solche **spontane Geminatenbildung** sollte offenbar eine verstärkende Wirkung erzeugt werden. Belege hierfür finden sich in Inschriften und Hinweisen bei Grammatikern ebenso wie in der *Appendix Probi* (Maurer 1959: 50, Väänänen 1981: 59f):

Klassisches Latein		Vulgärlatein
TŌTUS	‚ganz'	TOTTUS
BRŪTUS	‚schwer(fällig)'	BRUTTUS

DRACO non DRACCO	‚Schlange, Drache'

Eine weitere Entwicklung im Konsonantenbereich, die noch im Vulgärlateinischen eingetreten ist, ist die **Verstärkung von Halbkonsonanten**. Sie lässt sich durch Rekonstruktion nachweisen und tritt in Wörtern ein, die im Lateinischen mit dem Gleitlaut [w], also mit einem Halbkonsonanten, beginnen. Hier wird sowohl in lateinischen Erbwörtern als auch in germanischen Lehnwörtern der Gleitlaut durch einen Konsonanten oder durch eine Kombination aus Konsonant und Gleitlaut ersetzt (Alkire & Rosen 2010: 52f):

Latein / Germanisch		Spanisch	Französisch	Italienisch
VĪNU(M) [wi]	‚Wein'	***vi**no* [bi]	***vi**n* [vɛ̃]	***vi**no* [vi]
VĔNIT [we]	‚(er) kommt'	***vie**ne* [bie]	***vie**nt* [vjɛ̃]	***vie**ne* [viɛ]
germ. ****we**rra* [we]	‚Wirren; Krieg'	***gue**rra* [ge]	***gue**rre* [gɛ]	***gue**rra* [gwɛ]
germ. ****wa**nt* [wa]	‚Fäustling; Handschuh'	***gua**nte* [gwa]	***ga**nt* [gɑ̃]	***gua**nto* [gwa]

Eine ähnliche Verstärkung ist in Wörtern zu beobachten, die im Lateinischen mit dem Gleitlaut [j] anlauten. Hier wandelt sich der Gleitlaut in den romanischen Sprachen sehr häufig zu einer Affrikate, wie im Italienischen, oder zu einem Reibelaut, wie im Spanischen und Französischen (Alkire & Rosen 2010: 53).

Latein		Spanisch	Französisch	Italienisch
*IOCU [jo]	‚Spiel'	***jue**go* [xwe]	***jeu*** [ʒø]	***gio**co* [dʒɔ]
*IUVENE [ju]	‚jung'	***jo**ven* [xo]	***jeu**ne* [ʒœ]	***gio**vane* [dʒo]

5.2 | Morphologische Besonderheiten und Entwicklungen

Das Lateinische ist bekanntlich eine flektierende Sprache, die sowohl im Nominal- als auch im Verbalbereich durch eine „innige Verschmelzung des Wortstammes mit dem Flexionszeichen" (Lausberg 1972: 13) gekennzeichnet ist (Kienpointner 2010: 57-62). Nicht zuletzt bedingt durch den eben dargestellten lautlichen Wandel hat das Lateinische allerdings im Laufe seiner Entwicklung im Bereich der Flexion eine Reihe von Veränderungen erfahren, die als typische Kennzeichen des Vulgärlateins gelten. Wie im Folgenden gezeigt wird, fallen diese Veränderungen im Nominal- und Verbalbereich sehr unterschiedlich aus.

5.2.1 | Besonderheiten und Entwicklungen im Nominalbereich

Die Substantive und Adjektive des klassischen Lateins flektieren nach Kasus und Numerus, die Adjektive zusätzlich nach Genus. Dabei werden die Substantive in fünf und die Adjektive in drei Deklinationsklassen eingeteilt. Von den sechs Kasus des klassischen Lateins hat der Vokativ, der ausschließlich zur Anrede dient, nur eine geringe Bedeutung, da lediglich bei den Maskulina der 2. Deklination auf -US eine eigene Form existiert: vgl. Nominativ Singular PAULUS versus Vokativ Singular PAULE. Außerdem kennen die Substantive und Adjektive des klassischen Lateins noch eine Unterscheidung in drei Genera.

Die Flexion der Substantive im klassischen Latein

Die fünf Deklinationsklassen der Substantive des klassischen Latein werden traditionellerweise durchnummeriert oder nach dem Stammauslaut benannt. Sie sind unterschiedlich komplex. Die Substantive der **1. Deklination** (A-Deklination) sind fast ausschließlich Feminina (z. B. CAPRA ‚Ziege'). Maskulin sind nur Substantive, die männliche Personen (z. B. AGRICOLA ‚Bauer') oder Flüsse (z. B. MOSELLA ‚Mosel') bezeichnen. Die **2. Deklination** (O-Deklination) enthält Maskulina (z. B. LUPUS ‚Wolf') und Neutra (z. B. DŌNUM ‚Geschenk'), die sich formal nur im Nominativ Singular und im Akkusativ Singular und Plural unterscheiden. Ausgesprochen komplex ist die **3. Deklination**, in der üblicherweise aufgrund der vielen Überschneidungen die konsonantische Deklination (z. B. CANIS ‚Hund'), die I-Deklination (z. B. NĀVIS ‚Schiff') und die gemischte Deklination (z. B. CĪVIS ‚Bürger') zusammengefasst sind. Sie enthält Substantive aller drei Genera. Die Substantive unterscheiden sich untereinander vor allem dadurch, dass sie entweder gleichsilbig oder ungleichsilbig sind, d. h. im Nominativ und Genitiv Singular die gleiche oder ungleiche Anzahl an Silben aufweisen (z. B. NĀ.VIS, NĀ.VIS ‚Schiff' versus LA.BOR, LA.BŌ.RIS ‚Arbeit'). Die Substantive der **4. Deklination** (U-Deklination) sind in der Regel maskulin und enden auf -US (z. B. CURRUS ‚Wagen'). Nur die Neutra lauten auf -U aus (z. B. CORNŪ ‚Horn'). Die Substantive der **5. Deklination** (E-Deklination) sind – mit Ausnahme der maskulinen Substantive DIĒS ‚Tag' und MERĪDIĒS ‚Mittag' – ausschließlich Feminina (z. B. RĒS ‚Sache') (Rubenbauer & Hofmann 1995: 28-42, Müller-Lancé 2012: 115-124).

▶ Nominalflexion im klassischen Latein

		1. Deklination (A-Deklination) feminin	2. Deklination (O-Deklination) maskulin	3. Deklination maskulin	4. Deklination (U-Deklination) maskulin	5. Deklination (E-Deklination) feminin
		‚Ziege'	‚Wolf'	‚Hund'	‚Wagen'	‚Sache'
Sg.	Nom.	CAPR**Ā**	LUP**ŬS**	CAN**ĬS**	CURR**ŬS**	R**ĒS**
	Gen.	CAPR**AE**	LUP**Ī**	CAN**ĬS**	CURR**ŪS**	RE**Ī**
	Dat.	CAPR**AE**	LUP**Ō**	CAN**Ī**	CURRU**Ī**	RE**Ī**
	Akk.	CAPR**ĀM**	LUP**ŬM**	CAN**ĔM**	CURR**ŬM**	R**ĔM**
	Abl.	CAPR**Ā**	LUP**Ō**	CAN**Ĕ**	CURR**Ū**	R**Ē**
Pl.	Nom.	CAPR**AE**	LUP**Ī**	CAN**ĒS**	CURR**ŪS**	R**ĒS**
	Gen.	CAPR**ĀRŬM**	LUP**ŌRŬM**	CAN**ŬM**	CURR**UŬM**	R**ĒRŬM**
	Dat.	CAPR**ĪS**	LUP**ĪS**	CAN**ĬBŬS**	CURR**ĬBŬS**	R**ĒBŬS**
	Akk.	CAPR**ĀS**	LUP**ŌS**	CAN**ĒS**	CURR**ŪS**	R**ĒS**
	Abl.	CAPR**ĪS**	LUP**ĪS**	CAN**ĬBŬS**	CURR**ĬBŬS**	R**ĒBŬS**

Kasuszusammenfall und Allomorphie

Diese Übersicht über die lateinischen Deklinationen zeigt, dass das Lateinische über eine reichhaltige Flexion verfügt. Allerdings ist die Beziehung zwischen Flexionsendung und grammatischer Funktion nicht immer eineindeutig festgelegt. Einige der Flexionsendungen stimmen formal überein und sind daher mehrdeutig. So kann beispielsweise in der 1. Deklination das Flexionsmorphem -AE Genitiv und Dativ Singular sowie Nominativ Plural ausdrücken. Ein solcher **Formensynkretismus** hat zur Folge, dass man beispielsweise zum Verstehen von CAPRAE zusätzliche Informationen wie Wortstellung, Verbendung, Endungen anderer Substantive oder Demonstrativa, benötigt, um die grammatische Funktion dieses Wortes erschließen zu können. Eine weitere morphologische Besonderheit des klassisch-lateinischen Nominalsystems besteht darin, dass es durch eine relativ große Anzahl von **Allomorphen** geprägt ist. So kennt das klassische Latein beispielsweise für die Markierung der Merkmale ‚Genitiv' und ‚Singular' fünf verschiedene Ausdrucksformen (Lleal 1990: 77, Berschin, Felixberger & Goebl 2008: 78, Maiden 2011: 162):

Markierung für Genitiv Singular	Beispiel	
-AE	CAPR**AE**	‚der Ziege'
-Ī	LUP**Ī**	‚des Wolfs'
-ĬS	CAN**ĬS**	‚des Hundes'
-ŪS	CARR**ŪS**	‚des Wagens'
-EĪ	R**EĪ**	‚der Sache'

Eine Sprache mit einer solch komplexen Nominalmorphologie, wie sie das klassische Lateinische aufweist, ist keineswegs ungewöhnlich. Das Vulgärlatein zeichnet sich allerdings durch einen umfangreichen Abbau dieser Nominalmorphologie aus.

Reduktion der Genera

Bereits im frühen Latein setzte eine Tendenz zur Reduktion der dreigliedrigen Genusunterscheidung auf zwei Genera ein (Herman 1975: 69-72, Väänänen 1981: 101, Tagliavini 1998: 196). Dies geschah durch einen Genuswechsel bei den Neutra. Für den Wechsel vom Neutrum zum Maskulinum wurden bereits im 4. Kapitel zwei Beispiele aus dem Schelmenroman *Satyricon* aufgeführt: vlat. BALNE**US** und vlat. VIN**US** ‚Wein' statt klat. BALNE**UM** ‚Bad' und klat. VĪN**UM** ‚Wein' (siehe

Abschnitt 4.3, S. 93). Auch in Texten von Plautus und in Inschriften finden sich Belege für Neutra verschiedener Deklinationsklassen, die die Endung eines maskulinen Substantivs aufweisen (Väänänen 1981: 102):

►

Klassisches Latein		Vulgärlatein
DORS**UM** (2. Dekl.)(n.)	‚Rücken'	DORS**US**
CAP**UT** (3. Dekl.)(n.)	‚Kopf'	CAP**US**
CORN**Ū** (4. Dekl.)(n.)	‚Horn'	CORN**US**

Eine Genusverschiebung vom Neutrum zum Femininum ist vor allem bei Neutra zu beobachten, die häufig im Plural auftraten und dort eine kollektive Bedeutung hatten oder etwas Abstraktes bezeichneten. Offenbar hat hier die Übereinstimmung der Pluralendung auf -A in Nominativ und Akkusativ mit der Endung des Nominativs Singular der femininen Substantive der 1. Deklination dazu geführt, dass sie als Feminina im Singular interpretiert wurden (Kerlouégan, Conso & Bouet 1975: 111f, Väänänen 1981: 102f, Müller-Lancé 2012: 146):

►

Klassisches Latein		Vulgärlatein
LĬGNA, LĬGN**ŌRUM** (Pl. n.)	‚Holz'	LIGNA, LIGN**AE** (Sg. f.)
FOLIA, FOLI**ŌRUM** (Pl. n.)	‚Laub'	FOLIA, FOLI**AE** (Sg. f.) ‚Blatt'
FĀTA, FĀT**ŌRUM** (Pl. n.)	‚Schicksal'	FATA, FAT**AE** (Sg. f.)
GRĀNA, GRĀN**ŌRUM** (Pl. n.)	‚Korn'	*GRANA, GRAN**AE** (Sg. f.)

►

UICO CASTR**ORUM** non UICO CASTR**AE**	‚im Gehöft der Burgen'

Eine Folge dieser Entwicklung ist die Pluralbildung dieser Substantive nach dem Muster der 1. Deklination. So wird beispielsweise in dem Text *De re rustica* des Schriftstellers Columella der Plural von RĀPUM ‚Rübe' statt mit der Endung -A mit der Endung -AE, d. h. der Endung für Nominativ Plural der 1. Deklination, gebildet (Alkire & Rosen 2010: 193):

Beispiel

(1) vlat. CETERUM AUGUSTO CIRCA VULCANALIA TERTIA SATIO EST EAQUE OPTIMA RADICIS ET **RAPAE** [...].
'Außerdem ist im August um das Fest des Vulcanus herum die dritte Saat. Das ist die beste Zeit für die Radieschen und die Rüben ...'
(Col. 11, 3, 18, p. 804)

Reduktion der Deklinationsklassen

Der allmähliche Abbau der Genera geht mit einer weiteren Entwicklung im vulgärlateinischen Nominalsystem einher, nämlich der Reduktion der Anzahl der Deklinationsklassen von fünf auf drei. Sowohl die 4. als auch die 5. Deklination gehen im Vulgärlateinischen vollständig verloren. Die meisten Substantive der 4. Deklination sind in die formal ähnliche 2. Deklination übergegangen. Dies gilt auch für die wenigen femininen Wörter dieser Deklination, deren Genus in einigen Fällen trotz des -US-Auslautes erhalten geblieben ist, z. B. MANUS 'Hand' oder TRIBUS 'Bezirk' (vgl. auch frz. ***la** main,* it./sp. ***la** mano*, frz. ***la** tribu*, it. ***la** tribù*, sp. ***la** tribu*). Lediglich bei den Feminina dieser Klasse, die eine weibliche Person bezeichnen, kam es zu einem Wechsel in die 1. Deklination. Dies belegen diese beiden Hinweise in der *Appendix Probi*:

▶

NURUS non NURA	'Schwiegertochter'
SOCRUS non SOCRA	'Schwiegermutter'

Bei den Wörtern der 5. Deklination ist in der Regel ein Wechsel in die 1. Deklination festzustellen (Alkire & Rosen 2010: 187):

▶

Klassisches Latein		Vulgärlatein
FACIĒS	'Aussehen; Gesicht'	FACIA
GLACIĒS	'Eis'	GLACIA
MĀTERIĒS	'Stoff; Bau-/Nutzholz'	MATERIA
RABIĒS	'(Toll-)Wut'	RABIA

Verwendung von Präpositionen im Vulgärlatein

Bereits im frühen Vulgärlatein werden grammatische Relationen verstärkt durch Präpositionen statt durch Kasusmarkierung ausgedrückt. Spätestens seit dem 2. Jahrhundert v. Chr. gibt es gehäuft

Belege für den Gebrauch von DE und AD in Konstruktionen, in denen die grammatischen Relationen im klassischen Latein üblicherweise durch Genitiv- bzw. Dativkasus markiert werden. Auch in Akkusativ- und Ablativkonstruktionen ist die zusätzliche Verwendung einer Präposition zu beobachten (Herman 1975: 67ff, Väänänen 1981: 112ff, Tagliavini 1998: 182f, Alkire & Rosen 2010: 187):

Kasus	Klassisches Latein		Vulgärlatein
Genitiv	MONASTĒRIUM CASTĀ**RUM**	‚Nonnenkloster'	MONASTERIU(M) **DE** CASTAS
	GRĀNA FĪC**Ī**	‚Feigensamen'	GRANA **DE** FICO
Dativ	PATR**Ī**	‚dem Vater'	**AD** PATRE(M)
	HOST**IBUS**	‚den Feinden'	**AD** HOSTIS
	EĪ	‚ihm'	**AD** EUM
Akkusativ	ROM**AM**	‚nach Rom'	**IN** ROMA(M)
Ablativ	PECŪNI**Ā** SU**Ā**	‚mit seinem Geld'	**CUM** PECUNIA SUA
	HŌC TEMP**ORE**	‚in dieser Zeit'	**IN** HOC TEMPORE
	ĪTALI**Ā**	‚aus Italien'	**EX** ITALIA

Bei den präpositionalen Konstruktionen mit Ablativ wird darüber hinaus ein zunehmender Ersatz des Ablativs durch Akkusativformen konstatiert, der auch in der *Appendix Probi* moniert wird:

NOBISCUM non NOSCUM	‚mit uns'
VOBISCUM non VOSCUM	‚mit euch'

Der häufige Gebrauch von Präpositionen muss jedoch nicht notwendigerweise zu einem Abbau der Kasusmorphologie führen. Eine bekannte Grabinschrift aus frühchristlicher Zeit in Gallien belegt, dass die präpositionale Ausdrucksweise (MENBRA AD DUUS FRATRES) durchaus auch parallel zur präpositionslosen, allein auf Kasusendung basierenden Markierung (FILI MAGNO) existieren kann (Elcock 1975: 38, Rohlfs 1968b: 30f, Väänänen 1981: 114):

Beispiel

(2) vlat.

HIC	REQUIISCUNT	MENBRA	AD	DUUS	FRATRES	GALLO	ET
hier	ruhen	Gebeine	PRÄP	zwei	Brüder	Gallus-DAT	und

FIDENCIO	QUI	FOERUNT	FILI	MAGNO
Fidentius-DAT	die	waren	Söhne-NOM	Magnus-DAT

‚Hier ruhen die Gebeine der zwei Brüder Gallus und Fidentius, die die Söhne des Magnus waren.' (CIL 13, 2483)

Abbau der Kasusflexion

Dass es im Vulgärlateinischen dennoch zu einem Abbau der Kasusflexion gekommen ist, hängt in starkem Maße mit der oben dargestellten lautlichen Entwicklung zusammen. So bewirkte der Wegfall von -M, dass in allen Deklinationsklassen der Akkusativ Singular vokalisch endete. Durch die infolge des Quantitätenkollaps aufgehobene Unterscheidung von Ā und Ă wurden in der 1. Deklination im Singular die Nominativ-, Akkusativ- und Ablativendungen vereinheitlicht. Außerdem sollte in der 2. Deklination die formale Unterscheidung zwischen dem Akkusativ Singular einerseits und dem Dativ und Ablativ Singular andererseits sowie die zwischen dem Nominativ Singular und dem Akkusativ Plural aufgrund des Zusammenfalls der betonten Vokale Ŭ und Ō zu /o/ (im ‚italischen' Vokalsystem) sowie der unbetonten Vokale Ĭ, Ē und Ĕ bzw. Ŏ, Ō und Ŭ zu /e/ bzw. /o/ aufgehoben worden sein. Allgemein wird jedoch angenommen, dass diese Entwicklung nicht eingetreten ist. Es wird vermutet, dass sich der Vokal der (unbetonten) nominativischen Flexionsendung -ŬS nicht zu /o/, sondern zu /u/ entwickelt hat, weil dadurch die Unterscheidung zwischen Nominativ Singular und Akkusativ Plural aufrechterhalten blieb. Des Weiteren wird davon ausgegangen, dass aus Analogiegründen auch im Akkusativ Singular der Vokal in der Flexionsendung -Ŭ(M) die gleiche Entwicklung erfuhr und zu /u/ statt, wie zu erwarten, zu /o/ wurde (Lausberg 1969: 204). Auch für die 3. Deklination wird häufig von einer vom regelmäßigen Lautwandel abweichenden Entwicklung ausgegangen und angenommen, dass im Nominativ und Genitiv Singular die Endung -IS zunächst erhalten geblieben ist. Allerdings scheint sich hier die lautgesetzlich zu erwartende /es/-Endung allmählich flächendeckend im Vulgärlatein durchgesetzt zu haben (Gaeng 1990: 121). Somit gelangt man für die drei Deklinationen zu folgendem rekonstruierten Kasussystem des frühen Vulgärlateins (Lausberg 1969: 23-43, Rheinfelder 1976b: 10-18, Berschin, Felixberger & Goebl 2008: 79, Kiesler 2006: 50):

▶ Rekonstruierte Nominalflexion im frühen Vulgärlatein

		1. Deklination feminin	2. Deklination maskulin	3. Deklination maskulin
Sg.	Nom.	CAPRA	LOPUS	CANIS > CANES
	Gen.	CAPRE	LOPI	CANIS > CANES
	Dat.	CAPRE	LOPO	CANI
	Akk.	CAPRA	LOPU	CANE
	Abl.	CAPRA	LOPO	CANE
Pl.	Nom.	CAPRE	LOPI	CANES
	Gen.	CAPRARO	LOPORO	CANO
	Dat.	CAPRIS	LOPIS	CANEBOS
	Akk.	CAPRAS	LOPOS	CANES
	Abl.	CAPRIS	LOPIS	CANEBOS

Neben diesem lautlich bedingten Abbau des vulgärlateinischen Flexionssystems gibt es weitere Entwicklungen, die ebenfalls zur Reduktion der lateinischen Kasusdeklination beigetragen haben. Hierzu gehört unter anderem die bereits im Altlateinischen einsetzende Anpassung des Nominativs Singular zahlreicher Substantive der 3. Deklination an die Formen des Genitivs Singular. Diese Entwicklung ist vor allem bei den ungleichsilbigen Substantiven eingetreten, die im Nominativ eine kürzere Silbenanzahl als im Genitiv und den übrigen Kasus aufwiesen. Auf diese Weise wird – möglicherweise in Analogie an gleichsilbige Substantive der 3. Deklination des Typs CANIS (Nom. Sg.), CANIS (Gen. Sg.) ‚Hund' – eine Gleichsilbigkeit der Formen hergestellt (Lausberg 1972: 38, Rheinfelder 1976b: 13):

	Klassisches Latein		Vulgärlatein
Nom. Sg. Gen. Sg.	SORS SOR**TIS**	‚Los'	SOR**TIS** SOR**TIS**
Nom. Sg. Gen. Sg.	MĒNS MEN**TIS**	‚Verstand'	MEN**TIS** MEN**TIS**
Nom. Sg. Gen. Sg.	LAC LAC**TIS**	‚Milch'	LAC**TIS** LAC**TIS**

Belegt ist dieser Anpassungsvorgang unter anderem durch Hinweise in der *Appendix Probi* (Lausberg 1972: 38, Rheinfelder 1976b: 13):

PECTEN **non** PECTINIS	**‚Kamm'**
GLIS **non** GLIRIS	**‚Siebenschläfer'**
GRUS **non** GRUIS	**‚Kranich'**

Einen weiteren Hinweis auf den Wandel des vulgärlateinischen Kasussystems liefert die Entwicklung der Pluralformen der 1. Deklination. Hier belegen mehrere Inschriften, dass die Sprecher die Endung -AS des Akkusativs Plural statt der nominativischen Endung -(A)E zur Markierung des Nominativs Plural verwendeten (Lausberg 1972: 20, Fn.2, Väänänen 1981: 108, Alkire & Rosen 2010: 188):

Beispiel

(3) vlat. a. BENE QUIESCANT RELIQUI**AS**
gut ruhen-KONJ Überreste
‚Mögen die Überreste gut ruhen' (CIL 5, 5078)

b. FILIA**S** […] FECER(UNT)
Töchter machen-PFKT.3PL
‚die Töchter machten' (CIL 8, 3783)

c. SI DU**AS** PLAG**AS** FUERINT
‚Wenn es zwei Wunden wären' (*Roth* 46)

d. AQU**AS** COQUENDAE SUNT
‚Die Wasser sind zu kochen' (zit. nach Alkire & Rosen 2010: 188)

Exkurs

Dreikasusflexion

Aufgrund dieses Abbaus der Kasusdifferenzierung hat sich möglicherweise bereits im 1. Jahrhundert v. Chr. ein Kasussystem etabliert, bei dem nur noch zwischen drei Kasus unterschieden wurde. Ein indirekter Beleg für die Annahme eines **Dreikasussystems** wird darin gesehen, dass in Inschriften – wie bereits eben in Beispiel (2) gesehen – der Dativ Singular häufig statt des Genitivs Singular zum Ausdruck einer Besitzanzeige verwendet wird (Dardel 1964: 13ff, Alkire & Rosen 2010: 349, Fn.25):

Klassisches Latein		Vulgärlatein
FILII MAGNI	‚Söhne des Magnus'	FILI MAGN**O**
MAGISTER CONVIVIĪ	‚Herr des Gastmahls'	MAGISTER CONVIVI**O**
FĪLIUM DUCIS	‚Sohn (Akk.) des Fürsten'	FILIUM DUC**I**
PHILOCOMASIĪ CUSTŌS	‚Wächter des Philocomasius'	PHILOCOMASI**O** CUSTOS

Unter anderem aus diesem Grund wird vermutet, dass Genitiv und Dativ zu einem kombinierten Kasus zusammengefallen sind, der sich formal vom Nominativ und Akkusativ unterschieden hat. Ein daraus resultierendes Dreikasussystem könnte folgendermaßen ausgesehen haben (Maurer 1959: 92f, Lausberg 1972: 22, 25 und 43, Zamboni 2000: 12f, Alkire & Rosen 2010: 279f):

▶ Rekonstruierte Dreikasusflexion im Vulgärlatein

		1. Deklination feminin	2. Deklination maskulin	3. Deklination maskulin
Sg.	Nom.	CAPR**A**	LOP**US**	CAN**ES**
	Gen.-Dat.	CAPR**E**	LOP**O**	CAN**I**
	Akk.	CAPR**A**	LOP**U**	CAN**E**
Pl.	Nom.	CAPR**E** / CAPR**AS**	LOP**I**	CAN**ES**
	Gen.-Dat.	CAPR**ARO** / CAPR**IS**	LUP**ORO** / LOP**IS**	CAN**EBOS** / *CAN**IS**
	Akk.	CAPR**AS**	LOP**OS**	CAN**ES**

Umstritten ist, ob dieses System im gesamten vulgärlateinischen Sprachraum verbreitet gewesen ist oder ob es bereits im Vulgärlatein regional unterschiedlich ausgeprägte Kasussysteme gegeben hat, die in einigen romanischen Sprachen teilweise fortgeführt wurden (Dardel & Wüest 1993: 29).

Verlust der Kasusunterscheidung in der 1. Deklination

In der 1. Deklination führte diese Entwicklung des Abbaus der Kasusunterscheidungen noch im Vulgärlatein dazu, dass die Kasusflexion vollkommen verloren ging. Im Singular wurden die Endungen weitgehend auf -A vereinheitlicht. Für den Plural wird vielfach angenommen, dass die Endung -(A)E des Nominativs allmählich aufgegeben wurde und das Akkusativsuffix -AS sich zum allgemeinen Kennzeichen des Plurals der 1. Deklination entwickelte. Unklar ist allerdings, ob diese Entwicklung im gesamten Vulgärlatein eingetreten ist oder ob in einigen (östlichen) Gebieten die Form des Nominativs Plural statt die des Akkusativs Plural verallgemeinert wurde. In jedem Fall ist davon auszugehen, dass die Substantive der 1. Deklinationsklasse im Vulgärlateinischen keine Kasusunterscheidungen mehr kannten, sondern nur noch eine Unterscheidung nach Numerus aufwiesen.

Zweikasusflexion

In den anderen beiden Deklinationsklassen gibt es keine Belege für eine solche Entwicklung. Daher wird davon ausgegangen, dass hier zunächst die Kasusunterscheidungen noch erhalten blieben. Einen Beleg hierfür und konkret für die Generalisierung von auslautendem -S zur Markierung des Nominativs Singular bei maskulinen Substantiven liefert ein Hinweis in der *Appendix Probi*, in der genau diese Verwendung moniert wird (Rheinfelder 1976b: 33):

► APER non APRUS	‚Wildschwein‘

Es ist daher anzunehmen, dass sich im Vulgärlateinischen ein **Zweikasussystem** etabliert hat, in dem morphologisch zwischen einem Nominativkasus und einem aus dem Akkusativ abgeleiteten Kasus, der alle anderen Kasusfunktionen übernimmt, unterschieden wurde. Der Nominativ wird auch **Rektus** und der nicht-nominativische Kasus **Obliquus** genannt. Die folgende Übersicht fasst diese Entwicklung des morphologischen Kasus für alle drei Deklinationen anhand der gewählten Beispielwörter zusammen (Kerlouégan, Conso & Bouet 1975: 118, Rheinfelder 1976b: 16f, Alkire & Rosen 2010: 188):

▶ Rekonstruierte Zweikasusflexion im Vulgärlatein

		1. Deklination (A-Deklination) feminin	2. Deklination (O-Deklination) maskulin	3. Deklination maskulin
Sg.	Rektus	CAPR**A**	LOP**US**	CAN**ES**
	Obliquus	CAPR**A**	LOP**U**	CAN**E**
Pl.	Rektus	CAPR**AS**	LOP**I**	CAN**ES**
	Obliquus	CAPR**AS**	LOP**OS**	CAN**ES**

In den meisten romanischen Sprachen ist dieses Kasussystem heute nicht mehr erhalten geblieben. Lediglich bei den Personalpronomina sind in allen romanischen Sprachen noch Kasusunterscheidungen vorhanden. Bei den Substantiven – sowie bei den Adjektiven und Artikeln – haben nur im Bereich der Galloromania und im Rumänischen Kasusmarkierungen länger – teilweise sogar bis heute – überlebt. Für den Rest der Romania ist zu vermuten, dass bereits im Vulgärlateinischen die Kasusflexion weitgehend verloren gegangen ist und die verbliebenen Nominalflexionsendungen lediglich der Unterscheidung von Numerus – und Genus – dienten.

Entwicklung der Adjektive

Bei den Adjektiven ist im Vulgärlateinischen eine ähnliche Entwicklung zu verzeichnen. Ebenso wie bei den Substantiven ist auch bei den Adjektiven die Neutrum-Form verloren gegangen. Außerdem kam es zu einem starken Abbau der Flexion und zur Herausbildung eines Zweikasussystems, in dem sich die Adjektive der 1. und 2. Deklination formal von denen der 3. Deklination unterschieden. Die folgende Übersicht illustriert die Entwicklung dieses Systems anhand der Beispielwörter DŪRUS ‚hart' und GRANDIS ‚groß' (Lausberg 1972: 74 und 81, Rheinfelder 1976b: 50):

► Adjektivflexion im klassischen und Vulgärlatein

		1. und 2. Deklination				3. Deklination	
		feminin		maskulin		maskulin/feminin	
		Klat.	Vlat.	Klat.	Vlat.	Klat.	Vlat.
Sg.	Rektus	DŪR**A**	DUR**A**	DŪR**US**	DUR**US**	GRAND**IS**	GRAND**ES**
	Obliquus	DŪR**AM**	DUR**A**	DŪR**UM**	DUR**U**	GRAND**EM**	GRAND**E**
Pl.	Rektus	DŪR**AE**	DUR**AS**	DŪR**I**	DUR**I**	GRAND**ES**	GRAND**ES**
	Obliquus	DŪR**ĀS**	DUR**AS**	DŪR**OS**	DUR**OS**	GRAND**ES**	GRAND**ES**

Herausbildung eines Artikelsystems

Das Latein kannte weder definite noch indefinite Artikel. Im Vulgärlatein ist allerdings zu beobachten, dass in zunehmendem Maße die Demonstrativpronomina ILLE ‚jener' und IPSE ‚selbst' in Verbindung mit definiten Substantiven und das Zahlwort ŪNUS ‚eins' in Verbindung mit indefiniten Substantiven verwendet wurden. In spätlateinischen Texten nahm diese Verwendungsweise von ILLE und IPSE deutlich zu. Es wird angenommen, dass beide Pronomina ihre ursprüngliche Verweis- oder Hervorhebungsfunktion nicht mehr ausübten und lediglich eine anaphorische, d. h. zurückverweisende Funktion innehatten (Aebischer 1948: 186, Renzi 1980: 77f, Väänänen 1981: 122). Besonders viele Belege für diesen Gebrauch von ILLE und IPSE liefert das spätlateinische *Itinerarium Egeriae ad loca santa*. Nach Schmitt (1987: 114) weisen beide Pronomina darin eine Verwendung auf, die „eine größere Affinität zu den romanischen Artikelregeln als zu den Regeln für die deiktischen Elemente im klassischen Latein besitzt" (vgl. auch Vincent 1997: 155ff, Zamboni 2000: 115-118, Kiesler 2006: 52f, Alkire & Rosen 2010: 204f):

Beispiel

(4) vlat. a. TUNC DIXIT NOBIS IPSE SANCTUS PRESBYTER
dann sagte uns der (eben erwähnte) heilige Priester
‚Dann sagte uns der heilige Priester.' (*Eger.* XV, 3)

b. VALLIS AUTEM IPSA INGENS EST VALDE
Tal aber das (eben erwähnte) groß ist sehr
‚Aber das Tal ist sehr groß.' (*Eger.* II, 1)

c. OSTENSUS EST NOBIS ET ILLE LOCUS, IN QUO CONFIXUM A
gezeigt ist uns auch der Ort in dem angefertigt von
MOYSE EST PRIMITUS TABERNACULUM
Moses ist erster Altar
‚Sie zeigten uns auch den Ort, an dem Moses den ersten Altar angefertigt hat.‘ (*Eger.* V, 9)

d. MONTES ILLI, INTER QUOS IBAMOS APERIEBANT
Berge die zwischen denen gehen-IMPFKT.1PL erschienen
‚Die Berge, zwischen denen wir gingen, erschienen.‘ (*Eger.* I, 1)

Bei der endgültigen Herausbildung der definiten Artikel hat sich im Vulgärlateinischen weitgehend ILLE durchgesetzt. Nur im südlichen Gallien, im Westen der Iberischen Halbinsel und auf Sardinien haben sich die Formen von IPSE zu Artikelformen entwickelt, die bis heute

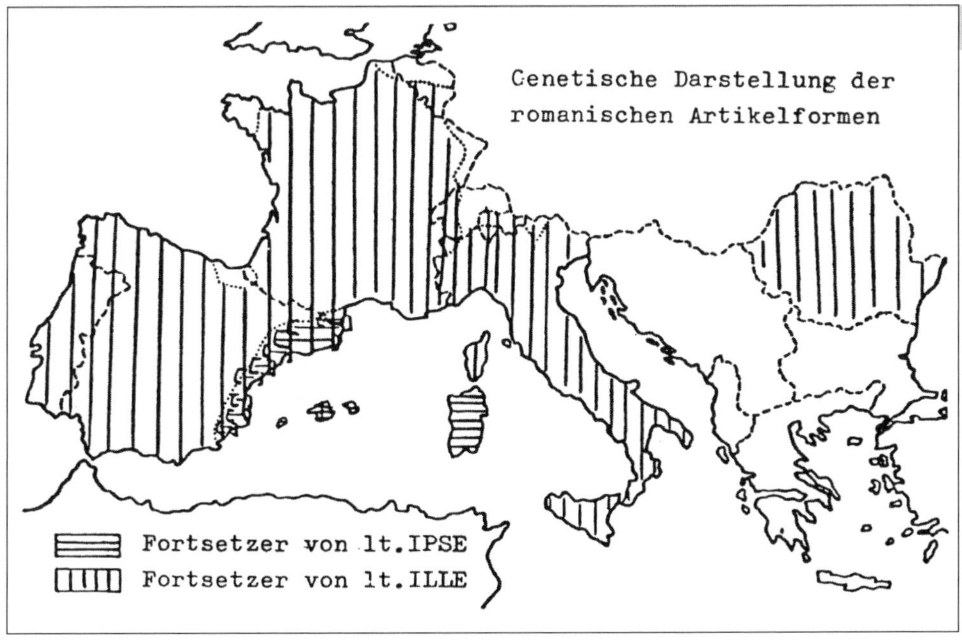

Verbreitung von ILLE und IPSE in Artikelfunktion ◄ **Abb. 5.1**

im Sardischen (sard. *su*/sa) und dialektal im Katalanischen der Balearen und der Costa Brava (kat. *es*/*sa*) erhalten geblieben sind (Ledgeway 2012: 89).

Ein möglicher Grund für das sich weitgehende Durchsetzen von ILLE als Artikel wird in der unterschiedlichen Funktionsbreite beider Pronomina gesehen. Während IPSE eine ausschließlich anaphorische Funktion und eine stark kontrastierend-emphatische Bedeutung hatte, war ILLE in seiner Funktion vielseitiger und in seinem Gebrauch weniger festgelegt, sodass es eher eine Grammatikalisierung als Artikel erfahren konnte (Selig 1992: 183ff). Ähnlich wie bei der Entwicklung der Substantive und Adjektive blieben auch hier im Vulgärlatein noch Reste von Kasusunterscheidungen erhalten. Dabei muss zumindest für die Region Dakien von einem Kasussystem ausgegangen werden, bei dem nicht nur zwischen Nominativ und Akkusativ unterschieden wurde, sondern teilweise auch ein auf dem Genitiv und Dativ basierender gemeinsamer Kasus erhalten geblieben ist (Lausberg 1972: 152f, Kerlouégan, Conso & Bout 1975: 140, Rheinfelder 1976b: 106):

► Flexion der Demonstrativpronomina im klassischen und Vulgärlatein

		ILLE				IPSE			
		maskulin		feminin		maskulin		feminin	
		Klat.	Vlat.	Klat.	Vlat.	Klat.	Vlat.	Klat.	Vlat.
Sg.	Nom.	ILLE	ILLE	ILLA	ILLA	IPSE	IPSO	IPSA	IPSA
	Gen. Dat.	ILLĪUS ILLĪ	ILLUI	ILLĪUS ILLĪ	ILLAEI	IPSĪUS IPSĪ	---	IPSĪUS IPSĪ	---
	Akk.	ILLUM	ILLU	ILLAM	ILLA	IPSUM	IPSO	IPSAM	IPSA
	Abl.	ILLŌ	---	ILLĀ	---	IPSŌ	---	IPSĀ	---
Pl.	Nom.	ILLĪ	ILLI	ILLAE	ILLAS	IPSĪ	IPSOS	IPSAE	IPSAS
	Gen. Dat.	ILLŌRUM ILLĪS	ILLORU	ILLĀRUM ILLĪS	ILLORO	IPSŌRUM IPSĪS	---	IPSĀRUM IPSĪS	---
	Akk.	ILLŌS	ILLOS	ILLĀS	ILLAS	IPSŌS	IPSOS	IPSĀS	IPSAS
	Abl.	ILLĪ	---	ILLĪS	---	IPSĪS	---	IPSĪS	---

In einem späteren, möglicherweise erst im 6. Jahrhundert n. Chr. einsetzenden Entwicklungsschritt verloren diese Formen allmählich ihre erste Silbe und reduzierten sich zu einsilbigen Wörtern, die sich später gemeinromanisch ausbreiteten (Durante 1993: 45 und 73).

Entwicklung der Personalpronomina

Die Entwicklung der Personalpronomina im Vulgärlatein ist dadurch gekennzeichnet, dass die reiche Kasusmarkierung des klassischen Lateins in stärkerem Maße als bei den Substantiven aufrecht erhalten wurde. Eine Besonderheit des Vulgärlateins besteht darin, dass zusätzlich allmählich auch schwachtonige Pronominaformen entstanden. Außerdem entwickelten sich aus den gleichen Demonstrativpronomina, aus denen die Artikel entstanden sind, eigene Formen der Personalpronomina der 3. Person, die das klassische Latein nur für die Reflexivpronomina kannte. Die Reduktionen, die hinsichtlich der Kasusmarkierung eingetreten sind, betrafen vor allem den Genitiv und Ablativ. Diese Formen sind in der 1. und 2. Person weggefallen und die Funktion dieser Kasus wurde durch Umschreibungen mit einer Präposition ausgedrückt, z. B. vlat. DE NOS statt klat. NOSTRĪ/NOSTRUM ‚unser, von uns'. Im Dativ Singular wurde klat. MIHI durch den (regelmäßigen) Wegfall von intervokalischem -H- zu vlat. MI und klat. TIBI möglicherweise in Analogie dazu zu vlat. TI. Die klassisch-lateinischen Dativpluralformen NŌBĪS und VŌBĪS sind weitgehend weggefallen und durch die Akkusativformen ersetzt worden. Nur für Sardinien und Dakien muss ihr Erhalt im Vulgärlatein angenommen werden, da im Sardischen (logud. *nois, bois*) und Rumänischen (rum. *nouă, vouă*) daraus abgeleitete Formen existieren (Lausberg 1972: 108f, Rheinfelder 1976b: 91, Väänänen 1981: 123, Reinheimer & Tasmowski 2005: 36ff, Müller-Lancé 2012: 129):

▶ Flexion der Personalpronomina der 1. und 2. Person im Lateinischen

		1. Person		2. Person	
		Klassisches Latein	Vulgärlatein	Klassisches Latein	Vulgärlatein
Sg.	Nom.	EGO	E(G)O	TŪ	TU
	Gen.	MEĪ	---	TUĪ	---
	Dat.	MIHI	MI	TIBI	TI
	Akk.	MĒ	ME	TĒ	TE
	Abl.	MĒ	---	TĒ	---
Pl.	Nom.	NŌS	NOS	VŌS	VOS
	Gen.	NOSTRĪ/NOSTRUM	---	VESTRĪ/VESTRUM	---
	Dat.	NŌBĪS	NOS/NOBIS	VŌBĪS	VOS/VOBIS
	Akk.	NŌS	NOS	VŌS	VOS
	Abl.	NŌBĪS	---	VŌBĪS	---

Für die pronominale Referenz der 3. Person wurde im klassischen Latein auf die Formen des Demonstrativpronomens IS ‚der' zurückgegriffen (Baldi 1999: 342). Im Vulgärlateinischen gingen diese Formen – möglicherweise aufgrund ihrer Kürze – zunehmend verloren und wurden durch die Demonstrativpronomina ILLE und IPSE ersetzt. Wie bei der Herausbildung des definiten Artikels verloren beide Pronomina im Vulgärlatein zunehmend ihre Verweis- und Hervorhebungsfunktion. Als ein früher Beleg für die Verwendung von ILLE statt IS gilt diese Inschrift aus Pompeji (Väänänen 1981: 120, Alkire & Rosen 2010: 199, Hunink (Hg.) 2011: 50):

Beispiel

(5) vlat. SUCCESSUS TEXTOR AMAT COPONIAES ANCILLA [...] QUAE QUIDEM ILLUM
Successus Weber liebt Wirtin-GEN Magd die jedoch ihn
NON CURAT SED ILLE ROGAT ILLA COMISERETUR
nicht kümmert aber er bittet sie bemitleiden-PRÄS.KONJ.3SG
‚Der Weber Successus liebt die Magd der Wirtin, die sich jedoch nichts aus ihm macht, aber er bittet sie, sie möge Mitleid mit ihm haben.' (CIL 4, 8259)

Die Dativ- und Akkusativpronomina entwickeln sich im Vulgärlateinischen noch weiter, indem sie schwachtonige Formen herausbilden. Dabei werden die mehrsilbigen Formen zu Einsilbern reduziert (klat. ILLĪ > vlat. LI, klat. ILLUM > vlat. LU, klat. ILLAM > vlat. LA) (Lausberg 1972: 132). Ab dem 2. Jahrhundert weisen die unbetonten Pronomina typische Eigenschaften klitischer Elemente auf, da sie nicht mehr isoliert, sondern nur noch in Verbindung mit einem sie stützenden starktonigen Wort erscheinen.

5.2.2 Besonderheiten und Entwicklungen im Verbalbereich

Die Verbalflexion im klassischen Latein

Ebenso wie das Nominalsystem ist auch das Verbalsystem im Lateinischen morphologisch stark ausgeprägt. Anhand des Präsensstamms lassen sich insgesamt fünf Konjugationsklassen unterscheiden. Neben den drei langvokalischen Konjugationen, die relativ regelmäßig gebildet werden (Ā-, Ē-, und Ī-Konjugation), liegen zwei weitere Konjugationstypen vor: die konsonantische Konjugation, die durch einen konsonantischen Stammauslaut gekennzeichnet ist, sowie die kurzvokalische Ĭ-Konjugation, die auch ‚gemischte Konjugation' genannt wird, weil sie Formen der langvokalischen Ī-Konjugation mit Formen der konsonantischen Konjugation kombiniert. Häufig werden die Konjugationen auch nummeriert. Dabei werden sie in der Regel jedoch nur in vier Klassen eingeteilt, da die beiden letztgenannten Konjugationen in zwei Untergruppen der 3. Konjugation eingeordnet werden (Rubenbauer & Hofmann 1995: 72-107, Müller-Lancé 2012: 163).

► Verbalflexion des Indikativs Präsens im klassischen Latein

		1. Konjugation	2. Konjugation	3. Konjugation		4. Konjugation
		(ā-Konjugation)	(ē-Konjugation)	(konsonantische Konjugation)	(kurzvokalische ĭ-Konjugation)	(ī-Konjugation)
		a'māre	te'nēre	'legĕre	'capĕre	au'dīre
		‚lieben'	‚halten'	‚lesen'	‚ergreifen'	‚hören'
Sg.	1.	'amō	'teneō	'legō	'capiō	'audiō
	2.	'amās	'tenēs	'legis	'capis	'audīs
	3.	'amat	'tenet	'legit	'capit	'audit
Pl.	1.	a'mā**mus**	te'nē**mus**	'legi**mus**	'capi**mus**	au'dī**mus**
	2.	a'mā**tis**	te'nē**tis**	'legi**tis**	'capi**tis**	au'dī**tis**
	3.	'ama**nt**	'tene**nt**	'leg**unt**	'capi**unt**	'audi**unt**

Veränderungen der Konjugationsklassen

Generell weist die vulgärlateinische Verbalkonjugation im Vergleich zu der des klassischen Lateins relativ wenige Besonderheiten auf. Die drei langvokalischen Konjugationsklassen sind weitgehend erhalten geblieben, lediglich die 3. Konjugation ist relativ stark reduziert worden. Dies hängt unter anderem damit zusammen, dass im Vulgärlatein aufgrund des Quantitätenkollapses die Unterscheidung zwischen Lang- und Kurzvokalen verloren geht und somit die 3. Konjugation im Infinitiv ebenso wie die 2. Konjugation auf -ere auslautet (Müller-Lancé 2012: 176). Außerdem gibt es im Vulgärlateinischen eine generelle Tendenz zur Fusion zwischen einzelnen Konjugationen. Recht häufig ist der Übergang der Verben der 2. Konjugation in die 3. und in einzelnen Fällen auch umgekehrt von der 3. in die 2. Konjugation (Lausberg 1972: 185f, Penny 2002: 171ff, Kiesler 2006: 56f):

►

	Klassisches Latein		Vulgärlatein
a.	rī'dēre (2. Konjugation)	‚lachen'	*'ridere (3. Konjugation)
	dē'bēre (2. Konjugation)	‚müssen'	*'debere (3. Konjugation)
b.	'sapĕre (3. Konjugation)	‚schmecken'	*sa'pere (2. Konjuation)
	'cadĕre (3. Konjugation)	‚fallen'	*ca'dere (2. Konjugation)

Besonders anfällig für einen Wechsel der Konjugationsklasse sind außerdem die Verben der 2. und 3. Konjugationsklasse, die in der 1. Person Singular Präsens ein -I- oder -E- vor der vokalischen Personalendung aufwiesen. Wie bereits gezeigt, bildeten im Vulgärlateinischen diese Vokale in unbetonter Stellung einen Gleitlaut [j] aus. Diese Verben passten sich daher sehr häufig den Verben der 4. Konjugationsklasse an, die ebenfalls einen solchen Gleitlaut in der 1. Person Singular Präsens entwickelt haben (Lausberg 1972: 274):

Klassisches Latein		Vulgärlatein
'FLŌREŌ / FLŌ'RĒRE (2. Konjugation)	‚blühen'	'FLORIO/*FLO'RIRE (4. Konjugation)
'CAPIŌ / 'CAPĔRE (3. Konjugation)	‚ergreifen'	'CAPIO/*CA'PIRE (4. Konjugation)

Bei einigen Verben dieser Konjugationsklassen ist hingegen zu beobachten, dass entsprechend der allgemeinen lautlichen Entwicklung im Vulgärlatein der Gleitlaut vollständig verloren ging und es somit zu einer Übereinstimmung bei der Bildung der 1. Person Singular Präsens der 1. Konjugation und der konsonantischen Konjugation kam (Lausberg 1972: 273f):

Klassisches Latein		Vulgärlatein
'VIDEŌ (2. Konjugation)	‚ich sehe'	*'VIDO
'FACIŌ (3. Konjugation)	‚ich mache'	*'FACO
'AUDIŌ (4. Konjugation)	‚ich höre'	*'AUDO

Eine weitere Anpassung zwischen den Konjugationsklassen ist bei den Verben der 3. Konjugationsklasse zu beobachten. Dort fällt die Betonung in der 1. und 2. Person Plural nicht auf die vorletzte (*Pänultima*), sondern auf die vorvorletzte Silbe (*Antepänultima*). Da in weiten Teilen der Romania die davon abgeleiteten Wörter aber eine Betonung auf der vorletzten Silbe aufweisen, ist davon auszugehen, dass bereits im Vulgärlateinischen in Anlehnung an die übrigen Konjugationsklassen größtenteils ein Akzentwechsel stattgefunden hat (Lausberg 1972: 248ff, Alkire & Rosen 2010: 99):

	Klassisches Latein		Vulgärlatein
1.Pl.	'vendimus	‚wir verkaufen'	*ven'dimos
2.Pl.	'venditis	‚ihr verkauft'	* ven'ditis

Von dem Klassenwechsel sind auch Verben betroffen, deren Formen so unregelmäßig sind, dass sie sich keiner der regelmäßigen Konjugationsklassen zuordnen lassen. Einige dieser Verben bildeten einen regularisierten Infinitiv heraus und konjugierten die finiten Formen regelmäßig (Väänänen 1981: 135f, Kiesler 2006: 57, Müller-Lancé 2012: 177):

Klassisches Latein		Vulgärlatein
'velle	‚wollen'	*vo'lere (2. Konjugation)
'posse	‚können'	*po'tere (2. Konjugation)
'esse	‚sein'	*'essere (3. Konjugation)
su'fferre	‚ertragen'	*suff(e)'rire (4. Konjugation)

Abgesehen von diesen Klassenwechseln weisen die vulgärlateinischen Verbformen nur relativ geringfügige Unterschiede zum klassischen Latein auf. Die meisten Unterschiede resultieren aus den allgemeinen lautlichen Änderungen des Vulgärlateins. Hierzu gehören vor allem der Wegfall von -m, der sich unter anderem auf Formen der 1. Person Singular des Konjunktivs Präsens oder des Indikativs Imperfekt auswirkt (amem ‚ich liebe-konj', amabam ‚ich liebte'), oder der Lautwandel von /b/ und [w] > /v/, der zu einem Zusammenfall der Formen der 3. Person Singular des Indikativs Futur und des Indikativs Perfekt führt (amabit ‚er wird lieben' versus amavit ‚er hat geliebt'). Eine weitere Veränderung betrifft das Suffix -sc-, das vor allem in Verben der 3. Konjugation auftritt und eine inchoative Bedeutung bewirkt, d. h. den Beginn einer Handlung ausdrückt (flōrēre ‚blühen' versus flōrēscere ‚auf-, erblühen'). Im Vulgärlateinischen verlor dieses Suffix seine ursprüngliche Bedeutung und konnte außerdem auch zu Verben der 4. Konjugation hinzugefügt werden (Väänänen 1981: 136, Kerlouégan, Conso & Bouet 1975: 169):

Klassisches Latein		Vulgärlatein
FLŌRĒSCERE	‚aufblühen'	FLORESCERE ‚blühen'
FĪNĪRE	‚(be)enden'	FINISCERE ‚(be)enden'

Die produktivste Konjugation des Lateins ist die 1. Konjugation. Sie diente in der Regel auch als Muster für die Übernahme entlehnter Verben, z. B. germ. *wîtan* > vlat. *GUIDARE ‚führen', germ. *spëhôn* > vlat. *SPIARE ‚(aus-)spähen' (Kerlouégan, Conso & Bouet 1975: 170). Am Beispiel des Verbs CANTARE ‚singen; krähen' soll im Folgenden der Indikativ Präsens der 1. Konjugation im Vulgärlateinischen dargestellt werden. Es handelt sich hauptsächlich um rekonstruierte Formen aus den entsprechenden Formen der modernen romanischen Sprachen, wobei vermutlich bereits für das Vulgärlatein einige regionale Unterschiede anzunehmen sind (Maurer 1959: 154, Lausberg 1972: 199, Rheinfelder 1976b: 193f):

Rekonstruierte Verbalflexion des Indikativs Präsens der A-Konjugation im Vulgärlatein

		CAN'TARE ‚krähen; singen'
Sg.	1.	'CANTO
	2.	'CANTAS
	3.	'CANTA(T)
Pl.	1.	CAN'TAMOS, CAN'TUMOS, CANTI'AMOS
	2.	CAN'TATES
	3.	'CANTAN(T)

Änderungen im Tempus- und Aspektsystem

Eine zweite wichtige morphologische Neuerung im Verbalsystem des Vulgärlateinischen betrifft die Ausdrucksmöglichkeiten im Bereich des Tempus- und Aspektsystems. Im klassischen Latein wurde morphologisch vor allem nach Tempus unterschieden, und zwar zwischen den Kategorien Präsens, Imperfekt und Futur I sowie Perfekt, Plusquamperfekt und Futur II. Diese Kategorien lassen sich außerdem in aspektueller Hinsicht dadurch unterscheiden, dass die drei erstgenannten primär dem Ausdruck von Nicht-Abgeschlossenheit (INFECTUM ‚unvollendet') dienten und die übrigen Kategorien vor allem zum Ausdruck von Abgeschlossenheit (PERFECTUM ‚vollendet') verwendet wurden. Allerdings bestand hier bei den einzelnen Kategorien keine streng abgegrenzte Opposition zwischen imperfektivischem und perfektivischem Aspekt (Väänänen 1981: 130, Salvi 2011: 327). Morphologisch wurden im klassischen Latein alle Kategorien mittels synthetischer Formen, d. h. durch Wortformen mit einer Flexionsendung, ausgedrückt. Das Vulgärlateinische ist demgegenüber wesentlich komplexer: Zusätzlich zu den synthetischen Flexionsformen des klassischen Lateins haben sich im Vulgärlateinischen auch analytische, d. h. aus mehreren Wörtern zusammengesetzte Formen herausgebildet. Somit besitzt das Vulgärlateinische zum einen die synthetischen Formen der sechs Verbalkategorien des klassischen Lateins, die teilweise andere Funktionen als im klassischen Latein übernehmen. Zum anderen existieren im Vulgärlatein neue analytische Formen, und zwar das analytische Perfekt ((H)ABEO CANTATO), das analytische Futur (CANTARE (H)ABEO) sowie die neu entstandene Kategorie des Konditionals (CANTARE (H)ABEBA / CANTARE (H)ABUI). Diese Veränderungen haben zur Folge, dass im Vulgärlatein die aspektuelle Unterscheidung zwischen Nicht-Abgeschlossenheit und Abgeschlossenheit weitgehend nur noch in der Vergangenheit bei der Unterscheidung zwischen Imperfekt und Perfekt erhalten geblieben ist. In der folgenden Übersicht sind diese Unterschiede zwischen klassischem Latein und Vulgärlatein am Beispiel des Indikativs Aktiv der 1. Person Singular von CANTĀRE dargestellt (Lleal 1990: 88-92, Kiesler 2006: 57ff, Alkire & Rosen 2010: 128-133):

▶ Entwicklung der Tempora und Modi im Lateinischen

	Klassisches Latein		Vulgärlatein	
	INFECTUM	PERFECTUM	(INFECTUM)	(PERFECTUM)
Gegenwart	Präsens: ˈCANTŌ	Perfekt: CANˈTĀVĪ	Präsens: ˈCANTO	Perfekt: (H)AˈBEO CANˈTATO
Vergangenheit	Imperfekt: CANˈTĀBAM	Plusquam-perfekt: CANˈTĀVERAM	Imperfekt: CANˈTABA (Konj. Imperfekt: CANˈTA(VE)RA)	Perfekt: CANˈTA(V)I Plusquamperfekt: CANˈTA(VE)RA (H)AˈBEBA CANˈTATO
Zukunft	Futur I: CANˈTĀBŌ	Futur II: CANˈTĀVERŌ	Futur: CANˈTARE (H)AˈBEO > *CANTAˈRAIO	(Konj. Futur: CANˈTA(VE)RI)
Konditional			CANˈTARE (H)AˈBEBA / CANˈTARE (H)AˈBUI	

Aus Gründen der besseren Übersichtlichkeit beschränkt sich diese Zusammenstellung auf die Entwicklungen im Indikativ. Lediglich die beiden im Vulgärlatein neu entstandenen Konjunktivformen, die sich aus ursprünglichen Indikativformen ableiten, sind durch in Klammern gesetzte Beispiele mit aufgeführt: Zum einen sind es neue Formen des Konjunktivs Imperfekt, die aus dem Indikativ Plusquamperfekt entstanden sind und parallel zu einem aus dem Konjunktiv Plusquamperfekt abgeleiteten Formeninventar (klat. CANTĀVISSEM > vlat. CANTAVISSE) existierten, und zum anderen die neue Kategorie des Konjunktivs Futur, dessen Formen auf denen des Indikativs Futur II basieren. Allerdings setzten sich diese beiden Neuerungen nur in einigen romanischen Sprachen durch, sodass es sich hier wohl um diatopisch begrenzte Entwicklungen des Vulgärlateinischen handelt.

Futurformen des klassischen Lateins

Die einzige neue Kategorie des Vulgärlateinischen, die in fast allen romanischen Sprachen Eingang gefunden hat, ist der Konditional. Seine Herausbildung steht im engen Zusammenhang mit der Entwicklung des Futurs, die bei der Entstehung der romanischen Sprachen eine besondere Rolle spielt. Wie alle Verbalkategorien des klassischen Lateins wurde auch das Futur synthetisch gebildet:

► Verbalflexion des Indikativs Futur I im klassischen Latein

		Ā-Konjugation (I)	Ē-Konjugation (II)	konsonant. Konjugation (III)	kurzvokal. Ĭ-Konjugation (III)	Ī-Konjugation (IV)
		A'MĀRE	TE'NĒRE	'LEGĔRE	'CAPĔRE	AU'DĪRE
		‚lieben'	‚halten'	‚lesen'	‚ergreifen'	‚hören'
Sg.	1.	A'MĀ**BŌ**	TE'NĒ**BŌ**	'LEG**AM**	'CAPI**AM**	'AUDI**AM**
	2.	A'MĀ**BIS**	TE'NĒ**BIS**	'LEG**ĒS**	'CAPI**ĒS**	'AUDI**ĒS**
	3.	A'MĀ**BIT**	TE'NĒ**BIT**	'LEG**ET**	'CAPI**ET**	'AUDI**ET**
Pl.	1.	A'MĀ**BIMUS**	TE'NĒ**BIMUS**	LE'G**ĒMUS**	CAPI'**ĒMUS**	AUDI'**ĒMUS**
	2.	A'MĀ**BITIS**	TE'NĒ**BITIS**	LE'G**ĒTIS**	CAPI'**ĒTIS**	AUDI'**ĒTIS**
	3.	A'MĀ**BUNT**	TE'NĒ**BUNT**	'LEG**ENT**	'CAPI**ENT**	'AUDI**ENT**

Diese Futurformen des klassischen Lateins sind fast vollkommen verloren gegangen. Es gibt nur noch in einigen romanischen Sprachen vereinzelte Spuren davon, wie z. B. afrz. *iert/ert* < ERIT ‚(er) wird sein', ait. *fie* < FĪET ‚(er) wird machen' oder – in anderer Funktion – sp. *eres* ‚(du) bist' < ERIS ‚(du) wirst sein' (Tagliavini 1998: 206, Kiesler 2006: 56, Fn. 10, Alkire & Rosen 2010: 166f).

Exkurs

Gründe für das Verschwinden der lateinischen Futurformen

Über die möglichen Gründe für das Verschwinden der lateinischen Futurformen ist viel diskutiert worden. Der am häufigsten vertretenen, aber nicht unumstrittenen Annahme zufolge ist der Verlust auf den Zusammenfall und Schwund von Formen zurückzuführen (Lausberg 1972: 227, Bork 1990, Penny 2002: 205f, Company Company 2006: 352ff, Müller-Lancé 2012: 178f):

- Zwischen den verschiedenen Konjugationen gab es große Unterschiede bei der Markierung des Futurs und somit eine große Anzahl an Allomorphen. Während in den ersten beiden Konjugationsklassen der Futurmarkierer den Konsonanten -B- enthielt, wies er in den übrigen Konjugationsklassen keinen Konsonanten auf.
- Die Futurformen der 3. und 4. Konjugation waren in der 1. Person Singular identisch mit den Formen des Konjunktivs Präsens.
- Bereits im klassischen Latein waren die Futurformen der ersten beiden Konjugationen den Formen des Perfekts sehr ähnlich (vgl. A'MĀBIT,

a'mābimus versus a'māvit, a'māvimus). Aufgrund des Zusammenfalls von /b/ und [w] > /v/ ging die Differenzierung dieser Formen vollständig verloren.

– Durch den Zusammenfall der unbetonten Vokale ē, e und i zu /e/ kam es bei den meisten Verben der 3. Konjugation in der 2. und 3. Person des Indikativs Präsens zur Herausbildung von Formen, die sich von den entsprechenden Futurformen dieser Verben nicht mehr unterschieden (klat. legis ‚(du) liest', legit ‚(er) liest> vlat. leges ‚(du) liest / wirst lesen', leget ‚(er) liest / wird lesen').

Die Herausbildung neuer Futurformen

Im Vulgärlateinischen haben sich zum Ausdruck des Futurs neue analytische Wendungen herausgebildet. Hier bot sich die Verwendung des Infinitivs an, weil dadurch die Nicht-Abgeschlossenheit einer Verbalhandlung ausgedrückt wurde (Müller-Lancé 2012: 179). Begünstigt wurde diese Entwicklung außerdem dadurch, dass diese analytischen Formen verwendet wurden, um einen Befehl, eine Verpflichtung oder eine Absicht mitzuteilen: volō ‚(ich) will' + Infinitiv, dēbeō ‚(ich) muss' + Infinitiv, veniō ‚(ich) komme' + Infinitiv, habeō,(ich) habe, besitze' + Infinitiv. Eine relativ große Verbreitung erfuhr im Vulgärlateinischen die Konstruktion in Verbindung mit habēre. Erste Belege sind Sätze wie (6a), in dem die ursprüngliche Bedeutung des Besitzens von habēre nicht mehr vorhanden ist und stattdessen eine Absicht übermittelt wird (Pinkster 1987: 205f, Penny 2002: 207). Insbesondere die Texte christlicher Autoren liefern Belege für solche Konstruktionen mit habēre, und zwar auch ohne dass darin notwendigerweise eine Absicht oder Verpflichtung ausgedrückt wird. Dies zeigt Beispiel (6b), in dem das Subjekt unbelebt ist und somit der Satz nur im futurischen Sinn interpretiert werden kann (Väänänen 1981: 132, Alkire & Rosen 2010: 164f):

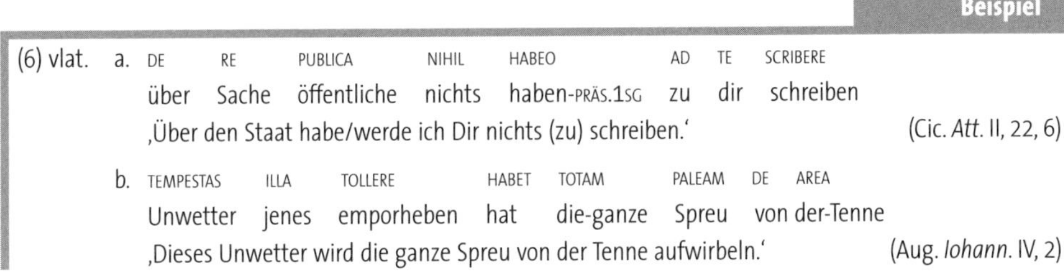

Beispiel

(6) vlat. a. de re publica nihil habeo ad te scribere
über Sache öffentliche nichts haben-präs.1sg zu dir schreiben
‚Über den Staat habe/werde ich Dir nichts (zu) schreiben.' (Cic. *Att.* II, 22, 6)

b. tempestas illa tollere habet totam paleam de area
Unwetter jenes emporheben hat die-ganze Spreu von der-Tenne
‚Dieses Unwetter wird die ganze Spreu von der Tenne aufwirbeln.' (Aug. *Iohann.* IV, 2)

Umstritten ist, wann die ursprüngliche Funktion solcher Konstruktionen, einen Befehl, eine Verpflichtung oder eine Absicht mitzuteilen, endgültig verloren gegangen ist. Es ist darauf hingewiesen worden, dass noch im Frühromanischen in den daraus entstandenen Konstruktionen eine Verpflichtung ausgedrückt werden konnte (Posner 1996: 178). Allgemein wird davon ausgegangen, dass die neu entstandenen Konstruktionen noch im Vulgärlatein eine morphologische Weiterentwicklung erfuhren. Wie hier am Beispiel von CANTĀRE illustriert, verband sich die Infinitivform mit einer finiten Form von HABĒRE und bildete neue synthetische Formen heraus (Lausberg 1972: 230, Rheinfelder 1976b: 199, Alkire & Rosen 2010: 164):

► **Herausbildung neuer (synthetischer) Futurformen im Latein**

		Klassisches Latein		Vulgärlatein		
Sg.	1.	CAN'TĀBŌ	‚ich werde singen'	CAN'TARE 'HABEO	>	*CANTA'RAIO
	2.	CAN'TĀBIS	‚du wirst singen'	CAN'TARE 'HABES	>	*CANTA'RAS
	3.	CAN'TĀBIT	‚er wird singen'	CAN'TARE 'HABET	>	*CANTA'RAT
Pl.	1.	CAN'TĀBIMUS	‚wir werden singen'	CAN'TARE HA'BEMUS	>	*CANTA'REMOS
	2.	CAN'TĀBITIS	‚ihr werdet singen'	CAN'TARE HA'BETIS	>	*CANTA'RETES
	3.	CAN'TĀBUNT	‚sie werden singen'	CAN'TARE 'HABENT	>	*CANTA'RANT

Diese Entwicklung war mit einem Betonungswandel verbunden, bei dem die neu entstandene synthetische Verbindung aus Infinitiv und einer flektierten Form von HABĒRE nur noch eine Betonung trug. Die Weiterentwicklung in den romanischen Sprachen zeigt, dass die Betonung dabei in der Regel auf dem Hilfsverb festgelegt wurde (Lausberg 1972: 230f).

Exkurs

Herausbildung des Konditionals

Parallel zu dieser Entwicklung des Futurs bildet das Vulgärlatein mit dem Konditional eine Kategorie heraus, die das klassische Latein nicht kannte. Ähnlich wie bei der Bildung der vulgärlateinischen Futurformen gehen die Formen des Konditionals auf die Verknüpfung des Infinitivs mit einer finiten Form von HABĒRE zurück. Statt im Präsens wird HABĒRE in diesem Fall im Imperfekt oder – regional vor allem auf Italien beschränkt – im Perfekt verwendet.

Ebenso wie im Fall der Futurentwicklung haben sich aus diesen Konstruktionen neue synthetische Formen herausgebildet. In der folgenden Übersicht ist diese Entwicklung am Beispiel von CANTARE HABEBA(M) illustriert (Lausberg 1972: 232, Alkire & Rosen 2010: 168):

▶ Herausbildung des Konditionals im Vulgärlatein

		Vulgärlatein		
Sg.	1.	CAN'TARE HA'BEBA	>	*CANTA'REA
	2.	CAN'TARE HA'BEBAS	>	*CANTA'REAS
	3.	CAN'TARE HA'BEBAT	>	*CANTA'REAT
Pl.	1.	CAN'TARE HABE'BAMUS	>	*CANTARE'AMOS
	2.	CAN'TARE HABE'BATIS	>	*CANTARE'ATES
	3.	CAN'TARE HA'BEBANT	>	*CANTA'REANT

Unklar ist die Chronologie der Entwicklung der Futur- und Konditionalformen. Im Vulgärlatein gibt es zahlreiche Belege für die Verwendung der neu entstandenen Konditionalkonstruktionen. Konstruktionen, die die Entstehung des synthetische Futurs dokumentieren, sind hingegen selten belegt. Die geringere Verwendung dieser Formen könnte möglicherweise der Tatsache geschuldet sein, dass hierfür eine morphologische Alternative in Form des klassisch-lateinischen synthetischen Futurs zur Verfügung stand, während für den Konditional im klassischen Latein keine entsprechende Form existierte (Lüdtke 2009: 291f).

Herausbildung neuer Perfektformen

Eine weitere Neuerung im vulgärlateinischen Verbalsystem ist die Herausbildung zusammengesetzter Formen für das Perfekt. Diese Formen basieren wie die neuen Futurformen vorwiegend auf Konstruktionen in Verbindung mit HABĒRE ‚haben, halten' (oder TENĒRE ‚(fest-)halten'). Ausgangspunkt für deren Entstehung sind vor allem Konstruktionen, in denen diese Hilfsverben zusammen mit einem Verb in der Partizipialform gebraucht werden. Sie waren bereits im vorklassischen und auch im klassischen Latein üblich und dienten weniger dazu, eine in der Vergangenheit abgeschlossene Handlung zu bezeichnen, sondern vielmehr, einen „für die Gegenwart des Sprechers erreichte[n] Zustand" (Rubenbauer & Hofmann 1995: 242) zu betonen (Thielmann 1885: 509, Herman 1975: 79f, Väänänen

1981: 131, Berschin, Felixberger & Goebl 2008: 139f, Kiesler 2006: 58):

Beispiel

(7) klat. a. TE COGNITUM HABEO
dich erfahren haben-PRÄS.1SG
‚Ich (habe dich kennengelernt und) kenne dich durch und durch.'

b. SCRIPTUM HABEO
geschrieben haben-PRÄS.1SG
‚Ich habe etwas Geschriebenes.'

In späterer Zeit wird die eigenständige Bedeutung von HABĒRE abgeschwächt. Die beiden verbalen Bestandteile dieses Konstruktionstyps bilden eine Einheit und drücken die Abgeschlossenheit einer Handlung aus (Thielmann 1885: 542f, Väänänen 1981: 131, Durante 1993: 46):

Beispiel

(8) vlat. a. METUO ENIM, NE IBI VOS HABEAM FATIGATOS
fürchten-PRÄS.1SG nämlich dass dort euch haben.PRÄS.KONJ.1SG ermüdet
‚Ich fürchte, dass ich euch ermüdet habe.'

b. ECCE EPISCOPUM [...] INVITATUM HABES
diesen Bischof-AKK.SG eingeladen haben-PRÄS.2SG
‚Du hast den Bischof eingeladen.' (Greg. *Vitae* III, 1, p. 223)

Diese zunächst auf transitive Verben beschränkten Perfektkonstruktionen wurden allmählich auch in Verbindung mit intransitiven Verben gebraucht. Dabei ist zu beobachten, dass hier in der Regel ESSE ‚sein' als Hilfsverb verwendet wurde (Lausberg 1972: 236, Durante 1993: 46, Herman 1975: 81):

Beispiel

(9) vlat. VENTUS SUM
gekommen sein-PRÄS.1SG
‚Ich bin gekommen.'

Es wird vermutet, dass diese Entwicklung in Analogie zu Deponentien oder Semideponentien eingetreten ist. Hierbei handelt es sich um

Verben, die eine aktivische Bedeutung haben, aber eine passivische oder teilweise passivische Form aufweisen und dementsprechend das Perfekt mit ESSE bilden, z. B. MISERĒRĪ ‚sich erbarmen', MISEREOR ‚ich erbarme mich', MISERITUS SUM ‚ich habe mich erbarmt' bzw. GAUDĒRE ‚sich freuen', GAUDEO ‚ich freue mich', GĀVĪSUS SUM ‚ich habe mich gefreut'.

Im Unterschied zur Entwicklung beim Futur führte die Entstehung neuer Perfektformen nicht zur Aufgabe der klassisch-lateinischen Formen, sondern es kam zur parallelen Verwendung synthetischer und analytischer Formen. Dadurch entwickelte sich eine Unterscheidungsmöglichkeit, die im klassischen Latein nicht vorhanden war und in den heutigen romanischen Sprachen noch heute vorliegt: die Unterscheidung zwischen ‚wirklichem Perfekt' und ‚Präteritum'. Das entspricht in etwa der Unterscheidung im heutigen (europäischen) Standardspanischen oder Standarditalienischen, wo das zusammengesetzte Perfekt in der Regel für Ereignisse verwendet wird, die einen relativ deutlichen Bezug zur Gegenwart haben, während das *indefinido* bzw. das *passato remoto* dazu gebraucht werden, um auf konzeptuell oder zeitlich weiter zurückliegende Ereignisse zu referieren (Penny 2000: 158).

Exkurs

Herausbildung eines analytischen Passivs

Auch bei der Passivbildung ist im Vulgärlatein ein tiefgreifender Unterschied zum klassischen Latein zu beobachten. Die synthetischen Formen des klassischen Lateins für das Passiv Präsens und Imperfekt finden im Vulgärlatein kaum Verwendung. Stattdessen kam es im vulgärlateinischen Passiv zu einer Verschiebung, da die analytischen Passivformen für Perfekt und Plusquamperfekt die Funktion von Passiv Präsens und Imperfekt übernahmen. Gleichzeitig wurden für das Passiv Perfekt und das Passiv Plusquamperfekt neue analytische Formen herausgebildet (Väänänen 1981: 130, Müller-Lancé 2012: 178).

▶ **Verschiebungen im Formenparadigma des Passivs (Indikativ) des Lateinischen**

	Klassisches Latein	Vulgärlatein	
Präsens	LAUDOR	LAUDATO SUM	‚ich werde gelobt'
Perfekt	LAUDĀTUS SUM	LAUDATO FUI	‚ich bin gelobt worden'
Imperfekt	LAUDĀBAR	LAUDATO ERAM	‚ich wurde gelobt'
Plusquamperfekt	LAUDĀTUS ERAM	LAUDATO FUERAM	‚ich war gelobt worden'

Verlust der Deponentien

Eine weitere Veränderung betrifft die Gruppe der eben erwähnten Deponentien. Das klassische Latein kannte solche Verben, die eine passivische Form, aber eine aktivische Bedeutung haben, in allen vier Konjugationsklassen. Im Vulgärlatein haben diese Verben diese passivische Form verloren und sind in eine aktivische überführt worden (Lloyd 1987: 159f, Alkire & Rosen 2010: 98):

Klassisches Latein		Vulgärlatein
ADMĪRĀRĪ	‚bewundern'	ADMIRARE
NĀSCĪ	‚geboren werden; abstammen'	NASCERE
MORĪ	‚sterben'	MORIRE

5.3 | Syntaktische Besonderheiten und Entwicklungen

Das Lateinische ist bekannt für seine komplexe Syntax, die sich nicht zuletzt in der relativ großen Wortstellungsfreiheit innerhalb des Satzes und innerhalb von Nominalgruppen manifestiert. Allerdings gibt es im Lateinischen durchaus bevorzugte Wortstellungsmuster. In klassisch-lateinischen Prosatexten dominiert innerhalb von Sätzen deutlich die Subjekt-Objekt-Verb-Stellung (SOV-Stellung). Innerhalb von Nominalgruppen werden Präpositionen (anstatt Postpositionen) verwendet und das Genitivattribut steht häufig hinter dem Bezugsnomen. Aus stilistischen oder rhythmischen Gründen konnte im klassischen Latein jedoch von diesen Grundstellungstypen abgewichen werden. Ein Satz wie AGRICOLA TERRAM ARAT ‚Der Bauer pflügt die Erde' konnte auch AGRICOLA ARAT TERRAM oder TERRAM ARAT AGRICOLA lauten. Ebenso konnten in einer Wortgruppe die Substantive FĪLIA RĒGIS ‚die Tochter des Königs' zu RĒGIS FĪLIA umgestellt werden (Adams 1976). Bekannt ist das klassische Latein auch durch die relativ häufige Verwendung von Stellungsfiguren, die zu diskontinuierlichen Satzstellungen führten. Hierzu gehören Klammerkonstruktionen (*Hyperbata*), bei denen syntaktisch und semantisch zusammengehörige Elemente voneinander getrennt auftreten (Pinkster 1988: 279, Kiesler 2006: 71, Ledgeway 2012: 43ff):

Beispiel

(10) klat. a. **MEŌ** TU EPISTOLAM DEDIST **SERVŌ**?
mein-DAT du Brief-AKK geben-PFKT.2SG Sklave-DAT
‚MEINEM Sklaven hast du den Brief gegeben?'

b. LIBENTER **CAESAR** PETENTIBUS HAEDUIS **DAT** **VENIAM**
bereitwillig Caesar Bitte-ABL.PL Haeduer-GEN gibt Gefälligkeit
EXCŪSĀTIŌNEMQUE ACCIPIT.
Entschuldigung-AKK.SG-und annimmt
‚Gerne zeigt Caesar sich auf Bitten von Haeduer großzügig und akzeptiert die Entschuldigung.'

Herausbildung einer festeren Wortstellung

In vulgärlateinischen ebenso wie in spätlateinischen Texten sind solche „Künstlichkeiten" (Hofmann 1972: 689) durchaus noch anzutreffen, aber es ist umstritten, in welchem Umfang sie auch Bestandteil der Umgangssprache waren (Vincent 1988: 54, Ledgeway 2012: 45). Unstrittig ist, dass die Häufigkeit von SVO-Sätzen im Lateinischen allmählich immer mehr zunahm und sich im späten Vulgärlatein zu dem am häufigsten verwendeten Stellungsmuster entwickelte (Herman 1975: 90, Adams 1976: 97). Einen ersten Beleg für die Stellung des Verbs im Satzinnern liefert bereits eine Inschrift aus dem 7. Jahrhundert v. Chr. (Deutschmann 1971: 9f, Väänänen 1981: 153, Steinbauer 2003: 504, Kausen 2012: 202f).

Beispiel

(11) alat. MANIOS MED FHE FHAKED NUMASIOI
Manius mich hat gemacht Numerius-DAT
‚Manius hat mich für Numerius gemacht.' (CIL 1, 3)

Allgemein wird angenommen, dass die Herausbildung der regelmäßigen SVO-Wortstellung im Zusammenhang mit der lautlich-morphologischen Entwicklung des Vulgärlateinischen steht. Vor allem der zunehmende Abbau von Kasusmarkierungen hatte zur Folge, dass die Zuordnung grammatischer Funktionen zu den beteiligten Elementen immer seltener auf der Grundlage von Flexionsendungen möglich war. Diese Entwicklung betraf auch die Anordnung der Elemente innerhalb von Wortgruppen, in denen, wie bereits gezeigt wurde, zunehmend Präpositionen auftraten, die die Kasusmarkierungen allmählich ersetzten.

Stellung der unbetonten Pronomina

Die Herausbildung der schwachtonigen Objektpronomina trug ebenfalls dazu bei, dass die Wortstellung im Vulgärlateinischen stärker fixiert wurde. Die Stellung dieser Pronomina unterlag einer für indoeuropäische Sprachen typischen Gesetzmäßigkeit, die als ‚**Wackernagel'sches Gesetz**' bezeichnet wird (Wackernagel 1892). Schwachtonige Elemente haben in diesen Sprachen die starke Tendenz, die zweite Stelle im Satz einzunehmen und sich an die erste Konstituente enklitisch zu binden. Diese Neigung zur Zweitstellung schwachtoniger Elemente ist auch bei den schwachtonigen Objektpronomina im Vulgärlateinischen zu beobachten. Diese Stellung ist unabhängig von der grammatischen Funktion oder der grammatischen Kategorie des ersten Satzelementes. Dies belegen die folgenden Beispiele aus Briefen Ciceros, in denen das Objektpronomen jeweils unmittelbar nach einem Subjekt, einem Objekt oder einer adverbialen Bestimmung des Ortes in der Zweitposition und vom finiten Verb getrennt erscheint (Wanner 1987: 221, Salvi 2004: 126):

Beispiel

(12) vlat.	a.	CANINIUS	NOSTER	**ME**	TUIS	VERBIS	ADMONUIT	UT …	
		Caninius	unser	mich	deiner	Worte-ABL	erinnern-PFKT.3SG	dass	
		‚Unser (Freund) Caninius hat mich durch deine Worte daran erinnert, dass …'							(Cic. *Fam.* IX, 6, 1)
	b.	HAEC	**TIBI**	ANTEA	NON	RESCRIPSI,	NON	QUO …	
		dieses	dir	vorher	nicht	zurückschreiben-PFKT.1SG	nicht	weil	
		‚Ich habe dir dies nicht vorher zurückgeschrieben, nicht weil …'							(Cic. *Fam.* IX, 17, 3)
	c.	EX	SYRIA	**NOBIS**	TUMULTUOSIORA	QUAEDAM	NUNTIATA	SUNT	
		aus	Syrien	uns	Unruhen	gewisse	berichtet	sind	
		‚Aus Syrien sind uns gewisse Unruhen berichtet worden.'							(Cic. *Fam.* XII, 17, 1)
	d.	ANTE	**TE**	CERTIOREM	FACIAM,	UT ….			
		vorher	dir	Benachrichtigung	machen-FUT.1SG	dass			
		‚Vorher werde ich dich benachrichtigen, dass …'							(Cic. *Fam.* IX, 5, 3)

Die Markierung der Negation

Bei der Satznegation ist im Vulgärlateinischen zu beobachten, dass die im klassischen Latein in negierten Imperativ- und Wunschsätzen verwendete Negationspartikel NE nicht gebraucht wurde. Es wurde ausschließlich die Partikel NON verwendet. Charakteristisch ist auch die Verwendung der doppelten Negation, um die Verneinung zu verstärken. Sie findet sich in vulgärlateinischen Texten oder lässt sich aus den modernen romanischen Sprachen rekonstruieren (Väänänen 1981: 152, Kiesler 2006: 69):

Beispiel

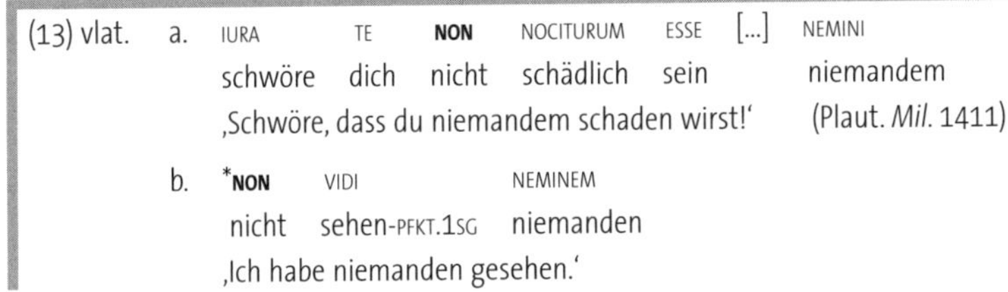

(13) vlat.	a.	IURA	TE	**NON**	NOCITURUM	ESSE	[...]	NEMINI
		schwöre	dich	nicht	schädlich	sein		niemandem
		‚Schwöre, dass du niemandem schaden wirst!'						(Plaut. *Mil.* 1411)
	b.	***NON**	VIDI	NEMINEM				
		nicht	sehen-PFKT.1SG	niemanden				
		‚Ich habe niemanden gesehen.'						

Ein anderes Mittel der Verstärkung bestand im Vulgärlatein in der Hinzufügung von „alle[n] möglichen Ausdrücke[n] der unbeachtlichen Kleinheit" (Hofmann 1978: 81). Hierzu gehörten Wörter wie FĀBA ‚Bohne' (vgl. dt. *Das interessiert mich nicht die Bohne!*), GRĀNUM ‚Kern, Korn', GUTTA ‚Tropfen', FĪCUS ‚Feige', MĪCA, ‚Körnchen', PASSUS ‚Schritt' oder PIRUM ‚Birne', durch deren Verwendung die Negation eine Verstärkung erfuhr (Hofmann 1978: 82, Väänänen 1981: 152, Kiesler 2006: 69):

Beispiel

(14) vlat.	a.	NON	**FLOCCI**	FACIO		
		nicht	Flocken	machen-PRÄS.1SG		
		‚Ich pfeife darauf.'				(Cic. *Att.* 13.50)
	b.	NON	VALES	**UNO**	**COCO**	(= UNUM COCCUM)
		nicht	wert-sein-PRÄS.2SG	einen	Scharlachfaden	
		‚Du bist keinen Pfifferling wert.'				(*Form. Sen. Add.* 4, 70, p. 225)

Die Bildung des Fragesatzes

Bei der Bildung von Fragesätzen weist das Vulgärlatein kaum Besonderheiten auf. Lediglich die im klassischen Latein meist zur Markierung eines Entscheidungsfragesatzes verwendeten Fragepartikeln -NE, NUM, NONNE wurden kaum gebraucht und schließlich vollkommen aufgegeben (Finke 1987, Kiesler 2006: 69):

Beispiel

(15) lat. a. VENIT-NE PAULUS?
kommt-PTKL Paul
b. VENIT PAULUS?
kommt Paul
‚Kommt Paul?'

Affirmation

Hinsichtlich der Affirmation ist im Lateinischen die bereits im 3. Kapitel erwähnte Tendenz zu beobachten, wonach die übliche Bejahungsform durch die Wiederaufnahme des Verbs zunehmend verloren geht. Neben den im klassischen Latein verwendeten Ausdrücken wie ITA EST ‚so ist (es)' wurde im Vulgärlatein insbesondere auf Elemente zurückgegriffen, die ursprünglich keine bejahende Bedeutung hatten. Dabei bildeten sich regionale Unterschiede heraus. Während in den meisten Gegenden SĪC ‚so' verwendet wurde, setzte sich in Gallien HOC ‚dieses' bzw. HOC ILLE ‚dieses jener' durch (Kiesler 2006: 69f).

Parataxe statt Hypotaxe

Auch die verstärkte Tendenz zur Verwendung der beiordnenden Wortstellung gilt als ein typisches Kennzeichen des Vulgärlateins im Vergleich zum klassischen Latein (Durante 1993: 56, Tagliavini 1998: 182). Das bedeutet, dass die Verknüpfung zweier oder mehrerer Sätze eher durch deren Aneinanderreihung (Parataxe) als mit Hilfe der Einbettung durch Nebensätze (Hypotaxe) erfolgte. Väänänen (1981: 160f) zitiert einige Inschriften als Beleg für eine „entspannte", d. h. parataktische Syntax im Vulgärlateinischen. Im klassischen Latein wäre in diesen Fällen eher eine hypotaktische Anordnung durch die Verwendung von Nebensätzen zu erwarten gewesen, die durch eine subordinierende Konjunktion eingeleitet sind (Kiesler 2006: 70f):

Beispiel

(16) klat. a. SARRA, NŌN BELLE FACIS, **QUOD** SŌLUM MĒ RELINQUIS
Sarra nicht schön machst weil allein mich zurücklässt
vlat. a'. SARRA, NON BELLE FACIS, SOLUM ME RELINQUIS
Sarra nicht schön machst allein mich zurücklässt
‚Sarra, du bist nicht nett, weil du mich allein lässt.' (CIL 4, 1951)
klat. b. **SĪ** MĒ VOCĀS, RESPONDĒBŌ TIBI
wenn mich rufst antworte-FUT.1SG dir
vlat. b'. VOCA ME ET EGO RESPONDEBO TIBI
rufe mich und ich antworte dir
‚Wenn du mich rufst, werde ich dir antworten.' (*Vulg.* Iob 13, 22)

Allerdings ist dem Vulgärlatein die Hypotaxe keineswegs fremd. Vielmehr spricht einiges dafür, dass die Subordination ein weit verbreitetes syntaktisches Mittel des Vulgärlateinischen gewesen ist (Herman 1975: 93, Kiesler 2006: 71, Ledgeway 2012: 45). Ein deutlicher Unterschied zum klassischen Latein besteht lediglich beim Gebrauch eingebetteter Infinitivsätze. Dies betrifft insbesondere AcI-Konstruktionen, also Sätze mit einem eingebetteten Infinitiv, der ein Akkusativsubjekt enthält. Im Vulgärlatein werden diese Konstruktionen bevorzugt durch Kompletivsätze ersetzt, die mit einer Konjunktion (QUOD/QUIA ,weil; dass') eingeleitet werden (Herman 1975: 91ff, Kiesler 2006: 72ff, Müller-Lancé 2012: 226):

Beispiel

(17) klat. SCĪMUS HUNC ESSE FĪLIUM NOSTRUM
wissen-PRÄS.1PL diesen sein Sohn-AKK unser-AKK
vlat. SCIMUS QUIA HIC EST FILIUS NOSTER
wissen-PRÄS.1PL dass dieser ist Sohn-NOM unser-NOM
,Wir wissen, dass dieser unser Sohn ist.' (*Vulg.* Io. 9, 20)

Ein anderes typisches Kennzeichen des Vulgärlateinischen ist die häufige Verwendung so genannter ,Parahypotaxen', also einer Kombination aus Hypotaxe und Parataxe (Durante 1993: 56). Sie ist bei der Bildung komplexer Sätze zu beobachten, die durch einen Nebensatz eingeleitet sind. In diesem Fall erfolgt die Verknüpfung des folgenden Hauptsatzes häufig durch die beiordnende Konjunktion ET ,und' oder durch SĪC ,so', das sich im Vulgärlateinischen zur beiordnenden Konjunktion entwickelt (Kiesler 2006: 72):

Beispiel

(18) vlat. a. PHARISAEI AUTEM CUM VIDISSENT ILLOS, **ET** DIXERUNT ILLI
Pharisäer aber als sahen diese und sagten diesem
,Aber als die Pharisäer sie sahen, sagten sie zu ihm:' (*Vetus* Matth. 12, 2)

vlat. b. AT UBI AUTEM SEXTA HORA FECERIT, **SIC** ITUR
hingegen wo aber sechste Stunde machte-KONJ so gehen-PRÄS.3SG.PASS
ANTE CRUCEM
vor Kreuz
,Wenn aber die sechste Stunde kommt, geht man zum Kreuz.' (*Eger.* 37, 4)

Abschließend kann festgehalten werden, dass die lautlichen und morphologischen Besonderheiten des Vulgärlateins deutlich umfangreicher ausfallen als in der Syntax. Dies gilt auch für den Bereich des Wortschatzes.

5.4 | Lexikalische Besonderheiten und Entwicklungen

Der vulgärlateinische Wortschatz ist nicht nur durch zahlreiche Besonderheiten gegenüber dem klassischen Latein gekennzeichnet. Es ist darüber hinaus „schon für das Vulgärlatein des 6., 5. und ev. 4. Jhs. [n. Chr.]" (Stefenelli 1981: 92) von dialektalen Differenzierungen auszugehen. Darauf deuten vor allem die ausgeprägten lexikalischen Unterschiede in den ersten Dokumenten der romanischen Sprachen hin. Die lexikalischen Neuerungen im Vulgärlatein lassen sich auf verschiedene Prozesse zurückführen, die grundsätzlich bei jeder Art von lexikalischem Wandel zu beobachten sind. Die wichtigsten dieser Vorgänge werden im Folgenden anhand einiger ausgewählter Beispiele dargestellt (Kiesler 2006: 81-86).

Selektion und Wortersetzung

Ein häufiger Prozess der lexikalischen Neuerung im Vulgärlatein ist die Selektion. Sie besteht darin, dass aus einer Gruppe bedeutungsähnlicher Wörter ein Wort bevorzugt gebraucht und später ausschließlich verwendet wird. Bei Verben wird die Bevorzugung eines Wortes unter anderem dadurch bestimmt, dass unregelmäßig gebildete Verben durch bedeutungsähnliche Verben, die regelmäßig(er) gebildet werden, ersetzt werden (Rohlfs 1971b: 180-184, Herman 1975: 102ff, Väänänen 1981: 77f):

Klassisches Latein		Vulgärlatein
EDERE/ĒSSE (EDŌ, ĒDĪ, ĒSUM)	‚essen'	MANDUCARE urspr. ‚kauen' (klat. MANDĔRE ‚kauen, beißen')
IRE (EŌ, IĪ, ITUM)	‚gehen'	VADERE urspr. ‚gehen, schreiten' AMB(U)LARE urspr. ‚umhergehen'
FERRE (FERŌ, TULĪ, LĀTUM)	‚tragen'	PORTARE urspr. ‚herbeischaffen, transportieren'
FLĒRE (FLEŌ, FLĒVĪ, FLĒTUM)	‚weinen'	PLORARE urspr. ‚laut weinen, wehklagen' PLANGERE urspr. ‚laut trauern, wehklagen'
LOQUĪ (LOQUOR, LOCŪTUS)	‚sprechen'	FABULARE urspr. ‚plaudern, reden, sich unterhalten' PARABOLARE, PARAULARE (klat. PARABOLA ‚Gleichnis; Rede')

Häufig werden im Vulgärlateinischen Wörter mit einer geringen Lautsubstanz durch längere Wörter ersetzt. Dies betrifft vor allem einsilbige Wörter, die vermutlich aus rhythmischen Gründen im Vulgärlateinischen durch längere Wörter oder Wortkombinationen ersetzt werden und in der Regel schließlich völlig verloren gehen (Herman 1975: 104ff, Stefenelli 1981: 82, Durante 1993: 49f):

Ersatz von Wörtern mit einer geringen Lautsubstanz

Klassisches Latein		Vulgärlatein
ŌS	‚Mund, Maul'	BOCCA urspr. ‚Backe'
VĒR	‚Frühling'	PRIMUS, PRIMA VER > *PRIMAVERA ‚Frühling'
CRŪS	‚(Unter-)Schenkel, Schienbein'	CAMBA, GAMBA urspr. ‚Sprunggelenk; Bein des Pferdes'
VĬR	‚Mann'	HOMO, HOMINE ‚Mann; Mensch'
ĬT	‚er geht'	VADIT ‚er geht'

Der Ersatz von klat. ĬT durch vlat. VADIT zeigt, dass auch mehrere Prozesse gleichzeitig wirken können, da der Verlust von ĬT nicht nur mit der geringen Lautsubstanz, sondern auch mit der Tendenz zur Regelmäßigkeit erklärt werden kann. Die gleiche Erklärung kann für den vollständigen Verlust von klat. EDERE/ĒSSE ‚essen' angeführt werden. Hier kommt hinzu, dass einige flektierte Formen lautlich mit Formen von klat. ESSE ‚sein' zusammengefallen sind. Somit könnte der Verlust dieser Verben auch mit einer möglichen Vermeidung von Homonymie zusammenhängen. Aus dem klassisch-lateinischen Wortschatz hat im Vulgärlatein nur das Kompositum COMEDERE ‚aufessen, verzehren' Bestand. Bereits ab dem 1. Jahrhundert n. Chr. beginnt sich allerdings weitgehend MANDUCARE, das ursprünglich ‚kauen' bedeutet, durchzusetzen (frz. *manger*, it. *mangiare*, rum. *mânca*), während COMEDERE regional nur noch auf der Iberischen Halbinsel erhalten blieb (port. / sp. *comer*).

Ersatz durch Diminutiva

Häufig ist auch zu beobachten, dass kurze Wörter durch Diminutiva ersetzt werden. Ein Beispiel hierfür ist der Gebrauch des bereits erwähnten vlat. ORICLA, das sich aus klat. AURICULA ‚Öhrchen' ableitet und klat. AURIS ‚Ohr' ersetzt. Andere Beispiele sind klat. GENŪ ‚Knie' und klat. AGNUS ‚Lamm', die im Vulgärlateinischen durch die Diminutivformen GENUCLUM bzw. AGNELLUS ersetzt werden (Rohlfs 1971b: 65-71, Herman 1975: 104).

Ersatz durch expressivere Wörter

In engem Zusammenhang mit der Bildung von Diminutiva steht die Verwendung von Wörtern mit einer bildhafteren und expressiveren Bedeutung anstelle von weniger ausdrucksstarken Wörtern (Herman 1975: 106f):

Klassisches Latein		Vulgärlatein
ĔQUUS	‚Pferd, Ross'	CABALLO urspr. ‚Ackerpferd, Gaul'
PULCHER	‚schön'	BELLO urspr. ‚hübsch, nett' FORMOSO urspr. ‚wohlgeformt'
CAPUT	‚Haupt, Kopf'	TESTA urspr. ‚Tonkrug'

Zu diesem Bereich der Verwendung ausdrucksstärkerer Begriffe gehört auch der Gebrauch von Fachwörtern (Müller-Lancé 2012: 243). Ein Beispiel ist der Ersatz von klat. CRŪS ‚Unterschenkel, Schienbein', das eine geringe Lautsubstanz aufwies, durch den veterinärmedizinischen Fachausdruck CAMBA bzw. GAMBA (< griech. *kampê* ‚Krümmung') ‚Sprunggelenk, Bein des Pferdes'. Ein anderes, in der Literatur eingehend diskutiertes Beispiel ist die Ersetzung von klat. IECUR ‚Leber' durch vlat. FICATO. Dieses Wort leitet sich von klat. FĪCATŪM ab, einer lateinischen Lehnübersetzung aus dem Griechischen, die auf griech. *sykon* ‚Feige' basiert und ursprünglich in der Kochkunst als Fachbegriff für ‚mit Feigen gemästet' diente. Die Übernahme der Bedeutung ‚Leber' wird damit erklärt, dass es in Griechenland und bei den Römern üblich war, Schweine oder Gänse mit Feigen zu mästen, um der Leber einen besonderen Geschmack zu verleihen (Rohlfs 1971b: 92f , Tagliavini 1998: 372, Fn.27).

Andere Wortersetzungen sind auch auf den Einfluss des Christentums zurückzuführen. Hierzu gehört beispielsweise die Verdrängung von klat. SŌLIS DIĒS wörtl. ‚Tag der Sonne' und SĀTURNI DIĒS ‚Tag des Saturns' durch vlat. DIES DOMENICOS oder DIES DOMENICA ‚Tag des Herrn' und vlat. SABBATA, SABBATO oder *SAMBATO (< griech. *sabbaton* < hebr. *sabbath*) als Bezeichnungen für den ‚Sonntag' bzw. ‚Samstag'. Für die Verdrängung der heidnischen Bezeichnungen der übrigen Wochentage gibt es im Vulgärlateinischen nur wenige Belege. Ein Hinweis findet sich im 4. Jahrhundert bei Augustinus (Elcock 1975: 181):

Beispiel

(19) vlat. QUARTA FERIA, QUI MERCURII DIES DICITUR A PAGANIS,
vierter Markt(tag) der Merkur-GEN Tag genannt-wird von Heiden
ET A MULTIS CHRISTIANIS
und von vielen Christen
‚der vierte Tag, der von Heiden und vielen Christen der Tag des Merkurs genannt wird.'
(Aug. *Psalm.* XCIII, 3)

In den romanischen Sprachen haben sich lediglich im Portugiesischen die christlichen Bezeichnungen für die übrigen Wochentage durchgesetzt: *segunda-feira* (< FERIA SECUNDA statt klat. LŪNAE DIĒS) für ‚Montag', *terça-feira* (FERIA TERTIA statt klat. MĀRTIS DIĒS) für ‚Dienstag' etc. (Roegiest 2006: 63).

Bedeutungswandel

Bei den lexikalischen Neuerungen aufgrund von **Bedeutungswandel** lassen sich mehrere Prozesse unterscheiden. Zu den wichtigsten gehören die Bedeutungserweiterung und die Bedeutungsverengung sowie die Bedeutungsübertragung.

Bedeutungserweiterung

Ein bekanntes Beispiel einer Bedeutungserweiterung (‚Generalisierung') ist die Entwicklung von klat. PLICĀRE. Es bedeutete ursprünglich ‚falten, beugen' und wurde vor allem in der Seefahrt in der Verbindung PLICĀRE VELA ‚die Segel zusammenfalten' verwendet. Die Bezeichnung für diesen Vorgang vor der Anlandung eines Schiffes wurde schließlich auf den Vorgang des Ankommens erweitert, sodass PLICĀRE regional auf der iberischen Halbinsel die Bedeutung ‚ankommen' annimmt (vgl. port. *chegar*, sp. *llegar* ‚ankommen). Eine andere, sehr umstrittene Erklärung für diese Bedeutungserweiterung lautet, dass im Vulgärlateinischen SE PLICARE die Bedeutung von klat. APPLICĀRE ‚(sich) anschließen, nähern' und insbesondere die in der Seefahrt gebräuchliche Bedeutung ‚anlanden' übernommen hat. In ähnlicher Weise wird auch die Entwicklung von vlat. *ADRIPARE erklärt, das ursprünglich ‚ans Ufer kommen' (aus klat. RĪPA ‚Ufer') bedeutete und später durch die Aufgabe der Beschränkung auf die Seefahrt die allgemeinere Bedeutung ‚ankommen' erhalten hat (Rohlfs 1971b: 137f, Tagliavini 1998: 173f).

Bedeutungsverengung

Als Beispiel für eine Bedeutungsverengung (‚Spezialisierung') kann die Entwicklung von NECĀRE dienen. Dieses Wort hatte im klassischen Latein die Bedeutung ‚töten'. Im Vulgärlateinischen wurde es auf den Kontext AQUĀ NECĀRE ‚durch Wasser töten' beschränkt und erhielt somit die Bedeutung ‚ertränken' oder ‚ersticken'. Ein anderes Beispiel ist das Wort PULLU(M), das im klassischen Latein ursprünglich ‚(Tier-)Junges' bedeutete und im Vulgärlateinischen eine Einschränkung auf ‚Huhn' erfuhr.

Bedeutungsübertragung

Bei der Bedeutungsübertragung (oder Bedeutungsverschiebung) lassen sich hinsichtlich der Ursachen für den Bedeutungswandel verschiedene Typen unterscheiden. Die beiden bekanntesten Typen sind die Metapher und die Metonymie. Eine **Metapher**, also die Bedeutungsübertragung aufgrund der Ähnlichkeit zweier Konzepte (‚Similaritätsbeziehung'), liegt sehr häufig bei dem Ersatz durch ausdrucksstärkere Wörter vor. Dies gilt zum Beispiel für die bildhafte Verwendung von TESTA ‚Tonkrug, Scherbe' für die Bezeichnung von ‚Kopf'. Dies wird auf die Ähnlichkeit der für die römischen Tonkrüge typischen Henkel mit abstehenden Ohren zurückgeführt. Ein Beispiel für eine **Metonymie**, also die Bedeutungsübertragung aufgrund einer geistigen oder sachlichen Nähe zweier Konzepte (‚Kontiguitätsbeziehung'), ist die im Vulgärlateinischen eingetretene Verwendung von FOCUS ‚Feuerstelle' in der Bedeutung von ‚Feuer', für das ursprünglich das Wort IGNIS existierte (Detges & Waltereit 2002: 164f, Müller-Lancé 2012: 244).

Wortbildung

Auch im Bereich der Wortbildung sind zahlreiche Besonderheiten im Vulgärlateinischen zu beobachten (Kiesler 2006: 84f). Ein Beispiel sind neu gebildete Präfixformen, wie etwa vlat. *COMINITIARE ‚anfangen', das sich aus dem klassisch-lateinischen Präfix CUM ‚mit' und dem Verb INITIĀRE ‚anfangen' zusammensetzt. Die bereits erwähnten Diminutivbildungen, wie z. B. klat. SŌL ‚Sonne' + Diminutivsuffix -ICULUS > vlat. *SOLICULU ‚Sonne', zählen ebenfalls zu Neuerungen im Bereich der Wortbildung. Typisch sind aus Substantiven abgeleitete Verben, wie z. B. vlat. PARABOLARE ‚sprechen' (zu klat. PARABOLA ‚Rede'), vlat. *ADRIPARE ‚ans Ufer kommen, landen' (zu klat. RĪPA ‚Ufer') oder vlat. *PASSARE ‚überschreiten, vorübergehen' (zu klat. PASSUS ‚Schritt'). Im Vergleich zum klassischen Latein ist die Wortbildung durch Zusammensetzung im Vulgärlatein häufiger zu beobachten, vgl. z. B. vlat. COMPANIO ‚Gefährte', das aus klat. CUM ‚mit' und klat. PĀNIS ‚Brot' (wörtlich ‚Brotgenosse') in Anlehnung an got. *gahlaiba* gebildet wurde. Bei zahlreichen Neuerungen handelt es sich um lautmalerische Bildungen (Onomatopoetika), wie z. B. vlat. *TOCCARE für ‚schlagen' oder um Wörter aus der Kindersprache, z. B. PAPPA für ‚Nahrung', woraus sich PAPPARE ‚essen' ableitet. Häufig finden sich im Vulgärlateinischen auch Formen, die aus Ellipsen entstanden sind. Dabei fällt meist in aus Substantiv und Adjektiv bestehenden Fügungen das Substantiv weg und das Adjektiv wird substantiviert, z. B. klat. HĪBERNUS TEMPUS wörtl. ‚winterliche Zeit' versus vlat. IBERNU ‚Winter' oder klat. CĀSEUS FŌRMĀTICUS wörtl. ‚geformter Käse' versus vlat. FORMATECU ‚Käse'.

Entlehnungen

Ein großer Teil der lexikalischen Neuerungen des Vulgärlateins geht auf Entlehnungen aus anderen Sprachen zurück. Charakteristisch für das Vulgärlatein sind vor allem kirchensprachliche Entlehnungen aus dem **Griechischen**, wie z. B. BAPTIZARE oder BAPTIDIARE ‚taufen' (< griech. *baptisein*) oder PARABOLA ‚Gleichnis' (< griech. *parabolē*), das eine Bedeutungsverschiebung zu ‚Rede, Wort' erfahren hat (Stefenelli 1981: 81). Der Einfluss des Griechischen war über eine lange Zeit so stark, dass auch solche Wörter entlehnt wurden, für die das Lateinische eine mehr oder weniger genau entsprechende Bezeichnung kannte (Dietrich 1998: 123, Tagliavini 1998: 214, Kiesler 2006: 91, Alkire & Rosen 2010: 307, Gardani 2013: 129-228):

Klassisches Latein		Griechisch	Vulgärlatein
ICTUS	‚Schlag, Stoß'	*kólaphos*	COLAPU
LAPIS	‚Stein'	*pétra*	PETRA
FŪNIS	‚Seil'	*chordē*	C(H)ORDA ‚Schnur'
PŪMILUS	‚Zwerg'	*nānos*	NANU

Entlehnungen aus anderen Sprachen als dem Griechischen sind im Vulgärlateinischen sehr selten. In vielen Fällen sind die Wörter schon im klassischen Latein entlehnt worden. Zu nennen sind hier zum einen Entlehnungen aus dem **Keltischen**, bei denen es sich in der Regel um spezielle Sachbezeichnungen handelt oder um Bezeichnungen für Dinge, die die Römer nicht kannten (Stefenelli 1981: 83, Kiesler 2006: 86):

(Vulgär-)Latein	
*PETTIA	‚Stück'
CAMBIARE	‚tauschen, wechseln'
CARRUS	‚(vierrädriger) Wagen'
CEREVISIA	‚Bier'
CAMISIA	‚Hemd'

Zum anderen stammen einige Lehnwörter des Lateinischen aus dem **Germanischen**. Man geht von etwa 30 als gesichert geltenden germanischen Entlehungen in das (Vulgär-)Latein aus (Stefenelli 1981: 84f, Roegiest 2006: 106, Berschin, Felixberger & Goebl 2008: 174):

Germanisch		(Vulgär-)Latein
**blank*	‚weiß'	*BLANKUS
frisk	‚frisch'	*FRISCUS
riks	‚reich'	*RICCUS
saipôn	‚Seife'	SAPONE(M)
wardôn	‚beobachten, bewachen'	*WARDARE
**werra*	‚Wirren, Krieg'	*WERRA

Für die Übernahme dieser Wörter bereits in vulgärlateinischer Zeit spricht ihre Verbreitung in allen romanischen Sprachen. Eine Ausnahme bildet das Rumänische, das nur sehr wenige dieser germanischen Wörter in seinem Wortschatz enthält, z. B. rum. *săpun* ‚Seife' (vgl. sp. *sabón*, frz. *savon*, it. *sapone*). Aus diesem Grund geht man davon aus, dass diese Wörter erst im 4. oder 5. Jahrhundert n. Chr. in das (Vulgär-)Lateinische gelangt sind, also nachdem die Provinz Dakien bereits wieder von den Römern aufgegeben worden war.

Zusammenfassung

Das Vulgärlateinische ist im Unterschied zum klassischen Latein, das stets als Vergleichsgrundlage zu dessen Beschreibung herangezogen wird, durch eine Vielzahl von Besonderheiten gekennzeichnet. Im lautlichen Bereich gehören hierzu unter anderem die qualitative – statt quantitative – Unterscheidung der Vokalphoneme (Quantitätenkollaps) und der Zusammenfall einiger Vokale sowie der Wegfall zahlreicher, insbesondere im Wortauslaut auftretender Konsonanten. Unter anderem bedingt durch diese lautlichen Veränderungen sind vor allem im Nominalbereich morphologische Veränderungen eingetreten. Hier ist es zu einem weitgehenden Abbau der Kasusflexion und der Herausbildung eines Zweikasussystems gekommen. Lediglich bei den Personalpronomina sind Kasusunterscheidungen erhalten geblieben. Neu ist in diesem Bereich die Herausbildung einer eigenen Reihe von Pronomina der 3. Person, die sich aus den Demonstrativpronomina entwickelt haben, sowie die Entstehung schwachtoniger Objektpronomina. Ebenfalls aus den Demonstrativpronomina sind die Formen des Artikels entstanden, den das klassische Latein nicht kennt. Die markanteste morphologische Veränderung im Verbalbereich sind der Wegfall der Futurformen des klassischen Lateins und die Herausbildung neuer synthetischer Futurformen sowie die Entstehung des Konditionals mit entsprechenden synthetischen Formen. In beiden Fällen basieren die neuen Formen auf der Verschmelzung von periphrastischen Bildungen zwischen einer infiniten Verbform und einer finiten Form des Hilfsverbs HABĒRE. Zu den – verhältnismäßig geringen – syntaktischen Besonderheiten des Vulgärlateins gehören die Herausbildung einer festeren Wortstellung im Nominalbereich und im Satz sowie einer zunehmenden Fixierung der Stellung der schwachtonigen Objektpronomina hinter der ersten Konstituente im Satz. Im lexikalischen Bereich gibt es umfangreiche Besonderheiten des Vulgärlateins, die bereits auch regionale Ausdifferenzierungen erkennen lassen. Besonders häufig kommt es zum Ersatz klassisch-lateinischer Wörter unter anderem aufgrund ihrer geringen Lautsubstanz oder aus Gründen der geringeren oder verloren gegangenen Ausdruckskraft. Viele Wörter haben im Vulgärlateinischen außerdem einen Bedeutungswandel, unter anderem durch Bedeutungsverengung oder Bedeutungsübertragung erfahren. Hinzu kommen noch Neuerungen im Bereich der Wortbildung und zahlreiche fremdsprachliche Entlehnungen.

Literatur

Dieses Kapitel basiert im Wesentlichen auf den Darstellungen des Vulgärlateins von Herman (1975) und Väänänen (1981). Ergänzend wurden außerdem vor allem Maurer (1959), Bourciez (1967: 33-284), Vincent (1988), Kiesler (2006), Tagliavini (1998: 158-207) und Müller-Lancé (2012) herangezogen. Die Darstellungen des klassischen Lateins stützen sich insbesondere auf Rubenbauer & Hofmann (1995).

Testfragen

(1) Zeigen Sie die typische Entwicklung der betonten Vokale im Übergang von Alt- zum frühen Vulgärlatein und vom frühen zum späten Vulgärlatein für das ‚italische' Vokalsystem auf. Benennen Sie die beiden dabei zu beobachtenden Prozesse.

(2) Wie lässt sich erklären, dass in vulgärlateinischen Inschriften oder Texten häufig Wörter wie HOLIM *oder* HINSIDIAS *zu finden sind, in denen dem klassisch-lateinischen Wort (*ŌLIM *‚einst' bzw.* INSIDIAS *‚Hinterhälte') ein <h> vorangestellt wurde?*

(3) Erläutern Sie am Beispiel der Entwicklung des Wortes klat. CAPRĀ *‚Ziege' den Rückgang der Kasusflexion im Vulgärlateinischen.*

(4) Was versteht man unter dem ‚Wackernagel'schen Gesetz' und inwiefern ist es auch im Vulgärlateinischen gültig?

*(5) Wodurch wurde das klassisch-lateinische Wort für ‚essen' (*EDERE / ĒSSE*) im Vulgärlateinischen ersetzt? Welche Gründe können für den Verlust des Wortes angeführt werden?*

Die Ausgliederung der romanischen Sprachen | 6

Inhalt

Im Mittelpunkt dieses Kapitels stehen diejenigen Entwicklungen, die im Vulgärlatein oder in der Entstehungszeit der romanischen Sprachen eingetreten und regional beschränkt geblieben sind. Es handelt sich somit um Entwicklungen, die sich nur in einzelnen romanischen Sprachen durchgesetzt und somit zur Ausgliederung dieser Sprachen beigetragen haben. Bei der Betrachtung dieser Entwicklungen wird analog zum 5. Kapitel vorgegangen. Zunächst werden die lautlichen Entwicklungen (6.1) im Vokalbereich (6.1.1) und im Konsonantenbereich (6.1.2) betrachtet. Anschließend wird auf die wichtigsten morphologischen Entwicklungen (6.2) im Nominalbereich (6.2.1) und im Verbalbereich (6.2.2) eingegangen. Das Kapitel schließt mit einer Darstellung der besonderen syntaktischen (6.3) und lexikalischen Entwicklungen (6.4) ab.

Lautliche Entwicklungen | 6.1

Entwicklungen im Vokalbereich | 6.1.1

Erste Diphthongierung

Eine der markantesten Entwicklungen im Bereich des Vokalsystems zahlreicher romanischer Sprachen ist die Entstehung neuer Diphthonge. Von besonderer Bedeutung ist hier die **erste** oder **romanische Diphthongierung**, die in allen romanischen Sprachen mit Ausnahme des Portugiesischen, Katalanischen, Okzitanischen und Sardischen eingetreten ist. Diese Diphthongierung ist **spontan**, d. h. unabhängig von Einflüssen benachbarter Laute eingetreten und – von wenigen Ausnahmen abgesehen (Lloyd 1987: 122) – nur in betonten Silben erfolgt. Ihre Entstehungszeit ist umstritten (Lloyd 1987: 129f, Loporcaro 2011a: 119f). In den romanischen Sprachen, denen das ‚italische' Vokalsystem des Vulgärlateins zugrunde liegt, sind die aus Ĕ (sowie AE) und Ŏ hervorgegangenen Vokale /ɛ/ und /ɔ/ von dieser Diphthongierung betroffen. Sie bilden **steigende Diphthonge** heraus, d. h. Lautkombinationen, in denen der Vokal innerhalb einer Silbe einem Gleitlaut folgt. Im Französischen und Italienischen geschieht dies nur in offener Silbe, im Spanischen auch in geschlossener.

Hinweis

Ein Vokal ist **frei** oder tritt in freier Stellung auf, wenn die Silbe keinen Endrand (*Coda*) aufweist und er folglich die Silbe abschließt. Man spricht hier von einer **offenen Silbe**, z.B. *le.sen* [**leː**.zən]. Ein Vokal ist hingegen **gedeckt** oder in gedeckter Stellung, wenn die Silbe mit einem Konsonanten auslautet und damit einen Endrand besitzt. In diesem Fall handelt es sich um eine **geschlossene Silbe**, z.B. *ler.nen* [**lɛʁ**.nən].

Eine Besonderheit des Französischen besteht darin, dass die entstandenen Diphthonge teilweise wieder monophthongiert wurden. Außerdem sind auch die übrigen betonten Vokale von zahlreichen Veränderungen betroffen.

Vokalentwicklung im Italienischen und Spanischen

Italienisch und Spanisch weisen weitgehend nur bei den Vokalen /ɛ/ und /ɔ/ eine Veränderung gegenüber dem Vulgärlateinischen auf (Zauner 1921: 47 und 50, Lausberg 1969: 152, Penny 2002: 54, Lathrop 2003: 83):

▶ **Entwicklung der betonten Vokale im Italienischen**

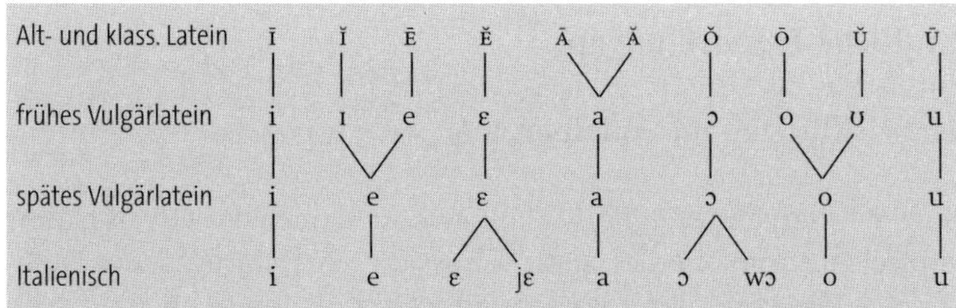

▶ **Entwicklung der betonten Vokale im Spanischen**

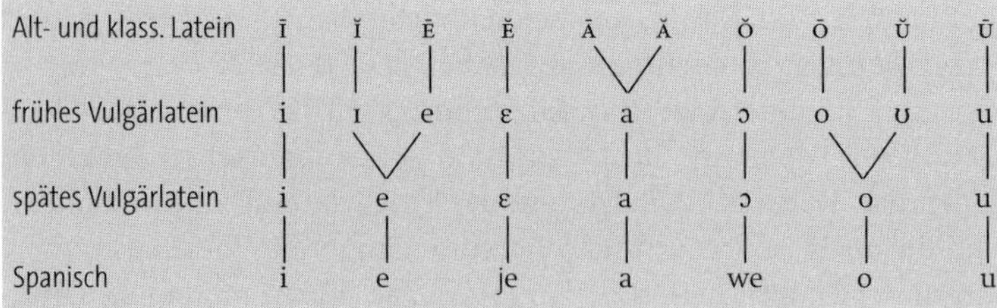

▶ Entwicklung der betonten Vokale in offener Silbe im Französischen

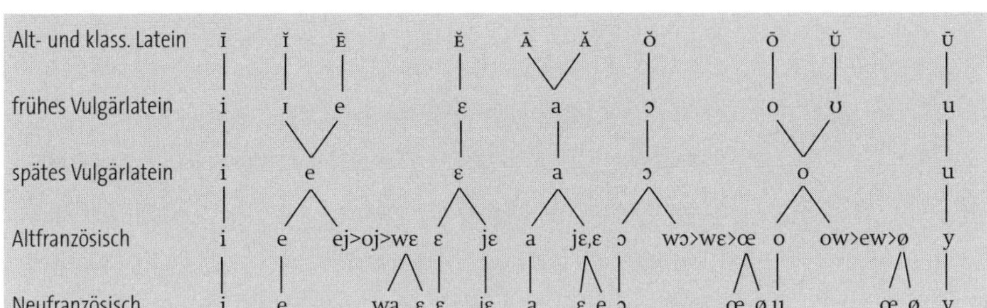

Wie im Italienischen tritt die erste Diphthongierung der vulgärlateinischen Vokale /ɛ/ und /ɔ/ nur in offener Silbe ein. Allerdings wurden die entstandenen Diphthonge bereits im Mittelfranzösischen wieder monophthongiert (oder die entstandenen Gleitlaute wurden phonematisiert, d. h. zu eigenständigen Phonemen). Die Diphthongierung ist heute nur noch in der französischen Orthografie erkennbar (Klausenburger 2001: 36, Alkire & Rosen 2010: 16):

▶

Latein		Altfranzösisch	Neufranzösisch
ˈPĔ.TRA(M)	‚Stein'	*piedre* [jɛ]	*pierre* [jɛ]
ˈC(A)E.LU(M)	‚Himmel'	*ciel* [je]	*ciel* [je]
ˈCĔR.VU(M)	‚Hirsch'	*cerf* [ɛ]	*cerf* [ɛ]
ˈNŎ.VU(M)	‚neu'	*nuof* [wɔ]	*neuf* [œ]
ˈPŎR.TU(M)	‚Hafen'	*port* [ɔ]	*port* [ɔ]

Im Unterschied zum Italienischen und Spanischen tritt im Französischen noch eine **zweite Diphthongierung** betonter Vokale ein, die ebenfalls spontan stattfindet. Sie betrifft die vulgärlateinischen Vokale /e/ und /o/. Diese bilden im Altfranzösischen in offener Silbe **fallende Diphthonge**, d.h. Lautkombinationen, in denen der Gleitlaut dem Vokal folgt, und werden im Neufranzösischen wieder monophthongiert (Große 1975: 29, Rheinfelder 1976a: 18-30, Schwarze 1992: 51f):

Latein		Altfranzösisch	Neufranzösisch
ˈFĬ.DE(M)	‚Treue'	***feit*** [ej] > [wɛ]	***foi*** [wa]
ˈVĬR/DE(M), *VER.DE	‚grün'	*vert* [e]	*vert* [e]
MŌˈNĒ.TA(M)	‚Münze'	*mon**ei**de* [ej] > *monoie* [wɛ]	*monn**ai**e* [ɛ]
ˈDĒBITA, *ˈDEB.TA	‚Schulden'	*dete* [e]	*dette* [e]
ˈ(H)Ō.RA(M)	‚Stunde'	***ou**re* [ow]	***eu**re* [œ]
ˈTŌTU(M), *TOT.TU	‚ganz'	*tot* [o]	***tou**t* [u]
ˈGŬ.LA(M)	‚Schlund'	*g**ou**le* [ow]	*gu**eu**le* [œ]
ˈCŬR.SU(M)	‚Lauf'	*cors* [o]	*c**ou**rs* [u]

Darüber hinaus kennt das Französische auch eine **bedingte Diphthongierung**, die auf den Einfluss benachbarter Laute im Wort zurückzuführen ist. Sie hat dazu geführt, dass sich die Vokale /ɛ/ und /ɔ/ hinsichtlich des Öffnungsgrades an einen nachfolgenden (palatalen oder palatal gewordenen) Laut anpassen und einen Diphthong herausbilden. Diese Diphthongierung kann auch in geschlossener Silbe eintreten, z. B. NOC.TE(M) [nɔkte(m)] ‚Nacht' > afrz. *nu**oi**t* [nuojt], *nu**ei**t* [nuejt] (später vereinfacht zu nfrz. *nuit* [nɥi]) (Große 1975: 48).

Besonders komplex ist die Entwicklung des im Vulgärlateinischen entstandenen Vokals /e/, bei der es sich laut Klausenburger (2001: 35) um „one of the most complex and ‚unpredictable' among Romance sound changes" handelt. Der ursprünglich entstandene Diphthong [ej] entwickelte sich zunächst zu [oj] und öffnete sich noch im Altfranzösischen zu [wɛ]. Ab dem 14. Jahrhundert, also im Mittelfranzösischen, beginnt sich eine doppelte Entwicklung des Diphthongs abzuzeichnen, die erst im 18. Jahrhundert ihren Abschluss findet. Sie besteht darin, dass sich [wɛ] entweder zu [wa] oder zu [ɛ] entwickelt (Rheinfelder 1976a: 20f, Schwarze 1992: 53):

afrz.	*Li reis liseit*	[li **rej**s liz**ej**t]
	Li rois liseit	[li **roj**s liz**oj**t]
	Li roi liseit	[li r**wɛ** liz**wɛ**]
mfrz./nfrz.	*Le roi lisait*	[lə **ʁwa** lizɛ]
	‚Der König las'	

Auch die Veränderungen von vlat. /a/, dessen genaue Entwicklung umstritten ist, sowie der im Altfranzösischen aus vlat. /ɔ/ bzw. /o/ entstandenen Laute /œ/ und /ø/ sind sehr komplex, weil sie unter anderem von der Stellung des jeweiligen Vokals innerhalb eines Wortes abhängig sind. Außerdem sind zahlreiche Lautentwicklungen im Französischen von der lautlichen Umgebung abhängig. So wurde betontes /a/ nach /k-/ in offener Silbe im Altfranzösischen zunächst zu [je] diphthongiert und im Neufranzösischen wieder zu /ɛ/ monophthongiert (lat. CAPRA(M) ‚Ziege' > afrz. *ch**ie**vre* > nfrz. *ch**è**vre*), es sei denn, dem Diphthong folgte ein Nasalkonsonant (lat. CANE(M) > afrz. *ch**ie**n* [tʃjẽn] > nfrz. *ch**ie**n* [ʃjɛ̃] ‚Hund'). In unbetonter Stellung wurde vlat. /a/ zu [ə], wenn es in einer offenen Silbe stand (CA.ˈBAL.LU(M) ‚Pferd' > nfrz. *ch**e**val*), in geschlossener Silbe hingegen blieb es erhalten (CAS.ˈTEL.LU(M) ‚Burg' > nfrz. *ch**â**teau*). Eine weitere Besonderheit der Vokalentwicklung im Französischen ist die Herausbildung von /y/, das sowohl in offener als auch in geschlossener Silbe aus vlat. /u/ entstanden ist. Diese Entwicklung teilt das Französische mit den anderen galloromanischen Sprachen. Die durch die Herausbildung von /y/ entstandene Lücke im französischen Vokalsystem wurde dadurch aufgefüllt, dass vlat. /o/ in geschlossener Silbe häufig zu /u/ wurde. Alle anderen Vokale in geschlossener Silbe haben im Französischen in der Regel keine Weiterentwicklung erfahren.

Exkurs

Vokalentwicklung im Rumänischen

Unter den übrigen romanischen Sprachen zeichnet sich vor allem das Rumänische durch die Herausbildung zahlreicher Diphthonge aus. Grundlage für diese Entwicklung bildet hier das vulgärlateinische ‚Kompromisssystem', auf dem die Vokalsysteme der balkanromanischen Sprachen basieren (Klausenburger 2001: 43, Fn. 25):

► **Entwicklung der betonten Vokale im Rumänischen**

Alt- und klass. Latein	Ī	Ĭ	Ē	Ĕ		Ā	Ă	Ŏ	Ō		Ŭ	Ū
frühes Vulgärlatein	i	ɪ	e	ɛ		a		ɔ	o		ʊ	u
spätes Vulgärlatein	i	e		ɛ		a		o			u	
Rumänisch	i	e	e̯a	je	ja	a		o	o̯a		u	

Das Rumänische unterscheidet sich vom Italienischen, Spanischen und Französischen dadurch, dass die spontane Diphthongierung nur bei betontem [ɛ] eingetreten ist. Wie im Spanischen erfolgt diese Diphthongierung unabhängig davon, ob sich der Vokal in einer offenen oder geschlossenen Silbe befand:

►

Latein		Rumänisch
ˈFĔR.RU(M)	‚Eisen'	*f**ie**r*
ˈPĔ.TRA(M)	‚Stein'	*p**ia**tră*

Die Existenz der übrigen Diphthonge des Rumänischen ist nicht spontan bedingt, sondern auf Metaphonie, d. h. auf die Beeinflussung durch einen benachbarten Vokal, zurückzuführen. Betroffen sind davon die vulgärlateinischen betonten Vokale /e/ und /o/. Dabei wird /e/ in Wörtern, die auf *ă* /ə/ auslauten, zu /e̯a/ diphthongiert, während /o/ in auf *ă* /ə/ oder *e* /e/ auslautenden Wörtern als /o̯a/ realisiert wird. Ansonsten bleiben beide Vokale erhalten, sodass es hier im Rumänischen zu einer Alternanz zwischen Diphthong und Vokal in der Nominal- und Verbalmorphologie kommt (Sala 1999: 170f, Roegiest 2006: 134).

Latein		Rumänisch	
ˈNĬGRA(M) / ˈNĬGRU(M)	‚schwarz'	*neagră* (f.)	*negru* (m.)
ˈFENĔSTRA(M) / ˈF(E)NĔSTRAE > vlat. ˈFNESTRA / ˈFNESTRAE	‚Fenster'	*fereastră* (Sg.)	*ferestre* (Pl.)
ˈFLŌRE(M) / ˈFLŌRĒS	‚Blume'	*floare* (Sg.)	*flori* (Pl.)
ˈDŎM(I)NA(M) / ˈDŎM(I)NU(M)	‚Frau/Herr'	*doamnă* (f.)	*domn* (m.)
ˈPŎRTAT / ˈPŎRTŌ	‚tragen'	*poartă* (3.Sg.)	*port* (1.Sg.)

Monophthongierung von AU

Eine besondere Entwicklung hat der lateinische Diphthong AU erfahren. Er ist der einzige Diphthong des Lateinischen, der in der Regel nicht monophthongiert wurde. Bei der Ausgliederung der romanischen Sprachen wird er unterschiedlich behandelt. Im Rumänischen und süditalienischen Dialekten sowie in einigen Varietäten des Okzitanischen und Rätoromanischen ist er bis heute erhalten geblieben. Im Portugiesischen wandelte er sich zunächst zu /ow/ und wurde später weitgehend zu /o/ monophthongiert. Allerdings ist er dialektal oft noch als /ow/ oder /oi/ erhalten geblieben. Im Spanischen, Französischen und Nord- und Mittelitalienischen ist er zu /ɔ/ und im Sardischen zu /a/ geworden (Zauner 1921: 68, Lausberg 1969: 191f, Vincent 1988: 34, Lang 1998: 43):

Latein		Portugiesisch	Spanisch	Französisch	Italienisch	Rumänisch
AURU(M)	‚Gold'	*ouro*	*oro*	*or*	*oro*	*aur*
TAURU(M)	‚Stier'	*touro*	*toro*	afrz. *tor*	*toro*	*taur*

Wegfall unbetonter Vokale in Endstellung

Während für das Vulgärlatein der Wegfall unbetonter Vokale im Wortinneren (Synkope) charakteristisch war, sind bei der Entstehung der romanischen Sprachen häufig auch unbetonte Vokale in **Endstellung** (**Apokope**) getilgt worden. Am weitesten ist der Wegfall dieser Vokale im Französischen fortgeschritten. Bereits im Altfranzösischen entfallen die meisten unbetonten Auslautvokale vollständig mit Ausnahme des unbetonten /a/, das zunächst zu /ə/ abgeschwächt und im Neufranzösischen ebenfalls weitgehend verloren geht. Im Spanischen und Portugiesischen sind die unbetonten Auslautvokale /i, e/ sehr häufig getilgt worden, während /a/ und /o/ in der

Regel erhalten geblieben sind. Das Italienische und – in geringerem Umfang – das Rumänische verhalten sich hier eher konservativ und behalten diese Vokale häufig(er) bei (Zauner 1921: 73-76, Lausberg 1969: 202f, Klausenburger 2001: 47f):

Latein		Portugiesisch	Spanisch	Französisch	Italienisch	Rumänisch
ˈVENĬT	‚(er) kommt'	*vem*	asp. *vien(e)*	*vient*	*vie**ne***	*vi**ne***
ˈPĀNĔ(M)	‚Brot'	*pão*	*pan*	*pain*	*pa**ne***	*pâi**ne***
ˈCANTŌ	‚(ich) singe'	*cant**o***	*cant**o***	afrz. *chant* > nfrz. *chante* [-]	*cant**o***	*cânt*
ˈLAUDĂT	‚(er) lobt'	*louv**a***	*lo**a***	afrz. *lod**e**t* [ə] > nfrz. *loue* [-]	*lod**a***	*laud**ă***

Weiterentwicklung der Wörter mit prothetischem Vokal

Im Vulgärlateinischen haben Wörter mit anlautendem /s/ und einem folgenden Konsonant in der Regel einen vorgestellten Vokal ausgebildet. Diese Wörter entwickeln sich in den romanischen Sprachen unterschiedlich weiter. Während im Spanischen diese Prothese verallgemeinert wurde und bis heute als produktive Regel erhalten geblieben ist, ist sie im Italienischen und Französischen nicht mehr produktiv, wie in Lehnwörtern zu sehen ist, z. B. sp. ***e**spléndido* versus *it. splendido*, frz. *splendide* ‚prächtig'. Im modernen Italienischen ist der prothetische Vokal auch in den Erbwörtern wieder weggefallen. Allerdings ist er in einigen feststehenden Wendungen dann noch gebräuchlich, wenn das vorangehende Wort konsonantisch auslautet, z. B. *per **i**scritto* ‚schriftlich' (D'hulst 2006: 1319). Im Französischen hingegen ist der ursprüngliche Anlautkonsonant /s/, der aufgrund der Epenthese den Endrand der Silbe bildete, lautgesetzlich verloren gegangen. Dies ist noch heute in der Schrift daran erkennbar, dass der prothetische Vokal mit einem *Accent aigu* markiert wird (Alkire & Rosen 2010: 26ff, Loporcaro 2011b: 98f):

Klassisches Latein	Vulgärlatein		Italienisch		Spanisch	Französisch	
			Altitalienisch	Neuitalienisch		Altfranzösisch	Neufranzösisch
SCŪTUM	*ISCUTU	‚Schild'	*i*scudo	scudo	*e*scudo	*es*.cut	*é*cu
SCRĪPTUM	*ISCRIPTU	‚geschrieben'	*i*scritto	scritto	*e*scrito	*es*.crit	*é*crit
SPŌNSAM	*ISPOSA	‚Braut'	*i*sposa	sposa	*e*sposa	*es*.pose	*é*pouse
STUDIUM	*ISTUDIU	‚Eifer'	*i*studio	studio	*e*studio	*es*.tude	*é*tude

Phonologisierung der Nasalvokale

Exkurs

Die Nasalierung, d. h. die Übernahme der Nasalität durch einen Vokal von einem benachbarten Nasalkonsonanten, ist ein im Sprachwandel regelmäßig auftretender Assimilationsprozess, der auch beim Übergang vom Lateinischen zum Romanischen vielfach zu beobachten ist. Dabei haben zwei romanische Sprachen, nämlich Französisch und Portugiesisch, Nasalvokalphoneme herausgebildet, wobei der Phonemstatus der Nasalvokale des modernen Portugiesischen umstritten ist (Schäfer-Prieß & Schöntag 2012: 74). Im Französischen hängt die Phonologisierung eng mit dem allmählichen Wegfall des Nasalkonsonanten zusammen, der ursprünglich die Nasalierung des Vokals bewirkt hat. Dieser Schwund setzte bereits im Altfranzösischen ein und zwar dann, wenn er den Silbenendrand bildete. Stand der Nasalkonsonant am Anfangsrand einer Silbe, wurde er hingegen nicht getilgt und der vorangehende Nasalvokal wurde im Neufranzösischen wieder entnasaliert. Beide Vorgänge lassen sich am Beispiel der Entwicklung von lat. BONU(M) ‚gut' illustrieren. In der maskulinen Form bewirkte der im Altfranzösischen eintretende Wegfall der unbetonten Endvokale, dass der vorangehende Nasalkonsonant den Rand der ersten Silbe bildete. Das Ergebnis ist der Wegfall des Nasalkonsonanten und die Phonologisierung des nasalierten Vokals. In der femininen Form, in der zunächst der unbetonte Auslautvokal [ə] noch ausgesprochen wurde, blieb der Nasalkonsonant im Anfangsrand der zweiten Silbe erhalten, während der ursprünglich nasalierte Vokal im Neufranzösischen seine Nasalität wieder verlor (Große 1975: 31ff, Berschin, Felixberger & Goebl 2008: 99-103):

	Klassisches Latein	Vulgärlatein		Französisch	
				Altfranzösisch	Neufranzösisch
Phonologisierung:	ˈBO.NUM	BON.(U)	‚gut' (m.)	*bon* [bõn]	*bon* [bõ]
Entnasalierung:	ˈBO.NAM	BO.NA	‚gut' (f.)	*bo.ne* [bõnə]	*bonne* [bɔn]

Eine weitere Entwicklung der französischen Nasalvokale stellt deren allmähliche Öffnung dar. So kommt es im Altfranzösischen beispielsweise zur Entwicklung von *vin* ‚Wein' [vin] > [vĩ] > [vẽ] > [vɛ̃] oder von *femme* ‚Frau' [fẽmə] > [fɑ̃mə] (mit anschließender Entnasalierung und Apokope: [famə] > [fam]).

Im Portugiesischen kam es bei der Nasalierung der Vokale nur dann zu einer Tilgung des folgenden Nasalkonsonanten, wenn dieser intervokalisch auftrat, z. B. port. *pão* [pɐ̃ũ] ‚Brot' (< lat. PĀNE(M)). Ansonsten ist der Konsonant meist in abgeschwächter Form erhalten geblieben. Die folgenden Beispiele illustrieren die Vokalnasalierung im Portugiesischen und Französischen (Rheinfelder 1976a: 71-82, Klausenburger 2001: 67, Berschin, Felixberger & Goebl 2008: 100f, Loporcaro 2011b: 96):

Latein		Portugiesisch	Französisch	
			Altfranzösisch	Neufranzösisch
FĪNE(M)	‚Ende'	*fim* [fĩ^{m}]	*fin* [fĩn]	*fin* [fɛ̃]
INTRĀRE > ENTRARE	‚eintreten'	*entrar* [ẽ^{n}trar]	*entrer* [ẽntre]	*entrer* [ɑ̃tʁe]
VĔNTU(M)	‚Wind'	*vento* [vẽ^{n}tu]	*vent* [vẽn]	*vent* [vɑ̃]
CAMPU(M)	‚Feld'	*campo* [kã^{m}pu]	*champ* [tʃãmp]	*champ* [ʃɑ̃]
PŎNTE(M)	‚Brücke'	*ponte* [põ^{n}tə]	*pont* [põn]	*pont* [pɔ̃]
ŬNDA(M) > ONDA(M)	‚Welle'	*onda* [õ^{n}dɐ]	*onde* [õndə]	*onde* [ɔ̃d]
COMMŪNE(M)	‚Gemeinschaft'	*comum* [kumũ]	*commun* [kɔmỹn]	*commun* [kɔmœ̃]

Entwicklungen im Konsonantenbereich | 6.1.2

Palatalisierung

Eine der markantesten Lautentwicklungen bei der Herausbildung der romanischen Sprachen ist die **Palatalisierung** vieler Konsonanten, d. h. die Verschiebung des Artikulationsortes eines nichtpalatalen Konsonaten in den Bereich des harten Gaumens (Palatum). Am stärksten davon betroffen sind die lateinischen velaren Verschlusslaute C /k/ und G /g/.

Palatalisierung von lat. C, G vor /e, i/

Diese beiden Laute sind bereits im späten Vulgärlatein weitgehend dann palatalisiert worden, wenn sie vor vorderen, d. h. palatalen Vokalen /e/ und /i/ aufgetreten sind. Diese Entwicklung hat sich fast in der gesamten Romania durchgesetzt. Die einzigen Ausnahmen bilden die in Nord- und Zentralsardinien gesprochenen Varietäten des Sardischen sowie teilweise das Dalmatische, das nur vor /e/ keine Palatalisierung zeigt: lat. CĒRA(M) ‚Wachs' > logud. ***k**era*, dalm. ***k**aira*, vlat. *CINQUE ‚fünf' > logud. ***k**imbe*, aber dalm. ***c**enk* [tʃ-] (Lausberg 1967: 9f, Lüdtke 2009: 326, Loporcaro 2011a: 148). Die Palatalisierung setzte damit ein, dass die Artikulation des velaren Verschlusslauts in der Nähe des Vokals erfolgte. Dadurch entstand eine Reibung und es entstanden Affrikaten, also Kombinationen aus Verschluss- und Reibelaut, die zunächst mit dem Zungenrücken (dorsal) und später mit der Zungenspitze (apikal) gebildet wurden. Bei dieser in mehreren Stufen verlaufenden Entwicklung ist es möglicherweise zu einer Aufspaltung zwischen Affrikaten mit und ohne Lippenrundung gekommen (Rheinfelder 1976a: 160f, Lüdtke 2009: 324f, Geisler 1992: 126):

Latein		Frühromanisch
/k/ vor /e, i/	>	tç → tʃ / ts
/g/ vor /e, i/	>	dj → dʒ / dz

Die Weiterentwicklung der entstandenen Affrikaten ist in den romanischen Sprachen unterschiedlich verlaufen und teilweise sehr komplex. Im Italienischen und Rumänischen sind die Affrikaten weitgehend bis heute erhalten geblieben. In vielen anderen romanischen

Sprachen verlieren sie hingegen ihre Verschlusslautartikulation und werden zu Reibelauten vereinfacht. Im modernen Französischen und Portugiesischen entstehen alveolare Reibelaute (/s/ und /z/ bzw. /ʃ/ und /ʒ/), während sich im Spanischen sowie im Galicischen und in norditalienischen Dialekten interdentale Reibelaute (/θ/ oder /ð/) herausbilden. Außerdem verlaufen die Entwicklungen von K+/e, i/ und G+/e, i/ nicht überall parallel. Im Spanischen ist der Unterschied zwischen beiden Prozessen besonders groß, da sich dort K über /ts/ zu /θ/ (bzw. dialektal zu /s/) entwickelt, während G entweder zu /j/ wird oder in unbetonter Silbe sogar verschwindet (Lausberg 1967: 9-11 und 13-15, Schwarze 1992: 69, Klausenburger 2001: 59f, Lüdtke 2009: 326, Alkire & Rosen 2010: 60ff):

Latein		Portugiesisch	Spanisch	Französisch		Italienisch	Rumänisch
				Altfranzösisch	Neufranzösisch		
CERVU(M)	‚Hirsch'	*cervo* [s]	*ciervo* [θ/s]	*cerf* [ts]	*cerf* [s]	*cervo* [tʃ]	*cerb* [tʃ]
*CINQUE (<QUĪNQUE)	‚fünf'	*cinco* [s]	*cinco* [θ/s]	*cinq* [ts]	*cinq* [s]	*cinque* [tʃ]	*cinci* [tʃ]
GENERU(M)	‚Schwiegersohn'	***g**enro* [ʒ]	***y**erno* [j]	***g**endre* [dʒ]	***g**endre* [ʒ]	***g**enero* [dʒ]	***g**inere* [dʒ]
GENŪC(U)LU(M)	‚Knie'	***j**oelho* [ʒ]	***h**inojo* [-]	***g**enol* [dʒ]	***g**enou* [ʒ]	***g**inocchio* [dʒ]	***g**enunchi* [dʒ]

Palatalisierung von lat. C, G vor /a/

In den meisten galloromanischen Sprachen sind darüber hinaus weitere „Palatalisierungsschübe" (Lausberg 1967: 12) der velaren Verschlusslaute zu beobachten. Von besonderer Bedeutung ist die Palatalisierung von lat. C und G vor /a/. Sie ist im größten Teil der nördlichen Galloromania sowie im Rätoromanischen und einigen norditalienischen Dialekten eingetreten und hat ebenfalls zunächst zur Bildung von Affrikaten geführt, die später vor allem im Französischen zu Reibelauten vereinfacht wurden. Das Besondere an diesem Vorgang besteht darin, dass die Palatalisierung nicht durch einen benachbarten palatalen Laut ausgelöst wurde, sondern vor einem velaren Vokal eingetreten ist. Im Französischen konnte durch die Palatalisierung von c eine lautgesetzlich andere Entwicklung von /a/ ausgelöst werden und zwar dann, wenn /a/ betont war und in offener Silbe stand. In diesem Fall wurde, wie bereits erwähnt, /a/ nicht zu /e/, sondern zunächst zu /jɛ/ diphthongiert und später zu /ɛ/ monophthongiert. In den anderen westromanischen Sprachen ebenso wie in den ostromanischen bleibt die velare Aussprache von c und g vor /a/ stets erhalten (Lausberg 1967: 11f und 15f, Rheinfelder 1976a: 167f):

Latein		Portugiesisch	Spanisch	Französisch		Italienisch	Rumänisch
				Altfranzösisch	Neufranzösisch		
'CAM.PU(M)	‚Feld'	*campo* [k]	*campo* [k]	***ch**amp* [tʃ]	***ch**amp* [ʃ]	*campo* [k]	*câmp* [k]
CA.'BALLU(M)	‚Pferd'	*cavalo* [k]	*caballo* [k]	***ch**eval* [tʃ]	***ch**eval* [ʃ]	*cavallo* [k]	*cal* [k]
'CA.PRA(M)	‚Ziege'	*cabra* [k]	*cabra* [k]	***ch**ievre* [tʃ]	***ch**èvre* [ʃ]	*capra* [k]	*capră* [k]
*'GAM.BA(M)	‚Bein'	***g**amba* [g]	***g**amba*[g]	***j**ambe* [dʒ]	***j**ambe* [ʒ]	***g**amba* [g]	***g**ambă* [g]
*GA.'LINA(M)	‚Henne'	***g**alinha* [g]	***g**allina* [g]	***g**eline* [dʒ]	---	***g**allina* [g]	***g**ăină* [g]

Palatalisierung von lat. c vor Konsonant

In vielen romanischen Sprachen ist c auch vor Konsonanten palatalisiert worden. Diese sehr komplexen Assimilationsvorgänge sind insbesondere dann zu beobachten, wenn c in der Konsonantengruppe -CT-, d. h. vor dem palatalen Laut /t/ auftrat. In der Regel hat sich in diesem Kontext aus c zunächst der Gleitlaut [j] gebildet, der vermutlich noch im Vulgärlateinischen zu einem Reibelaut, und zwar zu /x/ nach einem velaren und zu /ç/ nach einem palatalen Vokal, geworden ist. Bei der Herausbildung der romanischen Sprachen ist es schließlich zu sehr unterschiedlichen Entwicklungen gekommen. In den westromanischen Sprachen ist die palatale Aussprache erhalten geblieben. Im Portugiesischen und Französischen wurde der Palatallaut geöffnet und sonorisiert, d. h. er entwickelte sich zu einem palatalen Halbvokal, der schließlich mit dem folgenden Vokal einen Diphthong bildete. Im Spanischen – sowie im Okzitanischen und Rätoromanischen – kam es hingegen zur Herausbildung palataler Affrikaten. Im Italienischen jedoch passte sich der entstandene

Reibelaut an den folgenden Verschlusslaut an, während es im Rumänischen zu einer Verschlussbildung gekommen ist (Wartburg 1950: 35, Lausberg 1967: 50ff, Schwarze 1992: 71f):

Latein		Portugiesisch	Spanisch	Französisch	Italienisch	Rumänisch
NOCTE(M) > *NO[X]TE	‚Nacht'	*noite*	*noche* [tʃ]	*nuit*	*notte*	*noapte*
DĪRĒCTU(M) > *DIRE[Ç]TU	‚gerade'	*direito*	*derecho* [tʃ]	*droit*	*diritto*	*drept*
OCTŌ	‚acht'	*oito*	*ocho* [tʃ]	*huit*	*otto*	*opt*
LACTE(M)	‚Milch'	*leite*	*leche* [tʃ]	*lait*	*latte*	*lapte*

Palatalisierung von Konsonant + /l/

In Konsonantenverbindungen mit einem nachfolgenden /l/ ist ebenfalls in vielen romanischen Sprachen eine Tendenz zur Palatalisierung festzustellen. Im Portugiesischen und Spanischen sowie im Italienischen gilt das in der Regel für alle Wörter, die im Lateinischen mit /kl/-, /pl/- und /fl/- anlauteten. Im Rumänischen sind nur auf /kl/- anlautende Wörter von der Palatalisierung betroffen, während /pl/- und /fl/-Kombinationen erhalten bleiben. Im Französischen, Okzitanischen und Katalanischen sowie im Rätoromanischen sind die Verbindungen von Konsonant und /l/ weitgehend erhalten geblieben. Etwas komplizierter, aber ähnlich sind die Verhältnisse bei Wörtern mit einer Konsonant+/l/-Verbindung im Inlaut, die vor allem aus der Synkope unbetonter Silben im Vulgärlateinischen resultiert (z. B. klat. VETULUS ‚alt, ältlich'> vlat. VETLUS, VECLUS) (Lausberg 1967: 20ff, Schwarze 1992: 71, Lüdtke 2009: 329 und 344).

Latein		Portugiesisch	Spanisch	Französisch	Italienisch	Rumänisch
CLĀVE(M)	‚Schlüssel'	*chave* [ʃ]	*llave* [ʎ]	*clé* [kl]	*chiave* [kj]	*cheie* [kj]
PLĒNU(M)	‚voll'	*cheio* [ʃ]	*lleno* [ʎ]	*plein* [pl]	*pieno* [pj]	*plin* [pl]
FLAMMA(M)	‚Flamme'	*chama* [ʃ]	*llama* [ʎ]	*flamme* [fl]	*fiamma* [fj]	*flama* [fl]
VEC(U)LU(M)	‚alt'	*velho* [ʎ]	*viejo* asp. [ʒ] > nsp. [x]	*vieil* afrz. [ʎ]> nfrz. [j]	*vecchio* [k:j]	*vechi* [k]

Exkurs

Palatalisierung im Rätoromanischen

Im Rätoromanischen ist c vor /a/ ebenfalls palatalisiert worden. Diese Palatalisierung stellt eines der zentralen Merkmale dar, durch die sich alle drei rätoromanischen Dialektgruppen auszeichnen und wodurch sie sich vom Standarditalienischen und den meisten benachbarten norditalienischen Dialekten unterscheiden (Kristol 1998: 944).

Latein		Bündner-romanisch	Dolomiten-ladinisch	Friaulisch	Italienisch
cal(i)du(m)	‚warm'	***ch**od* [tç]	***c**iaut* [tʃ]	***čh**áld* [c]	***c**aldo* [k]
cattu(m)	‚Katze'	***g**iat* [tç]	***g**iat* [tʃ]	***ğh**at* [ɟ]	***g**atto* [g]
cane(m)	‚Hund'	***ch**aun* [tç]	***c**ian* [tʃ]	***čh**an* [c]	***c**ane* [k]

In einigen Varietäten des Bündnerromanischen (und in norditalienischen Dialekten) kam es außerdem zu einer weiteren Palatalisierung, die dann eintritt, wenn [k] vor dem aus vlat. u entstandenen [y] erscheint. Im Französischen hingegen ist hier in der Regel die velare Aussprache von [k] erhalten geblieben: lat. cūlu(m) ‚Hintern' > frz. *cul* [ky] versus engad. ***ch**ül* [tçyl] (Geisler 1992: 129, Fn. 17, Lüdtke 2009: 326).

Eine weitere gemeinsame Eigenschaft aller drei rätoromanischen Sprachgruppen betrifft die Entwicklung der Verbindungen k- +/l/. Auch hier unterscheiden sich alle drei Varietäten vom Italienischen und den norditalienischen Dialekten dadurch, dass diese Konsonantenverbindungen erhalten geblieben und nicht palatalisiert worden sind (Kuen 1968: 50, Kristol 1998: 942).

Latein		Bündner-romanisch	Dolomiten-ladinisch	Friaulisch	Italienisch
clāve(m)	‚Schlüssel'	***cl**av*	***tl**e*	***cl**âf*	***chi**ave* [kj]
plēnu(m)	‚voll'	***pl**ain*	***pl**ën*	***pl**en*	***pi**eno* [pj]
flamma(m)	‚Flamme'	***fl**omma*	***fl**ama*	***fl**ame*	***fi**amma* [fj]

Lenisierung (Konsonantenabschwächung)

Neben der Palatalisierung ist die **Abschwächung von Konsonanten** in intervokalischer Stellung (und postvokalischer Stellung vor einem Liquid) ein weiterer wichtiger Prozess in der Lautentwicklung der romanischen Sprachen. Er betrifft insbesondere die Verschlusslaute.

Von den stimmhaften Verschlusslauten ist vor allem der bilabiale Verschlusslaut /b/ bereits im Vulgärlateinischen von einer Abschwächung betroffen.

Spirantisierung der stimmhaften Verschlusslaute

Die Folge ist die Herausbildung eines stimmhaften Reibelauts aus einem Verschlusslaut, also eine **Spirantisierung** (Frikativierung), die sich in der gesamten Romania durchgesetzt hat. Eine ähnliche Entwicklung ist in den meisten romanischen Sprachen auch bei den anderen stimmhaften Verschlusslauten zu beobachten. In einigen romanischen Sprachen, insbesondere im Französischen, sind die entstandenen Reibelaute häufig vollkommen verloren gegangen (Schwarze 1992: 77, Lüdtke 2009: 344, Alkire & Rosen 2010: 45f).

Latein		Portugiesisch	Spanisch	Französisch	Italienisch	Rumänisch
HA**B**ĒRE	‚haben'	*ha**v**er* [v]	*ha**b**er* [β]	*a**v**oir* [v]	*a**v**ere* [v]	*a**v**ea* [v]
VI**D**ĒRE	‚sehen'	*ver* [-]	*ver* [-]	*voir* [-]	*ve**d**ere* [d]	*ve**d**ea* [d]
PLĀ**G**A(M)	‚Wunde'	*cha**g**a* [ɣ]	*lla**g**a* [ɣ]	*plaie* [-]	*pia**g**a* [g]	*pla**g**ă* [g]

Sonorisierung und Spirantisierung der stimmlosen intervokalischen Verschlusslaute

Von zentraler Bedeutung für die Ausgliederung der romanischen Sprachen ist die Entwicklung der **stimmlosen Verschlusslaute**, die zwischen zwei Vokalen – oder vor einem Liquid (/r/ oder /l/) – auftraten. Traditionell bildet in der Romanistik die unterschiedliche Entwicklung dieser Laute das zentrale Kriterium für die Unterteilung in die **west-** und **ostromanischen Sprachen**. Die ostromanischen Sprachen, also die balkanromanischen Sprachen und das Standarditalienische sowie die in Mittel- und Süditalien gesprochenen Dialekte, zeichnen sich durch den Erhalt der stimmlosen intervokalischen Verschlusslaute des Lateinischen aus. In den westromanischen Sprachen hingegen sind diese Laute in der Regel stimmhaft geworden, d. h. sie haben eine **Sonorisierung** erfahren. Im Spanischen und Französischen wurden diese Laute später spirantisiert, also zu Reibelauten, und sind teilweise – unter recht komplexen Bedingungen – vollständig verloren gegangen (Väänänen 1981: 56f, Schwarze 1992: 74ff).

Latein		Westromanisch			Ostromanisch	
		Portugiesisch	Spanisch	Französisch	Italienisch	Rumänisch
SĀPŌNE(M)	‚Seife'	*sabão* [b]	*jabón* [β]	*savon* [v]	*sapone* [p]	*săpun* [p]
CAPRA(M)	‚Ziege'	*cabra* [b]	*cabra* [β]	*chèvre* [v]	*capra* [p]	*capră* [p]
ROTA(M)	‚Rad'	*roda* [d]	*rueda* [ð]	*roue* [-]	*ruota* [t]	*roată* [t]
PETRA(M)	‚Stein'	*pedra* [d]	*piedra* [ð]	*pierre* [-]	*pietra* [t]	*piatră* [t]
FOCU(M)	‚Feuer(stelle)'	*fogo* [g]	*fuego* [γ]	*feu* [-]	*fuoco* [k]	*foc* [k]
LACRIMA	‚Träne'	*lágrima* [g]	*lágrima*[γ]	*larme* [-]	*làcrima* [k]	*lacrimă* [k]

Eine Sonderrolle nimmt hier das Sardische ein: In den südlichen Dialekten bleiben die stimmlosen Laute erhalten, während sie in den nördlichen Dialekten stimmhaft werden (Lausberg 1967: 31f). Auch im Italienischen muss eine ähnliche interne Unterteilung vorgenommen werden, und zwar zwischen den norditalienischen Dialekten einerseits, die sich bezüglich der Sonorisierung wie die westromanischen Sprachen verhalten, und den Dialekten Mittel- und Süditaliens andererseits, die durch den Erhalt der stimmlosen Verschlusslaute charakterisiert sind. Die Grenze bildet die quer durch Italien verlaufende Isoglosse entlang der Linie von **La Spezia nach Rimini**.

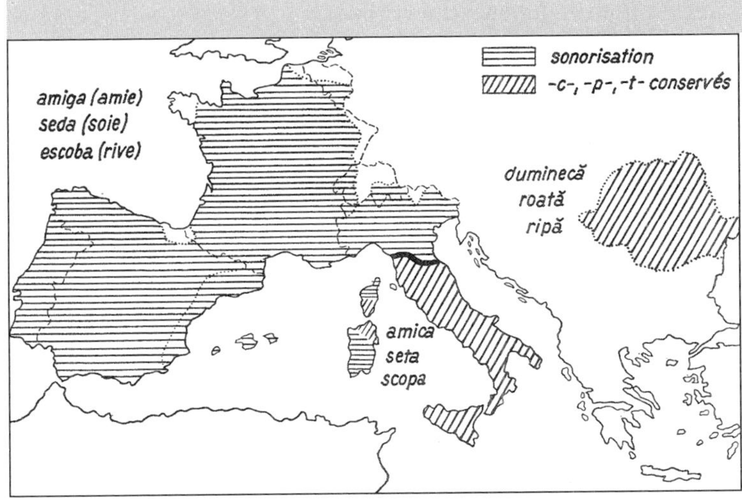

Abb. 6.1 Sonorisierung versus Erhalt der stimmlosen Verschlusslaute

Wichtig für das Verständnis der Situation im Italienischen ist die Tatsache, dass die italienische Literatursprache auf dem Toskanischen, insbesondere dem südlich von La Spezia gesprochenen Florentinischen, beruht. Somit weist das am Toskanischen angelehnte Standarditalienische in der Regel den für die ostromanischen Sprachen typischen Erhalt der intervokalischen Verschlusslaute auf.

Sonorisierung stimmloser Verschlusslaute im Italienischen

Dennoch gibt es im Italienischen eine Reihe von Wörtern, die eine Sonorisierung ursprünglich stimmloser intervokalischer Verschlusslaute erfahren haben und damit gegen die Zuordnung des Italienischen zur Ostromania zu sprechen scheinen (Michel 2005: 207-211, Alkire & Rosen 2010: 46f):

Latein		Italienisch
RĪPA(M)	‚Ufer'	*riva* (neben *ripa* ‚Abhang')
*PAUPERU(M)	‚arm'	*povero*
(VIA(M)) STRĀTA(M)	‚gepflasterte Straße'	*strada*
LĪTUS	‚Strand'	*lido*
LACU(M)	‚See'	*lago*
SECĀRE	‚schneiden'	*segare* ‚absägen'

Die Existenz solcher Wörter mit sonorisierten intervokalischen Verschlusslauten im Italienischen kann damit erklärt werden, dass sich das Toskanische in einer Übergangszone zwischen der Ost- und der Westromania befand und somit vereinzelt auch Sonorisierungseffekte aufwies. Viele dieser Wörter sind außerdem als Entlehnungen aus norditalienischen Dialekten oder aus anderen westromanischen Sprachen ins Italienische gelangt (Schwarze 1992: 73f, Michel 2005: 206).

Generell sind das Toskanische und die mittelitalienischen Dialekte durch weitere „Schwächungserscheinungen mannigfaltiger Ausprägung" (Lausberg 1967: 30) gekennzeichnet. Besonders markant ist eine Erscheinung, die als ‚**gorgia toscana**' bezeichnet wird. Hierbei handelt es sich um die Aspiration stimmloser Verschlusslaute in intervokalischer Stellung, die auch zur Spirantisierung oder gar zum Wegfall des Lautes führen kann. Am stärksten ist dieses Phänomen bei *-k-* ausgeprägt, z. B. [fi**h**o] für *fico* [fi**k**o] ‚Feige', [bru**h**o] oder [bruo] für *bruco* [bruko] ‚Raupe', während bei *-p-* und *-t-* die Ausprägung schwächer und das Verbreitungsgebiet kleiner ist, z. B. [met^{h}a] oder [mεθa] für *meta* [meta] ‚Ziel', [lup^{h}o] für *lupo* [lupo] ‚Wolf' (Michel 2005: 207, Haase 2013: 159).

Exkurs

Erhalt stimmloser Verschlusslaute im Westromanischen

Auch in einigen Varietäten der westromanischen Sprachen existieren Wörter, die gegen die Einteilung in Ost- und Westromania zu sprechen scheinen. Dies gilt vor allem für das Aragonesische und Gaskognische. Dort ist in zahlreichen Wörtern der lateinische Verschlusslaut stimmlos geblieben: arag. *apella* (< APICULA ‚Bienchen'), *crapa* (< CAPRA ‚Ziege'), *mallata* (< MACULĀTA ‚befleckt (f.)', *afocar* (< AFFŌCĀRE ‚ersticken') und gask. *crapo* (< CAPRA ‚Ziege'), *maritá* (< MARĪTĀRE ‚heiraten'). In der Regel wird der Erhalt dieser Wörter entweder auf den Einfluss des Baskischen, in dem sich in Lehnwörtern aus dem Lateinischen der Verschlusslaut erhalten hat (ROTA ‚Rad' > bask. *errota* ‚Mühle'), oder auf die geographische Randlage dieser Dialekte im Gebirge zurückgeführt (Lausberg 1967: 31, Elcock 1975: 63f).

Abschwächung und Schwund von lat. F- im Spanischen und Gaskognischen

Ein extremer Fall der Konsonantenabschwächung ist im Spanischen eingetreten. Dort ist in auf F- anlautenden Erbwörtern aus dem Lateinischen der Anlautkonsonant schon zur Zeit der Romanisierung zunächst aspiriert und dann als [h] gesprochen worden. Später ist der Laut verloren gegangen und nur in der Graphie als <h> erhalten geblieben. Außer im Spanischen ist dieser Wandel auch im Gaskognischen zu beobachten, wo in einigen Varietäten noch heute der Laut [h] ausgesprochen wird. Außerdem ist im Gaskognischen die Abschwächung von F- in allen lautlichen Kontexten eingetreten, während im Spanischen F- vor Liquiden und vor dem Diphthong [we] erhalten geblieben ist (Penny 2002: 90, Massoure 2012).

Latein		Gaskognisch	Spanisch	Portugiesisch	Katalanisch	Französisch	Italienisch	Rumänisch
FARĪNA(M)	‚Mehl'	***h**aria*	***h**arina*	*farinha*	*farina*	*farine*	*farina*	*făină*
FERRU(M)	‚Eisen'	***h**è(r)*	***h**ierro*	*ferro*	*ferro*	*fer*	*ferro*	*fier*
FĪLU(M)	‚Faden'	***h**íu*	***h**ilo*	*filho*	*fil*	*fil*	*filo*	*fir*
*FRŪCTA(M)	‚Frucht'	***h**eruta*	*fruta*	*fruta*	*fruit*	*fruit*	*frutta*	*fruct*
FRIGIDU(M)	‚kalt'	***h**(e)réd*	*frío*	*frio*	*fred*	*froid*	*freddo*	*frig*
FORTE	‚stark'	***h**òrt*	*fuerte*	*forte*	*fort*	*fort*	*forte*	*foarte*

Im Spanischen scheinen die Laute [f] und [h] über viele Jahrhunderte hinweg als dialektale, soziale und stilistische Varianten (eines Phonems) parallel existiert zu haben. Dabei galt [h] mutmaßlich lange Zeit eher als „hinterwäldlerisch, vulgär und ungepflegt, [f] dagegen eher als höfisch, gebildet und gepflegt" (Lang 1998: 108). Dies würde erklären, dass vor allem in Wörtern aus dem kirchlichen Bereich der F-Anlaut im Spanischen erhalten geblieben ist: vgl. sp. *fē* ‚Glaube' (< FIDE(M)), *feria* ‚Markt' (< FĒRIA(E) ‚Festtage'), *fiesta* ‚Fest' (< vlat. FESTA).

Abschwächung und Schwund von Auslautkonsonanten

Ein anderer Fall der Konsonantenabschwächung betrifft die Auslautkonsonanten im Französischen. Bereits ab dem 11. Jahrhundert setzt eine Tendenz ein, diese Konsonanten nicht mehr auszusprechen. Dies ist zunächst dann der Fall, wenn sie vor einem konsonantisch anlautenden Wort stehen. Hinweise für die unregelmäßige Verwendung von *-t* liefert beispielsweise die altfranzösische *Chanson de Roland* (Rolandslied) (Pope 1952: 220):

Beispiel

(1) afrz.
- a. *Sein**t** Gabriel* (*Rol.* 3610)
- a'. *Sein Gabriel* (*Rol.* 2847)
  ‚Heiliger Gabriel'
- b. *Quan**t** l'ot Marsilie* (*Rol.* 3644)
- b'. *Quan l'ot Marsilie* (*Rol.* 601)
  ‚Als Marsilie dies hört'
- c. *Icil er**t** frere* (*Rol.* 880)
- c'. *Icil er frere* (*Rol.* 1214)
  ‚Dies war (der) Bruder'

Im modernen Französisch ist die Aussprache dieser Konsonanten weitgehend verloren gegangen. Sie ist nur noch im Fall der Liaison möglich, d. h. in bestimmten Kontexten, in denen dem Auslautkonsonant ein vokalisch anlautendes Wort folgt (siehe Exkurs S. 193).

Auch im modernen Spanischen ist die Abschwächung von Auslautkonsonanten zu beobachten. Dies ist vor allem im Andalusischen sowie in zahlreichen Dialekten Südamerikas der Fall. Dort wird silbenfinales /s/ am Wortende und auch im Wortinneren häufig entweder aspiriert oder (teilweise) an den folgenden Konsonanten angepasst. In Ostandalusien kommt es oft sogar zum völligen Wegfall von /s/ (Penny 2000: 123f):

Spanisch		Andalusisches Spanisch		
		Aspiration	Assimilation	Verlust
*lo**s** perro**s***	‚die Hunde'	[loʰ péro⁽ʰ⁾]	[loᵖ péro⁽ʰ⁾]	[lɔ pɛrɔ]
*esto**s***	‚diese'	[éʰto⁽ʰ⁾]	[éᵗto⁽ʰ⁾]	[ɛtɔ]
*lo**s** queso**s***	‚Käse (Pl.)'	[loʰ késo⁽ʰ⁾]	[loᵏ késo⁽ʰ⁾]	[lɔ kɛsɔ]

Exkurs

Bildung neuer Geminaten

Wie bereits im vorhergehenden Kapitel gezeigt, haben nur das Italienische und Sardische die Doppelkonsonanten (Geminaten) des Lateinischen weitgehend erhalten, während sie in den anderen romanischen Sprachen in der Regel vereinfacht, d. h. degeminiert worden sind. Im Italienischen haben die Geminaten außerdem noch eine phonologische Relevanz bewahrt: *casa* [kasa] ‚Haus' versus *cassa* [kas:a] ‚Kasse', *pala* [pala] ‚Schaufel' versus *palla* [pal:a] ‚Ball' (Schwarze 1992: 9). Das Italienische zeigt darüber hinaus eine Tendenz, neue Geminaten herauszubilden: lat. OBSERVĀRE ‚beobachten' > it. *osservare* (Alkire & Rosen 2010: 44). Außerdem bleiben neue Geminaten, die sich im Vulgärlatein gebildet haben, im Italienischen – im Unterschied zum Spanischen und Französischen – erhalten. Davon betroffen sind kurze Konsonanten am Ende einer Haupttonsilbe, auf die [j] oder [w] folg(t)en (Vincent 1988: 40, Schwarze 1992: 61):

Latein		Spanisch	Französisch	Italienisch
RABIE(M) > *RABBJA	‚Tollwut'	*ra**b**ia*	*ra**g**e*	*ra**bb**ia*
PLATĒA(M) > *PLATTJA	‚Straße, Gasse (Platz)'	*pla**z**a*	*pla**c**e*	*pia**zz**a*
AQUA(M) > *AKKWA	‚Wasser'	*a**g**ua*	afrz. ***ewe*** > nfrz. *eau*	*a**cq**ua*
SAPIAT > *SAPPJA	‚er wüsste (Konj.)'	*se**p**a*	*sa**ch**e*	*sa**pp**ia*

Entwicklung synkopierter Wörter des Vulgärlateins

Die für das Vulgärlatein typische Synkopierung, die vor allem die Nachtonsilbe in Antepänultima betraf (OCLU statt OCULU(M)), hatte weitreichende Folgen für die Herausbildung der romanischen Sprachen. Zum einen bewirkte sie eine Reduktion der Silbenzahl und damit eine Veränderung der Akzent- und Silbenstruktur, die wiederum zu neuen Bedingungen für die bereits erwähnte Diphthongbildung führte. Zum anderen ergaben sich dadurch neue lautliche Umgebungen für die Verschlusslaute, die deren Weiterentwicklung (Sonorisierung und Spirantisierung) beeinflussten.

Ein weiteres Ergebnis der vulgärlateinischen Synkopierung ist die Entstehung von Konsonantengruppen wie -TL- und -MR-, die für das Lateinische und die entstehenden romanischen Sprachen ungewöhnlich waren. Die Gruppe -TL- wurde im Vulgärlatein normalerweise durch -KL- ersetzt und entwickelte sich in den romanischen Sprachen unterschiedlich weiter: klat. VETULUS ‚ältlich' > vlat. *VE**TL**U > *VE**CL**U > sp. *viejo* -[x]-, afrz. *vieil* -[ʎ] > nfrz. *vieux* [-], it. *vecchio* -[kːj]- (Schwarze 1992: 37). Auch die lateinischen Konsonantengruppen -MR- und -NR- sind in den romanischen Sprachen in der Regel nicht erhalten geblieben und wurden in unterschiedlicher Weise aufgelöst. So kommt es im Spanischen in der Regel zur Vertauschung von Nasal und Liquid (**Metathese**). Im Französischen werden ein homorganer Laut, d. h. ein Laut, der an der gleichen Artikulationsstelle gebildet wird, und im Italienischen ein Nebentonvokal eingefügt (**Epenthese**) (Alkire & Rosen 2010: 29f):

Latein		Spanisch	Französisch	Italienisch
CAMERA(M)	‚(Vorrats-)Kammer'	---	*cham**b**re*	*cam**e**ra*
CINERE(M)	‚Asche'	---	*cen**d**re*	*cen**e**re*
TENERU(M)	‚zart'	*tie**rn**o*	*ten**d**re*	*ten**e**ro*
GENERU(M)	‚Schwiegersohn'	*ye**rn**o*	*gen**d**re*	*gen**e**ro*

Die Entwicklung im Italienischen deutet darauf hin, dass die Synkopierung im Vulgärlateinischen offenbar nicht überall im gleichen Maße verbreitet gewesen ist und zu verschiedenen Zeiten stattgefunden hat. Vereinfachend lässt sich sagen, dass sich im Italienischen seltener synkopierte Wörter durchgesetzt haben als im Französischen und Spanischen (und im Spanischen seltener als im Französischen, z. B. sp. *lágrima* versus frz. *larme* ‚Träne') (Schwarze 1992: 39, Alkire & Rosen 2010: 19 und 29).

Latein		Spanisch	Französisch	Italienisch
(H)ĔDERA(M)	‚Efeu'	*hiedra / yedra*	*lierre*	*ed**e**ra*
CAPPARI(M)	‚Kaper'	*alcaparra*	*câpre*	*capp**e**ro*
PŎPULU(M)	‚Volk'	*pueblo*	*peuple*	*pop**o**lo*
ĪNSULA(M)	‚Insel'	*isla*	*île*	*is**o**la*
MANICA(M)	‚Ärmel'	*manga*	*manche*	*man**i**ca*
ASINU(M)	‚Esel'	*asno*	afrz. *asne* > nfrz. *âne*	*as**i**no*

Generell zeigt das Italienische eine verhältnismäßig große Vorliebe dafür Wörter, die auf der vorletzten Silbe betont werden, in den Wortschatz aufzunehmen. Dies zeigt sich auch darin, dass sogar einige Wörter, die im Altitalienischen eine Synkopierung erfahren haben, im modernen Italienischen wieder „entsynkopiert" wurden: ait. *spirto* > nit. *spir**i**to* ‚Geist', ait. *corre* > nit. *cogliere* ‚pflücken' (Schwarze 1992: 40).

6.2 | Morphologische Entwicklungen

Für die Entwicklung im Bereich der Flexionsmorphologie kann für die romanischen Sprachen konstatiert werden, dass sich der bereits im Vulgärlateinischen einsetzende Flexionsabbau im Nominalsystem weiter fortsetzt, während das Verbalsystem weitgehend erhalten bleibt. Daraus lässt sich ein zentrales typologisches Grundprinzip für die romanischen Sprachen ableiten, das von Posner (1996: 37) in Anlehnung an Coseriu folgendermaßen formuliert wird (vgl. auch Meyer-Lübke 1894: 2, Coseriu 2008c: 363, La Fauci 1998: 524f, Ledgeway 2012: 15):

Zitat

> [T]he Romance guiding principle is that within the nominal system **syntagmatic** (or external) distinguishing features prevail, whereas in the verbal system, **paradigmatic** (internal or morphological) distinctions are more important.

Mit Hilfe der Unterscheidung zwischen syntagmatisch und paradigmatisch wird die Zuordnung sprachlicher Zeichen zueinander erfasst (Gabriel & Meisenburg 2014: 31f). Hier lassen sich im Bereich des Nominalsystems deutliche Unterschiede zwischen den romanischen Sprachen und dem Lateinischen beobachten. Wie am Beispiel des Satzes *Der Bauer pflügt die Erde* illustriert werden kann, wird im Lateinischen die grammatische Funktion des Akkusativobjekts paradigmatisch ausgedrückt, d. h. für das Substantiv TERRA wird aus dem Flexionsparadigma der ersten Deklinationsklasse die entsprechende Flexionsendung -AM zur Markierung dieser grammatischen Funktion gewählt:

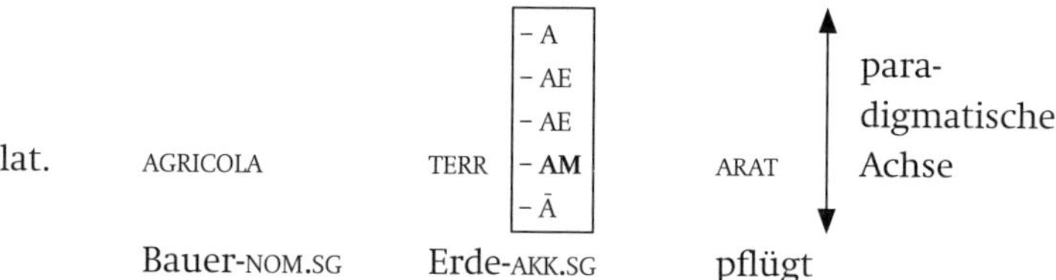

Bei dieser paradigmatischen Verwendungsweise spielt die lineare Anordnung des Substantivs innerhalb des Satzes keine wichtige Rolle. Der Satz bleibt im Lateinischen auch dann grammatisch, wenn TERRAM eine andere Position einnimmt:

Beispiel

(2) lat.	a.	AGRICOLA	ARAT	TERRAM.
		Bauer-NOM.SG	pflügt	Erde-AKK.SG
	b.	TERRAM	ARAT	AGRICOLA.
		Erde-AKK.SG	pflügt	Bauer-NOM.SG

In den romanischen Sprachen, die über ein deutlich weniger ausgeprägtes Nominalsystem als das Lateinische verfügen, wird hingegen die grammatische Funktion des Substantivs *Erde* auf der syntagmatischen Achse, d. h. durch die lineare Anordnung des Substantivs innerhalb des Satzes, ausgedrückt. Wie die folgenden Beispiele aus dem Italienischen zeigen, ist im Unterschied zum Lateinischen die Umstellung des Substantivs innerhalb des Satzes bei neutraler Intonation ausgeschlossen:

Beispiel

(3) it.	a.	*Il*	*contadino*	*ara*	*la*	*terra.*
		der	Bauer	pflügt	die	Erde
	b.	**Il*	*contadino*	*la*	*terra*	*ara.*
		der	Bauer	die	Erde	pflügt
	c.	**La*	*terra*	*ara*	*il*	*contadino.*
		die	Erde	pflügt	der	Bauer

syntagmatische Achse

Im Verbalbereich werden die grammatischen Relationen in den romanischen Sprachen wie im Lateinischen paradigmatisch ausgedrückt. Die Markierung von Person und Numerus erfolgt mit Hilfe von Suffixen, die dem entsprechenden Flexionsparadigma entnommen werden. Eine besondere Rolle nimmt hier vor allem das gesprochene Französische ein. Dort können aufgrund des weitgehenden Schwunds der Auslautkonsonanten Person und Numerus kaum noch durch diese Suffixe ausgedrückt werden. Ein Ausgleich besteht im Gebrauch der entsprechenden Personalpronomina. Das bedeutet, dass im gesprochenen Französischen nicht nur in der Nominalmorphologie, sondern auch im Bereich der Verbalmorphologie die syntagmatischen Unterscheidungen vorherrschen. Wie bereits im 2. Kapitel kurz erörtert wurde, ist es allerdings umstritten, ob die Personalpronomina ihrerseits nicht bereits zu Affixen grammatikalisiert wurden, sodass die Person- und Numerusmarkierung wieder paradigmatisch erfolgen würde (siehe auch Exkurs S. 224f). Eine zweite Ausnahme in Bezug auf das genannte Grundprinzip bildet das Rumänische. Es weicht von den übrigen romanischen Sprachen im Bereich der Nominalflexion dadurch ab, dass es bis heute ein reichhaltiges Kasussystem bewahrt hat und somit die grammatischen Funktionen paradigmatisch ausdrücken kann. Bei den übrigen romanischen Sprachen besteht diese Möglichkeit heute weitgehend nur noch bei den Personalpronomina.

6.2.1 | Entwicklungen im Nominalsystem

Wie im vorangegangenen Kapitel gezeigt, hat bereits im Vulgärlateinischen ein weitgehender Verlust der Nominalflexion stattgefunden. Es wird allgemein angenommen, dass bei der Herausbildung der romanischen Sprachen die vulgärlateinische Kasusflexion bereits größtenteils abgebaut war. Davon ausgenommen sind neben dem Rumänischen einige galloromanische Sprachen, in deren Entstehungsphasen sich noch Reste eines Kasussystems nachweisen lassen. Dies gilt vor allem für das Altfranzösische und Altokzitanische. Dort sind die entstandenen Kasussysteme ein Ergebnis der regelmäßigen Lautentwicklung.

Zweikasusflexion im Altfranzösischen

Im Altfranzösischen ist dadurch ein Zweikasussystem entstanden, bei dem es nur noch zwei Deklinationstypen gibt. Diese Deklinationstypen werden in eine feminine Hauptgruppe und eine maskuline unterteilt, bei der noch zwei Untergruppen unterschieden werden. Die Verhältnisse in den beiden Hauptgruppen, der die meisten Substantive angehören, sind in der folgenden Übersicht anhand der im 5. Kapitel verwendeten Beispielwörter dargestellt (Lausberg 1972: 22, 25 und 43, Rheinfelder 1976b: 19, Berschin, Felixberger & Goebl 2008: 113):

▶ Zweikasusflexion im Altfranzösischen

		feminin	maskulin	
Sg.	Rektus	*chiev**re***	*loup**s***	*chien**s***
	Obliquus	*chiev**re***	*loup*	*chien*
Pl.	Rektus	*chiev**res***	*loup*	*chien*
	Obliquus	*chiev**res***	*loup**s***	*chien**s***

In beiden Deklinationsklassen existiert nur noch ein einziges Flexionsmerkmal, nämlich das Suffix *-s*. Bei den femininen Substantiven dient dieses Suffix ausschließlich zur Kennzeichnung des Plurals, sodass in der femininen Deklinationsklasse keine Kasusunterscheidung mehr existiert, sondern nur noch eine Numerusunterscheidung vorgenommen werden kann. Diese Entwicklung erklärt sich dadurch, dass bereits im Vulgärlatein in der 1. Deklination, aus der sich die femininen Deklinationsklassen des Altfranzösischen ableiten, die Rektus- und Obliquusform des Singulars formal zusammengefallen waren. Sie lauteten auf -A aus, das sich im Altfranzösischen regelmäßig zu *-e* [ə] weiterentwickelt hat. Im Plural bestand bereits im Vulgärlateinischen eine Tendenz, die vokalisch auslautende Rektusform -(A)E durch -AS zu ersetzen. Diese Entwicklung, die sich bereits im frühen Altfranzösischen fast vollkommen durchgesetzt hat, ist möglicherweise in Analogie zur Pluralbildung der Feminina der 3. Deklination erfolgt, die im Nominativ und Akkusativ Plural auf -S auslauteten, z. B. klat. PARTĒS (Nom. Pl.), PARTĒS (Akk. Pl.) > vlat. PARTES (Rekt. Pl.), PARTES (Obl. Pl.) (Rheinfelder 1976b: 17, Alkire & Rosen 2010: 346, Fn. 6). In der maskulinen Deklinationsklasse des Altfranzösischen hat das Suffix *-s* noch eine kasusunterscheidende Funktion. Für die Substantive der vulgärlateinischen 2. Deklination erklärt sich die Entwicklung durch den Wegfall der unbetonten Endsilbenvokale. Somit bleibt nur im Rektus Singular und im Obliquus Plural die Endung *-s* erhalten. Relativ komplex ist die Entwicklung der Substantive, die aus der 3. Deklination des Vulgärlateinischen stammen. Viele Substantive dieser Deklination passen sich durch Analogie an die Substantive einer der anderen beiden Deklinationsklassen an und bilden in Abhängigkeit von Genus sowie Silbenstruktur und Tonstelle mehrere Untergruppen heraus. Auch die Form des Rektus Plural von afrz. *chien* ist vermutlich durch Analogie entstanden. Lautgesetzlich müsste die Form auf *-s* enden, also *chien**s*** lauten, da sie sich aus lat. CANĒS ableitet. Vermutlich in Analogie zum Rektus Plural der 2. Deklination (vgl. lat. LUPĪ > afrz. *loup*) ist das Auslaut-*s* aufgegeben worden.

Die Funktionsweise dieser Zweikasusflexion lässt sich beispielsweise anhand der folgenden Auszüge aus dem bereits erwähnten altfranzösischen Heldenepos *Chanson de Roland* (Rolandslied) illustrieren:

Beispiel

(4) afrz. a. ***Li*** ***amiralz*** *chevalchet par le camp*
der Emir reitet über das Feld
‚Der Emir reitet über das Schlachtfeld.' (*Rol.* 3463-3464)

b. *Fiert* ***l'*** ***amiraill*** *de l' espee de* France
verletzen-PRÄS.3SG den Emir mit dem Schwert von Frankenreich
‚Mit dem Schwert des Frankenreichs schlägt er auf den Emir ein.' (*Rol.* 3615)

(5) afrz. a. *E* ***li*** ***message*** *par les mantels se tindrent*
und die Boten an den Gewändern sich hielten
‚Die Boten fassten sich an ihre Gewänder.' (*Rol.* 2707)

b. – *«Laissez ço ester!» dist Marsilies li reis.*
Lasst das sein sagte Marsilie der König
Dist ***as*** ***messages***: « *Seignurs, parlez a mei [...]»*
sagen-PFKT.3SG zu-den Boten Herren sprecht zu mir
‚»Das genügt jetzt«, sagte König Marsilie. Und zu den Boten gewandt sagte er: »Ihr Herren, mit mir habt ihr zu reden [...]«.' (*Rol.* 2741-2442)

In den Textstellen in (4) tritt jeweils einmal das Substantiv ‚Emir' in zwei verschiedenen Formen, *amiralz* und *amiraill*, auf. Im ersten Beispiel nimmt es die Funktion des Subjekts ein, während es im zweiten Beispiel als Akkusativobjekt fungiert. Der Unterschied wird morphologisch dadurch markiert, dass im ersten Fall das Substantiv ein Auslaut-*z* zur Markierung des Rektus trägt. Bei den im zweiten Textbeispiel erwähnten Boten verhält es sich genau umgekehrt: In (5a) fungieren sie als Subjekt und tragen keine morphologische Kasusmarkierung, während sie in (5b) die Funktion eines Präpositionalobjekts einnehmen und folglich mit dem Auslaut-*s* des Obliquus Plural markiert werden.

Verlust der Zweikasusflexion im Französischen

Insgesamt erweist sich dieses altfranzösische Kasussystem als sehr instabil. Bereits in frühen altfranzösischen Texten sind häufig Abweichungen in der Kasusmarkierung anzutreffen. Sie sind besonders in Texten zu finden, die aus dem nordwestlichen Sprachgebiet des Altfranzösischen stammen (Schøsler 2013). Dies belegen auch Textstellen aus dem Rolandslied, das stark vom anglonormannischen Dialekt des Altfranzösischen geprägt ist. So wird in den beiden folgenden Sätzen das Substantiv *amiraill* in der Funktion eines Subjekts verwendet, ohne jedoch die entsprechende Rektusendung aufzuweisen (Woledge, Horton & Short 1967/1969, De Carvalho 2000):

Beispiel

(6) afrz.	a.	***Li***	***amiraill***	*chevalchet*	*par*	*cez*	*oz*	
		der	Emir	reitet	durch	sein	Heer	
		‚Der Emir reitet durch sein Heer.'						(*Rol.* 3214)
	b.	Dist	***l'***	***amiraill***:	«*Jangleu,*	*venez*	*avant [...]*»	
		sagte	der	Emir	Jangleu	tretet	hervor	
		‚Der Emir sagte: »Jangleu, tretet vor [...]«.'						(*Rol.* 3508)

Solche Schwankungen bei der Verwendung der Kasusflexion im Altfranzösischen zeigen, dass sich die Sprecher bzw. Schreiber des Altfranzösischen – sowie später die Kopisten – unsicher im Kasusgebrauch waren. In der Folge kommt es weitgehend noch im Altfranzösischen – in den nordöstlichen Dialekten spätestens im Mittelfranzösischen – zu einem vollständigen Verlust der Kasusunterscheidungen und zur Herausbildung eines Nominalsystems, in dem die Flexionsendungen ausschließlich der Numeruskennzeichnung dienen (Völker 2009, Schøsler 2013).

Exkurs

Verlust der Numerusmarkierung im Neufranzösischen

In der weiteren Entwicklung des Französischen geht auch diese Numerusunterscheidung größtenteils verloren. Spätestens ab dem 16. Jahrhundert wird aufgrund eines generellen Schwunds der Auslautkonsonanten das Auslaut-*s* kaum noch gesprochen. Dies hat zur Folge, dass die Pluralmarkierung bei den französischen Substantiven weitgehend nur noch in der Grafie erkennbar ist, da die Schreibung von <s> (bzw. <x>) erhalten geblieben ist. In der gesprochenen Sprache existiert diese Pluralmarkierung heute nur im Fall der Liaison, d. h. in bestimmten Kontexten in Verbindung mit einem nachfolgenden vokalisch anlautenden Wort. Das Auslaut-*s* wird in diesem Fall als stimmhafter Laut [z] realisiert. Dabei ist die Liaison in Verbindung mit pränominalen Adjektiven (und Artikeln) obligatorisch (z. B. *chers‿amis* [ʃɛʁ**z**ami] ‚liebe Freunde'), während sie in Nominalphrasen mit einem postnominalen Adjektiv fakultativ ist und nur im gehobeneren Sprachstil vorkommt (z. B. *amis‿italiens* [ami(**z**)italjɛ̃] ‚italienische Freunde').

Erhalt des Akkusativs/ Obliquus im Französischen

Die morphologische Entwicklung der Nominalflexion im Französischen deutet darauf hin, dass die entstandenen Formen der Substantive nicht aus dem Nominativ bzw. Rektus, sondern aus dem Obliquus, also den ursprünglichen Akkusativformen des Lateinischen, abstammen. Gestützt wird diese Annahme vor allem durch die Entwicklung der ungleichsilbigen Substantive der konsonantischen Deklination im Lateinischen. Hier zeigt sich, dass sich in den meisten Fällen die längere Form und somit die aus dem Akkusativ abgeleitete Obliquusform durchgesetzt hat. Diese Entwicklung ist nicht nur im Französischen, sondern in allen romanischen Sprachen zu beobachten (Posner 1996: 57, 120, Alkire & Rosen 2010: 196):

	Latein		Portugiesisch	Spanisch	Französisch	Italienisch	Rumänisch
Nom. Akk.	FLŌS FLŌRE(M)	‚Blume'	--- *flor*	--- *flor*	--- *fleur*	--- *fiore*	--- *floare*
Nom. Akk.	LAC LACTE(M)	‚Milch'	--- *leite*	--- *leche*	--- *lait*	--- *latte*	--- *lapte*
Nom. Akk.	PŌNS PONTE(M)	‚Brücke'	--- *ponte*	--- *puente*	--- *pont*	--- *ponte*	--- *pod*

Exkurs

Vor allem im Französischen gibt es unter den ungleichsilbigen Substantiven des Lateinischen einige Wörter, bei denen die kürzere Form, also die ursprüngliche Nominativform, überlebt hat. Bisweilen haben sich sogar zwei selbstständige Wörter mit unterschiedlichen Bedeutungen aus den jeweiligen Rektus- und Obliquusformen entwickelt. Bei einem Teil dieser Wörter handelt es sich um Wörter aus dem Germanischen, die nach dem Muster der ungleichsilbigen Wörter der 3. Deklination dekliniert wurden (Elcock 1975: 78f, Rheinfelder 1976b: 24ff und 36f, Ledgeway 2012: 334):

	Latein / Germanisch		Französisch	
			Altfranzösisch	Neufranzösisch
Nom. Akk.	ˈPRESBYTER PRESˈBYTERU(M)	‚Priester'	*prestre* *preveire*	*prêtre* ---
Nom. Akk.	ˈTRĀDITOR TRĀˈDITŌRE(M)	‚Verräter'	*tràître* *traïtour*	*traître* ---
Nom. Akk.	ˈSOROR SOˈRŌRE(M)	‚Schwester'	*suer* *serour*	*sœur* ---
Nom. Akk.	ˈHOMŌ ˈHOMINE(M)	‚Mensch'	*uem, on* *ome*	*on* ‚man' *homme* ‚Mensch'
Nom. Akk.	*COMˈPANIO *COMPAˈNIONE(M)	‚Gefährte'	*compain* *compagnon*	*copain* ‚Kumpel, Freund' *compagnon* ‚Gefährte'
Nom. Akk.	frk. *ˈ*wrakjo* frk. **wrakˈjone(m)*	‚Recke'	*garz* *garçon*	*gars* ‚Junge' *garçon* ‚Junge; Kellner'

In einigen Fällen hat sich auch in anderen romanischen Sprachen die kurze Nominativform der ungleichsilbigen Substantive erhalten (Elcock 1975: 80, Alkire & Rosen 2010: 197):

	Latein		Spanisch	Italienisch	Rumänisch
Nom. Akk.	ˈPRESBYTER PRESˈBYTERU(M)	‚Priester'	asp. *preste* ---	*prete* ---	*preot* ---
Nom. Akk.	ˈSARTOR SARˈTŌRE(M)	‚Schneider'	*sastre* ---	*sarto* (*sartore*)	--- ---
Nom. Akk.	ˈHOMŌ ˈHOMINE(M)	‚Mensch'	--- *hombre*	*uomo* ---	*om* ---
Nom. Akk.	ˈSERPĒNS SERˈPENTE(M)	‚Schlange'	*sierpe* *serpiente*	*serpe* *serpente*	*șarpe* ---
Nom. Akk.	ˈFALCŌ FALˈCŌNE(M)	‚Falke'	--- *halcón*	*falco* *falcone*	--- ---

Auffallend ist, dass es sich bei diesen Wörtern, in denen sich die Nominativform durchsetzt, ausnahmslos um Personen- oder Tierbezeichnungen handelt. Diese Wörter fungieren besonders häufig als Subjekt in Form eines Agens oder in Form eines Possessors in Possessivkonstruktionen (Wolf & Hupka 1981: 96, Plank 1979: 618f, La Fauci 1997: 58, Smith 2011: 289). Dies gilt auch für die beiden einzigen französischen Wörter, *fils* ‚Sohn' und *queux* ‚Koch' (veralt.), die im Lateinischen der 2. Deklination angehörten und in der Nominativform erhalten geblieben sind (Rheinfelder 1976b: 36):

	Latein		Französisch	
			Altfranzösisch	Neufranzösisch
Nom. Akk.	FĪLIU(S) FĪLIU(M)	‚Sohn'	*filz* *fil*	*fils* ---
Nom. Akk.	COQUUS COQUU(M)	‚Koch'	*cueus* *cou / queu*	*queux* (veralt.) ---

Auch bei einer Reihe männlicher Vornamen hat sich die Form mit der nominativischen *s*-Endung durchgesetzt, die bisweilen auch in anderen romanischen Sprachen erhalten geblieben ist: *Charle**s*** (auch sp. *Carlo**s***, kat. *Carle**s***), *George**s**, Gille**s**, Jacque**s**, Loui**s**, Jésu**s*** (auch sp. *Jesú**s***, port. *Jesu**s***), *Philippe**s*** (bis ins 17. Jahrhundert), *Yve**s*** (neben *Yvon*) (Rheinfelder 1976b: 36, Ledgeway 2012: 334f).

Erhalt des Akkusativs in den romanischen Sprachen

Abgesehen von den im Exkurs erwähnten Fällen, in denen das Auslaut-*s* des Rektus erhalten geblieben ist, deutet die morphologische Entwicklung der Formen der romanischen Substantive und Adjektive darauf hin, dass sie aus den lateinischen Akkusativformen und nicht aus denen des Nominativs abgeleitet sind. Dies gilt zumindest für die Formen des Singulars. Im Plural ist die Lage komplizierter. Im Französischen und in den übrigen westromanischen Sprachen spricht die Markierung durch -*s* für die Ableitung aus dem lateinischen Akkusativ, der im Plural ausnahmslos auf -s auslautete. Im Italienischen und im Rumänischen hingegen wird der Plural mit einem vokalischen Auslaut markiert:

	Westromanisch				Ostromanisch			
	Spanisch		Französisch		Italienisch		Rumänisch	
	fem.	mask.	fem.	mask.	fem.	mask.	fem.	mask.
Sg.	*cabra*	*lobo*	*chèvre*	*loup*	*capra*	*lupo*	*capră*	*lup*
Pl.	*cabra**s***	*lobo**s***	*chèvre**s***	*loup**s***	*capr**e***	*lup**i***	*capr**e***	*lup**i***

Anders als im Falle der Entwicklung der intervokalischen stimmlosen Verschlusslaute verläuft die Grenze zwischen den west- und ostromanischen Sprachen in Bezug auf die Pluralmarkierung allerdings nicht auf der Linie La Spezia-Rimini. Sie deckt sich vielmehr weitgehend mit den Grenzen des Standarditalienischen zum Okzitanischen, Französischen (und Frankoprovenzalischen) und Rätoromanischen, da die (modernen) norditalienischen Dialekte sich weitgehend wie das Standarditalienische und die Dialekte Mittel- und Süditaliens verhalten.

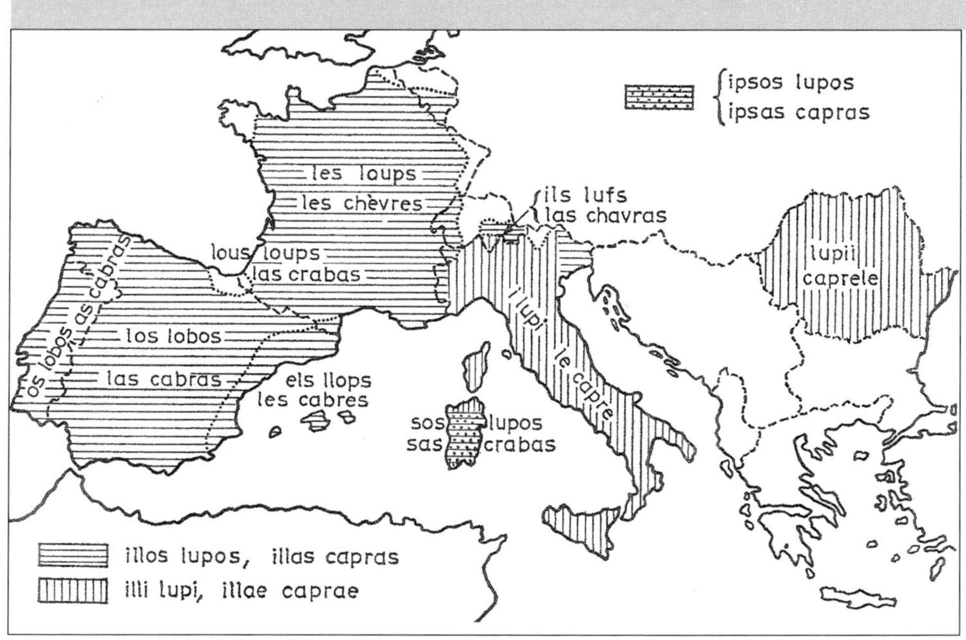

Vokalische versus konsonantische Pluralbildung ◄ **Abb. 6.2**

Erhalt des Akkusativs im Italienischen und Rumänischen?

Die Entwicklung im Italienischen und Rumänischen legt die Annahme nahe, dass in diesen Sprachen die Pluralformen nicht auf den lateinischen Akkusativ, sondern vielmehr auf die vokalisch auslautenden Formen des lateinischen Nominativs Plural zurückgehen. Demzufolge würde man für diese Sprachen im Unterschied zu den übrigen romanischen Sprachen keine einheitliche Entwicklung der Substantive annehmen, sondern postulieren, dass die singularischen Nominalformen sich vom Akkusativ ableiten, während sie im Plural eine Weiterentwicklung der Nominativformen des Lateinischen darstellen.

Als Argument gegen diese Annahme ist allerdings darauf hingewiesen worden, dass sowohl im Süden Italiens als auch in Dakien vulgärlateinische Inschriften gefunden wurden, in denen die Akkusativform zum Ausdruck des Nominativs Plural erscheint. Dies wird so interpretiert, dass im gesamten vulgärlateinischen Sprachgebiet die Akkusativform ursprünglich als generelle Form des Substantivs verbreitet war und die Herausbildung des vokalisch auslautenden Plurals im Italienischen und Rumänischen eine spätere lautliche Entwicklung darstellt. Für diese Annahme spricht unter anderem auch die Pluralbildung von femininen Substantiven im Italienischen wie *vacca* ‚Kuh' oder *amica* ‚Freundin'. Sie lauten *vacche* [vakːe] und *amiche* [amike], d. h. sie enthalten im Stammauslaut ein /k/. Wenn sich diese Wortformen aus den vulgärlateinischen Formen des Nominativs Plurals VACCE und AMICE ableiten, wäre aufgrund der im Frühromanischen regelmäßig eingetretenen Palatalisierung von K vor /e/ und /i/ Formen wie **vacce* [vatːʃe] oder **amice* [amitʃe] zu erwarten. Da dies nicht der Fall ist, wird angenommen, dass die Pluralformen der femininen Substantive auf die lateinischen Akkusative VACCĀS oder AMICĀS zurückgehen, da K- vor /a/ im Italienischen nicht palatalisiert wurde. Aufgrund dieser und zahlreicher anderer Argumente wird daher vielfach angenommen, dass sich die vokalische Pluralendung der femininen Substantive des Italienischen und auch des Rumänischen aus der Pluralform -ĀS des lateinischen Akkusativs – über eine Zwischenstufe [es] oder *[aj] – herausgebildet hat (Aebischer 1971, Lausberg 1972: 20f, Maiden 1996, Forner 2005, D'hulst 2006, Lüdtke 2009: 181-187). Gegen diese Annahme ist eingewendet worden, dass in italienischen Dialekten und im Altitalienischen vereinzelt palatalisierte Pluralformen der femininen Substantive belegt sind (z. B. ait. *le amice* ‚die Freundinnen'), die auf eine Ableitung aus dem Nominativ hindeuten (Rohlfs 1968a: 44). Außerdem ist das

Auftreten von vulgärlateinischen Nominativen auf -AS im Bereich der Ostromania dahingehend interpretiert worden, dass ursprünglich in der gesamten Romania eine Variation zwischen *-e* und *-s*-auslautenden Pluralformen existiert hat und es schließlich zu einer regional unterschiedlichen Herausbildung der Pluralformen gekommen ist (Merlo 1955, Zamboni 2000: 113, Barbato 2010).

Noch komplexer und ebenfalls sehr umstritten ist die Bestimmung der Herkunft der maskulinen Pluralformen, auf die hier im Einzelnen nicht eingegangen werden kann. Hier wird für das Italienische – und auch für das Rumänische – meist eine polygenetische Entwicklung angenommen, sodass sie „teils auf lat. -I (Nominativ), teils auf lat. -OS (Akkusativ) zurückgehen" (Lüdtke 2009: 189). In anderen Ansätzen hingegen wird für eine generelle Ableitung aus dem Akkusativ argumentiert und damit für einen „uniform approach to all Romance languages" (D'hulst 2006: 1304).

Somit muss konstatiert werden, dass es für die Entstehung der Pluralformen der Substantive in den ostromanischen Sprachen keine abschließende Erklärung gibt. Es bleibt ungeklärt, ob sie sich monogenetisch entweder aus dem Nominativ oder dem Akkusativ entwickelt haben oder polygenetisch aus beiden Formen entstanden sind. In der zusammenfassenden Übersicht über die Entwicklung der Nominalformen am Beispiel von CAPRA und LUPUS sind daher bei den ostromanischen Sprachen beide Entstehungsmöglichkeiten berücksichtigt (Tekavčić 1980: 52, Michel 2005: 220, D'hulst 2006).

▶ Entwicklung der Nominalformen in den west- und ostromanischen Sprachen

			Latein	Westromania		Ostromania	
				Spanisch	Französisch	Italienisch	Rumänisch
Sg.	Nom.	f.	CAPRA	---	---	---	---
		m.	LUPUS	---	---	---	---
	Akk.	f.	CAPRA(M)	*cabra*	*chèvre*	*capra*	*capră*
		m.	LUPU(M)	*lobo*	*loup*	*lupo*	*lup*
Pl.	Nom.	f.	CAPR(A)E	---	---	*capre*	*capre*
		m.	LUPĪ	---	---	*lupi*	*lupi*
	Akk.	f.	CAPRĀS	*cabras*	*chèvres*	*capres* / **capr[aj]* > *capre*	*capres* / **capr[aj]* > *capre*
		m.	LUPŌS	*lobos*	*loups*	*lupo* > *lupi*	*lupo* > *lupi*

Hinsichtlich der Pluralbildung in den norditalienischen Dialekten spricht einiges dafür, dass dort ursprünglich wie in den westromanischen Sprachen der Plural mit *-s* gebildet wurde. Zum einen lässt sich in mittelalterlichen Urkunden und Texten aus Norditalien die Verwendung von *-s* nachweisen. Zum anderen ist in einigen norditalienischen Varietäten bis heute das Auslaut-*s* in bestimmten Kontexten erhalten geblieben (Wartburg 1950: 26-30). So kann vermutet werden, dass auch in Bezug auf den Erhalt und das Auslassen des Auslaut-*s* innerhalb Italiens eine ursprüngliche Teilung zwischen den norditalienischen Dialekten einerseits und den mittel- und süditalienischen Dialekten andererseits vorgelegen hat. Es ist möglicherweise dem Einfluss der mittel- und süditalienischen Dialekte und insbesondere des prestigeträchtigen Toskanischen geschuldet, dass sich die Auslassung von *-s* und damit die vokalische Pluralbildung später im Norden durchgesetzt hat. Die drei rätoromanischen Sprachgruppen, Bündnerromanisch, Dolomitenladinisch und Friaulisch haben diese Entwicklung hingegen nicht mitgemacht und bis heute als ein gemeinsames Merkmal das Auslaut-*s* bei der Pluralbildung – und auch bei den Verbformen der 2. Person – erhalten (Kristol 1998: 942f).

Exkurs

Reste des Zweikasussystems im Rätoromanischen und Frankoprovenzalischen

Im Surselvischen, einer in Graubünden gesprochenen Varietät des Rätoromanischen, ist ein Phänomen zu beobachten, das als ein Überbleibsel der altromanischen Zweikasusflexion gewertet werden kann. Dort trägt das maskuline Adjektiv im Singular die Endung *-s*, wenn es eine prädikative Funktion ausübt. Da Prädikatsnomina an den Nominativ gebunden sind, spricht viel dafür, dass hier die Endung des vulgärlateinischen Nominativs bzw. Rektus erhalten geblieben ist (Lausberg 1972: 75). Steht das Adjektiv hingegen attributiv zum Substantiv, fehlt das *-s* ebenso wie bei femininen Adjektiven oder bei prädikativ gebrauchten Adjektiven, die mit einem neutralen Pronomen in Verbindung stehen (Bossong 2008: 185f, Posner 1996: 117f):

▶ **Kasusmarkierung im Surselvischen**

	attributiver Gebrauch			prädikativer Gebrauch					
mask.	*Il* der	*grev* schwere	*crap* Stein	*Il* der	*crap* Stein	*ei* ist	*grev**s*** schwer		
fem.	*La* die	*greva* schwere	*lavur* Arbeit	*La* die	*lavur* Arbeit	*ei* ist	*greva* schwer		
neutr.				*Il* es	*ei* ist	*grev* schwer	*da* zu	*capir* verstehen	*quei* das

Morphologische Relikte der vulgärlateinisch-frühromanischen Rektus-Obliquus-Unterscheidung finden sich außerdem in Graubünden und in daran angrenzenden Gebieten bei einigen zweisprachigen Ortsnamen. Dabei trägt in zahlreichen Fällen der deutsche Ortsname im Gegensatz zum romanischen ein Auslaut-*s*: *Trun**s**/Trun, Brigel**s**/Breil, Flim**s**/Flem, Feller**s**/Falera, Bever**s**/Bever, Kloster**s**/Claustra, Mal**s**/Damal, Taufer**s**/Tuor*. Auch hier ist zu vermuten, dass es sich bei der *s*-Markierung der deutschsprachigen Ortsnamen um ein Relikt des vulgärlateinischen Nominativs bzw. Rektus handelt (Schmid 1951-1952, Ettmayer 1919: 15).
Für das Frankoprovenzalische ist ebenfalls der Erhalt von Resten der lateinischen Kasusflexion belegt. So gibt es im schweizerischen Wallis vereinzelt noch Dialekte, in denen beim maskulinen und femininen definiten Artikel im Singular eine Unterscheidung zwischen Nominativ und Akkusativ vorgenommen wird (Jeanjaquet 1931: 29ff, Schmid 1951-1952: 80, Lüdtke 2009: 189):

▶ **Kasusmarkierung im Frankoprovenzalischen**

	Nom.Sg.	Akk.Sg.	
mask.	***li** tsat*	***lo** tsat*	‚Katze'
fem.	***li** porta*	***la** porta*	‚Tür'

Das Kasussystem im Rumänischen

Exkurs

Das Rumänische ist die einzige romanische Sprache, die bis heute noch ein weitgehend funktionales Kasussystem erhalten hat. Im Unterschied zum Altfranzösischen und Altokzitanischen sind dabei im Rumänischen nicht Nominativ und Akkusativ als separate Kasus erhalten geblieben, sondern es ist ein System entstanden, das zwischen Nominativ-Akkusativ einerseits und Genitiv-Dativ andererseits unterscheidet. Diese Unterscheidung existiert allerdings nur bei den femininen Substantiven im Singular. Darüber hinaus kennt das Rumänische in einigen Fällen auch eigenständige Formen zur Markierung des Vokativs Singular. Hierbei ist umstritten, ob es sich hier um ein Überbleibsel aus dem Lateinischen oder um eine Entlehnung aus dem Slavischen handelt.

Eine weitere Besonderheit des Rumänischen besteht darin, dass es auch bei den (indefiniten und definiten) Artikeln eine Kasusflexion erhalten hat. Sie ist ausgeprägter als bei den Substantiven und Adjektiven, da hier der Kasus auch im Maskulinum und im Plural markiert wird. Charakteristisch für das Rumänische ist hier außerdem, dass der definite Artikel postnominal steht und sich enklitisch an das Substantiv bindet (Klausenburger 2001: 119-124, Bossong 2008: 262f, Mallinson 2009: 260f, Alkire & Rosen 2010: 279-281, Salvi 2011: 321):

► Kasus- und Numerusmarkierung im modernen (Dako-)Rumänischen

		1. Deklination		2. Deklination		3. Deklination	
		feminin		maskulin		maskulin	
		indefinit	definit	indefinit	definit	indefinit	definit
Sg.	Nom.	***o** capră*	*capr**a***	***un** lup*	*lup**ul***	***un** câine*	*câin**ele***
	Gen.-Dat.	***unei** capre*	*capr**ei***	***unui** lup*	*lup**ului***	***unui** câine*	*câin**elui***
	Vok.	---	*capr**o***	---	*lup**ule***	---	---
Pl.	Nom.	***nişte** capre*	*capre**le***	***nişte** lupi*	*lupi**i***	***nişte** câini*	*câini**i***
	Gen.-Dat.	***unor** capre*	*capre**lor***	***unor** lupi*	*lupi**lor***	***unor** câini*	*câini**lor***
	Vok.	---	*capre**lor***	---	*lupi**lor***	---	---

Die Entwicklung der Personalpronomina in den romanischen Sprachen

Der einzige Bereich, in dem alle romanischen Sprachen bis heute noch Kasusunterscheidungen bewahrt haben, sind die Personalpronomina. In einigen Sprachen weisen auch Relativpronomina noch Reste von Kasusmarkierungen auf, z. B. sp. *cuyo* / it. *cui* ‚dessen' (Salvi 2011: 324). Bei den Personalpronomina der 1. und 2. Person unterscheiden die meisten romanischen Sprachen morphologisch nur den Nominativ von den übrigen Kasus. In der 3. Person gibt es häufig darüber hinaus unterschiedliche Formen für Dativ und Akkusativ. Die charakteristische Neuerung aller romanischen Sprachen gegenüber dem Lateinischen besteht darin, dass sie aus den im Vulgärlatein entstandenen schwachtonigen Objektpronomina eine eigene Reihe klitischer Pronominaformen herausgebildet haben (Wanner 2001: 1695). Sie existiert parallel zu einer Reihe starktoniger, nicht-klitischer Objektpronomina, die in den meisten romanischen Sprachen in der Regel nur in Verbindung mit einer Präposition verwendet werden können. Im Französischen sowie in zahlreichen Varietäten des Norditalienischen, Okzitanischen und Frankoprovenzalischen sind darüber hinaus auch klitische Subjektpronomina entstanden. Im Unterschied zum Spanischen und (Standard-)Italienischen kennt daher das Französische nicht nur bei den Objektpronomina, sondern auch bei den Subjektpronomina zwei Formenreihen.

Die Formen der 1. und 2. Person gehen in der Regel auf die Formen der entsprechenden lateinischen Personalpronomina zurück. Allerdings ist es hier in einigen Sprachen zu Verschiebungen und besonderen, teilweise sehr komplexen Entwicklungen gekommen. So leiten sich die starktonigen Formen der französischen Subjektpronomina der 1. und 2. Person Singular (*moi*, *toi*) aus denen des Dativs bzw. Akkusativs ab. Im Italienischen sind die klitischen Objektpronomina der 1. und 2. Person Plural (*ci*, *vi*) Neubildungen, die sich aus den Ortsadverbien (EC)CE HIC ‚hier' und IBI ‚dort' ableiten. Eine Besonderheit des Spanischen sind die starktonigen Pronomen der 1. und 2. Person (*nosotros, vosotros*), die aus der Verbindung mit *otros* ‚(die) anderen' entstanden sind und nach Genus unterscheiden. Darüber hinaus gibt es zahlreiche dialektale Sonderentwicklungen, auf die hier nicht eingegangen werden kann (Lausberg 1972: 107-112, Rheinfelder 1976b: 91-102, Pensado 1985, Maiden 1995: 166, Klausenburger 2001: 137, Reinheimer & Tasmowski 2005: 86):

► Die Personalpronomina der 1. und 2. Person in den romanischen Sprachen

			Klass. Latein	Vulgärlatein	Spanisch		Französisch				Italienisch	
							Afrz.		Nfrz.			
					frei	klit.	frei	klit.	frei	klit.	frei	klit.
Sg.	1.	Nom.	EGO	E(G)O	*yo*	---	*jo, je*	---	*moi*	*je*	*io*	--
		Gen.	MEĪ	---	---	---	---	---	---	---	---	---
		Dat.	MIHI	MI	*mí*	*me*	*mi, mei*	*mi, me*	*moi*	*me*	*me*	*mi*
		Akk.	MĒ	ME	*mí*	*me*	*mei, mi*	me	*moi*	*me*	*me*	*mi*
		Abl.	MĒ	---	---	---	---	---	---	---	---	---
	2.	Nom.	TŪ	TU	*tú*	--	*tu*	--	*toi*	*tu*	*tu*	--
		Gen.	TUI	---	---	---	---	---	---	---	---	---
		Dat.	TIBI	TIBI, TI	*ti*	*te*	*tei, toi*	*te*	*toi*	*te*	*te*	*ti*
		Akk.	TĒ	TE	*ti*	*te*	*tei, toi*	*te*	*toi*	*te*	*te*	*ti*
		Abl.	TĒ	---	---	---	---	---	---	---	---	---
Pl.	1.	Nom.	NŌS	NOS	*nosotros, nosotras*	--	*nus, nos*	--	*nous*	*nous, on*	*noi*	--
		Gen.	NOSTRĪ	---	---	---	---	---	---	---	---	---
		Dat.	NŌBĪS	NOS, NOBIS	*nosotros, nosotras*	*nos*	*nus, nos*	*nus, nos*	*nous*	*nous*	*noi*	*ci*
		Akk.	NŌS	NOS	*nosotros, nosotras*	*nos*	*nus, nos*	*nus, nos*	*nous*	*nous*	*noi*	*ci*
		Abl.	NŌBĪS	---	---	---	---	---	---	---	---	---
	2.	Nom.	VŌS	VOS	*vosotros, vosotras*	--	*vus, vos*	--	*vous*	*vous*	*voi*	--
		Gen.	VOSTRĪ	---	---	---	---	---	---	---	---	---
		Dat.	VŌBĪS	VOS, VOBIS	*vosotros, vosotras*	*os*	*vus, vos*	*vus, vos*	*vous*	*vous*	*voi*	*vi*
		Akk.	VŌS	VOS	*vosotros, vosotras*	*os*	*vus, vos*	*vus, vos*	*vous*	*vous*	*voi*	*vi*
		Abl.	VŌBĪS	---	---	---	---	---	---	---	---	---

Wie bereits im 5. Kapitel dargestellt, leiten sich die Personalpronomina der 3. Person in fast allen romanischen Sprachen aus den Formen des lateinischen Demonstrativpronomens ILLE ab. Lediglich im Sardischen ist IPSE als Personalpronomen erhalten geblieben (klat. IPSE > sard. *isse, issu*). In allen romanischen Sprachen haben sich bei den Pronomina der 3. Person unterschiedliche Formen für Dativ und Akkusativ herausgebildet. Wie bei den Personalpronomina der 1. und 2. Person gibt es auch bei den Pronomina der 3. Person in den Einzelsprachen besondere Entwicklungen und Variation. Hierzu gehört unter anderem die Herausbildung der starktonigen maskulinen Subjektpronomina im Französischen aus den ursprünglichen Dativ- bzw. Akkusativformen sowie die Entstehung der Pronominaform des Dativs Plural im Französischen (*leur*) und Italienischen (*loro*) aus der lateinischen Genitivform, die im modernen Italienischen auch im Nominativ verwendet wird. Das Italienische besitzt mit *egli* und den Formen von *esso*, die sich aus IPSE ableiten, außerdem zusätzliche Pronominaformen der 3. Person, die einen Status zwischen starktonigen und klitischen Pronomina einnehmen (Reinheimer & Tasmowski 2005: 104). Darüber hinaus gibt es kontextabhängige Variation (*se* statt *le* im Spanischen bei gleichzeitiger Verwendung eines Akkusativpronomens), diastratische Variation (*gli* statt *loro* im Italienischen) oder diatopische Variation (*le* statt *lo* im Spanischen) (Lausberg 1972: 108-133, Rheinfelder 1976b: 106, Pensado 1985: 132f, Maiden 1995: 166):

► Die Personalpronomina der 3. Person in den romanischen Sprachen

			Klass. Latein	Vulgärlatein	Spanisch		Französisch				Italienisch	
							Afrz.		Nfrz.			
					frei	klit.	frei	klit.	frei	klit.	frei	klit.
Sg.	Nom.	m.	ILLE	ILLE	*él*	--	*il*	--	*lui*	*il*	*lui, egli, esso*	--
		f.	ILLA	ILLA	*ella*	--	*ele*	--	*elle*	*elle*	*lei, ella, essa*	--
		n.	ILLUD	ILLU	*ello*	--	*el*	--	--	*il*	--	--
	Dat.	m.	ILLĪ	ILLUI	*él*	*le, se*	*lui*	*li*	*lui*	*lui*	*lui, esso*	*gli*
		f.	ILLĪ	ILLAEI	*ella*	*le, se*	*lui*	*li*	*elle*	*lui*	*lei, essa*	*le*
	Akk.	m.	ILLUM	ILLU	*él*	*lo (le)*	*lui*	*lo, le*	*lui*	*le*	*lui, esso*	*lo*
		f.	ILLAM	ILLA	*ella*	*la*	*li*	*la*	*elle*	*la*	*lei, essa*	*la*
		n.	ILLUD	ILLU	*ello*	*lo*	--	*lo, le*	--	*le*	--	*lo*
Pl.	Nom.	m.	ILLĪ	ILLI	*ellos*	--	*il*	--	*eux*	*ils*	*loro, essi*	--
		f.	ILLAE	ILLAS	*ellas*	--	*eles*	--	*elles*	*elles*	*loro, esse*	--
	(Gen.) Dat.	m.	ILLŌRUM ILLĪS	ILLORU ILLIS	*ellos*	*les, se*	*lur*	*lor*	*eux*	*leur*	*loro, essi*	*loro, gli*
		f.	ILLĀRUM ILLĪS	ILLORU ILLIS	*ellas*	*les, se*	*lur*	*lur, lor*	*elles*	*leur*	*loro, essi*	*loro*
	Akk.	m.	ILLŌS	ILLOS	*ellos*	*los (les)*	*els*	*les*	*eux*	*les*	*loro, essi*	*li*
		f.	ILLĀS	ILLAS	*ellas*	*las*	*eles*	*les*	*eles*	*les*	*loro, essi*	*le*

Exkurs

Abbau der Kasusunterscheidung bei den Personalpronomina

In einigen Varietäten der romanischen Sprachen ist bei den Personalpronomina ein weiterer Abbau der Kasusdifferenzierung festzustellen. Am weitesten ist hier das Bündnerromanische fortgeschritten. Das moderne Surselvische hat alle klitischen Pronomina – mit Ausnahme der hier nicht erwähnten Reflexivpronomina – aufgegeben und macht nur bei den betonten Pronomina der 1. und 2. Person eine morphologische Unterscheidung zwischen Nominativ- und Akkusativformen. Im Engadinischen sind die klitischen Pronomina zwar noch erhalten, aber es wird nicht mehr zwischen Dativ- und Akkusativformen unterschieden (Salvi 2011: 322).

Auch in den in Nord- und Zentralspanien gesprochenen Varietäten des Spanischen gibt es eine Tendenz zum Abbau der Kasusunterscheidungen bei den Personalpronomina. Diese Entwicklung wird mit den Begriffen ***Leísmo, Laísmo*** und ***Loísmo*** beschrieben. Am weitesten verbreitet ist der *Leísmo,* insbesondere in der Variante des *Leísmo de persona masculina*. Hierbei wird das Dativpronomen *le* anstelle des Akkusativpronomens *lo* verwendet, wenn auf eine männliche Person Bezug genommen wird. Im Falle der Bezugnahme auf eine weibliche Person bzw. auf einen Gegenstand oder ein Tier wird hingegen auf die ursprüngliche (etymologische) Pronominalform *la* bzw. *lo* zurückgegriffen (Penny 2000: 90ff):

►

Referenz	etymologischer Gebrauch	*Leísmo de persona masculina*
männliche Person ‚Maria kennt ihn'	*María* ***lo*** *conoce* Maria ihn kennt	*María* ***le*** *conoce* Maria ihn kennt
weibliche Person ‚Maria kennt sie'	*María* ***la*** *conoce* Maria sie kennt	*María* ***la*** *conoce* Maria sie kennt
Gegenstand oder Tier ‚Maria kennt es'	*María* ***lo*** *conoce* Maria es kennt	*María* ***lo*** *conoce* Maria es kennt

Daneben gibt es noch weitere Formen des *Leísmo*. Sie sind allerdings weniger verbreitet und akzeptiert. Dies gilt in noch stärkerem Maße für den *Laísmo* (Verwendung von *la(s)* statt *le(s)*) und den *Loísmo* (Verwendung von *lo(s)* statt *le(s)*). In allen Fällen handelt es sich um Änderungen im System der Personalpronomina und um eine Reduktion von Kasusunterscheidungen.

Entwicklungen im Verbalbereich | 6.2.2

Es wurde bereits darauf hingewiesen, dass die lateinische Verbalflexion in allen romanischen Sprachen größtenteils erhalten geblieben ist. Aus diesem Grund bildet die romanische Verbalmorphologie „one of the most diagnostic features for recognizing a Romance language" (Posner 1996: 39). Das Französische spielt allerdings auch hier eine Sonderrolle, da die verbalen Person- und Numerusmerkmale in der gesprochenen Sprache weitgehend verloren gegangen und nur noch in der geschriebenen Sprache vollständig erhalten sind.

Die Weiterentwicklung der synthetischen Futurformen des Vulgärlateins

Die größten Veränderungen im Verbalbereich zwischen dem klassischen Latein und den romanischen Sprachen sind bei der Futurbildung (und der Herausbildung des Konditionals) eingetreten. Wie bereits gezeigt, sind die synthetischen Futurformen des klassischen Latein fast ausnahmslos verloren gegangen und noch im Vulgärlatein durch neu entstandene synthetische Futurformen ersetzt worden. Diese Formen, die auf der Kombination aus Infinitiv und der Präsensform von HABĒRE basieren, bilden in den meisten romanischen Sprachen die Grundlage für die Futurbildung (Lausberg 1972: 230f, Klausenburger 2001: 87):

		Vulgärlatein		Spanisch	Französisch	Italienisch
Sg.	1.	*CANTA'RAIO	‚ich werde singen'	*canta'ré*	*chante'rai*	*cante'rò*
	2.	*CANTA'RAS	‚du wirst singen'	*canta'rás*	*chante'ras*	*canter'ai*
	3.	*CANTA'RAT	‚er wird singen'	*canta'rá*	*chante'ra*	*cante'rà*
Pl.	1.	*CANTA'REMUS	‚wir werden singen'	*canta'remos*	*chante'rons*	*cante'remo*
	2.	*CANTA'RETES	‚ihr werdet singen'	*canta'réis*	*chante'rez*	*cante'rete*
	3.	*CANTA'RANT	‚sie werden singen'	*canta'rán*	*chante'ront*	*cante'ranno*

Exkurs

Durch den Betonungswandel, der mit dieser Entwicklung verbunden ist, entstehen im ursprünglichen Infinitivstamm unbetonte Silben. Sie unterliegen damit der im Vulgärlateinischen sehr verbreiteten Synkope, sodass bei einigen hochfrequenten Verben der 2. und der 4. Konjugation die unbetonten Vokale des ursprünglichen Infinitivs ausfallen. Dadurch bilden sich kürzere Formen heraus, die sich – auch bedingt durch Assimilationsvorgänge oder Epenthese – deutlich von den regelmäßig gebildeten Futurformen unterscheiden (Alcire & Rosen 2010: 165f):

Vulgärlatein		Spanisch	Französisch	Italienisch
PO'TERE '(H)ABET	‚(er) wird können'	*podrá*	*pourra*	*potrà*
TE'NERE '(H)ABET	‚(er) wird halten'	*tendrá*	*tiendra*	*terrà*
VA'LERE '(H)ABET	‚(es) wird wert sein'	*valdrá*	*vaudra*	*varrà*
VE'NIRE '(H)ABET	‚(er) wird kommen'	*vendrá*	*viendra*	*verrà*

Im Spanischen (und im Portugiesischen) gehen viele dieser in frühromanischer Zeit entstandenen Kurzformen wieder verloren. Stattdessen setzen sich die ungekürzten Formen durch: asp. *bevrá*, nsp. *beberá* ‚er wird trinken', asp. *pidrá*, nsp. *pedirá* ‚er wird bitten'. Nur bei einigen hochfrequenten Verben bleiben die gekürzten Futurformen erhalten (Posner 1996: 178f, Penny 2002: 212f).

Erste Belege für synthetische Futurformen in den romanischen Sprachen

Bereits die ersten Quellen der romanischen Sprachen liefern Belege für die neu herausgebildeten synthetischen Futurformen. So sind diese Formen zweimal in den altfranzösischen Passagen der Straßburger Eide aus dem Jahr 842 belegt (Berschin, Felixberger & Goebl 2008: 184):

Beispiel

(7) *afrz.* a. *si* ***salvarai*** *eo* *cist* *meon* *fradre* *Karlo*
dann helfen-FUT.1SG ich diesem meinen Bruder Karl
‚dann werde ich meinem Bruder Karl helfen'

b. *et* *ab* *Ludher* *nul* *plaid* *nu(m)qua(m)* ***prindrai***
und mit Lothar keine Übereinkunft niemals halten-FUT.1SG
‚und mit Lothar werde ich niemals eine Übereinkunft treffen'

Auch in den spanischen *Glosas Emilianenses*, die etwa im 10. Jahrhundert entstanden sind, gibt es Belege für die Glossierung lateinischer Futurformen durch eine neue synthetische Futurform (Bustos Tovar 2005: 298):

Beispiel

(8) asp. a. *e* *tu* *iras* (= Glossierung für ET TU JBIS)
und du gehen-FUT.2SG
,und du wirst gehen.'

b. *ke* *faras* (= Glossierung für QUID AGAS)
was machen-FUT.2SG
,Was wirst du machen?'

Die endgültige Verschmelzung von Infinitiv und ursprünglichem Hilfsverb „zu einer untrennbaren Einheit" (Lausberg 1972: 231) ist in vielen romanischen Sprachen ein langwieriger Prozess. Insbesondere in mittelalterlichen Texten der iberoromanischen Sprachen ist noch zu beobachten, dass klitische Objektpronomina zwischen die Infinitivform und das Hilfsverb treten (Company Company 2006). Diese als **Mesoklise** bezeichnete Stellungsmöglichkeit der klitischen Pronomina existiert heute noch im europäischen Portugiesischen und im Galicischen:

Beispiel

(9) port. a. *Fá-lo-ei.*
machen-es-AUX.FUT.1SG
,Ich werde es machen.'

b. *Fá-lo-ia.*
machen-es-AUX.KOND.1SG
,Ich würde es machen.'

Herausbildung analytischer Futurformen

Im Rumänischen, Sardischen sowie in bündnerromanischen und süditalienischen Dialekten haben sich keine synthetischen Futurformen herausgebildet. Stattdessen sind dort eigene analytische Formen für das Futur entstanden, die auf der Kombination der Präsensform eines als Hilfsverb fungierenden finiten Verbs und eines nachgestellten Infinitivs basieren (Lausberg 1972: 228f, Klausenburger 2001: 87, Wanner 2001: 1700, Mallinson 2009: 262):

Latein		Sardisch	Surselvisch	Rumänisch
HABEŌ (AD/DE) CANTĀRE	= wörtl. ‚ich habe (zu) singen'	*app a cantare*		*o să cânta*
DĒBĒO CANTĀRE	= wörtl. ‚ich muss singen'	*deppo cantare*		
VENIŌ AD CANTĀRE	= wörtl. ‚ich komme zu singen'		*jeu vegnel a cantar*	
VOLEO CANTARE	= wörtl. ‚ich will singen'			*voi cânta*

In ähnlicher Weise sind in zahlreichen anderen romanischen Sprachen neue analytische Futurformen entstanden, die zusätzlich oder alternativ zu den synthetischen Futurformen gebraucht werden, z. B. (b)port. *vou cantar*, sp. *voy a cantar*, frz. *(je) vais chanter* (< VĀDŌ (AD) CANTĀRE = wörtl. ‚ich gehe (zu) singen'). Zum Teil lassen sich hier Bedeutungsunterschiede bei der Verwendung der synthetischen und analytischen Formen beobachten. Im Standardfranzösischen drückt die analytische Futurform als *futur proche* eher die Bezugnahme auf etwas unmittelbar Bevorstehendes aus, während mit dem synthetischen Futur auf Ereignisse in entfernterer Zukunft referiert wird. In vielen Varietäten ist diese Differenzierung allerdings verloren gegangen, wie z. B. im umgangssprachlichen Französischen, in dem die analytische Form fast die einzige Form der Futurbildung darstellt (Fleischman 1982).

Exkurs

Die Weiterentwicklung des synthetischen Konditionals des Vulgärlateins

Die Weiterentwicklung des Konditionals in den romanischen Sprachen verläuft weitgehend ähnlich wie die des Futurs. Dabei bildet im Französischen und Spanischen die Kombination von Infinitiv und der Imperfektform von HABĒRE die morphologische Grundlage für die Konditionalformen: vlat. CANTARE HABEBA > *CANTAREA > port. *cantaria*, sp. *cantaría*, frz. *chanterais* ‚(ich) würde singen'. Im Italienischen gehen die Konditionalformen auf Verbindungen von Infinitiv und der Perfektform von HABĒRE zurück: vlat. CANTARE HABUI > it. *canterei* ‚(ich) würde singen'.

Stammalternation durch Diphthongierung und analogischer Ausgleich

Eine andere Entwicklung in der Verbalmorphologie hängt mit der spontanen Diphthongierung in den romanischen Sprachen zusammen. Aufgrund der Unterscheidung zwischen stammbetonten (1., 2., 3. Singular und 3. Plural) und endungsbetonten Verbformen (1. und 2. Plural) bewirkt die Diphthongierung in vielen Verbalparadigmen die Herausbildung einer morphologischen Alternation im Stamm. Wie die folgenden Beispiele illustrieren, ist in den Verbformen der 3. Person Singular der betonte Stammvokal diphthongiert worden, während in der 1. Person Plural, die einen unbetonten Stamm aufweist, der Monophthong erhalten geblieben ist:

Latein		Italienisch	Spanisch	Französisch	
				Altfranzösisch	Neufranzösisch
ˈVĔNIT	‚er kommt'	*v**ie**ne*	*v**ie**ne*	*v**ie**nt*	*v**ie**nt*
VĔˈNIMUS	‚wir kommen'	*v**e**niamo*	*v**e**nimos*	*v**e**nons*	*v**e**nons*
ˈMŎRIT	‚er stirbt'	*m**uo**re*	*m**ue**re*	*m**ue**rt*	*m**eu**rt* [œ]
MŎˈRIMUS	‚wir sterben'	*m**o**riamo*	*m**o**rimos*	*m**o**rons*	*m**ou**rons* [u]

Vielfach ist in diesen Fällen ein analogischer Ausgleich zu beobachten. Die durch die Diphthongierung hervorgerufene Alternanz wird wieder aufgehoben und die Anzahl an Stammvarianten somit reduziert. Dies ist besonders häufig im Französischen eingetreten. Dort werden in zahlreichen Verbalstämmen statt der im Altfranzösischen auftretenden Diphthonge wieder Monophthonge verwendet (Klausenburger 2001: 37f):

Latein		Französisch	
		Altfranzösisch	Neufranzösisch
ˈLĔVAT	‚(er) hebt'	*l**ie**ve*	*l**è**ve*
LĔˈVAMUS	‚(wir) heben'	*l**e**vons*	*l**e**vons*
*ˈTR**O**PAT	‚(er) findet'	*tr**ue**ve*	*tr**ou**ve* [u]
*TR**O**ˈPAMUS	‚(wir) finden'	*tr**o**vons*	*tr**ou**vons* [u]

Abbau der Flexionsendungen

Eine weitere Besonderheit des Französischen im Bereich der Verbalmorphologie hängt mit dessen allgemeiner Lautentwicklung zusammen, die durch den allmählichen Wegfall von Vokalen und Konsonanten im Wortauslaut gekennzeichnet ist. Als Folge dieser Entwicklung geht in der gesprochenen Sprache in zunehmendem Maße die Möglichkeit der Person-Numerus-Unterscheidung mit Hilfe von Verbendungen verloren. Diese Entwicklung wird dadurch verstärkt, dass im modernen umgangssprachlichen Französisch sehr häufig das Subjektpronomen der 1. Person Plural, *nous* ‚wir', durch das Pronomen *on*, das ursprünglich nur ‚man' bedeutete, ersetzt wird. Da *on* die Kongruenz mit der 3. Person erfordert, führt dies dazu, dass statt der Verbform der 1. Person Plural die der 3. Person Singular gebraucht wird, deren Flexionsendung weitgehend verloren gegangen ist. Somit wird im gesprochenen umgangssprachlichen Französisch die Flexionsendung im Indikativ Präsens vieler Verben nur noch in der 2. Person Plural lautlich realisiert (Foulet 1935: 275ff, 292, Roberts 1993: 125ff):

▶

		Altfranzösisch		Mittelfranzösisch		Modernes Französisch	
Sg.	1.	*(jo, gié)*	*chant*	*(je)*	*chant**e*** [ə]	*je*	*chant**e*** [-]
	2.	*(tu)*	*chant**es***	*(tu)*	*chant**es*** [ə]	*tu*	*chant**es*** [-]
	3.	*(il/ele)*	*chant**e(t)***	*(il/elle)*	*chant**e*** [ə]	*il/elle*	*chant**e*** [-]
Pl.	1.	*(nos)*	*chant**ons***	*(nous)*	*chant**ons*** [õ]	*nous*	*chant**ons*** [õ]
						on	*chant**e*** [-]
	2.	*(vos)*	*chant**ez***	*(vous)*	*chant**e*** [e]	*vous*	*chant**ez*** [e]
	3.	*(il/eles)*	*chant**ent***	*(ils/elles)*	*chant**e*** [ə]	*ils/elles*	*chant**ent*** [-]

Verlust der Nullsubjekteigenschaft im Französischen

Diese Entwicklung wird häufig mit einer anderen Entwicklung des Französischen in Verbindung gebracht, dem Verlust der **Nullsubjekteigenschaft**. Dadurch unterscheidet sich das Französische von den meisten anderen romanischen Sprachen, die diese Eigenschaft weitgehend aus dem Lateinischen bewahrt haben. Wie bereits im 2. Kapitel gezeigt, wird in Sprachen wie dem Italienischen oder Spanischen das Subjektpronomen normalerweise ausgelassen und in der Regel nur dann gebraucht, wenn das Subjekt (kontrastiv) betont oder eine mögliche Zweideutigkeit vermieden werden soll. Im Französischen hingegen ist eine solche Auslassung nicht möglich und die Hervorhebung des Subjekts erfolgt dadurch, dass zusätzlich zum klitischen Pronomen ein betontes Subjektpronomen verwendet wird:

Beispiel

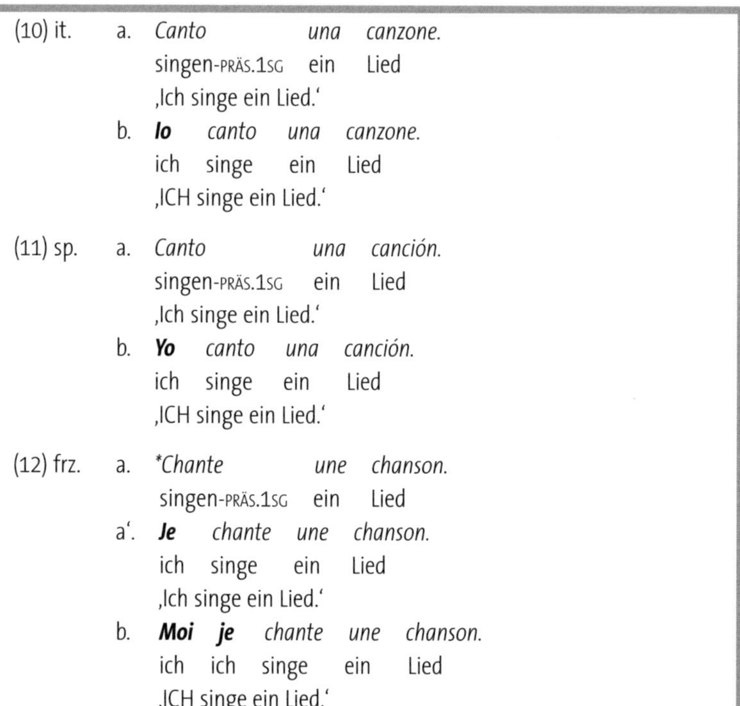

(10) it.

a. *Canto* *una* *canzone.*
singen-PRÄS.1SG ein Lied
‚Ich singe ein Lied.'

b. ***Io*** *canto* *una* *canzone.*
ich singe ein Lied
‚ICH singe ein Lied.'

(11) sp.

a. *Canto* *una* *canción.*
singen-PRÄS.1SG ein Lied
‚Ich singe ein Lied.'

b. ***Yo*** *canto* *una* *canción.*
ich singe ein Lied
‚ICH singe ein Lied.'

(12) frz.

a. **Chante* *une* *chanson.*
singen-PRÄS.1SG ein Lied

a'. ***Je*** *chante* *une* *chanson.*
ich singe ein Lied
‚Ich singe ein Lied.'

b. ***Moi*** ***je*** *chante* *une* *chanson.*
ich ich singe ein Lied
‚ICH singe ein Lied.'

Exkurs

Verlust der Nullsubjekteigenschaft in anderen romanischen Sprachen
Eine andere romanische Sprache, die die Nullsubjekteigenschaft ebenfalls weitgehend verloren hat, ist das Bündnerromanische. Anders als im Französischen und ähnlich wie im Deutschen erfolgt die Hervorhebung eines Subjektpronomens in der Regel durch dessen Betonung (Kaiser & Hack 2013):

Beispiel

(13) surs. a. **Contel* *una* *canzun.*
singen-PRÄS.1SG ein Lied

a'. ***Jeu*** *contel* *una* *canzun.*
ich singe ein Lied
‚Ich singe ein Lied.'

b. ***JEU*** *contel* *una* *canzun.*
ich singe ein Lied
‚ICH singe ein Lied.'

In vielen norditalienischen Dialekten und in vielen Varietäten des Okzitanischen und Frankoprovenzalischen ist ebenfalls eine verstärkte Verwendung der Subjektpronomina zu beobachten. Viele dieser Varietäten sind durch eine **partielle Nullsubjekteigenschaft** gekennzeichnet, weil hier der Gebrauch eines (klitischen) Subjektpronomens in einigen Personen obligatorisch ist, während in anderen Personen das Subjektpronomen ausgelassen werden kann.

Syntaktische Entwicklungen | 6.3

Zu Beginn des vorangehenden Abschnitts wurde gezeigt, dass die eben dargestellten morphologischen Entwicklungen in einem engen Zusammenhang mit den Entwicklungen in der Syntax stehen. Der weitgehende Abbau der Nominalflexion führt nach Ansicht vieler Forscher zu einer der wichtigsten Veränderungen im Übergang vom Lateinischen zu den romanischen Sprachen, nämlich dem bereits im Vulgärlatein einsetzenden Verlust diskontinuierlicher Wortstellungsstrukturen und der Etablierung einer festen Wortstellung sowohl innerhalb von Nominalgruppen als auch innerhalb des Satzes (Herman 1975: 84, Bauer 2009). Die folgende Beobachtung von Ledgeway (2012: 31) soll diesen Sachverhalt noch einmal verdeutlichen:

Zitat

> [S]ome researchers,[...] though not without their opponents,[...] have claimed that the most significant innovation characterizing the transition from Latin to Romance is to be sought in the move away from a non-configurational syntax, in which the relationships between individual linguistic items is signalled through the forms of the items themselves (case inflections, agreement), towards an increasingly configurational syntax, in which the relationships between related linguistic items is encoded by their fixed positions relative to each other [...].

Diesen grundlegenden Unterschied im Bereich der Morphosyntax zwischen dem Lateinischen einerseits und den romanischen Sprachen andererseits veranschaulicht die folgende Übersicht, in der anhand von Beispielen die unterschiedliche Art und Weise der Markierung von Satzgliedern illustriert wird (Vincent 1998: 425):

Art des Satzglieds	Latein	Romanisch
Subjekt	trägt Nominativ:	steht präverbal:
	PAUL**US** LIBRUM LEGIT Paul-NOM.SG Buch liest ‚Paul liest ein Buch'	frz. ***Paul*** *lit un livre* it. ***Paolo*** *legge un libro* sp. ***Pablo*** *lee un libro*
direktes Objekt	trägt Akkusativ:	steht postverbal:
	PAULUS LIBR**UM** LEGIT Paul Buch-AKK.SG liest ‚Paul liest ein Buch'	frz. *Paul lit* ***un livre*** it. *Paolo legge* ***un libro*** sp. *Pablo lee* ***un libro***
indirektes Objekt	trägt Dativ:	steht postverbal nach Präposition (<AD):
	PAULUS LIBRUM PATR**I** DAT Paul Buch Vater-DAT.SG gibt ‚Paul gibt dem Vater ein Buch'	frz. *Paul donne le livre* ***au père*** it. *Paolo dà il libro* ***al padre*** sp. *Pablo (le) da el libro* ***al padre***
sonstiges Satzglied oder Satzgliedteil	trägt verschiedene Kasus (Genitiv, Dativ, Ablativ):	steht nach Präposition (< AD/DE):
	LIBER PAULI Buch Paul-GEN.SG ‚Pauls Buch' PED**IBUS** Fuß-ABL.PL ‚zu Fuß'	frz. *le livre* ***de Paul*** it. *il libro* ***di Paolo*** sp. *el libro* ***de Pablo*** frz. ***à pied*** it. ***a piedi*** sp. ***a pie***

Art des Satzglieds	Latein	Romanisch
Präpositionalobjekt	trägt durch Präposition regierten Kasus (Akkusativ, Ablativ):	steht nach Präposition:
	CUM LIBRŌ mit Buch-ABL.SG ‚mit einem Buch'	frz. *avec* ***un livre*** it. *con* ***un libro*** sp. *con* ***un libro***

Entwicklung der Wortstellung im Aussagesatz

Vereinfachend kann festgestellt werden, dass sich in allen romanischen Sprachen die SVO-Stellung als die üblichste, d. h. unmarkierte Wortstellung in deklarativen Hauptsätzen herausgebildet hat (Ledgeway 2012: 69). Innerhalb der romanischen Sprachen gibt es deutliche Unterschiede hinsichtlich der Möglichkeit, aus stilistischen oder anderen Gründen von der SVO-Stellung abzuweichen. Allerdings gibt es zwei Kontexte, in denen in allen romanischen Sprachen regelmäßig in Aussagesätzen von der SVO-Stellung abgewichen wurde bzw. abgewichen wird. Zum einen handelt es sich hierbei um Sätze, die durch ein Satzglied eingeleitet werden, das nicht als Subjekt fungiert, und zum anderen sind es Sätze, die ein klitisches Objektpronomen enthalten (Harris 1978: 20-23).

XVS-Stellung (‚Verbzweitstellung')

Die erstgenannte Abweichung von der SVO-Stellung ist charakteristisch für die meisten älteren Sprachstufen der romanischen Sprachen. Sie weisen in deklarativen Hauptsätzen häufig eine Wortstellung auf, wie sie beispielsweise auch das Deutsche kennt: Ist der Satz durch eine Konstituente, die nicht als Subjekt fungiert, eingeleitet, schließt sich das finite Verb unmittelbar daran an, während das Subjekt, sofern es ausgedrückt wird, erst hinter dem Verb erscheint. Am deutlichsten war diese XVS-Stellung im Altfranzösischen ausgeprägt. Sie lässt sich durch die folgenden Beispielsätze aus der altfranzösischen ‚Chantefable' *Aucassin et Nicolette* illustrieren. In (14a) bildet eine Nominalphrase mit Objektsfunktion die erste Konstituente des Satzes, während in den beiden anderen Sätzen eine adverbiale Bestimmung in Form einer Präpositionalphrase (14b) oder eines Adverbs (14c) den Satz einleitet. In allen Fällen kommt es dabei zu einer Inversion von Subjekt und Verb (Thurneysen 1892):

Beispiel

(14) afrz.

a.

les	***deniers***	*prenderons*	*nos*
die	Gelder	nehmen-FUT	wir

‚Die Gelder werden wir nehmen.' (*Auc.* XVIII, 37)

b.

en	***la***	***canbre***	*entre*	*Aucassins*
in	das	Zimmer	eintritt	Aucassin

‚In das Zimmer tritt Aucassin.' (*Auc.* XXIX, 1)

c.

Encor	*ameroie*	*je*	*mix*	*a*	*morir*
noch	lieben-KOND	ich	lieber	zu	sterben

‚Noch lieber möchte ich sterben.' (*Auc.* XIV, 14)

Generell wird vermutet, dass beim Übergang vom Vulgärlateinischen zu den romanischen Sprachen die Veränderung der Wortstellung zunächst vor allem in der Fixierung des finiten Verbs auf die zweite Position im Satz bestand. Man spricht daher häufig auch von einer strengen ‚**Verbzweitstellung**' oder aufgrund der Ähnlichkeit zur Wortstellung in den meisten germanischen Sprachen von einer ‚germanischen Inversion' (Adams 1987, Salvi 2004). Die Ähnlichkeit mit den germanischen Sprachen zeigt sich vor allem dadurch, dass das postverbale Subjekt bisweilen auch zwischen dem finiten und dem infiniten Prädikatsteil auftreten kann, wie das folgende Beispiel aus dem Rolandslied zeigt:

Beispiel

(15) afrz.

Messe	***e***	***matines***	*ad*	*li*	*reis*	*escultet*
Messe	und	Frühmesse	hat	der	König	gehört

‚Messe und Frühmesse hat der König gehört.' (*Rol.* 164)

Allerdings weisen alle frühromanischen Sprachen nicht selten auch Abweichungen von der Verbzweitstellung auf. Belege hierfür finden sich ebenfalls in *Aucassin et Nicolette*. In den beiden Beispielsätzen in (16) steht das finite Verb nicht unmittelbar hinter dem satzeinleitenden Präpositionalobjekt oder dem einleitenden Nebensatz. Stattdessen nimmt das Subjekt die zweite Position ein und es kommt zu einer XSV-Stellung, die in einer Verbzweitsprache ausgeschlossen wäre, wie die deutsche Übersetzung zeigt:

Beispiel

(16) afrz. a. ***De s' amie o le vis cler*** *nus ne le puet*
von seiner Freundin mit dem Antlitz hell niemand nicht ihn kann
conforter
aufmuntern
‚Bezüglich seiner Freundin mit dem hellen Antlitz kann ihn niemand aufmuntern.'
(*Auc.* VII, 3-4)

b. *Et* ***se tu fenme vix avoir,*** *je te donrai le file*
und wenn du Frau willst haben ich dir geben-FUT die Tochter
a un roi u a un conte
PRÄP ein König oder PRÄP ein Graf
‚Wenn du eine Frau haben willst, werde ich dir die Tochter eines Königs oder eines Grafen geben.' (*Auc.* II, 35-36)

Bei der Herausbildung der modernen romanischen Sprachen nehmen solche Abweichungen von der Verbzweitstellung immer mehr zu und schließlich wird die XVS-Stellung in fast allen romanischen Sprachen zugunsten einer (X)SV(O)-Stellung aufgegeben. Aus diesem Grund ist der Wortstellungswandel bei der Herausbildung der romanischen Sprachen auch als ein (Grammatikalisierungs-)Vorgang beschrieben worden, bei dem sich aus einer SOV-Stellung über eine XVS-Zwischenstufe, in der eine beliebige Konstituente (X) am Satzanfang unmittelbar vor dem Verb auftrat, eine SVO-Stellung entwickelt hat (Vennemann 1974, Harris 1978, Salvi 2004, Marchello-Nizia 2009). In generativen Ansätzen wird dieser Wandel oft als Parameterwechsel von einer Verbzweit- zu einer Nicht-Verbzweitsprache beschrieben (Roberts 1993).

Exkurs

Verbzweitstellung im Rätoromanischen

Die einzige romanische Sprache, bei der es nicht zu einem Verlust der Verbzweitstellung gekommen ist, ist das Rätoromanische. Dort hat sich in bündnerromanischen Varietäten und einigen Varietäten des Dolomitenladinischen eine strenge Verbzweitstellung herausgebildet. Wie die Beispiele aus dem Surselvischen illustrieren, erscheint das finite Verb unabhängig von der syntaktischen Funktion der ersten Konstituente stets in der zweiten Position (Kaiser 2002-2003):

Beispiel

(17) surs. a. ***In cudisch*** *ha Paul legiu.*
ein Buch hat Paul gelesen
‚Ein Buch hat Paul gelesen.'

b. ***Ier*** *ha Paul legiu in cudisch.*
gestern hat Paul gelesen ein Buch
‚Gestern hat Paul ein Buch gelesen.'

c. ***Sche el havess giu temps,*** *havess Paul legiu in cudisch.*
wenn er hätte gehabt Zeit hätte Paul gelesen ein Buch
‚Wenn er Zeit gehabt hätte, hätte Paul ein Buch gelesen.'

Die Stellung der klitischen Objektpronomina

Die zweite generelle Abweichung von der SVO-Stellung in den romanischen Sprachen tritt in Sätzen auf, die ein klitisches Objektpronomen enthalten. Diese Objektpronomina stehen in fast allen modernen romanischen Sprachen in der Regel vor dem finiten Verb und nehmen somit nicht die übliche Position eines nominalen Objekts ein:

►

	S V O	S V Okl	S Okl V
frz.	*Paul lit un livre.*	**Paul lit **le**.*	*Paul **le** lit.*
it.	*Paolo legge un libro.*	**Paolo legge **lo**.*	*Paolo **lo** legge.*
sp.	*Pablo lee un libro.*	**Pablo lee **lo**.*	*Pablo **lo** lee.*
	‚Paul liest ein Buch.'	‚Paul liest es.'	‚Paul liest es.'

Eine Ausnahme von dieser Stellungsregel ist in fast allen romanischen Sprachen im affirmativen Imperativ zu beobachten. Hier ist die präverbale Stellung des klitischen Objektpronomens meist ausgeschlossen. Das Pronomen bindet sich stattdessen enklitisch an das Verb, wie es in der Schrift durch einen Bindestrich oder die Zusammenschreibung mit dem Verb zum Ausdruck gebracht wird:

	Okl V	V Okl
frz.	****Le** lis!*	*Lis-**le**!*
it.	****Lo** leggi!*	*Leggi**lo**!*
sp.	**¡**Lo** lee!*	*¡Lée**lo**!*
	‚Lies es!'	‚Lies es!'

Dieses Stellungsverhalten der klitischen Objektpronomina ist ein Relikt einer Eigenschaft des Lateins, die bereits im 5. Kapitel als Wackernagel'sches Gesetz beschrieben wurde. Hiermit wird die Eigenschaft schwachtoniger Elemente in Sprachen wie dem Lateinischen erfasst, sich möglichst an das erste Element im Satz enklitisch zu binden. In den frühromanischen Sprachen ist dieses Verhalten vor allem dann zu beobachten, wenn das finite Verb am Satzanfang stand. In diesem Fall trat das klitische Objektpronomen nicht nur in affirmativen Imperativsätzen, sondern auch in deklarativen Hauptsätzen obligatorisch unmittelbar hinter dem Verb auf, an das es sich enklitisch anlehnte (Ramsden 1963: 99-103, Salvi 2004: 15, 66):

Beispiel

(18) aport. a. *dou**las** en tal condizõ a Sancta Maria que ...*
geben-1SG-sie in solchem Zustand an heilige Maria damit
‚Ich gebe sie in solchem Zustand der Heiligen Maria, damit ...' (*Hist.* 95, 3, p. 185)

asp. b. *Conbidar**le** ien de grado*
einladen-ihn AUX-PRÄS.3PL gern
‚Sie hätten ihn gerne eingeladen.' (*Cid* 21)

afrz. c. *Enveierent **le** en terre de Philistíim*
schicken-PFKT.3PL ihn in Land von Philister
‚Sie schickten ihn in das Land der Philister.' (*QLR* XXXI, 9; p. 60)

ait. d. *Voglio**lo** sapere da mia madre*
wollen-1SG-es wissen von meiner Mutter
‚Ich will es von meiner Mutter wissen.' (*Nov.*, Mod. 4, 24)

Dieses für alle frühromanischen Sprachen typische Stellungsverhalten der schwachtonigen Objektpronomina wird als **Tobler-Mussafia-Gesetz** bezeichnet (Mussafia 1886, Tobler 1912). Es ist ein Sonderfall des Wackernagel'schen Gesetzes, da es sich nur auf das Auftreten der schwachtonigen Objektpronomina in Verbindung mit satzinitial stehenden Verben bezieht. Damit zeichnet sich bereits in frühromanischen Sprachen eine generelle Neuerung in der Wortstellung ab, die sich in allen modernen romanischen Sprachen mit Ausnahme des europäischen Portugiesischen und des Galicischen durchgesetzt hat. Sie besteht darin, dass die schwachtonigen Objektpronomina ihr ursprüngliches Verhalten, sich enklitisch an die erste Konstituente im Satz zu binden, aufgeben und sich generell nur noch proklitisch an das finite Verb im Satz binden (Meyer-Lübke 1897, Wanner 1987, Hinzelin 2007).

Differenzielle Objektmarkierung

Für das Spanische (und auch für das Rumänische) ist beobachtet worden, dass dort in deklarativen Hauptsätzen häufiger von der SVO-Stellung abgewichen wird als in den anderen romanischen Sprachen. Ein möglicher Grund für die höhere Wortstellungsflexibilität in diesen Sprachen wird darin gesehen, dass beide Sprachen eine besondere Art der Objektmarkierung entwickelt haben. Sie unterscheiden bei den direkten Objekten zwischen menschlichen und nicht-menschlichen, indem sie menschliche Objekte mit einem besonderen Marker (sp. *a*, rum. *pe*) kennzeichnen (Bossong 2008: 40f):

Beispiel

(19) sp.	a.	*Vi*	***a***	*Pablo.*
		sehen-PFKT.1SG	DOM	Paul
	a'.	**Vi*	*Pablo*	
		sehen-PFKT.1SG	Paul	
		‚Ich habe Paul gesehen.'		
	b.	**Vi*	***al***	*libro.*
		sehen-PFKT.1SG	DOM-das	Buch
	b'.	*Vi*	*el*	*libro*
		sehen-PFKT.1SG	das	Buch
		‚Ich habe das Buch gesehen.'		

Beispiel

(20) rum.

a.	*L-*	*am*	*văzut*	***pe***	*Paul.*
	OKL	haben-1SG	gesehen	DOM	Paul
a'.	**L-*	*am*	*văzut*	*Paul.*	
	OKL	haben-1SG	gesehen	Paul	
	‚Ich habe Paul gesehen.'				
b.	**Am*	*văzut*	***pe***	*cartea.*	
	haben-1SG	gesehen	DOM	Buch-das	
b'.	*Am*	*văzut*	*cartea.*		
	haben-1SG	gesehen	Buch-das		
	‚Ich habe das Buch gesehen.'				

Traditionell wird diese Art der Markierung menschlicher direkter Objekte als ‚präpositionaler Akkusativ' bezeichnet. In der neueren Forschung spricht man meist von ‚**Differenzieller Objektmarkierung**'. Sie gibt es nicht nur im Spanischen und Rumänischen, sondern – mit unterschiedlicher Ausprägung – unter anderem auch im Sardischen, im Engadinischen sowie in süditalienischen, okzitanischen und katalanischen Dialekten (Rohlfs 1971a, Lüdtke 2009: 200-205). Diese besondere Markierung des Objekts erlaubt nicht nur eine Differenzierung bei den direkten Objekten selbst, sondern auch eine Unterscheidung zwischen einem Subjekt und einem belebten Objekt innerhalb eines Satzes. Dies wiederum ermöglicht eine größere Wortstellungsfreiheit, wie das folgende Beispiel aus dem Spanischen zeigt (Torrego 1999: 1784):

Beispiel

(21) sp.

a.	*Perseguía*	***al***	*guardia*	*el*	*ladrón.*
	verfolgte	DOM-der	Polizist	der	Dieb
	‚Der Dieb verfolgte den Polizisten.'				
b.	*Perseguía*	*el*	*guardia*	***al***	*ladrón.*
	verfolgte	der	Polizist	DOM-der	Dieb
	‚Der Polizist verfolgte den Dieb.'				

‚Klitische Dopplung'

Eine andere syntaktische Besonderheit, die sich in vielen romanischen Sprachen herausgebildet hat und ebenfalls eine größere Wortstellungsfreiheit erlaubt, ist die ‚Dopplung' eines Satzarguments durch ein klitisches Pronomen. Dabei wird innerhalb eines Satzes ein Substantiv oder ein betontes Pronomen gleichzeitig mit einem entsprechenden klitischen Pronomen verwendet. Diese Dopplung ist vor allem bei der Voranstellung eines Objekts an den Satzanfang zu beobachten und insbesondere im Spanischen, aber auch im Italienischen anzutreffen:

Beispiel

(22) sp. a. *El libro* **lo** *compra Pablo.*
das Buch es kauft Paul
,Das Buch kauft Paul.'
b. *A él* **le** *compran un libro.*
PRÄP ihm ihm kaufen ein Buch
,Ihm kaufen sie ein Buch.'

(23) it. a. *Il libro,* **lo** *compra Paolo.*
das Buch es kauft Paul
,Das Buch kauft Paul.'
b. *A lui,* **gli** *comprano un libro.*
PRÄP ihm ihm kaufen ein Buch
,Ihm kaufen sie ein Buch.'

Eine besondere Entwicklung im Spanischen besteht darin, dass die klitische Dopplung in bestimmten Kontexten auch dann gemacht wird, wenn das Objekt nicht vorangestellt, sondern sich in seiner ,normalen' Position befindet. In Verbindung mit einem indirekten Objekt ist diese Verdopplung im modernen Spanischen sogar weitgehend obligatorisch:

Beispiel

(24) sp. *María* **le** *da el libro a Pablo.*
Maria ihm gibt das Buch PRÄP Paul
,Maria gibt Paul das Buch.'

Exkurs

,Klitische Dopplung' oder Kongruenz

Im 2. Kapitel wurde bei der Erläuterung sprachinterner Erklärungsansätze für Sprachwandel bereits darauf hingewiesen, dass die klitischen Subjektpronomina des Französischen eine ähnliche Entwicklung wie die des Spanischen erfahren haben: In der gesprochenen Umgangssprache werden sie sehr häufig und teilweise obligatorisch zusammen mit einem nominalen oder pronominalen Subjekt verwendet. Diese Be-

obachtung hat zu der Annahme geführt, dass die ursprüngliche Funktion dieser klitischen Dopplung, nämlich die der Hervorhebung des ‚gedoppelten' (Pro-)Nomens, weitgehend verloren gegangen ist. Unter anderem aus diesem Grund wird angenommen, dass die klitischen Subjektpronomina nicht mehr als ‚doppelnde' Pronomina fungieren, sondern vielmehr zu Flexionsaffixen geworden sind, die mit dem Subjekt in einer Kongruenzbeziehung stehen. In ähnlicher Weise ist auch bei der Analyse der klitischen Dopplung im Spanischen argumentiert worden. Dabei werden die klitischen Objektpronomina als Flexionsaffixe interpretiert, die als Kongruenzmarkierer für Objekte fungieren. Demnach wäre das Spanische nicht nur eine Sprache mit einer Subjektkongruenz, sondern gleichzeitig eine objektkongruierende Sprache.
Diese Analysen sind für beide Sprachen allerdings sehr umstritten. Problematisch ist vor allem die Tatsache, dass die klitischen Pronomina im Französischen und Spanischen im Unterschied zu Flexionsaffixen auch ausgelassen werden können und bisweilen sogar ausgelassen werden müssen, z. B. im Französischen in Relativsätzen wie *La femme qui/*qu'**elle** lit un livre* ‚Die Frau, die (sie) ein Buch liest' oder im Spanischen in Sätzen mit einem direkten Objekt **Pablo **lo** compró un libro* ‚Paul hat (es) ein Buch gekauft'. Ein anderes Problem besteht darin, dass bei diesen Analysen kein Unterschied zwischen Proklitika und Enklitika gemacht wird, obwohl diese sich sehr unterschiedlich verhalten (Meisenburg 2000, Kaiser 2008, Gabriel & Meisenburg 2014: 161f).

Die Markierung der Negation

Hinsichtlich der Markierung der Satznegation sind in den romanischen Sprachen unterschiedliche Entwicklungen zu beobachten. Vereinfacht dargestellt lassen sie sich diesbezüglich in drei Gruppen unterteilen (Ramat 1987: 165-187, Zanuttini 1997). Die größte Gruppe bilden diejenigen Sprachen, die die im Vulgärlatein übliche Negation mit der präverbal auftretenden Negationspartikel NON weiterführen. Diese **präverbale Negation** ist unter anderem im Spanischen, Italienischen und Rumänischen anzutreffen:

Beispiel

(25)	sp.	a.	*Pablo*	***no***	*ha*	*leído*	*il*	*libro.*
			Paul	nicht	hat	gelesen	das	Buch
	it.	b.	*Paolo*	***non***	*ha*	*letto*	*il*	*libro.*
			Paul	nicht	hat	gelesen	das	Buch
	rum.	c.	*Paul*	***nu***	*a*	*citít*	*cartea.*	
			Paul	nicht	hat	gelesen	Buch-das	

‚Paul hat das Buch nicht gelesen.'

Die beiden anderen Negationstypen sind durch die Verwendung eines Negationselements gekennzeichnet, das unmittelbar hinter dem finiten Verb erscheint. In einigen romanischen Sprachen, wie den Standardvarietäten des Französischen oder des bündnerromanischen Surmeirischen, drückt dieses Element zusammen mit der präverbalen Negationspartikel die Negation aus und beide bilden somit eine **Negationsklammer**:

Beispiel

(26) frz.	a.	*Paul*	***n'***	*a*	***pas***	*lu*	*le*	*livre.*
		Paul	NEG	hat	nicht	gelesen	das	Buch
surm.	b.	*Pol*	***n'***	*ò*	***betg***	*ligia*	*igl*	*codesch.*
		Paul	nicht	hat	nicht	gelesen	das	Buch

‚Paul hat das Buch nicht gelesen.'

Die dritte Verneinungsmöglichkeit ist die der **postverbalen Negation**, bei der ausschließlich durch ein postverbales Negationselement negiert wird. Dieser Negationstyp tritt unter anderem im umgangssprachlichen Französisch und in der bündnerromanischen Varietät des Surselvischen auf.

Beispiel

(27) frz.	a.	*Paul*	*a*	***pas***	*lu*	*le*	*livre.*
		Paul	hat	nicht	gelesen	das	Buch
surs.	b.	*Paul*	*ha*	***buca***	*legiu*	*il*	*cudisch.*
		Paul	hat	nicht	gelesen	das	Buch

‚Paul hat das Buch nicht gelesen.'

Exkurs

Herausbildung der postverbalen Negationselemente

Die postverbalen Negationselemente gehen auf Bezeichnungen kleiner und belangloser Objekte zurück, die im Vulgärlatein zur Verstärkung der Negation verwendet wurden. Sie traten ursprünglich in Verbalkonstruktionen auf, die in einem Bedeutungszusammenhang zu ihnen standen, z. B. vlat. NON PASSUM VADERE ‚nicht einen Schritt gehen', NON GUTTAM BIBERE ‚nicht einen Tropfen trinken' oder NON MICAM MANDUCARE ‚nicht ein Körnchen kauen'. Bei der Herausbildung der romanischen Sprachen ist dieser semantische Bezug verloren gegangen. Die Wörtchen wurden in zunehmendem Maße auch in anderen Bedeutungskontexten und ohne verstärkende Wirkung verwendet. Sie haben schließlich ihre ursprüngliche Bedeutung vollkommen aufgegeben und sind grammatikalisiert worden. Die betreffenden Sprachen haben dabei unterschiedliche Wörter als Negationselemente ausgebildet. Die genaue Herkunft dieser Elemente ist teilweise umstritten oder unbekannt (Schwegler 1988: 27, Detges & Waltereit 2002: 173):

Latein		Romanisch
CAPU(T)	‚Kopf'	kat. / okz. *cap*
GENUS	‚Art, Gattung'	kat. *gens*
GENTIU(M)	‚Art, Sippe' (Gen. Pl.)	okz. *ges*
REM NĀTA	‚geborene Sache'	gask. *(pas) nada*
PASSU(M)	‚Schritt'	frz. *pas*, nordit. *pä*
MĪCA(M)	‚Kern, Korn'	it. *mica*, nordit. *mia*
NEC ENTE(M)	‚nicht eine Sache'	nordit. *nen*
BUCCA(M)	‚Mund, Mundvoll'	surs. *buc(a)*
BĂCCA(M)	‚Beere'	surm. *betg(a)* (eventuell auch surs. *buc(a)*)
*NULLIA	‚nicht, niemand'	dlad. *nia*

Es wird vielfach angenommen, dass das umgangssprachliche Französische im Laufe seiner Entwicklung aus dem Lateinischen einen Grammatikalisierungszyklus durchlaufen hat. Er wird häufig als **Jespersen's Zyklus** bezeichnet. Nach Jespersen (1917) ist die Variation hinsichtlich der Stellung der Negationsmarker, die in den Sprachen der Welt zu beobachten ist, auf einen Zyklus zurückzuführen, den die Sprachen in der Regel durchlaufen. Er besteht darin, dass die Satznegation zunächst nur durch ein präverbales Negationselement ausgedrückt wird. Durch das Hinzufügen eines postverbalen, ursprünglich nicht negativen Elementes kann diese Negation verstärkt werden. Im Laufe der Entwicklung verliert das präverbale Negationselement insbesondere aufgrund lautlicher Reduktion seine negative Ausdruckskraft, die immer stärker durch das postverbale Element übernommen wird, das schließlich zum alleinigen Negationsmarker wird (McMahon 1994: 161-165, Zanuttini 1997: 11-14). Die verschiedenen Schritte dieses Zyklus lassen sich besonders deutlich bei der Entwicklung des Französischen beobachten (Rowlett 1998: 90):

Beispiel

(28) frz.	a.	*Jeo*	***ne***	*dis.*		(→ 1600)
		ich	NEG	sage		
	b.	*Je*	***ne***	*dis*	*(**pas**).*	(1600→1700)
		ich	NEG	sage	NEG	
	c.	*Je*	***ne***	*dis*	***pas**.*	(geschriebenes Standardfranzösisch)
		ich	NEG	sage	NEG	
	d.	*Je*	*(**ne**)*	*dis*	***pas**.*	(gesprochenes Standardfranzösisch)
		ich	NEG	sage	NEG	
	e.	*Je*	*dis*	***pas**.*		(umgangssprachliches Französisch)
		ich	sage	NEG		
		‚Ich sage nicht.'				

Die meisten romanischen Sprachen haben auch die doppelte Negation des Vulgärlateinischen fortgeführt. Bei den Sprachen, die nur mit einer präverbalen Partikel negieren, ist sie dann obligatorisch, wenn das negative Indefinitpronomen nicht als Subjekt fungiert. Wie im Vulgärlatein bewirkt hier die Verwendung der Negationspartikel nicht die Aufhebung der negativen Bedeutung des Satzes (Zanuttini 1997: 8):

Beispiel

(29) it.	a.	*Paolo*	***non***	*ha*	*letto*	***nessun***	***libro**.*
		Paul	nicht	hat	gelesen	kein	Buch
sp.	b.	*Pablo*	***no***	*ha*	*leído*	***ningun***	***libro** .*
		Paul	nicht	hat	gelesen	kein	Buch
		‚Paul hat kein Buch gelesen.'					

In Sprachen wie dem Französischen hingegen, in denen die Negation zusätzlich oder ausschließlich durch ein postverbales Negationselement ausgedrückt wird, ist die doppelte Negation dann ausgeschlossen, wenn das postverbale Negationselement verwendet wird (Rowlett 1998: 93):

Beispiel

(30) frz.	a.	**Paul*	*(n')*	*a*	***pas***	*lu*	***aucun***	***livre**.*
		Paul	nicht	hat	nicht	gelesen	kein	Buch
	b.	*Paul*	*(n')*	*a*	*lu*	***aucun***	***livre**.*	
		Paul	nicht	hat	gelesen	kein	Buch	
		‚Paul hat (überhaupt) kein Buch gelesen.'						

Die Bildung des (direkten) Fragesatzes

Bei der Herausbildung des Fragesatzes in den romanischen Sprachen sind einige Besonderheiten zu beobachten. Die im klassischen Latein üblichen Fragepartikeln sind bereits im Vulgärlatein weitgehend verloren gegangen und in den frühromanischen Sprachen nur noch vereinzelt anzutreffen. Einige moderne romanische Sprachen haben allerdings neue Partikeln zur Kennzeichnung von Fragesätzen herausgebildet, wie zum Beispiel das Französische die Fragepartikel *est-ce que*:

Beispiel

(31) frz.	a.	***Est-ce que***	*Paul*	*a*	*lu*	*le*	*livre?*
		EST-CE-QUE	Paul	hat	gelesen	das	Buch
		,Hat Paul das Buch gelesen?'					
	b.	*Qu'*	***est-ce que***	*Paul*	*a*	*lu?*	
		was	EST-CE QUE	Paul	hat	gelesen	
		,Was hat Paul gelesen?'					

Alle romanischen Sprachen besitzen die Möglichkeit, einen Fragesatz durch die Wortstellung zu kennzeichnen. Das üblichste syntaktische Mittel ist hier die Subjektverbinversion, die in vielen romanischen Sprachen bei Ergänzungsfragen obligatorisch ist. Dabei handelt es sich um die ,romanische Inversion', bei der das Subjekt nicht unmittelbar hinter dem finiten Verb erscheint:

Beispiel

(32) it.	a.	*Quale*	*libro*	*ha*	*letto*	***Paolo**?*
		welches	Buch	hat	gelesen	Paul
	a'.	**Quale*	*libro*	***Paolo***	*ha*	*letto?*
		welches	Buch	Paul	hat	gelesen
(33) sp.	*b.*	*¿Cuál*	*libro*	*ha*	*leído*	***Pablo**?*
		welches	Buch	hat	gelesen	Paul
	b'.	**¿Cuál*	*libro*	***Pablo***	*ha*	*leido?*
		welches	Buch	Paul	hat	gelesen
		,Welches Buch hat Paul gelesen?'				

Die Entwicklung im Französischen weist deutliche Unterschiede zu den meisten anderen romanischen Sprachen auf. Für das Altfranzösische ist die Möglichkeit der ,germanischen Inversion', bei der das Subjekt zwischen finitem Verb und infinitem Verbteil auftritt, sowohl für Entscheidungs- als auch Ergänzungsfragen belegt (Roberts 1993: 81):

Beispiel

(34) afrz. a. *Vialt donc* ***Yvains*** *ocirre monseigneur Gauvain?*
will denn Yvain umbringen Herrn Gauvain
‚Will denn Yvain Herrn Gauvain umbringen?'
b. *Comment fut* ***ceste lettre*** *faitte?*
wie war dieser Brief gemacht
‚Wie wurde dieser Brief gemacht?'

Diese Möglichkeit der Inversion ist noch im mittelalterlichen Französisch verloren gegangen. Stattdessen haben sich für Ergänzungsfragen drei andere Möglichkeiten der Inversion herausgebildet. Neben der ‚Stilistischen Inversion' (35a), die weitgehend der romanischen Inversion im Italienischen und Spanischen entspricht und auf Subjektnomina beschränkt ist, gibt es die ‚klitische Inversion' (35b), bei der das klitische Subjektpronomen postverbal auftritt und sich enklitisch an das finite Verb anlehnt. Eine weitere Form der Inversion ist die ‚komplexe Inversion' (35c), die nur im gehobenen Sprachstil verwendet wird. Hier wird ein nicht-pronominales präverbales Subjekt gleichzeitig mit einem enklitischen Subjektpronomen verwendet:

Beispiel

(35) frz. a. *Quel livre a lu* ***Paul****?*
welches Buch hat gelesen Paul
‚Welches Buch hat Paul gelesen?'
b. *Quel livre a-t-****il*** *lu?*
welches Buch hat-er gelesen
‚Welches Buch hat er gelesen?'
c. *Quel livre* ***Paul*** *a-t-****il*** *lu?*
welches Buch Paul hat-er gelesen
‚Welches Buch hat Paul gelesen?'

Darüber hinaus haben sich im umgangssprachlichen Französisch weitere Möglichkeiten zur Fragesatzbildung entwickelt. Zum einen besteht die Möglichkeit der Fragesatzbildung ohne Inversion (und ohne Fragepartikel) und zum anderen müssen das Fragewort bzw. die Interrogationsphrase nicht notwendigerweise am Satzanfang stehen, sondern können ‚in situ', d. h. in ihrer eigentlichen Position, verbleiben. Ähnliche Verhältnisse kennt auch das Portugiesische:

Beispiel

(36) frz. a. *Quel livre* ***Paul*** *a lu?*
welches Buch Paul hat gelesen
b. ***Paul*** *a lu quel livre?*
Paul hat gelesen welches Buch
‚Welches Buch hat Paul gelesen?'

(37) port. a. *Que livro o* ***Paulo*** *leu?*
welches Buch DET Paul lesen-PFKT.3SG
b. ***O Paulo*** *leu que livro?*
DET Paul lesen-PFKT.3SG welches Buch
‚Welches Buch hat Paul gelesen?'

Damit haben vor allem das Französische und das Portugiesische eine Vielzahl von Möglichkeiten zur Fragesatzbildung entwickelt, die deutlich von den Möglichkeiten abweichen, die in den meisten anderen romanischen Sprachen existieren.

Lexikalische Entwicklungen | 6.4

Im Bereich des Wortschatzes sind bei der Ausgliederung der romanischen Sprachen verhältnismäßig wenige besondere Beobachtungen zu machen. Der Kernwortschatz der romanischen Sprachen weist einen relativ hohen Anteil an Gemeinsamkeiten auf (Stefenelli 2011). Auf diese Tatsache wurde bereits im 2. Kapitel mit den dort aufgeführten Wortgleichungen hingewiesen. Sie sollen hier nochmals anhand einiger ausgewählter romanischer Sprachen und zusammen mit dem lateinischen Ursprungswort aufgeführt werden.

▶

Latein		Portugiesisch	Spanisch	Französisch	Italienisch	Rumänisch
CAELU(M)	‚Himmel'	*céu*	*cielo*	*ciel*	*cielo*	*cer*
AMORE(M)	‚Liebe'	*amor*	*amor*	*amour*	*amore*	*(iubire)*
TERRA(M)	‚Erde; Land'	*terra*	*tierra*	*terre*	*terra*	*țară*
*'MORERE, *MO'RIRE	‚sterben'	*morrer*	*morir*	*mourir*	*morire*	*muri*
AMARE	‚lieben'	*amar*	*amar*	*aimer*	*amare*	*(iubi)*

Erbwörter

Der Vergleich mit dem Lateinischen zeigt, dass mit Ausnahme des Rumänischen alle verglichenen Wörter auf ein gemeinsames lateinisches Wort zurückgehen. Dabei ist allerdings auf den ersten Blick nicht erkennbar, ob das jeweilige Wort direkt aus dem Vulgärlateinischen oder – wie für die Wörter für ‚Liebe' und ‚lieben' angenommen werden muss (Durante 1993: 87) – aus dem klassischen Latein oder einer anderen romanischen Sprache abgeleitet ist. Diejenigen Wörter, die ihren Ursprung im Vulgärlatein haben, werden als **Erbwörter** bezeichnet.

Definition

Erbwörter (‚volkstümliche Wörter') in den romanischen Sprachen sind Wörter, die in einer ununterbrochenen Kontinuität seit der Zeit des Vulgärlateins existieren und alle regelmäßigen Lautentwicklungen erfahren haben.

Insgesamt ist die Anzahl der vulgärlateinischen Wörter, die in allen romanischen Sprachen erhalten geblieben sind, relativ gering. Wesentlich größer ist die Anzahl an Erbwörtern, die sich nicht in allen, aber in einem Großteil der romanischen Sprachen erhalten haben. Die unterschiedlichen Entwicklungen in den einzelnen Sprachen sind vor allem darauf zurückzuführen, dass sich entweder nicht überall die vulgärlateinischen Neuerungen durchgesetzt oder dass unterschiedliche Wörter aus dem Vulgärlatein in die romanischen Sprachen Eingang gefunden haben.

Die Bezeichnungen für ‚Pferd' und Stute' in den romanischen Sprachen

Ein bekanntes Beispiel, durch das sich dieser Sachverhalt anschaulich illustrieren lässt, ist die Herausbildung der Bezeichnungen für das männliche und das weibliche Pferd. Sie lauteten im klassischen Latein EQUUS bzw. EQUA. Das Wort EQUUS ist in keiner romanischen Sprache erhalten geblieben. Stattdessen hat sich in allen romanischen Sprachen das schon ab dem 2. Jahrhundert v. Chr. im Vulgärlateinischen gebräuchliche CABALLUS durchgesetzt. Es diente ursprünglich zur Bezeichnung für ‚Arbeits- und Zugpferd' und hatte eine leicht pejorative Nuance als ‚Gaul' (Rohlfs 1971b: 84f):

Latein		Portugiesisch	Spanisch	Französisch	Italienisch	Rumänisch
EQUUS	‚Pferd'	---	---	---	---	---
CABALLUS	‚Arbeitspferd, Gaul'	*cavalo*	*caballo*	*cheval*	*cavallo*	*cal*

Bei der Herausbildung des Wortes für ‚Stute' sind unterschiedliche Entwicklungen eingetreten. Die Wörter der iberoromanischen Sprachen und des Rumänischen gehen auf klat. EQUA zurück. Dies ist auch im Altfranzösischen der Fall. Ab dem 12. Jahrhundert wird parallel dazu ein auf vlat. JUMENTUM zurückgehendes Wort verwendet, das ähnlich wie CABALLUS ursprünglich ‚Zug- und Lasttier' bedeutete. Möglicherweise aufgrund seines volleren Lautkörpers setzt sich dieses Wort schließlich im Neufranzösischen durch. Vermutlich durch Entlehnung ist es später in das Korsische und nach Süditalien gelangt. Eine andere, im Vulgärlatein neu entstandene Form ist die feminine Form von CABALLUS, die im (Standard-)Italienischen ihre Fortsetzung findet (Anttila 1989: 133f, Rohlfs 1971b: 84ff).

Latein		Portugiesisch	Spanisch	Französisch		Italienisch	Rumänisch
				Altfranzösisch	Neufranzösisch		
EQUA(M)	‚Stute'	*égua*	*yegua*	*ieve*	---	---	*iapă*
CABALLA(M) (zu CABALLUS)	‚weibliches Pferd'	---	---	---	---	*cavalla*	---
IUMENTU(M)	‚Zug-, Lasttier'	(*jumento* ‚Esel')	(*jumento* ‚Esel')	*jument*	*jument*	*giumenta*	---

Ein weiteres Beispiel für die Fortführung unterschiedlicher (vulgär-)lateinischer Wörter ist die Herausbildung der Bezeichnungen für ‚essen'. Wie im 5. Kapitel gezeigt, ist das klassisch-lateinische Wort EDERE/ĒSSE bereits im Vulgärlateinischen verschwunden. Im Spanischen und Portugiesischen ist stattdessen das vulgärlateinische Ersatzwort COMEDERE ‚aufessen' erhalten geblieben. Im größten Teil der Romania hat sich vlat. MANDUCARE ‚kauen' durchgesetzt. In einigen Varietäten des Sardischen hat außerdem die kindersprachliche Bildung PAPPARE als *pappai* eine Fortsetzung gefunden und in der surselvischen Varietät des Bündnerromanischen hat sich auf der Grundlage des spätlateinischen Wortes MAGULUM, das sich aus griech. *mágoulon* ‚Backe' ableitet, das Verb *magliar* gebildet (Rohlfs 1971b: 74f).

Latein		Portugiesisch	Spanisch	Französisch	Italienisch	Rumänisch
EDERE/ESSE	‚essen'	---	---	---	---	---
COMEDERE	‚aufessen'	*comer*	*comer*	---	---	---
MANDUCARE	‚kauen'	--	--	*manger*	*mangiare*	*mânca*

Auch bei der Bezeichnung für ‚Kopf' weisen das Portugiesische und Spanische eine eigenständige Entwicklung auf. Das klassisch-lateinische Wort CAPUT ist dort zum einen wie in vielen anderen romanischen Sprachen noch als *cabo* in der übertragenden Bedeutung ‚Ende; Kap; Schiffstau' erhalten geblieben und zum anderen als Lehnwort (aus dem Französischen) in Form von port. *chefe* bzw. sp. *jefe* übernommen worden. Die eigentliche Bezeichnung für ‚Kopf' leitet sich in beiden Sprachen aus einer Form von lat. CAPITIUM ‚Kopföffnung (in der Tunika)' ab. In einigen anderen romanischen Sprachen findet das Wort noch in anderen Bedeutungen eine Fortsetzung, z. B. im Französischen als *chevet* ‚Kopfende' oder im Italienischen als *cavezza* ‚Halfter'. Im Neufranzösischen und (Standard-)Italienischen bildet vlat. TESTA ‚Tonkrug; Scherbe' die Grundlage für die Bezeichnung für ‚Kopf'. Als Synonym war im Altfranzösischen außerdem das auf vlat. CAPUT zurückgehende *ch(i)ef* gebräuchlich, das im Neufranzösischen die Bedeutung ‚Kopf' aber verloren hat. Im Katalanischen, Rätoromanischen und Rumänischen sowie in zahlreichen regionalen Varietäten des Italienischen und Okzitanischen ist hingegen klat. CAPUT in seiner ursprünglichen Bedeutung erhalten geblieben. Im Sardischen hat ein anderer bildhafter Ausdruck, nämlich CONCA ‚Muschel', die Bedeutung von ‚Kopf' erhalten. Ähnliches gilt auch für das in den Abruzzen gesprochene Italienische, wo *coccia* ursprünglich ‚Muschelschale' bedeutete (Rohlfs 1971b: 173f).

Latein		Portugiesisch	Spanisch	Französisch		Italienisch	Rumänisch
				Altfranzösisch	Neufranzösisch		
CAPUT	‚Kopf'	*(cabo)* *(chefe)*	*(cabo)* *(jefe)*	*ch(i)ef*	*(cap)* *(chef)*	*capo*	*cap*
CAPITIU(M)	‚Kopföffnung (in der Tunika)'	*cabeça*	*cabeza*	*(chevez)*	*(chevet)*	*(cavezza)*	---
TESTA(M)	‚Tonkrug; Scherbe'	*(testa)*	--	---	*tête*	*testa*	---

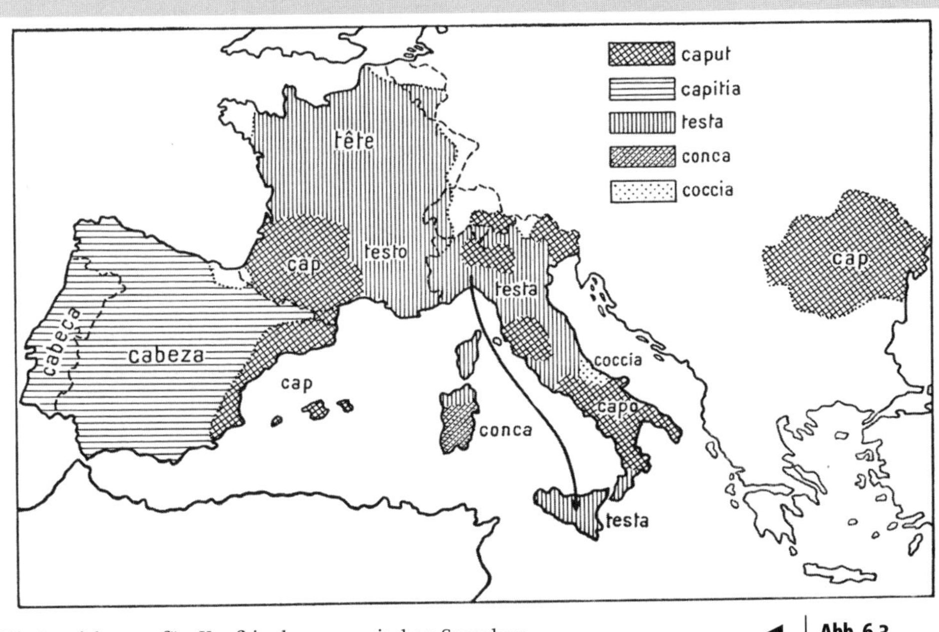

Die Bezeichnung für ‚Kopf' in den romanischen Sprachen

◄ **Abb. 6.3**

Entlehnungen

Eine zentrale Rolle bei der Ausdifferenzierung des Wortschatzes der romanischen Sprachen spielen die unterschiedlichen fremdsprachlichen Einflüsse, die die einzelnen Sprachen erfahren haben. Wie bereits im zweiten Kapitel gezeigt, nimmt hier das Rumänische eine besondere Rolle ein, da es aufgrund des starken Einflusses von slavischen Sprachen die größten Besonderheiten im Wortschatz der romanischen Sprachen aufweist.

Slavische Lehnwörter im Rumänischen

Der slavische Einfluss auf das Rumänische ist sehr alt. Es wird vermutet, dass viele slavische Wörter bereits in frührumänischer Zeit und somit vor allem aus dem Altkirchenslavischen etwa zwischen dem 7. und 9. Jahrhundert in das Rumänische gelangt sind. Viele dieser Wörter gehören dem Kernwortschatz an (Tagliavini 1998: 258, Sala 1999: 99f, Roegiest 2006: 113, Alkire & Rosen 2010: 311):

▶

Altkirchenslavisch		Rumänisch
svętŭ	‚heilig'	*sfânt*
bogatŭ	‚reich'	*bogat*
ljubiti	‚lieben'	*iubi*
dragŭ	‚lieb'	*drag*
slabŭ	‚schwach'	*slab*
razboi	‚Gewalt'	*războí* ‚Krieg'

Exkurs

Der rumänische Wortschatz weist etwa hundert Erbwörter auf, die entweder ausschließlich im Rumänischen oder nur noch in einer weiteren romanischen Sprache erhalten geblieben sind (Tagliavini 1998: 257, Sala 1999: 42f)

▶

Latein		Rumänisch	Spanisch	Französisch	Italienisch
LIBERTĀRE	‚(von Schuld) befreien; verzeihen'	*ierta*	---	---	---
*PERDONARE		---	*perdonar*	*pardonner*	*perdonare*
LI(N)GULA	‚Löffel'	*lingură*	---	---	---
COC(H)LEĀRIU(M)		---	*cuchara*	*cuillère*	*cucchiaio*
VENETUS	‚bläulich; blau'	*vânăt*	---	---	---
		---	*azul* (< arab.)	*azur* (< arab.), *bleu* (<germ.)	*azzurro* (< arab.) *blu* (< frz.)

Wie im nächsten Kapitel noch gezeigt werden wird, gibt es außerdem einige rumänische Erbwörter, die in den romanischen Sprachen nur noch im Spanischen und Portugiesischen erhalten geblieben sind, z. B. rum. *frumos* ‚schön' und sp. *hermoso*, port. *formoso*, rum. *fierbe* ‚kochen' und sp. *hervir*, port. *ferver*.

Entlehnungen aus dem Arabischen

Besondere Erwähnung verdienen die Entlehnungen aus dem Arabischen, die in allen romanischen Sprachen anzutreffen sind. Die größte Anzahl von Arabismen gibt es im Spanischen und Portugiesischen. In der Regel handelt es sich hierbei um Wörter aus dem Bereich der Wissenschaft, vor allem Astronomie, Mathematik, Medizin und Philosophie, der Verwaltung und der Seefahrt. Die romanischen Sprachen unterscheiden sich bei den direkten Entlehnungen aus dem Arabischen vor allem durch die Behandlung des arabischen Artikels, der an das Substantiv gebunden ist. Das Portugiesische und Spanische haben in der Regel die Wörter zusammen mit dem Artikel aus dem Arabischen entlehnt. Dies wird bisweilen darauf zurückgeführt, dass der von den maurischen Besatzern gesprochene arabische Dialekt stark von der Sprache der Berber, die federführend an der Besetzung der Iberischen Halbinsel mitgewirkt hatten, beeinflusst war. Da das Berberische keinen definiten Artikel besitzt, erkannten diese möglicherweise den arabischen Artikel nicht als solchen und analysierten ihn als Teil des Substantivs. In den Lehnwörtern der anderen romanischen Sprachen wurde hingegen der Artikel zumeist nicht mit entlehnt. Diese Wörter sind teilweise durch den direkten Kontakt mit den Arabern auf Sizilien, das im Mittelalter ebenfalls ca. 250 Jahre unter muslimischer Herrschaft stand, in diese Sprachen gelangt (Tagliavini 1998: 256, Corriente Córdoba 2004: 199f):

Arabisch		Portugiesisch	Spanisch	Französisch	Italienisch
(as-)súkkar	‚Zucker'	*açúcar*	*azúcar*	*sucre*	*zucchero*
(as-)zaᵉfarān	‚Safran'	*açafrão*	*azafrán*	*safran*	*zafferano*
(al-)quṭn	‚Baumwolle'	*algodão*	*algodón*	*coton*	*cotone*
(al-)maḫzan	‚Lager'	*armazém*	*almacén*	*magasin*	*magazzino*

Entlehnungen aus dem Schriftlatein

Bei der Entwicklung des Wortschatzes der romanischen Sprachen spielt auch der Einfluss des geschriebenen Lateins eine große Rolle.

Durch den ständigen Austausch der entstehenden romanischen Sprachen mit dem am Klassischen Latein angelehnten Schriftlatein ist es immer wieder zur Neubildung oder Umbildung von Wörtern in den romanischen Sprachen gekommen. Man spricht hier von gelehrtem lateinischen Einfluss (Latinismus) und unterscheidet vor allem zwischen **‚gelehrten' Wörtern** und **‚halbgelehrten' Wörtern**. Anders als die Erbwörter haben diese Wörter die regelmäßigen Lautentwicklungen nur teilweise oder gar nicht erfahren. Bei der Unterscheidung dieser Worttypen lassen sich allerdings oft keine klaren Grenzlinien ziehen (Lapesa 1981: 107ff, Stefenelli 1981: 156-161, Penny 2002: 39f).

Definition

Unter **‚gelehrten' Wörtern** (auch ‚Buchwörter' genannt) versteht man in den romanischen Sprachen Wörter, die direkt aus dem hochsprachlichen oder fachsprachlichen Schriftlatein (oder dem Schriftgriechischen) übernommen wurden und daher nicht die typischen Lautveränderungen, durch die romanische Erbwörter gekennzeichnet sind, aufweisen.

‚Gelehrte' Wörter sind vor allem an ihrer phonetischen Form zu erkennen. So ist beispielsweise bei sp. *regular* ‚regelmäßig, gewöhnlich', das auf lat. RĒGULĀRIS zurückgeht, zu beobachten, dass es nicht die für das Vulgärlateinische typische Tilgung des unbetonten Vokals im Wortinneren aufweist. Im Vergleich dazu ist beim spanischen Erbwort *reja* ‚Gitter' zu erkennen, dass bei dessen Entwicklung der unbetonte Vokal *u* weggefallen ist und die neu entstandene Konsonantengruppe -GL- anschließend zu /x/ (<j>) geworden ist: klat. RĒGULA ‚Richtholz, Lineal', vlat. REGLA > *reja*.

Die Übernahme von ‚gelehrten' Wörtern ist wie bei den meisten Neubildungen darauf zurückzuführen, dass Bezeichnungslücken aufgefüllt oder zusätzliche Differenzierungen des Wortschatzes vorgenommen wurden. Sehr häufig sind Fachbegriffe ‚gelehrte' Wortbildungen. Wie eben dargestellt, ist das klassisch-lateinische Wort für ‚Pferd' EQUUS in keiner romanischen Sprache erhalten geblieben. In der Reiterfachsprache gibt es allerdings in vielen romanischen Sprachen Begriffe, die von EQUUS abgeleitet sind und somit als ‚gelehrte' Wörter in den Wortschatz dieser Sprachen übernommen wurden: frz. *équestre, équitation*, it. *equestre, equitazione*, sp. *ecuestre, equitación* ‚Reiter..., Reitkunst' (Reutner & Schwarze 2011: 9).

Für die Entstehung ‚halbgelehrter' Wörter, die bisweilen auch ‚Begleitwörter' genannt werden (Große 1975: 59), wird vor allem der

Einfluss der Kirchen- und Bildungssprache als ausschlaggebend angesehen (Wright 1976):

Definition

Als **‚halbgelehrt'** werden Wörter bezeichnet, die ebenso wie Erbwörter unmittelbar aus dem Vulgärlatein tradiert wurden, deren spontansprachliche Entwicklung jedoch gebremst (oder zurückgebildet) wurde, sodass sie nur einen Teil der regelmäßigen Lautveränderungen aufweisen.

Ein Beispiel aus dem spanischen Wortschatz ist das Wort *regla* ‚Regel'. Es ist ebenso wie sp. *reja* ‚Gitter' aus lat. RĒGULA ‚Richtholz, Lineal' abgeleitet und weist auch die typische Tilgung des unbetonten Vokals auf. Allerdings ist die weitere Entwicklung -GL- > /x/ nicht mehr eingetreten, sondern wurde durch ‚gelehrten' Einfluss blockiert. Somit weist *regla* im Gegensatz zu *reja* nicht alle regelmäßigen Lautveränderungen des Spanischen auf (Penny 2002: 40).

Dubletten

Das Beispiel von sp. *reja, regla* und *regular* zeigt auch, dass die Bildung von ‚gelehrten' und ‚halbgelehrten' Wörtern zur Entstehung von **Dubletten** führen kann. Hierbei handelt es sich um Paare von Wörtern, die jeweils auf demselben lateinischen Etymon basieren. Dubletten gibt es in allen romanischen Sprachen. Ein bekanntes Beispiel sind diejenigen Wörter, die auf lat. CAUSA ‚Ursache, Grund' basieren. Bei der spontansprachlichen Entwicklung dieses Wortes ist im Spanischen, Französischen und Italienischen die in diesen Sprachen regelmäßige Monophthongierung von lat. AU eingetreten. Gleichzeitig hat das Wort eine Verallgemeinerung der Bedeutung zu ‚Sache, Gegenstand' erfahren. Später ist durch Entlehnung aus dem klassischen Latein ein ‚gelehrtes' Wort in den Wortschatz dieser Sprachen aufgenommen worden, das ebenfalls auf dem Etymon CAUSA ‚Sache' basiert. Der Unterschied zum Erbwort besteht darin, dass sowohl der Diphthong als auch die ursprüngliche Bedeutung erhalten geblieben sind (Lüdtke 1998, Müller-Lancé 2012: 48):

Latein		Spanisch	Französisch	Italienisch	
CAUSA	‚Grund, Ursache'	*cosa*	*chose*	*cosa*	‚Sache, Gegenstand' (Erbwort)
		causa	*cause*	*causa*	‚Ursache, Grund' (Buchwort)

Zählweise in den romanischen Sprachen

Eine besondere Entwicklung im Bereich des Wortschatzes ist bei der Entstehung der Zahlwörter in den romanischen Sprachen zu beobachten. Hier ist es vor allem bei den Zahlen über 15 zu teilweise sehr unterschiedlichen Entwicklungen gekommen. Die Zahlen 1-10 haben fast alle romanischen Sprachen aus dem Lateinischen ererbt. Für die Zahl ‚eins' kennen alle Sprachen jeweils eine maskuline und feminine Form, die auch als indefiniter Artikel dient. In einigen Sprachen ist die Genusunterscheidung des Lateinischen bei der Zahl ‚zwei' ebenfalls erhalten geblieben (Tamás 1983: 107ff, Gabriel & Meisenburg 2014: 49):

Latein			Portugiesisch		Spanisch		Katalanisch		Französisch		Rätoromanisch		Italienisch		Rumänisch	
m.	f.	n.	m.	f.	m.	f.	m.	f.	m.	f.	m.	f.	m.	f.	m.	f.
ŪNUS	ŪNA	ŪNUM	*um*	*uma*	*uno*	*una*	*un*	*una*	*un*	*une*	*in*	*ina*	*uno*	*una*	*unu*	*una*
DUO	DUAE	DUO	*dois*	*duas*	*dos*		*dos*	*dues*	*deux*		*dus*	*duas*	*due*		*doi*	*două*
TRĒS	TRĒS	TRIA	*três*		*tres*		*tres*		*trois*		*trais*		*tre*		*trei*	
QUATTUOR			*quatro*		*cuatro*		*quatre*		*quatre*		*quatter*		*quattro*		*patru*	
QUĪNQUE			*cinco*		*cinco*		*cinc*		*cinq*		*tschintg*		*cinque*		*cinci*	
SEX			*seis*		*seis*		*sis*		*six*		*sis*		*sei*		*șase*	
SEPTEM			*sete*		*siete*		*set*		*sept*		*siat*		*sette*		*șapte*	
OCTŌ			*oito*		*ocho*		*vuit*		*huit*		*otg*		*otto*		*opt*	
NOVEM			*nove*		*nueve*		*nou*		*neuf*		*nov*		*nove*		*nouă*	
DECEM			*dez*		*diez*		*deu*		*dix*		*diesch*		*dieci*		*zece*	

Die Zahlen 11-19 wurden im Lateinischen periphrastisch ausgedrückt. Sie liefern bis zur Zahl 15 in fast allen romanischen Sprachen die etymologische Grundlage für die entsprechenden Zahlwörter. Eine Ausnahme bildet das Rumänische, das – vermutlich aufgrund des Einflusses aus dem Slavischen – neue periphrastische Formen herausgebildet hat, die auf die vulgärlateinischen Formen UNU SUPER DECIM etc. zurückgehen (Mallinson 2009: 263). In den meisten anderen romanischen Sprachen gibt es ab den Zahlen 16 bzw. 17 neue periphrastische Bildungen (Tamas 1983: 107ff, Detges 2003: 35-44).

Latein	Portugiesisch	Spanisch	Katalanisch	Französisch	Rätoromanisch	Italienisch	Rumänisch
ŪNDECI(M)	*onze*	*once*	*onze*	*onze*	*indesch*	*undici*	*unsprezece*
DUODECI(M)	*doze*	*doce*	*dotze*	*douze*	*dudesch*	*dodici*	*doisprezece*
TREDECI(M)	*treze*	*trece*	*tretze*	*treize*	*tredesch*	*tredici*	*treisprezece*
QUATTUORDECI(M)	*catorze*	*catorce*	*catorze*	*quatorze*	*quattordesch*	*quattordici*	*paisprezece*
QUĪNDECI(M)	*quinze*	*quince*	*quinze*	*quinze*	*quindesch*	*quindici*	*cincisprezece*
SĒDECI(M)	*dezasseis*	*dieciséis*	*setze*	*seize*	*sedesch*	*sedici*	*şaisprezece*
SEPTENDECI(M)	*dezassete*	*diecisiete*	*disset*	*dix-sept*	*deschset*	*diciassette*	*şaptesprezece*
DUODĒVĪGINTĪ	*dezoito*	*dieciocho*	*divuit*	*dix-huit*	*deschdotg*	*diciotto*	*optsprezece*
ŪNDĒVĪGINTĪ	*dezanove*	*diecinueve*	*dinou*	*dix-neuf*	*deschnov*	*diciannove*	*nouăsprezece*

Bei den Zahlen von 20-100 handelt es sich in den meisten romanischen Sprachen um Erbwörter, die auf die lateinischen, periphrastisch gebildeten Zahlwörter zurückgehen. Eine Sonderrolle nehmen das Rumänische und Französische ein. Das Rumänische bildet analog zur lateinischen Zählweise neue periphrastische Formen nach dem Muster 2x10, 3x10 usw. heraus. Das Französische weist ab der Zahl 70 eine **Vigesimalzählweise** auf, d. h. eine Zählweise, die auf einem 20er-System basiert.

Latein	Spanisch	Französisch	Italienisch	Rumänisch
VĪGINTĪ	*veinte*	*vingt*	*venti*	*douăzeci*
TRIGINTA	*treinta*	*trente*	*trenta*	*treizeci*
QUADRAGINTA	*cuarenta*	*quarante*	*quaranta*	*patruzeci*
QUINQUAGINTA	*cincuenta*	*cinquante*	*cinquanta*	*cin(ci)zeci*
SEXAGINTA	*sesenta*	*soixante*	*sessanta*	*şaizeci*
SEPTUAGINTA	*setenta*	*soixante-dix*	*settanta*	*şaptezeci*
OCTOGINTA	*ochenta*	*quatre-vingts*	*ottanta*	*optzeci*
NONAGINTA	*noventa*	*quatre-vingt-dix*	*novanta*	*nouăzeci*
CENTUM	*cien, ciento*	*cent*	*cento*	*o sută*

Zusammenfassung

Bei der Ausgliederung der romanischen Sprachen aus dem Vulgärlateinischen sind in allen Bereichen der Grammatik einschneidende Veränderungen zu beobachten. Eine Neuerung im lautlichen Bereich ist die spontane Diphthongierung betonter Vokale, die in vielen romanischen Sprachen eingetreten ist. Darüber hinaus haben insbesondere die Vokale des Französischen noch eine Vielzahl weiterer Veränderungen erfahren. Bei den Konsonanten ist mit der Palatalisierung der velaren Laute c und g eine bereits im Vulgärlatein weit verbreitete Entwicklung fortgeführt worden, indem in fast allen romanischen Sprachen diese Laute palatalisiert wurden, wenn sie vor /e/ und /i/ auftraten. Im Französischen und vielen anderen galloromanischen Sprachen und Varietäten ist diese Palatalisierung regelmäßig auch vor /a/ eingetreten. Eine weitere wichtige Veränderung der Konsonanten betrifft die intervokalischen Verschlusslaute. Sie sind in den meisten romanischen Sprachen sonorisiert worden und nur im Rumänischen, Dalmatischen und den Dialekten Mittel- und Süditaliens stimmlos geblieben. Dieser Unterschied bildet eine der Grundlagen für die Unterscheidung zwischen den west- und ostromanischen Sprachen. Ein weiteres Unterscheidungskriterium betrifft die morphologische Entwicklung: Während die ostromanischen Sprachen den Plural im Nominalbereich vokalisch markieren, bilden die westromanischen Sprachen den Plural in der Regel durch das Anfügen des Suffixes *-s*. Es ist umstritten, ob daher für die Pluralformen in den ostromanischen Sprachen der Nominativ als etymologische Grundlage angenommen werden muss oder ob die Substantive der romanischen Sprachen einheitlich auf die Akkusativform des Vulgärlateinischen zurückgeführt werden können. Insgesamt sind im Nominalbereich einschneidende Veränderungen bei der Ausgliederung der romanischen Sprachen zu beobachten. Hierzu gehört vor allem der fast vollständige Verlust der Kasusunterscheidungen sowie die Herausbildung der klitischen Objekt- und teilweise auch Subjektpronomina. Im Verbalbereich hingegen sind abgesehen von der Reduktion der Konjugationsklassen und der Herausbildung neuer Futur- (und Konditional-)Formen nur wenige Neuerungen eingetreten. Zu den wichtigsten syntaktischen Veränderungen gehört die Herausbildung einer festen SVO-Wortstellung in deklarativen Hauptsätzen. Abweichungen von dieser Grundwortstellung treten zum einen in vielen frühromanischen Sprachen auf, die häufig eine XVS-Stellung aufwiesen. Zum anderen haben sich in allen romanischen Sprachen die neu entstandenen schwachtonigen Objektpronomina zu proklitischen Elementen entwickelt, die regelmäßig vor dem Verb auftreten. Im lexikalischen Bereich sind ebenfalls umfangreiche Änderungen zu beobachten, die zur Ausdifferenzierung der romanischen Sprachen beigetragen haben.

Literatur

Dieses Kapitel stützt sich vor allem auf die Arbeiten von Lausberg (1967, 1969, 1972), Rohlfs (1971b) und Tagliavini (1998). Für die Darstellung der besonderen einzelsprachlichen Entwicklungen wurden unter anderem Rheinfelder (1976a, 1976b), Penny (2002) und Devoto (1968) konsultiert. Für die Zusammenstellung der Beispiele und die Erstellung der Übersichtstabellen wurde insbesondere auf die Einführungen von Zauner (1921, 1926) und Tamás (1983) sowie auf Schwarze (1992), Klausenburger (2001), Alkire & Rosen (2010) und Varvaro (2010) zurückgegriffen.

Testfragen

(1) *Welche zwei Vokale des (späten) Vulgärlateins sind in der Weiterentwicklung zum Französischen, Italienischen und Spanischen von der ersten spontanen Diphthongierung betroffen? Wodurch unterscheidet sich diese Diphthongierung in den drei Sprachen? Illustrieren Sie diese unterschiedliche Entwicklung anhand zweier lateinischer Beispielwörter für alle drei Sprachen.*

(2) *Aufgrund welcher Unterschiede in der lautlichen und in der morphologischen Entwicklung bei der Herausbildung der romanischen Sprachen wird die Einteilung in West- und Ostromania vorgenommen?*

(3) *Erläutern Sie die Entwicklung von Wörtern im Spanischen, die im Lateinischen mit* F- *anlauteten. Welche besondere Entwicklung ist hier im Vergleich zu anderen romanischen Sprachen zu beobachten? Worin besteht der Unterschied zur Entwicklung dieser Wörter im Gaskognischen?*

(4) *Im schweizerischen Graubünden und in einigen daran angrenzenden Gebieten gibt es Ortschaften, die sowohl einen deutschen als auch einen romanischen Namen tragen. Der deutsche Name endet dabei stets auf -s:*
Truns/Trun, Brigels/Breil, Flims/Flem, Fellers/Falera, Bevers/Bever, Klosters/Claustra, Mals/Damal, Taufers/Tuor
a. *Von welchem mittelalterlichen Phänomen, das für zwei frühromanische Sprachen belegt ist, könnte diese unterschiedliche Markierung ein Überbleibsel sein?*
b. *In welchen beiden frühromanischen Sprachen ist dieses Phänomen belegt?*

7 | Gründe für die Ausgliederung der romanischen Sprachen

Inhalt

Dieses Kapitel beschäftigt sich mit den möglichen Gründen, die die Ausgliederung der romanischen Sprachen aus dem Vulgärlateinischen bewirkt haben. Dabei stehen drei Aspekte im Mittelpunkt: die Rolle des Romanisierungsprozesses (7.1), der Einfluss der Kontaktsprachen (7.2) und die Rolle sonstiger Faktoren (7.3).

Im 2. Kapitel wurde gezeigt, dass bei den Versuchen, Sprachwandel zu erklären, häufig zwischen Ansätzen der externen und der internen Sprachgeschichte unterschieden wird. Dabei wurde deutlich, dass eine klare Trennung hier nicht möglich ist. Häufig werden für Sprachwandelprozesse mehrere Ursachen angenommen. Dies gilt auch für die zahlreichen Versuche zur Erklärung der Ausgliederung der romanischen Sprachen aus dem Vulgärlateinischen. In einer Auswertung der wichtigsten Erklärungsansätze legt Stefenelli (1996: 73) dar, dass „als Gesamtdeutung des Phänomens nur ein Zusammenwirken einer Mehrzahl von Faktoren in Betracht kommt", da „die progressive regionale Differenzierung des Latein und Ausgliederung der romanischen Sprachen einen sehr komplexen Entwicklungsprozeß darstellt, [...] dessen adäquate gesamthafte Deutung nur aus der Zusammenschau einer Vielzahl verschiedenartiger Gesichtspunkte [...] möglich sein wird". In Anlehnung an Stefenelli (1996: 74) lassen sich die in der Forschung angeführten Faktoren hinsichtlich dreier übergeordneter Gesichtspunkte zusammenfassen:

1) Differenzierung des Lateins aufgrund von Entwicklungen im Verlauf des Romanisierungsprozesses;

2) Differenzierung des Lateins und der entstehenden romanischen Sprachen aufgrund fremdsprachlicher Einflüsse;

3) Differenzierung des Lateins und der entstehenden romanischen Sprachen durch voneinander abweichende Eigenentwicklungen aufgrund sonstiger Faktoren.

Im Folgenden sollen auf der Grundlage dieser Einteilung diese Faktoren im Einzelnen betrachtet und anhand von Beispielen, die geführt worden. Dieser – sehr umstrittene – Versuch, der auf Wartburg (1950) zurückgeht, basiert auf der Annahme, dass die Romanisierung der westromanischen Sprachgebiete vorwiegend durch gebildete Bevölkerungsschichten und städtische Einwohner durchgeführt wurde, die ein mutmaßlich eher an der Standard- und Literatursprache orientiertes Latein gesprochen hatten. Für die – später erfolgte – Eroberung der östlichen Teile des Römischen Reiches, insbesondere Dakiens, vermutet Wartburg (1950: 22) hingegen, dass sie von „unteren Bevölkerungsschichten" durchgeführt wurde, „die eben, besonders wenn sie aus Italien kamen, die rustike Aussprache des Latein mitbrachten", das seiner Ansicht nach durch die Auslassung von -s gekennzeichnet war. Für Wartburg (1950: 22) ist es daher „im wesentlichen der soziale Unterschied zwischen den Bannerträgern der Latinisierung, der diese Scheidung zwischen östlichem und westlichem Latein verursachte".

Gegen diese These spricht einerseits die Tatsache, dass etwa in Pompeij und anderen Gebieten der Ostromania zahlreiche Belege für die Verwendung von -s gefunden wurden, sodass keinesfalls von einem allgemeinen Ausfall dieses Lautes in der vulgärlateinischen Umgangssprache Italiens ausgegangen werden kann. Andererseits finden sich auch in Gallien und Hispanien lateinische Quellen, in denen -s fehlt. Dies deutet eher darauf hin, dass -s – wie andere Auslautkonsonanten auch – im Vulgärlatein generell dazu tendierte, ausgelassen zu werden (Löfstedt 1973: 110).

Unterschiedlicher Verlauf der Romanisierung auf der Iberischen Halbinsel

Auch für die Ausgliederung der romanischen Sprachen auf der Iberischen Halbinsel ist der Einfluss von divergierenden **sozio-kulturellen Faktoren** in Verbindung mit dem Verlauf der Romanisierung geltend gemacht worden. Die Eroberung der Halbinsel ist im Zuge des 2. Punischen Kriegs (218-201 v. Chr.) in zwei Richtungen erfolgt. Sie führte zunächst zur Gründung von zwei Provinzen, der östlichen, näher an Rom gelegenen Hispania Citerior, die weitgehend der späteren Provinz Tarraconensis entspricht, und der südwestlichen Hispania Ulterior, die später in die Provinzen Baetica und Lusitania unterteilt wurde.

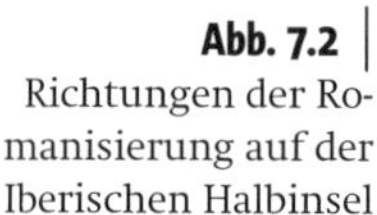

Abb. 7.2 | Richtungen der Romanisierung auf der Iberischen Halbinsel

Richtungen der Romanisierung
(vgl. H. Kiepert, *Atlas Antiquus*, Berlin o. J., Teil der K. 10)

——— Grenze zwischen Hispania Citerior (Tarraconensis) und Hispania Ulterior (Baetica und Lusitania)

– – – – – Grenzen der selbständigen Gallaecia und der Tarraconensis

⟶ Die zwei Romanisierungsströme

Das Gebiet der Provinz Baetica wurde relativ früh romanisiert und war Ausgangspunkt für die Romanisierung Lusitaniens, das teilweise dem heutigen Portugal entspricht, und der nordwestlichen Gebiete der Iberischen Halbinsel, dem heutigen Galicien und Asturien. Die Baetica war städtisch geprägt und stand in engem Kontakt mit Rom. Sie war höher entwickelt und daher vermutlich sprachlich konservativer orientiert als die mehr von Bauern besiedelte und nur allmählich romanisierte östliche Hispania Citerior (Berschin, Fernández-Sevilla & Felixberger 2012: 73f).

Gemäß einer unter anderem von Meier (1978: 205) vertretenen – und ebenfalls umstrittenen – These ist dieser „Dualismus von Hispania Citerior und Ulterior" noch heute sprachlich auf der Iberischen Halbinsel präsent, und zwar durch den „Gegensatz von Katalanisch-Aragonesisch einerseits sowie Portugiesisch und Asturisch-Leonesisch andererseits [...], wobei das Kastilische die Züge bald der ersten, bald der zweiten Gruppe trägt". Der Gegensatz wird in einigen sprachlichen Unterschieden gesehen, in denen sich das Portugiesische und oft auch das Asturisch-Leonesische konservativer als das Katalanische und teilweise auch als das Spanische verhalten. Hierzu gehören Unterschiede im Wortschatz, z. B. lat. COMEDERE ‚verzehren' versus vlat. *MANDUCARE ‚kauen', und einige unterschiedliche lautliche Entwicklungen, z. B. Erhalt versus Verlust von lat. -Ŭ und von lat. -MB- sowie Bewahrung versus Monophthongierung der vulgärlateinischen Diphthonge /aw/ und /aj/ (Baldinger 1972: 104-110, Lang 1998: 43, Bollée & Neumann-Holzschuh 2003: 32):

Latein		Portugiesisch	Asturisch-Leonesisch	Spanisch (Kastilisch)		Katalanisch-Aragonesisch	
COMEDERE		*comer*	*comer*	*comer*			‚essen'
*MANDUCARE						*menjar*	
-Ŭ >	/-u/	*port**o*** [-u]	*puert**u***				‚Hafen'
	/-o/, [-]				*puert**o***	*port*	
-MB- >	mb	*po**mb**a*	*palo**mb**u*				‚Taube'
	mb				*palo**m**a*	*colo**m*** / *palo**m**a*	
/aw/ >	/ow/	***pou**co*	*po**(u)**co*				‚wenig'
	/o/				***po**co*	***po**c*	
/aj/ >	/ej/	*ferr**ei**ro*					‚Schmied'
	/e/		*ferr**e**ru*		*ferr**e**ro*	*ferr**e**r*	

Unterschiede bei der Romanisierung Galliens

Auch die sprachliche Gliederung Frankreichs zwischen dem Französischen im Norden und dem Okzitanischen im Süden ist mit dem Verlauf der Romanisierung in Verbindung gebracht worden. Die Eroberung Galliens vollzog sich in zwei Schritten. Zunächst wurde Ende des 2. Jahrhunderts v. Chr. ein großer Teil des Südens von den Römern erobert und im Jahre 118 die Provinz Narbonensis gegründet, die vor allem dem Schutz der Verbindungswege nach Spanien diente. Erst später kam es in der Folge des Gallischen Kriegs (58-51/50 v. Chr.) zur vollständigen Eroberung Galliens und der angrenzenden Gebiete (Aquitanien, Belgien, Helvetien, Britannien). Die Herausbildung des frankoprovenzalischen Sprachgebiets wiederum wird auf die jahrhundertelange Sonderstellung Lyons als wichtiges regionales Zentrum zurückgeführt (Schmitt 1982: 53f).

7.2 | Die Rolle fremdsprachlicher Einflüsse

In den meisten Studien zur romanischen Sprachgeschichte wird der Einfluss anderer Sprachen als einer der entscheidenden Faktoren für die Ausgliederung der romanischen Sprachen angesehen. In der bisherigen Forschung ist hier vor allem die Bedeutung der Einflüsse der Substrat- und Superstratsprachen hervorgehoben worden (Krefeld 2003: 557).

7.2.1 | Substrateinflüsse

Die Römer sind im Zuge der Expansion des Römischen Reiches mit vielen und sehr unterschiedlichen Sprachen in Kontakt gekommen. Im Bereich der heutigen Romania sind mit Ausnahme des Baskischen – und möglicherweise des Griechischen in Süditalien – alle diese Sprachen ausgestorben. Sie sind somit nach einer teilweise Jahrhunderte andauernden Phase, in der sie als Adstratsprachen zum Latein gewirkt haben, zu Substratsprachen für die sich entwickelnden romanischen Sprachen geworden. Ausschlaggebend dafür, dass die Sprecher der eroberten Völker allmählich ihre eigenen Sprachen zugunsten des Lateins aufgaben, waren vermutlich vor allem politisch-ökonomische und sozio-kulturelle Gründe (Janson 2006: 46ff).

Über die meisten Substratsprachen ist nur sehr wenig bekannt. Selbst ihre sprachtypologische Einordnung ist häufig kaum gesichert. Wie bereits im 2. Kapitel dargelegt, stützen sich aus diesem Grund die Theorien über die möglichen Substrateinflüsse bei der Ausgliederung der romanischen Sprachen meist nur auf indirekte Belege, wie etwa das vermutete Siedlungsgebiet der Sprecher dieser Sprachen oder der Vergleich mit noch lebenden verwandten Sprachen. Wenngleich die entsprechenden Substratthesen daher oft sehr spekulativ sind, ist es unstrittig, dass die Substratsprachen eine wichtige Rolle bei der Ausgliederung der romanischen Sprachen gespielt haben.

Substrateinflüsse im Wortschatz der romanischen Sprachen

Am wenigsten umstritten ist der Einfluss von Substratsprachen im Bereich des Wortschatzes. Wörter, die auf Substrateinfluss zurückgehen, stammen vor allem aus dem Bereich der Natur und der

Landwirtschaft (Wartburg 1950: 155, Fn.1). Ein Beispiel für das Fortwirken unterschiedlicher Substrate ist die Bezeichnung für ‚Eiche' in den romanischen Sprachen. Das Lateinische kannte dafür zwei Wörter, QUERCUS und ROBUR, die sich noch heute in einigen romanischen Sprachen finden. Im Italienischen haben sogar beide Wörter überlebt, zum einen als *quercia* (< ARBOR QUERCA ‚Eichenbaum') oder ähnlichen dialektalen Formen und zum anderen als *rovere* (< ROBUR) in der Bedeutung ‚Eichenholz' und ‚Traubeneiche'. ROBUR ist außerdem im Provenzalischen und Katalanischen als *roure* und im Spanischen als *roble* erhalten geblieben. In den meisten übrigen romanischen Sprachen haben sich hingegen Wörter durchgesetzt, die nicht lateinischen Ursprungs sind und mutmaßlich aus Substratsprachen stammen (Rohlfs 1971b: 98f):

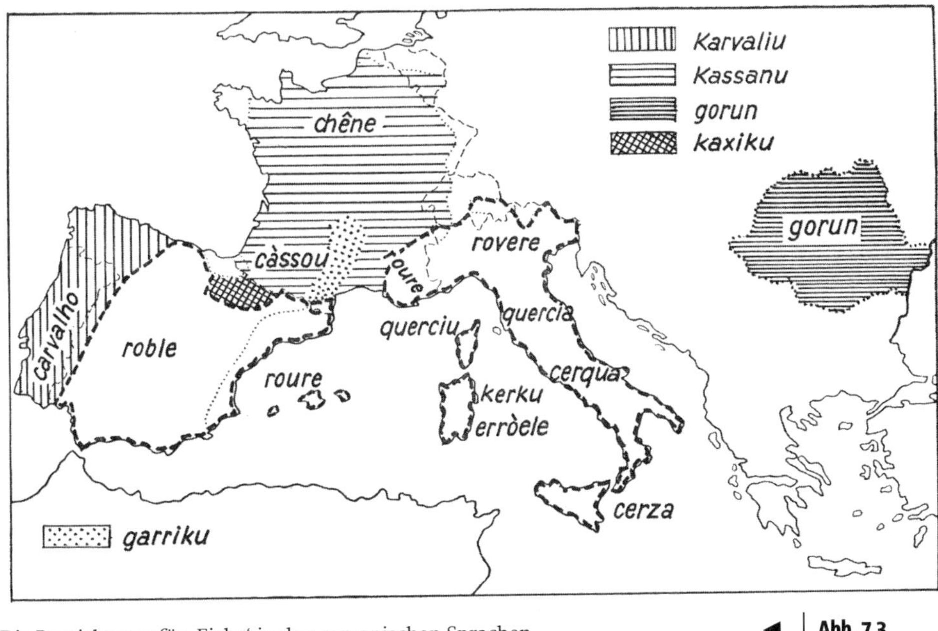

Die Bezeichnung für ‚Eiche' in den romanischen Sprachen

Abb. 7.3

In weiten Teilen Frankreichs handelt es sich dabei um das kelt. *kassanos,* das zu frz. *chêne* bzw. okz. *casse* oder *càssou* geworden ist. Für gal.-port. *carballo/carvalho* und astur. *carvajo, carbayu* legt Rohlfs (1971b: 99) ein unbekanntes „altes Wort der Pyrenäenhalbinsel" (< vorrom. *karvaliu*) zugrunde. Im Aragonesischen ebenso wie in einem kleinen Bereich des Okzitanischen liegen Wörter vor, die möglicherweise iberischer (oder ligurischer) Herkunft sind (**kaxiku* > arag. *cašico, cajico, cajigo*, **garriku* > okz. *garric*). Für das Rumänische vermutet Rohlfs (1971b: 99), dass „ein Wort aus einer untergegangenen Balkansprache" die Grundlage für rum. *gorun* bildet.

Substratsprachen in Italien

Zum Zeitpunkt der Entstehung und Ausbreitung des Lateinischen wurde eine relativ große Anzahl an Sprachen in Italien gesprochen. Die wichtigsten sind zum einen Sprachen, die ebenso wie das Lateinische zur italischen Gruppe der indoeuropäischen Sprachfamilie gerechnet werden, und zum anderen das nicht-indoeuropäische Etruskische sowie das dem Keltischen zugeordnete Lepontische (und Gallische) (Devoto 1968: 39-99, Pulgram 1978: 35-158).

Abb. 7.4 | Die vorromanischen Sprachen Italiens

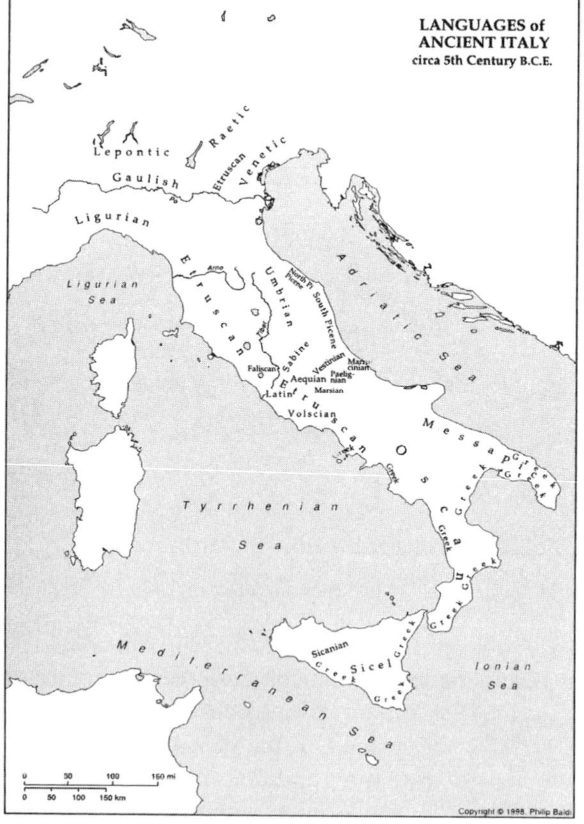

Oskisch-Umbrisches Substrat

Die Sprachen, mit denen das Latein zuerst in Kontakt getreten ist, waren andere italische Sprachen, insbesondere das Oskisch-Umbrische (Sabellisch) und das eng mit dem Lateinischen verwandte Faliskische (Tagliavini 1998: 64f, Kausen 2012: 195). Insbesondere eine charakteristische Eigenschaft, die in fast allen Dialekten Mittel- und Süditaliens anzutreffen ist, wird vielfach dem Einfluss des Oskisch-Umbrischen zugeschrieben, nämlich die **Assimilation von -*nd*- und -*mb*- zu -*nn*- und -*mm*-**, die im Standarditalienischen nicht anzutreffen ist:

Latein		Mittel- / Süditalienisch	(Standard-)Italienisch
MU**ND**U(M)	,Welt'	*mo**nn**o*	*mo**nd**o*
GA**MB**A(M)	,Pfote, Haxe; Bein'	*i̯a**mm**a*	*ga**mb**a*

Die Annahme des oskisch-umbrischen Substrats stützt sich zum einen auf das Verbreitungsgebiet dieser Eigenschaft, nämlich in Mittel- und Süditalien, und zum anderen darauf, dass ähnliche Assimilationen in einigen Belegen des Oskisch-Umbrischen gefunden wurden, z. B. lat. OPERA**ND**UM ,(zum) Arbeiten' > osk.-umbr. *úpsa**nn**am* (Merlo 1982, Rohlfs 1930, Hall 1950, Tagliavini 1998: 71ff).

Etruskisches Substrat

Neben den anderen italischen Sprachen bildete das Etruskische die erste wichtige Kontaktsprache für das sich ausbreitende Latein. Zwar gibt es einige Grabinschriften und Tontafeltexte, auf deren Grundlage das Alphabet rekonstruiert werden konnte, aber es ist nur wenig über das Etruskische bekannt. Es wird allgemein angenommen, dass es eine nicht-indoeuropäische Sprache war. Einflüsse des Etruskischen werden im Bereich des Wortschatzes vermutet, vor allem bei Wörtern, die auf *-(en)na* oder *-ina* enden, wie z. B. die Orts- oder Eigennamen *Ravenna* und *Porsen(n)a* oder Wörter wie CATĒNA ,Kette', SAGĪNA ,Mast', S(A)CĒNA ,Bühne' (Tagliavini 1998: 78f).

Sehr umstritten ist die These, wonach die für das Toskanische typische Aspiration oder Spirantisierung stimmloser Verschlusslaute (,gorgia toscana') (siehe S. 182f) auf etruskisches Substrat zurückzuführen ist. Die Annahme stützt sich vor allem auf das vermutete ursprüngliche Verbreitungsgebiet des Etruskischen, das ungefähr der heutigen Toskana entsprochen haben soll (Posner 1996: 241). Gegen diese Annahme spricht vor allem, dass auch in anderen, nicht vom Etruskischen beeinflussten romanischen Sprachen oder Varietäten, z. B. Spanisch, Sardisch, Süditalienisch, ähnliche Spirantisierungs- und Aspirierungsphänomene zu beobachten sind (Rohlfs 1969). Vieles deutet außerdem darauf hin, dass es sich hier um eine relativ neue Entwicklung im Toskanischen handelt. Haase (2013: 160) vermutet hier eine Hyperkorrektur der städtischen Bevölkerung, die sich durch die übertriebene Betonung der Stimmlosigkeit der stimmlosen intervokalischen Verschlusslaute von Sprechern aus der ländlichen Umgebung abgrenzen will, die diese Laute häufig stimmhaft aussprechen.

Das keltische Substrat

Das Keltische stellt „zweifellos das bedeutendste Substrat im romanischen Bereich" dar (Tagliavini 1998: 101). Im Bereich der heutigen Romania umfasste das Siedlungsgebiet der Kelten vor allem das ehemalige Gallien, das ungefähr dem heutigen Frankreich und Belgien entspricht und in dem Gallisch (engl. *Gaulish*) gesprochen wurde. Außerdem waren die Kelten in westlichen Norditalien ansässig, wo sie Lepontisch (engl. *Lepontic*) sprachen und von wo aus sie im 4. Jahrhundert v. Chr. bis nach Rom und vereinzelt auch nach Süditalien vordrangen. Darüber hinaus waren große Teile der Iberischen Halbinsel von Kelten besiedelt, die stark von den dort ansässigen nicht-indoeuropäischen Iberern beeinflusst wurden und Keltiberisch (engl. *Hispano-Celtic*) sprachen:

Abb. 7.5 | Die Verbreitung des Keltischen in der Antike

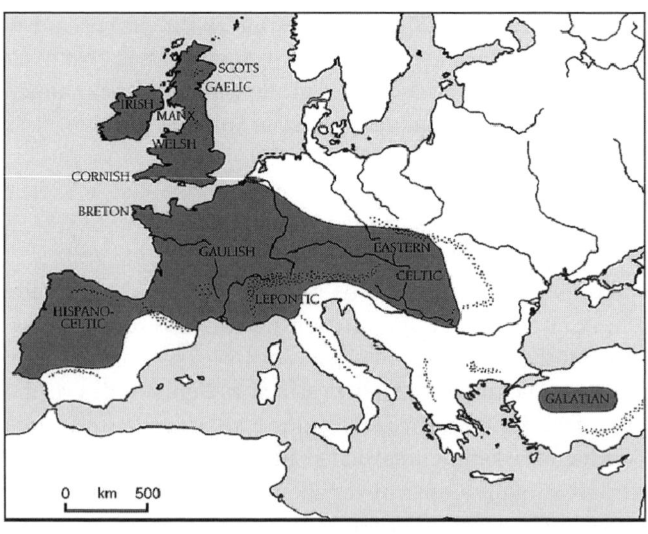

Exkurs

Die keltischen Sprachen
Im 3. Kapitel wurde bereits darauf hingewiesen, dass die keltischen Sprachen zur indoeuropäischen Sprachfamilie gehören. Sie werden in einen inselkeltischen und einen festlandkeltischen Zweig unterteilt. Zur erstgenannten Gruppe gehören neben dem **Irischen, Schottisch-Gälischen, Kornischen** und **Walisischen** (Kymrisch) auch das in Frankreich gesprochene **Bretonische**. Es ist erst im 5./6. Jahrhundert n. Chr. durch Einwanderer aus Großbritannien nach Frankreich gelangt. Somit bildet es kein Substrat für die Herausbildung des Französischen. Zu den festlandkeltischen Sprachen gehören das **Keltiberische** und das **Gallische** sowie das in Oberitalien gesprochene **Lepontische** und das in Kleinasien gesprochene **Galatische**. Diese Sprachen sind im Zuge der Romanisierung und der Völkerwanderung ausgestorben (Kausen 2012: 166f).

Die dem Keltischen zugeschriebenen Einflüsse sind vielfältig. Sie sind nicht nur auf die Entlehnungen im Wortschatz beschränkt, auf die bereits im 5. Kapitel hingewiesen wurde, sondern sie betreffen auch lautliche und morphologische Entwicklungen (Tagliavini 1998: 105).

In den lautlichen Bereich fällt die umstrittene Annahme, wonach die **Sonorisierung der intervokalischen Verschlusslaute** in den westromanischen Sprachen auf keltisches Substrat zurückzuführen ist. Die Annahme basiert unter anderem auf dem Verbreitungsgebiet der Kelten, die auf der Apenninenhalbinsel nur im Norden, also nördlich der La Spezia-Rimini-Grenze dauerhaft siedelten. Ein zusätzlicher Beleg wird darin gesehen, dass in inselkeltischen Sprachen ähnliche Sonorisierungsphänomene beobachtet werden können (Tagliavini 1998: 105). Gegen die Substratthese ist eingewendet worden, dass auch im Sardischen die stimmlosen Verschlusslaute sonorisiert wurden, obwohl es auf Sardinien keine Belege für eine keltische Besiedlung gibt (Posner 1996: 235). Generell ist hier zu betonen, dass die Sonorisierung von Lauten ein häufig im Sprachwandel auftretender Vorgang ist, der durchaus auch ohne fremdsprachliche Einflüsse vorkommen kann. Allerdings ist denkbar, dass Sprachkontakt eine verstärkende Wirkung auf Sonorisierungstendenzen, die in einer Sprache bestehen, haben kann.

Ebenfalls dem keltischen Substrat zugeschrieben werden der Wandel von lat. ū > /y/ sowie die Palatalisierung von lat. c in der Konsonantengruppe -ct-. Hauptargument für diese Annahme ist die Tatsache, dass der Wandel dieser Laute nur in ehemaligen Siedlungsgebieten der Kelten zu beobachten ist. Allerdings ist der Verbreitungsraum beider Entwicklungen unterschiedlich groß. Der Wandel von /kt/ > /xt/ bzw. /çt/ (über die Zwischenstufe [j]) ist in den ibero- und galloromanischen Sprachen, teilweise auch im Rätoromanischen und in norditalienischen Dialekten, und somit im maximalen Siedlungsgebiet der Kelten (in der Romania) anzutreffen. Das Verbreitungsgebiet von /y/ ist hingegen weitgehend nur auf den Bereich der Galloromania und Teile Norditaliens beschränkt (Roegiest 2006: 83).

Eine direkte Bestätigung für den keltischen Substrateinfluss bei der **Palatalisierung von lat.** C **in** -CT- wird darin gesehen, dass in einigen gallischen Inschriften und auf gallischen Münzen der Buchstabe <χ> statt <c> zu finden ist: LU**χ**TERIOS statt LUCTERIOS, PI**χ**TILOS statt PICTILOS, RE**χ**TUGENOS (oder REITUGENUS) statt RECTUGENUS. Nach Ansicht von Wartburg (1950: 35) deutet dies darauf hin, dass es bereits im Gallischen zu einer Frikativierung des Verschlusslauts gekommen ist. Auch der Vergleich mit inselkeltischen Sprachen stützt seiner Ansicht nach die Substratthese. Dort ist in einigen Erbwörtern (ide. **noqt-* > air. *nocht*) sowie in Lehnwörtern aus dem Lateinischen eine ähnliche Lautentwicklung zu beobachten: vlat. LACTE(M) ‚Milch' > ir. *la**ch**t*, walis. *llae**th***, bret. *lea**z*** (Roegiest 2006: 84).

Die **Entwicklung von lat. ŭ > /y/** wird aufgrund der deutlich eingeschränkteren Verbreitung vielfach dem Gallischen zugeschrieben. Neben dem Französischen (und Okzitanischen) weisen einige rätoromanische Varietäten sowie einige norditalienische Dialekte diese Entwicklung auf, während sie auf der ebenfalls keltisch beeinflussten Iberischen Halbinsel nicht eingetreten ist:

Latein		Französisch	Rätoromanisch (Engadinisch)	Norditalienisch (Lombardisch)	Spanisch	Portugiesisch
DŪRU(M)	‚hart'	*dur* [d**y**ʁ]	*d**ü**r*	*d**ü**r*	*d**u**ro*	*d**u**ro*
CRŪDU(M)	‚roh'	*cru* [kʁ**y**]	*cr**ü**(j)*	*cr**ü** / cr**ü**d*	*cr**u**do*	*cr**u***

Die Annahme eines keltischen Substrats für diese Entwicklung ist insofern problematisch, weil die Existenz von /y/ im Keltischen nicht durch Quellen zu belegen ist (Wartburg 1950: 36). Außerdem gibt es zahlreiche galloromanische Varietäten, die kein /y/ herausgebildet haben, wie z. B. das Wallonische in Belgien, viele rätoromanische Dialekte sowie das im Schweizerischen Wallis gesprochene Frankoprovenzalische. Für einige dieser Varietäten ist versucht worden nachzuweisen, dass sich dort ein ursprünglich herausgebildetes /y/ unter anderem aufgrund von Adstrateinflüssen zu /u/ zurückentwickelt hat. Außerdem lässt sich in einigen früh aus dem Lateinischen entlehnten inselkeltischen Wörtern die Entwicklung lat. Ū > /i/ beobachten, die möglicherweise über ein Zwischenstadium [y] verlaufen ist: lat. CŪLUS ‚Hintern' > walis. *cil*, korn. *chil*, bret. *kil* oder lat. DŪRUS ‚hart' > bret. *dir* ‚Stahl' (Roegiest 2006: 83). Für Wartburg (1950: 49) steht damit fest, dass die „Gallier [...] das *ū* mit einem palatalen Einschlag gesprochen" haben. Andere sehen diese Schlussfolgerung eher skeptisch. So hält es Meyer-Lübke (1920: 231) zwar für möglich, dass „an den Ausgangspunkten der *ü*-Bewegung wirklich die Gallier für das *ü* verantwortlich zu machen seien," betont aber gleichzeitig, dass dies eine Annahme ist, für die „auch nicht der Schatten eines Beweises gegeben werden kann".

Substratsprachen auf der Iberischen Halbinsel

Auch auf der iberischen Halbinsel sind vor dem Eintreffen der Römer verschiedene Sprachen gesprochen worden. Die wichtigsten sind neben dem Baskischen und Keltiberischen das Iberische sowie das Lusitanische und Tartessianische.

Abb. 7.6: Die vorromanischen Sprachen auf der Iberischen Halbinsel

Baskisches Substrat

Auf die besondere Rolle des Baskischen ist im Verlauf dieses Buchs bereits mehrfach eingegangen worden. Es wurde gezeigt, dass das Sprachgebiet des Baskischen ursprünglich wesentlich größer war, als es heute ist, sodass es in den Gebieten, in denen es verloren gegangen ist, als eine Substratsprache angesehen werden kann (siehe Exkurse S. 32f und S. 61f). Abgesehen von einigen lexikalischen Einflüssen spielt in der Diskussion des baskischen Substrats vor allem die bereits im 6. Kapitel dargestellte **Entwicklung von lat. F- > /h/** (> [-]) im Spanischen und Gaskognischen eine zentrale Rolle. Es gilt als gesichert, dass diese Entwicklung im baskischen Sprachgebiet in Nordostspanien und Südwestfrankreich entstanden ist und sich allmählich – in Verbindung mit der Reconquista, der Rückeroberung der Iberischen Halbinsel durch die Christen nach deren Eroberung durch die Mauren im Jahr 711 – nach Süden ausgebreitet hat.

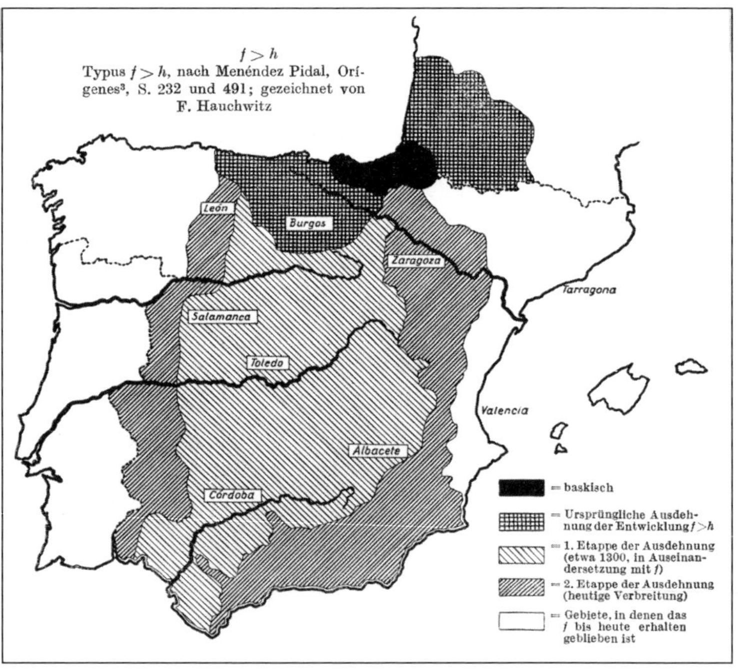

Abb. 7.7: Die Ausbreitung von F > /h/ auf der Iberischen Halbinsel und in Südwestfrankreich

Es wird angenommen, dass im Entstehungsgebiet dieser Entwicklung lat. F- zunächst aspiriert und später als [h] gesprochen wurde. Diese Annahme geht auf Untersuchungen von Menéndez Pidal (1964: 198-233) zurück, die den Gebrauch von <h> statt <f> in mittelalterlichen Quellen aus dem nordspanischen Raum belegen. Als Grund für diesen Wandel wird vermutet, dass den Sprechern des Baskischen der Laut [f] ursprünglich unbekannt war und sie daher Schwierigkeiten mit dessen Aussprache hatten (Lloyd 1987: 222). Eine Bestätigung wird darin gesehen, dass in einigen baskischen Lehnwörtern aus dem Lateinischen F- durch <h>, <p> oder <b> ersetzt oder ausgelassen wurde, z. B. FICUS ‚Feige' > bask. **_p_**_iku_ (dialektal auch _iku_), FARĪNA ‚Mehl' > bask. _irin_ (Bollée & Neumann-Holzschuh 2003: 16, Schmidt-Riese 2006: 341f).

Gegen diese Substratthese sind vor allem zwei Einwände erhoben worden. Zum einen wurde darauf hingewiesen, dass es für eine solche Lautentwicklung vereinzelt auch in einigen anderen romanischen Sprachen Belege gibt, z. B. in italienischen Dialekten, wie kal. **_h_**_icu_ (< lat. FICU ‚Feige'), lombard. **_h_**_arina_ (< lat. FARINA ‚Mehl'), im Moldavischen, einer Varietät des Rumänischen, wie mold. **_h_**_iu_ (< lat. FILIU ‚Sohn'), mold. **_h_**_ier_ (< lat. FERRU ‚Eisen'), sowie in einigen Dialekten des Sardischen, wie sard. _oku_ (< lat. FOCU ‚Feuer(stelle)'), _úmmu_ (< lat. FUMU ‚Rauch') (Elcock 1975: 437, Lloyd 1987: 215). Zum anderen ist, wie bereits gezeigt, die Entwicklung von lat. F- > /h/ (> [-]) im Spanischen – im Gegensatz zum Gaskognischen – in bestimmten lautlichen Kontexten ausgeblieben, z. B. vlat. FESTA ‚Fest' > sp. **_fi_**_esta_, gask. **_h_**_èsto_, lat. FRĪGIDU(M) ‚kalt' > sp. **_f_**_río_, gask. **_h_**_erét_. Unklar ist, warum in diesen Kontexten das baskische Substrat nur im Gaskognischen, aber nicht im Spanischen gewirkt haben sollte. Eine Annahme lautet, dass die Entwicklung von F- > /h/ auf eine im Vulgärlatein vor allem in ländlichen Regionen verbreitete Aussprache von F- als bilabialer Reibelaut [Φ] zurückzuführen ist. Dieser Reibelaut hat sich dieser Annahme zufolge zu einem Phonem mit verschiedenen, kontextabhängigen Aussprachevarianten entwickelt, wobei später eine dieser Varianten, nämlich [h], in fast allen Kontexten verallgemeinert wurde (Orr 1936, Llyod 1987: 218-223, Penny 2002: 90-94 und 103f, Pensado 1985). Demzufolge wäre die Entwicklung von lat. F- im Spanischen als Erhalt und Weiterentwicklung einer älteren regionalen lateinischen Aussprache anzusehen. Diese Annahme schließt allerdings einen Substrateinfluss durch das Baskische keineswegs aus. Denkbar ist auch, dass durch den Kontakt des Lateins mit dem Baskischen die Entwicklung F- > /h/ dadurch verstärkt worden ist, dass bilinguale Baskisch-Lateinisch-Sprecher [h] generell als Aussprachevariante vorgezogen und damit zu dessen Verbreitung beigetragen haben (Elcock 1975: 438, Bollée & Neumann-Holzschuh 2003: 17).

7.2.2 | Superstrateinflüsse

Ausgelöst durch das Vordringen der Hunnen im Osten drängten nach Jahrhunderten immer wieder aufflammender Auseinandersetzungen an der römisch-germanischen Grenze ab dem Ende des 3. Jahrhunderts n. Chr. verschiedene germanische Stämme in das Römische Reich ein. Nach Wartburg (1950: 67f) lassen sich hierbei grob **zwei Etappen der germanischen Invasion** unterscheiden: zum einen durch die Alanen, Vandalen und Sueben sowie die vom Schwarzen Meer eindringenden West- und Ostgoten, die in verschiedenen Etappen Richtung Süden „als Wandervolk von einer Provinz zur andern" zogen und sich „erst nach unzähligen Abenteuern" beruhigten, zum anderen durch die Franken, Burgunder, Alemannen und Langobarden, die „auf breiter Front mit nie ermüdender Zähigkeit die Grenze des Romanentums allmählich" zurückdrängten und sich vor allem in Nordgallien und Oberitalien festsetzten (vgl. auch Pfister 1998).

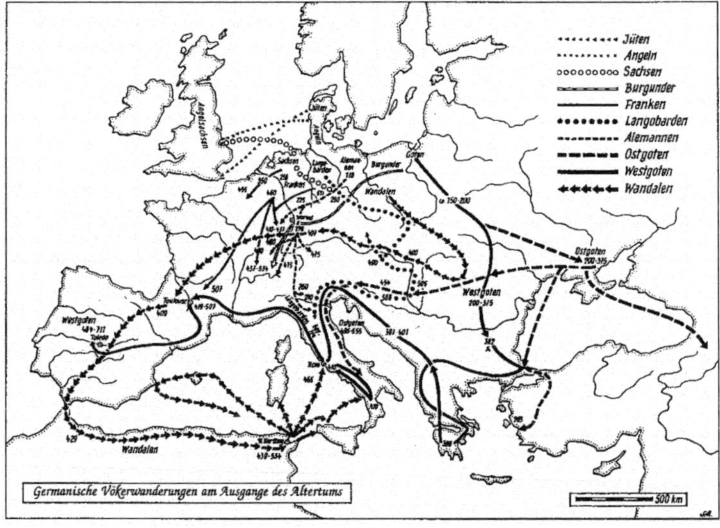

Abb. 7.8: Die germanische Völkerwanderung

Das germanische Superstrat

Die Gruppe der nicht oder kaum sesshaften germanischen Völker übte nur einen geringen Einfluss auf die entstehenden romanischen Sprachen aus. Dies hängt vor allem mit der relativ kurzen Dauer der von ihnen errichteten Reiche zusammen. Am stabilsten war das **Westgotenreich**, dessen Zentrum sich zunächst in Toulouse in Südfrankreich (418-507 n. Chr.) und später bis 711 n. Chr. in Toledo auf der Iberischen Halbinsel befand. Der Einfluss der Sprachen dieser Völker beschränkt sich auf einige Entlehnungen im Wortschatz, deren genaue Herkunft allerdings relativ schwer zu bestimmen ist.

Die besondere Rolle des fränkischen Superstrats

Der Einfluss der anderen germanischen Völker ist deutlich größer. Eine besondere Rolle kommt dabei den Franken zu, deren Vordringen in das Römische Reich in drei Perioden eingeteilt wird. Im Jahr 358 n. Chr. erfolgte der erste Vorstoß über den Rhein und die Eroberung von Teilen des heutigen Belgiens und des heutigen Nordfrankreichs. Dieser Vorstoß führte langfristig zur Germanisierung dieser Gebiete und zur allmählichen Herausbildung der heutigen germanisch-romanischen Sprachgrenze in Nordfrankreich und in Belgien. In der Mitte des 5. Jahrhunderts stießen die Franken bis etwa an die Loire vor und siedelten sich dort an. Als Belege hierfür werden Ortsnamen angesehen, die typischerweise nur nördlich der Loire anzutreffen sind. Hierbei handelt es sich um Komposita, deren erster Bestandteil häufig ein germanischer Eigenname ist. Typisch ist dabei die Verwendung des auf frk. **-ingas* (vgl. dt. *-ingen*) zurückgehende Suffix *-anges*, z. B. *Bettanges*, oder die für das Germanische typische Kompositaabfolge, in denen das bestimmende Glied (Determinans) vor dem näher bestimmten Glied (Determinatum) auftritt, z. B. *Neuville* (= ‚neu' + ‚Stadt') oder *Chaumont* (= ‚kahl' + ‚Berg') statt der vor allem in Südfrankreich anzutreffenden Ortsnamen wie *Villeneuve* (= ‚Stadt' + ‚neu') oder *Montcaup* (= ‚Berg' + ‚kahl') (Brüch 1926: 44ff, Walter 1988: 58f, Berschin, Felixberger & Goebl 2008: 173). In einer dritten Phase gelang es den Franken im 6. Jahrhundert die Westgoten aus Südfrankreich zu vertreiben (507) und die Burgunder im Osten zu besiegen (534), sodass das fränkische Reich ganz Gallien umfasste (Wolf 1991: 46).

Die besondere Bedeutung des fränkischen Superstrateinflusses im Vergleich zu anderen Superstratsprachen hat vor allem zwei Gründe: Zum einen war der numerische Anteil der Franken mit ca. 10% der Gesamtbevölkerung in Nordfrankreich größer als der anderer Völker, die sich im Zuge der Völkerwanderung in Gallien niederließen (Wolf 1991: 46). Zum anderen gründeten die Franken auf dem Gebiet um die Île-de-France (Paris) ein stabiles Zentrum, sodass das dort gesprochene Latein bzw. das sich dort entwickelnde Romanisch einem lang andauernden Einfluss durch das Fränkische ausgesetzt war. Aufgrund der von diesem Zentrum ausgehenden Ausdehnung des Herrschaftsbereichs der Franken (und ihrer Nachfolger) kommt dem in der Île-de-France entstehenden altfranzösischen Dialekt, dem Franzischen, eine wachsende Bedeutung zu. Es verdrängt teilweise die anderen altfranzösischen Dialekte und bildet schließlich die Grundlage für die Herausbildung der französischen Hochsprache (Berschin, Felixberger & Goebl 2008: 203-211, Windisch 2008: 34).

Lexikalische Einflüsse des Germanischen

Wie bereits im 5. Kapitel gezeigt, sind einige germanische Wörter höchstwahrscheinlich schon im 4. oder 5. Jahrhundert n. Chr., also noch im Vulgärlatein, entlehnt worden und auf diesem Weg in viele romanische Sprachen gelangt: z. B. germ. **blank* ‚weiß' > frz. *blanc*, it. *bianco*, sp. *blanco*, germ. **wērra* ‚Wirren' > *frz. guerre*, it./sp. *guerra* ‚Krieg'. Später ist darüber hinaus eine große Anzahl von germanischen Wörtern in das in Gallien gesprochene Protoromanische und das daraus entstehende Altfranzösische aufgenommen worden. Von diesen Wörtern sind ca. 200 bis 300 noch im heutigen Französischen gebräuchlich. Sie umfassen sämtliche Lebensbereiche und sind teilweise Bestandteil des französischen Kernwortschatzes. Einige dieser Wörter sind später aus dem Französischen in benachbarte romanische Sprachen entlehnt worden, z. B. frk. **gard(o)* ‚Gehege, Umfriedung' > frz. *jardin* ‚Garten' > it. *giardino*, sp. *jardín*. Die meisten Wörter bleiben nur auf das Französische bzw. die galloromanischen Sprachen beschränkt, sodass in diesem Bereich der fränkische Superstrateinfluss eine Differenzierung zu den iberoromanischen und italoromanischen Sprachen bewirkt hat (Berschin, Felixberger & Goebl 2008: 174f, Stefenelli 1981: 113-120):

Iberoromanisch	Galloromanisch	Italoromania	
FERĪRE > port. *ferire*, sp. *herir*	frk. **blettjan* > frz. *blesser*	FERĪRE > it. *ferire*	‚verletzen'
VERĒCUNDIA > port. *vergonha*, sp. *vergüenza*	frk. **hauniÞa* > frz. *honte*, okz. *onta*	VERĒCUNDIA > it. *vergogna*	‚Scham'
PĬGNUS > port. / sp. *prenda*	frk. **waddi* > frz. *gage*, okz. *gatge*	PĬGNUS > it. *pegno*	‚Pfand'
FĀGUS, FĀGEA > port. *faia*, sp. haya	frk. **haistr* > frz. *hêtre*	FĀG(E)US > it. *faggio*	‚Buche'
AQUIFOLIUM > port. *azevinho, sp. acebo*	frk. **hulis* > frz. *houx*	ACRIFOLIUM > it. *agrifoglio*	‚Stechpalme'

Lautliche Einflüsse des Germanischen

Bei der Entlehnung von germanisch-fränkischen Wörtern, die mit /h/ anlauteten, wurde dieser Laut in der Regel als aspirierter Reibelaut (***h aspiré***) übernommen. Dadurch entsteht eine der markantesten Besonderheiten des französischen Lautsystems im Vergleich zu den anderen romanischen Sprachen. Wie bereits erwähnt, ist die Aussprache dieses Lautes im Neufranzösischen zwar weitgehend wieder verloren gegangen, jedoch weisen Wörter mit ursprünglichem *h aspiré* die Besonderheit auf, dass sie sich wie konsonantisch anlautende Wörter verhalten, da bei ihnen Elision und Liaison blockiert werden (siehe Exkurs S. 113f):

Fränkisch		Altfranzösisch	Neufranzösisch
**hagja*	‚Hecke'	***h**aie* [h-]	*la **h**aie* [-]
**háigro*	‚Reiher'	***h**airon* [h-]	*le **h**éron* [-]
**hapja*	‚sichelförmiges Messer'	***h**ache* [h-]	*la **h**ache* [-] ‚Axt'
**haistr*	‚Buche'	***h**estre* [h-]	*le **h**être* [-]

Hinweis

Bis heute werden im Neufranzösischen Lehnwörter, die mit [h] anlauten, ähnlich wie aus dem Fränkischen stammende Wörter behandelt und in der Regel mit einem *h aspiré* entlehnt: griech. (über lat.) *hêrôs* > frz. *(le) héros* [ləʔeʁo] ‚Held' (aber daneben: griech. (über lat.) *hêrôinê* > frz. *(l') héroine* [leʁɔin] ‚Heldin'), sp. (über Karibik) *hamaca* > frz. *(le) hamac* [ləʔamak], arab. *az-zahr* > frz. *(le) hasard* [ləʔazaʁ] (Rheinfelder 1976a: 181).

Als weitgehend widerlegt gilt die so genannte ‚**Germanenthese**' von Wartburg (1950: 75), wonach „zwei bedeutsame lautliche Tatsachen", durch die sich das Französische vom Okzitanischen unterscheidet, auf fränkisches (und burgundisches) Superstrat zurückzuführen sind. Zum einen handelt es sich um die unterschiedliche Behandlung der sonorisierten Verschlusslaute, die ursprünglich im Lateinischen stimmlos waren. Sie werden im Französischen zu Reibelauten abgeschwächt oder gehen ganz verloren, während sie im Okzitanischen erhalten bleiben:

Latein		Französisch		Okzitanisch
		Altfranzösisch	Neufranzösisch	
SAPERE	‚schmecken; wissen'	*savoir*	*savoir*	*saber*
MĀTŪRUS	‚reif'	*meür*	*mûr*	*madur*
SĒCŪRUS	‚sicher'	*seür*	*sûr*	*segur*
PĀCĀRE	‚beruhigen'	*paier*	*payer*	*pagar*

Die zweite lautliche Besonderheit besteht darin, dass im Altfranzösischen die betonten mittleren Vokale /e, o/ in offener Silbe diphthongiert wurden und dass sich /a/ unter den gleichen Bedingungen – möglicherweise über eine Zwischenstufe als Diphthong /aj/ - zu /e/ entwickelt hat, während im Okzitanischen diese Veränderung nicht eingetreten ist (Rheinfelder 1976a: 30f, 69):

(Vulgär-)Latein		(Alt-)Französisch	Okzitanisch
*'ME.SE(M)	‚Monat'	*meis* > *mois* (versus *mettre* < *metre* < 'MIT.TERE ‚*schicken*')	*mes*
*'CO.RE(M)	‚Herz'	*cuer* >*cœur* (versus *corps* < *cors* < 'COR.PU ‚Körper')	*cor*
CAN'TĀ.RE	‚singen'	*chanter* (*versus part* < 'PAR.TE(M) ‚Teil')	*cantar*

Wartburgs Erklärung für diese besondere Entwicklung im Französischen basiert unter anderem auf der Annahme, dass die Germanen generell „die in freier Silbe leicht gelängten Vokale zerdehnt und dadurch von denen in gedeckter Stellung differenziert" (Wartburg 1950: 146) hätten. Für Wartburg (1950: 101) steht daher fest, dass es die Franken und die Burgunder waren, die „die horizontale Sprachgrenze auf der Karte der Galloromania aufgerissen haben".

Diese These ist aus mindestens zwei Gründen problematisch. Zum einen deckt sich die französisch-okzitanische Sprachgrenze nicht mit der Grenze zu den Siedlungsgebieten der Franken, sondern geht vermutlich auf wesentlich frühere Differenzierungsfaktoren zurück. Zum anderen finden sich die von Wartburg angeführten Diphthongierungserscheinungen keineswegs nur im Französischen.

Wie im 6. Kapitel gezeigt wurde, sind auch in anderen romanischen Sprachen spontane Diphthongierungen eingetreten, sodass für die besondere Entwicklung im Französischen allenfalls eine verstärkende Wirkung des fränkisch-burgundischen Einflusses angenommen werden kann (Müller 1971, Pfister 1978: 148ff, Wüest 1979: 346ff, Stefenelli 1996: 82).

Morphologische Einflüsse des Germanischen

Im Bereich der Morphologie ist vor allem der teilweise **Erhalt der Kasusflexion** im Altfranzösischen und Altokzitanischen sehr häufig mit germanischem Superstrat in Verbindung gebracht worden. Es wird vermutet, dass der Kontakt mit dem Fränkischen, das als westgermanische Sprache eine relativ reiche Kasusflexion besaß, diesen Verlust verzögert haben könnte (Meillet 1931, Hilty 1968, 1975). Dagegen ist eingewendet worden, dass der fränkische Einfluss auf das Okzitanische relativ gering gewesen ist und folglich nicht als Erklärung für den Erhalt der altokzitanischen Kasusdeklination angeführt werden kann (Hunnius 1977: 75). Für einen fränkischen Superstrateinfluss spricht allerdings die Tatsache, dass in Nordostfrankreich, wo der fränkisch-germanische Einfluss vermutlich am größten war, die Kasusflexion am längsten erhalten geblieben ist (Brunot 1933: 431f, Hilty 1968: 506, Gossen 1971).

Syntaktische Einflüsse des Germanischen

Im Bereich der Syntax ist die Verwendung der Subjektpronomina im Altfranzösischen und der spätere **Verlust der Nullsubjekteigenschaft** häufig mit germanischem Superstrateinfluss in Verbindung gebracht worden. Es ist vermutet worden, dass das Fränkische den zunehmenden Pronominagebrauch bewirkt oder befördert haben könnte (Hilty 1968, 1975). Ein Beleg für die Annahme des Einflusses aus dem Germanischen wird darin gesehen, dass auch in vielen norditalienischen Dialekten sowie in den meisten rätoromanischen Varietäten ein verstärkter und teilweise obligatorischer Gebrauch der Subjektpronomina zu beobachten ist. Hier wird der Superstrateinfluss des Langobardischen sowie der Adstrateinfluss des Alemannischen und Bairischen mitverantwortlich gemacht (Kuen 1957). In ähnlicher Weise ist auch versucht worden, die Entstehung des unpersönlichen Pronomens *il* ‚es' sowie des Pronomens *on* ‚man' (< lat. HOMŌ) auf germanischen Superstrateinfluss zurückzuführen (Brugmann 1917). Gegen diese Superstratannahme sind vor allem chronologische Fakten angeführt worden, insbesondere die Tatsache, dass der Gebrauch der Personalpronomina im Französischen erst frühestens ab dem 16. Jahrhundert, also viele Jahrhunderte nach dem Ende des fränkischen Superstrateinflusses, vollständig obligatorisch geworden ist (Richter 1919, Grad 1964, Hunnius 1977). Demgegenüber ist darauf hingewiesen worden, dass auch im Althochdeutschen – und damit mutmaßlich auch im Fränkischen – die Verwendung der Subjektpronomina offenbar (noch) nicht obligatorisch gewesen ist und ähnlichen Regeln unterlag, wie sie im Altfranzösischen zu beobachten sind (Hilty 1968: 509f).

Auch die **Markierung der Negation** im Französischen und einigen norditalienischen und rätoromanischen Varietäten durch einen zusätzlichen oder alleinigen postverbalen Marker ist bisweilen auf den Einfluss germanischer Superstratsprachen zurückgeführt worden. Posner (1985) vermutet hier im Französischen aufgrund der späten – und noch nicht abgeschlossenen – Herausbildung der postverbalen Negation keinen Superstrateinfluss, sondern vielmehr eine eigenständige Entwicklung. Dies nimmt sie auch für die norditalienischen Dialekte an, die eine ähnliche Entwicklung aufweisen. Die ausschließlich postverbale Negation im Surselvischen hingegen führt sie auf den Adstrateinfluss des Deutschen zurück.

Für die besondere **Wortstellung im Alt- und Mittelfranzösischen** ist ebenfalls vielfach der Einfluss des Germanischen verantwortlich gemacht worden (Benincà 1985-1986, Mathieu 2009). Im 5. Kapitel wurde gezeigt, dass das Alt- und das Mittelfranzösische durch eine relativ feste Stellung des finiten Verbs in der zweiten Position des Satzes gekennzeichnet waren. Aufgrund der Ähnlichkeiten zu der für die meisten germanischen Sprachen charakteristischen obligatorischen Verbzweitstellung ist es naheliegend, hier germanischen Einfluss zu vermuten. Allerdings haben sich auch in anderen frühromanischen Sprachen, insbesondere im Altitalienischen und auch im Altspanischen und Altportugiesischen, ähnliche Verbzweitstellungsmuster herausgebildet (Ribeiro 1995, Fontana 1997, Salvi 2000). Aus diesem Grund ist bereits von Thurneysen (1892: 302) vermutet worden, dass die „Neigung, das Verbum an die zweite Stelle im Satze zu rücken, [...] keine französische Eigentümlichkeit [ist], sondern [...] allen Romanen [eignet]" und somit „als die gemeinromanisch normale anzusehen ist". Hilty (1968: 515ff) nimmt daher an, dass die romanischen Sprachen hier eine Tendenz fortgesetzt haben, die bereits im Vulgärlateinischen begonnen hat, und dass der Kontakt des Französischen mit dem Fränkischen diese Tendenz verstärkt hat. Für diese Annahme spricht die Tatsache, dass die einzigen romanischen Sprachen, in denen sich germanische Verbzweitstellung herausgebildet hat, nämlich das Bündnerromanische und zwei Varietäten des Dolomitenladinischen, dem intensivsten Kontakt mit einer germanischen Sprache, dem Deutschen, ausgesetzt sind. In diesem Fall handelt es sich allerdings nicht um einen Superstrateinfluss, sondern um einen Adstrateinfluss.

Adstrateinflüsse

7.2.3

Alemannisches und bairisches Adstrat

Die Alemannen sind ab dem 5. Jahrhundert etappenweise in das Gebiet der heutigen Schweiz eingedrungen und bis in das Rhonetal, den heutigen Kanton Wallis, vorgestoßen. Von dort aus haben sie sich bis ins 13. Jahrhundert nach Osten ausgebreitet und unter anderem in Graubünden und im Vorarlberg so genannte Walsersiedlungen gegründet.

Das Ergebnis dieser Entwicklung besteht darin, dass die Alemannen bzw. Walser eine Art „Keil" in ein romanisches Sprachgebiet eingeschoben und somit, wie Wartburg (1950: 73f) es beschreibt, „das zu gemeinsamer Sprachgestaltung neigende Gebiet, das vom Atlantischen Ozean bis zu den Ostalpen reichte, an der Nut zur Hälfte [...] durchgesägt und so in zwei getrennte Sprachräume auseinandergerissen" haben. Eine ähnliche Wirkung hatte der Einfall der Bajuwaren. Sie überquerten um 500 n. Chr. die Donau und setzten sich bis zum Eisacktal in Südtirol fest. Ebenso wie die Alemannen haben die Bajuwaren ihre Sprache behalten und das in den von ihnen eroberten Gebieten gesprochene Romanische verdrängt. Alemannisch und Bairisch fungierten daher nicht als Superstratsprachen, sondern bilden bis heute Adstratsprachen für die benachbarten romanischen Sprachen (Pfister 1998: 332).

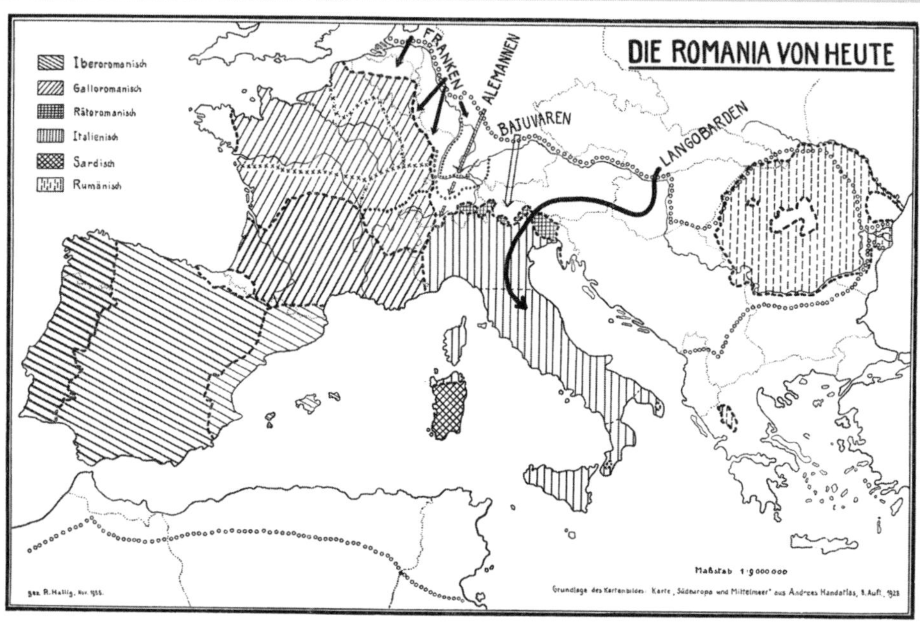

Abb. 7.9 | ▶ Das Vor- und Eindringen westgermanischer Stämme in das Römische Reich

Exkurs

Germanisches Adstrat im Rätoromanischen

Die vom germanischen Adstrateinfluss am meisten betroffene romanische Sprache ist das Rätoromanische, insbesondere das Bündnerromanische und die nördlichen Varietäten des Dolomitenladinischen. Die Einflüsse sind in allen Bereichen der Sprache anzutreffen. Im Wortschatz gibt es sehr viele Lehnwörter aus dem Deutschen, die ausschließlich im Rätoromanischen und in keiner weiteren romanischen Sprache zu verzeichnen sind. Hierzu gehören auch Wörter des Kernwortschatzes, die als Basis für Ableitungen fungieren, z. B. surs. *pur* ‚Bauer' > *pura* ‚Bäuerin' und *puraglia* ‚Bauernschaft' oder surs. *buob* ‚Junge' > *buoba* ‚Mädchen' oder *banaglia* ‚Kinderbande'. Sehr verbreitet ist auch die Eingliederung deutscher Wörter durch das Anfügen romanischer Suffixe, z. B. surs. *baghegiar* ‚bauen, *schenghegiar* ‚schenken', *malegiar* ‚malen', aus denen wiederum Ableitungen gebildet werden wie *schenghetg* ‚Geschenk', *maletg* ‚Gemälde, Bild'. Besonders auffällig sind die zahlreichen Verbindungen von Verb und Ortsadverb: surs. *far suenter* / gad. *fa dô* ‚nachma-

chen' (wörtl. ,machen' + ,nach'), surs. *dar si* / gad. *de sö* ,aufgeben' (wörtl. ,geben' + ,auf'). Da solche Fügungen allerdings auch im Italienischen und Altfranzösischen verbreitet sind, kann hier dem Germanischen allenfalls eine verstärkende Wirkung beim Ausbau einer bereits im Vulgärlatein angelegten Konstruktion zugestanden werden. Der starke germanische Adstrateinfluss könnte dazu beigetragen haben, dass im Rätoromanischen das in diesen Konstruktionen verwendete Adverb nicht nur eine räumliche Bedeutung hat, sondern auch figurativ gebraucht wird (Gsell 1982, Pfister 1998: 239, Liver 2010: 180).
Eine weitere Besonderheit der im Kontakt mit dem Deutschen stehenden rätoromanischen Varietäten betrifft die Subjektpronomina. Wie bereits im 6. Kapitel gezeigt, ist der Gebrauch dieser Pronomina ähnlich wie im Französischen weitgehend obligatorisch. Allerdings unterscheiden sich das Bündnerromanische und Dolomitenladinische vom Französischen dadurch, dass sie keine eigene Reihe klitischer Subjektpronomina herausgebildet haben und dass die Subjektpronomina wie im Deutschen zur Hervorhebung betont werden. Eine weitere Parallelität zum Deutschen besteht darin, dass das Subjektpronomen dann – und nur dann – ausgelassen werden kann, wenn es in der 2. Person steht und postverbal erscheint, z. B. surs. *Cura che vegnis (ti)?* ,Wann kommst du?'. Dies entspricht dem Gebrauch der Pronomina in den deutschen Kontaktvarietäten, wie bair. *Wann kummst (du)*? (Kaiser & Hack 2013).
Auch die im 6. Kapitel erwähnten Besonderheiten in der Wortstellung deuten auf den Einfluss des germanischen Adstrats hin. Das Surselvische, das am engsten mit dem Deutschen im Kontakt steht, ist im Aussagesatz durch eine strenge Verbzweitstellung, die den deutschen Stellungsregeln entspricht, gekennzeichnet. Im etwas geringer vom Deutschen beeinflussten Engadinischen sind bisweilen Abweichungen von der Verbzweitstellung möglich. Innerhalb des Dolomitenladinischen zeichnen sich einige Varietäten dadurch aus, dass die Verbzweitstellung nur auf Sätze mit einem Subjektpronomen beschränkt ist, während in anderen sowohl das Subjektnomen als auch Subjektpronomen invertiert werden können. Im Friaulischen, das mit dem Deutschen in keiner Adstratbeziehung steht, ist die Verbzweitstellung in Aussagesätzen hingegen vollkommen ausgeschlossen (Linder 1987: 95, Poletto 2000: 103f, Kaiser & Hack 2013).

Arabisches Adstrat

Ein wichtiger Einschnitt in der Geschichte der Sprachen auf der iberischen Halbinsel ist die islamisch-arabische Invasion im Jahre 711. Sie bedeutete das Ende des Toledanischen Reiches der – bereits romanisierten – Westgoten, die seit ca. 460 n. Chr. den größten Teil der Iberischen Halbinsel besetzt hielten. Gleichzeitig markierte sie den Beginn einer über sieben Jahrhunderte andauernden Präsenz der Mauren auf der Iberischen Halbinsel. Wie bereits erwähnt, wird das von den Mauren gesprochene Arabische gemeinhin als Superstratsprache bezeichnet. Da die Mauren – im Zuge der Reconquista – vertrieben wurden und ihre Sprache nicht – etwa zugunsten des Mozarabischen – aufgegeben haben, ist es jedoch adäquater, das Arabische als Adstratsprache zu den sich entwickelnden romanischen Sprachen der Iberischen Halbinsel anzusehen (siehe Exkurs S. 32). Wie bereits gezeigt, sind die Einflüsse des Arabischen fast ausschließlich lexikalischer Natur und aufgrund der hochentwickelten arabischen Kultur nicht nur in den iberoromanischen Sprachen, sondern auch in anderen romanischen Sprachen anzutreffen. Ansonsten hatte die Präsenz des Arabischen auf der Iberischen Halbinsel nur eine indirekte, aber sehr wichtige Bedeutung für die Ausgliederung der iberoromanischen Sprachen. Denn die arabische Eroberung löste mit der Reconquista eine Gegenoffensive der christlichen Einwohner aus, die die spätere sprachliche Gliederung der iberischen Halbinsel entscheidend prägen sollte (Baldinger 1972: 62) (siehe Abschnitt 7.3, S. 275ff).

Exkurs

Die fremdsprachlichen Einflüsse im Rumänischen

Viele der zahlreichen Besonderheiten, die das Rumänische im Vergleich zu den anderen romanischen Sprachen aufweist, sind vermutlich durch fremdsprachliche Einflüsse bedingt. Was den Wortschatz betrifft, so wurde bereits im 6. Kapitel gezeigt, dass aufgrund der frühen Verdrängung des Lateinischen als Schrift- und Kultursprache durch das Altkirchenslavische eine große Anzahl slavischer Lehnwörter Eingang in das Rumänische gefunden hat. Trotz der massiven Präsenz der Germanen auf dem Balkan im Zuge der Völkerwanderung gibt es im Rumänischen kaum Spuren des germanischen Superstrats. Jüngeren Datums sind Entlehnungen aus dem Germanischen, die auf den Adstrateinfluss des Siebenbürgisch-Sächsischen zurückgehen, z. B. rum. *chelner* ‚Kellner', *şniţel* ‚Schnitzel' (Dietrich 1995: 143).

Allgemein wird angenommen, dass der Erhalt des noch teilweise ausgeprägten Kasussystems im Rumänischen auf fremdsprachlichen Einfluss zurückgeht oder durch ihn zumindest gefördert wurde. Hier kommt vor allem das Griechische in Frage, das ebenso wie das Rumänische einen gemeinsamen Genitiv-Dativ-Kasus bewahrt hat (Dietrich

1995). Denkbar ist ebenso, dass der Erhalt des rumänischen Kasussystems durch den Kontakt mit den slavischen Sprachen, insbesondere dem Bulgarischen, aber auch mit dem Albanischen oder mit dem durch eine reiche Kasusflexion gekennzeichneten Ungarischen unterstützt worden ist (Bossong 2008: 285). Auch für die Nachstellung des definiten Artikels, durch die sich das Rumänische von den übrigen romanischen Sprachen abgrenzt, lassen sich Ähnlichkeiten zum Albanischen und Bulgarischen erkennen, sodass hier entweder der Adstrateinfluss dieser Sprachen oder der Einfluss eines gemeinsamen Substrats vermutet wird (Tagliavini 1998: 289).

Die Rolle sonstiger Faktoren | 7.3

Neben den bisher genannten möglichen Faktoren, die für die Ausgliederung der romanischen Sprachen verantwortlich gemacht werden, sind noch eine Vielzahl weiterer Faktoren angeführt worden. Sie sind ganz unterschiedlicher Art. Zum Abschluss dieses Buches sollen einige davon kurz dargestellt werden.

Rückgang der Ausstrahlungskraft Roms

Eine wichtige Rolle bei der Ausgliederung der romanischen Sprachen wird dem allmählichen Rückgang der Bedeutung Roms als Zentrum des Römischen Reiches zugeschrieben. Mit Rom besaß das Römische Reich über viele Jahrhunderte ein einziges politisch-administratives Zentrum, das eine starke Ausstrahlungskraft auf das gesamte Reich ausübte. In sprachlicher Hinsicht trug dies zur Verbreitung des in Rom gesprochenen Lateins und damit zur relativen Einheitlichkeit des Lateinischen im Römischen Reich bei. Ermöglicht wurde dies unter anderem durch eine gut strukturierte Verwaltung, deren Beamte sich auch in den Provinzen der lateinischen Sprache bedienten. Von Bedeutung ist auch das sehr gut ausgebaute römische Verkehrswegenetz, wodurch es gelang, trotz der großen Entfernungen die Verbindung zu Rom aufrechtzuerhalten (Devoto 1968: 234-239, Lüdtke 1978). Erst etwa ab dem 3. Jahrhundert n. Chr. begannen sich die Verhältnisse zu ändern. Vor allem im Zuge der Verwaltungsreform des römischen Kaisers Diokletian (ca. 236-312 n. Chr.), die zur Errichtung von Diözesen und neuer Provinzen führte, kam es zu einer Dezentralisierung in der Verwaltung sowie bei den Handels- und Kulturströmungen (Reichenkron 1965: 176ff, Coseriu 2008a: 86f, Wüest 1979: 395f). Der Kontakt zum Zentrum Rom nahm zunehmend ab und Neuerungen, die aus dem Zentrum kamen, drangen immer seltener in alle Gebiete des Reiches vor (Devoto 1968: 251-256). Einer auf Bartoli (1978) zurückgehenden These zufolge hatte diese Entwicklung auch sprachliche Auswirkungen. Sie wird für die Herausbildung von Unterschieden zwischen denjenigen romanischen Sprachen verantwortlich gemacht, die im Inneren des Römischen Reiches entstanden sind, und denjenigen, die sich in den Randlagen herausgebildet haben (**Zentral-** versus **Randromania**). Diese Unterschiede lassen sich vor allem im Bereich des Wortschatzes beobachten. Hier zeigt sich, dass zahlreichen Wörtern der ibero- und balkanromanischen Sprachen ein älteres lateinisches Etymon als in den gallo- und italoromanischen Sprachen zugrunde liegt (Rohlfs 1971b: 28f und 76-88, Bartoli 1978, Kiesler 2006: 106):

Klassisches Latein		Iberoromania	Gallo- und Italoromania	Balkanromania
FERVĒRE	‚kochen'	FERVĒRE > port. *ferver*, sp. *hervir*	BULLIRE > kat. *bullir*, frz. *bouillir*, it. *bollire*, sard. *buddire*	FERVERE > rum. *fierbe* ‚sieden'
EQUA	‚Stute'	EQUA > port. *égua*, sp. *yegua*, kat. *egua*	JUMENTUM > frz. *jument* CABALLA > it. *cavalla* (sard. *ebba* < EQUA)	EQUA > rum. *iapă*,
ROGARE	‚bitten'	ROGARE > port. / sp. *rogar*	PRECARE > kat. *pregar*, frz. *prier*, it./sard. *pregare*	ROGARE > rum. *ruga*
HUMERUS	‚Schulter'	HUMERUS > port. *ombro*, sp. *hombro*	SPATULA ‚Rührlöffel; Schulterblatt' > kat. *espatlla*, frz. *épaule*, it. *spalla* (sard. *pala* < lat. PALA ‚Spaten')	HUMERUS > rum. *umăr*
AFFLARE	‚anhauchen' (> vlat. ‚finden')	AFFLARE > port. *achar*, sp. *hallar*	TROPARE > kat. *trobar*, frz. *trouver*, it. *trovare*, (sard. *attacare*, *incontrare*)	AFFLARE > rum. *afla*
TUNC > vlat. *INTUNC, *ADTUNC	‚dann'	INTUNC > port. *então*, sp. *entonces*	ILLA HORA > frz. *alors*, kat. *llavors*, it. *allora* (sard. *tandu* < *TANDU)	ADTUNC > rum. *atunci*
-OR: FORTIOR	Komparativbildung: ‚stärker'	MAGIS > port. *mais forte*, sp. *más fuerte*, kat. *mes fort*	PLUS > frz. *plus fort*, it. *più forte*, sard. *prus forte*	MAGIS > rum. *mai puternic*

Dieser Erklärungsansatz, solche lexikalischen Unterschiede innerhalb der romanischen Sprachen areallinguistisch, d. h. „aus der Lage des Worts im Raum“ (Vidos 1968: 99) zu erklären, weist allerdings viele Widersprüche auf. Wie bereits im 6. Kapitel gezeigt, ist beispielsweise lat. EQUA auch in der Zentralromania, nämlich im Altfranzösischen, erhalten geblieben. Somit kann die Herausbildung des Wortes für ‚Stute‘ in den romanischen Sprachen nicht auf areallinguistische Unterschiede innerhalb des Lateins zurückgeführt werden (Vidos 1968: 102). Auch für die Herausbildung der Komparativform gibt es Belege, dass im frühen Iberoromanischen Formen verwendet wurden, die auf PLUS basieren. Es muss also davon ausgegangen werden, dass diese neuere Form auch auf der Iberischen Halbinsel verbreitet war und erst später durch MAGIS wieder verdrängt worden ist. Für das Rumänische ist hingegen anzunehmen, dass die neue Form PLUS wegen der isolierten Lage Dakiens gar nicht erreicht hat. Stefenelli (1996: 87) vermutet daher, dass hier die Gemeinsamkeiten innerhalb der Randromania eher auf ein „(zufälliges) Zusammentreffen zwischen der isolationsbedingt relativ alten rumänischen und der soziokulturell bedingt relativ gehobenen iberischen Latinität“ zurückzuführen sind.

Im Bereich der Morphologie und Syntax haben sich zwischen den romanischen Sprachen ebenfalls Unterschiede herausgebildet, die auf divergierende Entwicklungen in der Rand- und Zentralromania zurückgeführt werden. Hierzu gehören vor allem die Wahl des Hilfsverbs beim zusammengesetzten Perfekt sowie die Markierung des direkten Objekts. In diesen Fällen zeigen sich allerdings die randromanischen Sprachen eher innovativ, da sie anders als im Lateinischen nur eine einheitliche Hilfsverbform verwenden und menschliche direkte Objekte durch eine gesonderte Markierung kennzeichnen (Differenzielle Objektmarkierung) (Kiesler 2006: 106, Sánchez Miret 2007: 269)

Klassisches Latein		Iberoromania	Gallo- und Italoromania	Balkanromania
VĒNĪ	‚ich bin gekommen'	*HABEO VENITU > port. *tenho vindo*, sp. *he venido*, kat. *he vingut*	*SUM VENUTO > frz. *je* ***suis*** *venu*, it. ***sono*** *venuto*, sard. ***soe*** *bènniu*	*HABEO VENITU > rum. ***am*** *venut*
FRĀTREM VĪDĪ	‚ich habe den Bruder gesehen'	VIDI AD FRATREM > (port. *vi o irmão*) sp. *he visto* ***al*** *hermano*	VIDI FRATREM > kat. *he vist el germà*, frz. *j'ai vu le frère*, it. *ho visto il fratello*, (sard. *appo bidu* ***a*** *su frade*)	VIDI AD FRATREM > rum. *l'am văzut* ***pe*** *fratele*

Abgesehen davon, dass diese Neuerungen in der Zentralromania und nicht in den Randgebieten zu erwarten gewesen wären, erweist sich der areallinguistische Erklärungsansatz insbesondere bezüglich der differenziellen Objektmarkierung als problematisch, da keine klare Trennungslinie zwischen Rand- und Zentralromania gezogen werden kann. Einerseits ist sie im modernen Portugiesischen (und Katalanischen) nur (noch) sehr eingeschränkt möglich und andererseits handelt es sich hierbei um ein in der Romania sehr verbreitetes Phänomen, das vor allem im Sardischen und Engadinischen sowie auch im Süditalienischen anzutreffen ist (Rohlfs 1971b, Roegiest 1979, Lüdtke 2009: 200-205).

Lockerung der lateinischen Sprach- und Kulturtradition

Mit der zunehmenden Dezentralisierung im Römischen Reich geht mutmaßlich eine Lockerung der lateinischen Kultur- und Sprachtradition einher. Nach Ansicht von Coseriu (2008a: 98) ist diese Entwicklung der „*wahre und tiefste Grund für die Aufspaltung des Lateins*". Es wird vielfach angenommen, dass durch den abnehmenden Einfluss der römischen Kultur allmählich auch der Bezug zu dem aus Rom übermittelten hochsprachlichen Latein und damit zu der bis dahin geltenden gemeinsamen idealen Norm verloren gegangen ist. Stattdessen begannen sich die Sprecher an dem jeweils regional gesprochenen Latein als Norm zu orientieren. Dabei ist die Lockerung der lateinischen Sprachtradition keineswegs überall gleich verlaufen. Ein zusätzlicher Faktor für die Ausgliederung der romanischen Sprachen wird darin gesehen, dass es in einigen Gebieten, vor allem in Gallien und auf der Iberischen Halbinsel, Ausgleichsmaßnahmen durch gebildete, in den Städten lebende Bevölkerungskreise gab, die unter anderem den Erhalt des öffentlichen Schulsystems über einen längeren Zeitraum weiter sicherten. Für Stefenelli

(1996: 87f) lassen sich einige divergierende Entwicklungen in den (früh-)romanischen Sprachen „zu einem guten Teil als unterschiedliches Festhalten an den traditionellen lateinischen Sprachverhältnissen sehen und dementsprechend in erster Linie von den regional unterschiedlichen Kräfteverhältnissen zwischen Sprachtradition und Sprachneuerung her verstehen". Ein Beispiel ist die unterschiedliche Entwicklung des lateinischen Auslautkonsonanten -s in den romanischen Sprachen. Für die Westromania wird vermutet, dass die durchgeführten Bildungsmaßnahmen die sprachliche Orientierung am Standardlatein sicherten und damit den allmählichen Schwund von -s verhinderten bzw. wieder rückgängig machten (Stefenelli 1996: 78f). Für die meisten östlichen Gebiete des römischen Reiches kann eine solche Entwicklung hingegen nicht angenommen werden. Es gilt als historisch gesichert, dass Dakien nach der Eroberung durch die Römer weitgehend entvölkert war und durch einfache Soldaten und Kolonisten aus verschiedenen Gebieten des Römischen Reiches, die umgangssprachliches Latein sprachen, besiedelt wurde (Deutschmann 1971: 122). Für Stefenelli (1996: 79) ist es daher durchaus plausibel anzunehmen, dass der Erhalt bzw. der Verlust der lateinischen Sprach- und Kulturtradition zumindest einen „Teilfaktor" für die Ausgliederung der romanischen Sprachräume darstellt.

Die ‚Reconquista' der Iberischen Halbinsel

Mit der bereits erwähnten islamisch-arabischen Invasion auf der Iberischen Halbinsel im Jahre 711 setzt ein für die Ausgliederung der iberoromanischen Sprachen wichtiger Prozess ein: die ‚**Reconquista**', d. h. die allmähliche Rückeroberung der Iberischen Halbinsel durch die Christen. Den Mauren gelang es innerhalb weniger Jahre die gesamte Halbinsel bis auf einige Gebiete im Norden und Nordosten zu erobern. Gleichzeitig stießen sie bis in die Mitte Frankreichs vor, wo sie 734 in der Schlacht von Tours und Poitiers von den Franken besiegt und wieder über die Pyrenäen zurückgedrängt wurden. Als Folge der jahrhundertelangen maurischen Herrschaft bildete sich mit dem **Mozarabischen** eine eigene Form des Romanischen heraus. Es handelt sich hierbei um die romanische Sprache derjenigen Christen, die in den von den Mauren besetzten und stark von der islamischen Kultur und der arabischen Sprache beeinflussten Gebieten lebten (Lleal 1990: 145-158, Galmés de Fuentes 1996).

Die Reconquista formierte sich bereits kurze Zeit nach dem Eindringen der Mauren und hatte zunächst zwei Ausgangspunkte: zum einen die 801 von Karl dem Großen gegründete Spanische Mark (*Mar-*

ca Hispánica) im Nordwesten und zum anderen das Bergland Asturiens und Kantabriens im Norden der Iberischen Halbinsel. Im Verlauf der Reconquista bildeten sich im Norden und Nordwesten verschiedene Territorien als mehr oder weniger selbstständige politische Einheiten und Königreiche heraus, die in mehreren Stoßrichtungen allmählich immer weiter nach Süden vordrangen (Lapesa 1981: 192).

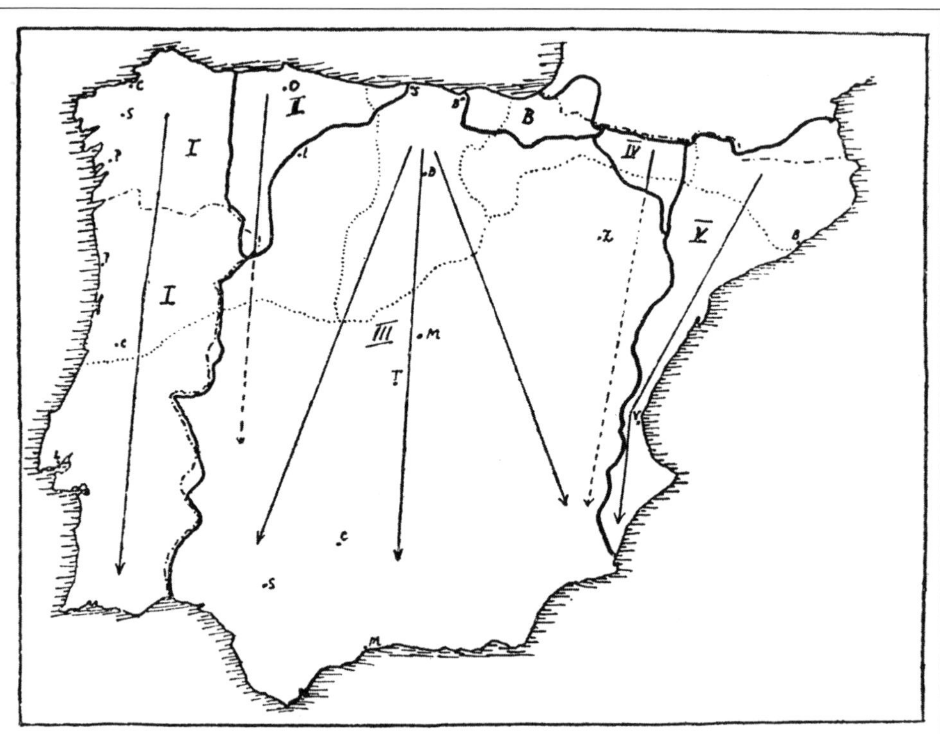

Reconquista und Bereiche der heutigen ibero-romanischen Sprachen (nach R. Lapesa, *Historia de la lengua española,* Madrid 1942, S. 108)

- - - - - - Grenzen der christlichen Staaten im Jahre 950
——— - -→ Stoßrichtung der Reconquista
— - — - - Heutige politische Grenzen
——— Grenzen und Bereiche der heutigen Sprachgruppen
(I Galicisch-Portugiesisch. II Asturisch-Leonesisch. III Kastilisch-Spanisch. IV Aragonesisch. V Katalanisch. B Baskisch)

Abb. 7.10 | ▶ Die Reconquista und die Entstehung der romanischen Sprachen auf der Iberischen Halbinsel

Ausgehend von Galicien wurde bis zur Mitte des 13. Jahrhunderts der gesamte Westen etappenweise von den Mauren zurückerobert und das Königreich Portugal gegründet, dessen Grenzen nach der Eroberung von Faro im Jahre 1249 bis heute nahezu unverändert geblieben sind (mit Ausnahme einer kurzen Periode von 1580 bis 1640, in der es von Spanien besetzt war). Im Nordosten entstand das Königreich Aragón, das sich im 12. Jahrhundert mit Katalonien vereinigte und bis zur Mitte des 13. Jahrhunderts die Mittelmeerküste bis Valencia sowie die balearischen Inseln eroberte. Im Norden ging die Rückeroberung zunächst von den Königreichen Asturien und Léon aus. Später übernahm Kastilien die Führungsrolle, das seinen Herrschaftsbereich unter anderem durch die Eroberung von Léon und den Zusammenschluss mit Aragón allmählich zunehmend ausdehnte. Auf diese Weise erlangte der romanische Dialekt des Kastilischen eine besondere Bedeutung. Im Vergleich zu den anderen (‚historischen') Dialekten erlangte er ein höheres Prestige und entwickelte sich zur Literatur- und Verwaltungssprache im Zentrum der Iberischen Halbinsel, von wo aus er im Zuge der Reconquista noch weiter nach Süden getragen wurde (Cano Aguilar 1999: 59-63). Parallel zu dieser Entwicklung bildeten sich im Westen das Galicisch-Portugiesische und im Osten das Katalanische als eigenständige Sprachen heraus. Durch die kontinuierliche Rückeroberung ehemals arabisch besetzter Gebiete durch die Christen sowie durch die Flucht vieler Christen in den christlichen Norden kommt es außerdem zu einem allmählichen Verschwinden des Mozarabischen, das vermutlich bereits gegen Ende des 12. Jahrhunderts vollkommen ausgestorben ist (Pons Rodríguez 2010: 44f). Die Reconquista endet im Jahre 1492 mit der Eroberung des Emirats von Granada und der Vertreibung der dort verbliebenen Araber. Dieses Ereignis bildet den historischen Endpunkt für die Ausgliederung der romanischen Sprachen auf dem Gebiet der Alten Romania.

Exkurs

Das Jahr 1492

Für die romanische und insbesondere spanische Sprachgeschichte ist das Jahr 1492 von enormer Bedeutung. Es ist nicht nur das Jahr, in dem die Maurenherrschaft auf der Iberischen Halbinsel nach sieben Jahrhunderten endgültig beendet wird und das Kastilisch-Spanische seine dominante Rolle auf der Iberischen Halbinsel festigt. Bekanntlich entdeckt in demselben Jahr Christoph Kolumbus auf der Suche nach einem neuen

Seeweg nach Indien den amerikanischen Kontinent für die Europäer. Die unmittelbare Folge dieser Entdeckung ist eine enorme Expansion des Spanischen über die Grenzen Europas hinaus, die zusammen mit der gleichzeitigen Ausbreitung des Portugiesischen und Französischen zur Herausbildung der **Neuen Romania** führt. Darüber hinaus haben die damit verbundene Kolonialisierung und der Sklavenhandel neben dem Aussterben vieler einheimischer Sprachen (und ihrer Sprecher) auch zur Folge, dass mit den (romanisch-basierten) Pidgin- und vor allem Kreolsprachen völlig neue Sprachen entstehen.

Ein anderes, auch in sprachlicher Hinsicht bedeutendes Ereignis des Jahres 1492 ist der Erlass des so genannten Alhambra-Edikts der ‚katholischen Könige' Isabella I. von Kastilien und Ferdinand II. von Aragón. Es besagte, dass diejenigen Juden, die nicht bereit waren, den christlichen Glauben anzunehmen, Spanien zu verlassen hatten. Dies führte dazu, dass zwischen 120.000 und 160.000 Juden Spanien – und wenige Jahre später auch Portugal – verließen und nach Nordafrika, Südosteuropa und Nordeuropa emigrierten. Eine sprachlich relevante Folge dieser Emigration ist die Herausbildung einer besonderen Varietät des Spanischen, nämlich des **Judenspanischen**. Es wird bis heute noch vereinzelt in Israel und Südosteuropa gesprochen. In sprachlicher Hinsicht ist es einerseits durch den Erhalt einiger Eigenschaften des mittelalterlichen Spanischen und andererseits durch innovative Eigenentwicklungen gekennzeichnet (Lleal 2005).

Ebenfalls in das Jahr 1492 fällt die Veröffentlichung der ersten gedruckten und „nach humanistischen Prinzipien ausgerichtete[n]" (Iordan 1962: 8) Grammatik einer romanischen Sprache, nämlich der *Gramática de la lengua castellana* von **Antonio Nebrija** (Nebrija 1980). Die Grammatik gilt als erste systematische und umfassende Beschreibung einer romanischen Sprache. Der letzte Teil des fünfteiligen Werkes ist eine Sprachbeschreibung, die sich an Lerner des Spanischen richtet. Die Grammatik sollte damit gleichzeitig ein Hilfsmittel für das Erlernen und die Verbreitung des Spanischen sein (Penny 2000: 2004, Becker 2013: 237f).

Zusammenfassung

In diesem Kapitel wurden die möglichen Gründe diskutiert, die dazu geführt haben, dass sich aus einem weitgehend einheitlichen (Vulgär-)Latein die verschiedenen romanischen Sprachen ausgegliedert haben. Dabei lassen sich drei zentrale Aspekte unterscheiden: die Rolle des Romanisierungsprozesses, die Rolle der Einflüsse aufgrund von Sprachkontakt sowie die Rolle sonstiger Faktoren. Was die Rolle des Romanisierungsprozesses betrifft, so ist hier vor allem die zeitliche Abfolge und die Dauer entscheidend. So könnte ein ausschlaggebender Grund für die Ausgliederung in die west- und ostromanischen Sprachen sein, dass die angenommene Grenze jahrhundertelang die Außengrenze des Römischen Reiches war und auch nach der Eroberung und Romanisierung von Gebieten nördlich dieser Grenze als wichtige innerrömische Grenze fungierte. Die wichtigste Rolle bei der Ausgliederung der romanischen Sprachen wird den fremdsprachlichen Einflüssen eingeräumt. Von besonderer Bedeutung ist hier das Keltische, das in weiten Teilen der Westromania als Substratsprache fungierte und dort unter anderem die Palatalisierung von lat. c in der Konsonantengruppe -ct- bewirkt haben könnte. Den wichtigsten Superstrateinfluss auf die Entwicklung der romanischen Sprachen haben die germanischen Sprachen ausgeübt. Hier ist vor allem das Fränkische von Bedeutung, das die Entwicklung des Französischen vor allem in Wortschatz und Lautentwicklung und möglicherweise auch im Bereich der Syntax beeinflusst hat. Zu den sonstigen Faktoren, die die Ausgliederung der romanischen Sprachen beeinflusst haben könnten, gehören Ereignisse und Entwicklungen, die nach der Romanisierung eingetreten sind. Hierbei handelt es sich unter anderem um den Verlust der Ausstrahlungskraft Roms durch die zunehmende Dezentralisierung im Römi-schen Reich, der zu unterschiedlichen sprachlichen Entwicklungen in der peripharen und der zentralen Romania geführt haben könnte, sowie die Reconquista, deren Verlauf die sprachliche Gliederung auf der Iberischen Halbinsel wesentlich bestimmt hat.

Literatur

Die Darstellung orientiert sich vor allem an der Zusammenstellung von Stefenelli (1996) über die wichtigsten Thesen zur Ausgliederung der romanischen Sprachen. Des Weiteren wurde insbesondere auf Wartburg (1950), Rohlfs (1971b) und die entsprechenden Abschnitte in Tagliavini (1998) und das Kapitel 40 in Varvaro (2010) zurückgegriffen.

Testfragen

(1) Welche historischen Fakten gibt es, die als Erklärung für das auf der Linie La Spezia-Rimini anzutreffende Isoglossenbündel angeführt werden können?

(2) Durch welchen fremdsprachlichen Einfluss könnte die Palatalisierung von lat. c *in der Konsonantengruppe* -ct-, *die in den meisten westromanischen Sprachen eingetreten ist, ausgelöst worden sein? Welche Belege werden für diese Annahme angeführt?*

(3) Welche romanischen Sprachgruppen werden der Randromania und welche der Zentralromania zugerechnet? Geben Sie ein Beispiel für den Unterschied.

(4) Was ist die ‚Reconquista' und welche Rolle spielte sie bei der Ausgliederung der romanischen Sprachen?

Literatur

Quellen

Appendix Probi = Zitiert nach Väänänen (1981: 200-203)

Auc. = *Aucassin et Nicolette*. Chronologie, préface, traduction et notes par J. Dufournet. Paris: Flammarion, édition critique, deuxième édition revue et corrigée 1984.

Aug. *Iohann.* = Sancti Aurelii Augustini, *In Iohannis Evangelium. Tractatus CXXIV*. Turnhout: Brepols 1954.

Aug. *Psalm.* = Sancti Aurelii Augustini, *Enarrationes in psalmos. LI-C*. Turnhout: Brepols 1956.

Cat. = *Catulli Veronesis Liber*. In: *Catullus*. Edited with a textual and interpretative commentary by D.F.S. Thomson. Toronto: University of Toronto Press 1997.

Cic. *Att.* = M. Tulli Ciceronis, *Epistole ad Attico. Volume primo. Libri I-VIII*. Hrsg. v. C. di Spigno. Torino: Unione Tipografico-Editrice Torinese 1998.

Cic. *Fam.* 9 = M. Tulli Ciceronis, *Epistularum ad familiares. Liber IX*. Hrsg. v. I.P. Vallot. Milano: Mondadori 1967.

Cic. *Fam.* 12 = M. Tulli Ciceronis, *Epistularum ad familiares. Liber XII*. Hrsg. v. D. Nardo. Milano: Mondadori 1966.

Cid = *Cantar de Mio Cid. Das Lied vom Cid*. Altspanisch/Deutsch. Übersetzt und herausgegeben v. V. Millet u. A. Montaner. Stuttgart: Reclam 2013.

CIL = *Corpus inscriptionum Latinarum*. Consilio et autoritate Academicae litterarum regiae Borussicae editum. Berlin: Reimer / de Gruyter 1862ff.

Col. = Lucio Giunio Moderato Columella, *L'arte dell'agricoltura e libro sugli alberi*. Torino: Einaudi 1977.

Eger. = *Itinerarium Egeriae (Peregrination Aetheriae)*. Hrsg. v. R. Fischer. Oberdorf: Piscator 1986.

Form. Sen. Add. = *Formulae Merowingici et Karolini Aevi*. Hrsg. von K. Zeumer. Hannover: Hahn 1886.

Greg. *Vitae* = *Scriptores Rerum Merovingicarum. Tomi I pars II: Gregorii episcopi turonensis. Miracula et opera minora*. Hrsg. von. B. Krusch. Hannover: Hahn 1969.

Hist. = Clarinda de Azevedo Maia (1986): *História do Galego-Português. Estado linguístico da Galiza e do Noroeste de Portugal desde o século XIII ao século XVI. (Com referência à situação do galego moderno)*. Coimbra: Instituto Nacional de Investigação Científica.

Nov. = *Libro di novelle e di bel parlare gientile* [Ur-*Novellino*], in: *Il Novellino*, hrsg. v. A. Conte. Roma: Salerno 2001, 165-264.

Petr. = Petronii Satyricon. *Cena Trimalchionis*. Zitiert nach Väänänen (1981: 180-184)

Plaut. *Miles* = Plauto, *Miles gloriosus*, in: Plauto, *Miles gloriosus. Aulularia*. Milano: Mondadori 1999.

QLR	=	*Li quatre livre des Reis. Die Bücher Samuelis und der Könige in einer französischen Bearbeitung des 12. Jahrhunderts. Nach der ältesten Handschrift unter Benutzung der neu aufgefundenen Handschriften.* Kritisch herausgegeben von E.R. Curtius. Dresden: Gesellschaft für Romanische Literatur 1911.
Rol.	=	*Das altfranzösische Rolandslied. Zweisprachig.* Übersetzt und kommentiert v. W. Steinsieck. Stuttgart: Reclam 1999.
Roth	=	*Gesetzbuch Rotharis.* In: *Die Gesetze der Langobarden.* Hrsg. von. F. Beyerle, Weimar: Böhlaus 1947, 1-159.
Vetus	=	*Itala. Das Neue Testament in altlateinischer Überlieferung. I: Matthäus-Evangelium.* Hrsg. von A. Jülicher. Berlin: Walter de Gruyter 1938.
Vulg.	=	*Biblia Sacra. Iuxta vulgatam versionem.* Adiuvantibus B. Fischer, I. Gribomont, H.F.D. Sparks & W. Thiele. Recensuit et brevi apparatu critico instruxit R. Weber. Stuttgart: Deutsche Bibelgesellschaft, vierte, verbesserte Auflage 1994 [[1]1969].

Sprachwissenschaftliche Literatur

Abel, Fritz (1971): „Übersetzungsvergleich und diachronische Linguistik. Vom Nutzen der lateinischen Bibelübersetzungen für die romanische Sprachwissenschaft." In: H.-M. Gauger & K.-R. Bausch (Hgg.), *Interlinguistica. Sprachvergleich und Übersetzung. Festschrift zum 60. Geburtstag von Mario Wandruszka.* Tübingen: Niemeyer, 3-12.

Abraham, Werner (1992): „Grammatikalisierung und Reanalyse: einander ausschließende oder ergänzende Begriffe?" *Folia linguistica historica* 13, 7-26.

Adams, James Noal (1976): „A typological approach to Latin word order." *Indogermanische Forschungen* 81, 70-99.

Adams, Marianne (1987): „From Old French to the theory of pro-drop." *Natural Language and Linguistic Theory* 5, 1-32.

Aebischer, Paul (1948): „Contribution à la protohistoire des articles *ille* et *ipse* dans les langues romanes." *Cultura Neolatina* 8, 181-203.

Aebischer, Paul (1971): „Le pluriel -ās de la première déclinaison latine et ses résultats dans les langues romanes." *Zeitschrift für romanische Philologie* 87, 74-98.

AIS = Jaberg, Karl & Jakob Jud (1928-1940): *Sprach- und Sachatlas Italiens und der Südschweiz.* 8 Bände. Zofingen: Ringier & Co.

ALD I = Goebl, Hans u.a. (Hgg.) (1998): *ALD-I. Atlant linguistich dl ladin dolomitich y di dialec vejins, 1ª pert. Atlante linguistico del ladino dolomitico e dei dialetti limitrofi, 1ª parte. Sprachatlas des Dolomitenladinischen und angrenzender Dialekte, 1. Teil.* 7 Bände. Wiesbaden: Reichert. <ald1.sbg.ac.at>

ALD II = Goebl, Hans u.a. (Hgg.) (2012): *Atlant linguistich dl ladin dolomitich y di dialec vejins, 2ª pert. Atlante linguistico del ladino dolomitico e dei dialetti limitrofi, 2ª parte. Sprachatlas des Dolomitenladinischen und angrenzender Dialekte, 2. Teil.* 7 Bände. Strasbourg: Éditions de linguistique et de philologie. <ald2.sbg.ac.at>

ALF = Gilliéron, Jules & Edmond Edmont (1902-1910): *Atlas linguistique de la France.* 10 Bände. Paris: Champion.

Alkire, Ti & Carol Rosen (2010): *Romance Languages. A Historical Introduction*. Cambridge: Cambridge University Press.

Allières, Jacques (1998): „Baskisch und Romanisch." In: G. Holtus, M. Metzeltin & C. Schmitt (Hgg.), *Lexikon der Romanistischen Linguistik (LRL). Band 7. Kontakt, Migration und Kunstsprachen. Kontrastivität, Klassifikation und Typologie*. Tübingen: Niemeyer, 316-327.

Alonso, Amado (1978): „Die Aufgliederung der romanischen Sprachen." In: R. Kontzi (Hg.), *Zur Entstehung der romanischen Sprachen*. Darmstadt: Wissenschaftliche Buchgesellschaft, 163-186 (= dt. Übersetzung von: „Particion de las lenguas románicas de occidente", in: *Miscelánea Fabra*, Buenos Aires 1945).

ALPI = Navarro Tomás (1962): *Atlas Lingüístico de la Península Ibérica. Volume I: Fonética*. Madrid: Consejo Superior de Investigaciones Científicas.

Andersen, Henning (1973): „Abductive and deductive change." *Language* 49, 765-793.

Anttila, Raimo (1989): *Historical and Comparative Linguistics*. Amsterdam: Benjamins, second revised edition [[1]1972].

Arnold, Rafael (2012): „Judenspanisch." In: J. Born, R. Folger, C.F. Laferl & B. Pöll (Hgg.), *Handbuch Spanisch. Sprache, Literatur, Kultur, Geschichte in Spanien und Hispanoamerika. Für Studium, Lehre, Praxis*. Berlin: Schmidt, 126-131.

Ascoli, Graziado Isaia (1878): „Schizzi franco-provenzali." *Archivio glottologico italiano* 3, 61-120.

Ascoli, Graziado Isaia (1982): „Die ethnologischen Gründe der sprachlichen Umgestaltungen." In: R. Kontzi (Hg.), *Substrate und Superstrate in den romanischen Sprachen*. Darmstadt: Wissenschaftliche Buchgesellschaft, 29-54 (= dt. Übersetzung aus dem Italienischen, erschienen in: *Rivista di filologia e d´istruzione* 10 (1881-1882)).

Ashby, William J. (1981): „The loss of the negative particle *ne* in French." *Language* 57, 647-687.

Ashby, William J. (2001): „Un nouveau regard sur la chute du *ne* en français parlé tourangeau: s'agit-il d'un changement en cours?" *Journal of French Language Studies* 11, 1-22.

Baldi, Philip (1999): *The Foundations of Latin*. Berlin: de Gruyter.

Baldinger, Kurt (1972): *La formación de los dominios lingüísticos en la península ibérica*. Madrid: Gredos, segunda edición corregida y muy aumentada [[1]1963] (= sp. Übersetzung von: *Die Herausbildung der Sprachräume auf der Pyrenäenhalbinsel. Querschnitt durch die neueste Forschung und Versuch einer Synthese*. Berlin 1958).

Banniard, Michel (1997): *Du latin aux langues romanes*. Paris: Nathan.

Barbato, Marcello (2010): „Il principio di dissimilazione e il plurale di I classe (con excursus sul destino di TUUS SUUS e sull'analogia)." *Zeitschrift für romanische Philologie* 126, 39-70.

Bartoli, Matteo (1978): „Grundzüge der romanischen Sprachen." In: R. Kontzi (Hg.), *Zur Entstehung der romanischen Sprachen*. Darmstadt: Wissenschaftliche Buchgesellschaft, 123-162 [[1]1936-1937].

Battye, Adrian & Ian Roberts (eds.) (1995): *Clause Structure and Language Change*. New York: Oxford University Press.

Bauer, Brigitte L.M. (2009): „Word order." In: P. Baldi & P. Cuzzolin (eds.), *New Perspectives on Historical Latin Syntax. Volume 1. Syntax of the Sentence*. Berlin: Mouton de Gruyter, 241-316.

Bauer, Laurie & Peter Trudgill (eds.) (1998): *Language Myths*. London: Penguin Books.

Becker, Martin (2013): *Einführung in die spanische Sprachwissenschaft*. Stuttgart: Metzler.

Benincà, Paola (1985-1986): „L'interferenza sintattica: di un aspetto della sintassi ladina considerato di origine tedesca." *Quaderni Patavini di Linguistica* 5, 3-15; Nachdruck in: P. Benincà, *La variazione sintattica. Studi di dialettologia romanza*, Bologna: Il Mulino 1994, 89-103.

Bennett, Paul, Martin Durrell, Solke Scheible & Richard J. Whitt (eds.) (2013): *New Methods in Historical Corpora*. Tübingen: Narr.

Berschin, Helmut (2001): „Interne und externe Sprachgeschichte." In: G. Holtus, M. Metzeltin & C. Schmitt (Hgg.), *Lexikon der Romanistischen Linguistik (LRL), Band I,2. Methodologie (Sprache in der Gesellschaft / Sprache und Klassifikation / Datensammlung und -verarbeitung)*. Tübingen: Niemeyer, 628-637.

Berschin, Helmut, Josef Felixberger & Hans Goebl (2008): *Französische Sprachgeschichte*. Hildesheim: Olms, 2., überarbeitete und ergänzte Auflage [[1]1978].

Berschin, Helmut, Julio Fernández-Sevilla & Josef Felixberger (2012): *Die spanische Sprache. Verbreitung, Geschichte, Struktur*. Hildesheim: Olms, 4., überarbeitete Auflage [[1]1987].

BDELC = Corominas, Joan (1973): *Breve diccionario etimológico de la lengua castellano*. Madrid: Gredos, tercera edición muy revisada y mejorada [[1]1961].

Binder, Vera (2000): *Sprachkontakt und Diglossie. Lateinische Wörter im Griechischen als Quellen für die lateinische Sprachgeschichte und das Vulgärlatein*. Hamburg: Buske.

Blänsdorf, Jürgen (1996): „Erborgte und gerettete Schriftlichkeit - Einflüsse der Mündlichkeit in spätantiken Texten." In: H.L.C. Tristram (Hg.), *(Re)Oralisierung*. Tübingen: Narr, 85-110.

Blasco Ferrer, Eduardo (1994): *Handbuch der italienischen Sprachwissenschaft*. Berlin: Schmidt.

Bleicken, Jochen (1994): *Verfassungs- und Sozialgeschichte des Römischen Kaiserreiches*. Bd. 2. Paderborn: Schöningh.

Bollée, Annegret & Ingrid Neumann-Holzschuh (2003): *Spanische Sprachgeschichte*. Stuttgart: Klett.

Bonfante, Guiliano (1999): *The Origins of the Romance Languages. Stages in the Development of Latin*. Edited by Larissa Bonfante. Heidelberg: Winter.

Bork, Hans Dieter (1990): „Der Mythos vom Schwächetod des lateinischen Futurs." In: E. Könsgen (Hg.), *Arbor amoena comis. 25 Jahre Mittellateinisches Seminar in Bonn*. 1965–1990. Stuttgart: Steiner, 15-22.

Bossong, Georg (2008): *Die romanischen Sprachen. Eine vergleichende Einführung*. Hamburg: Buske.

Bourciez, Édouard (1967): *Éléments de linguistique romane*. Paris: Klincksieck, cinquième édition [[1]1910].

Brandner, Ellen & Gisella Ferraresi (1996): „Introduction." In: E. Brandner & G. Ferraresi (eds.), *Language Change and Generative Grammar*. Opladen: Westdeutscher Verlag, 7-21.

Brockhaus (2005-2011): *Brockhaus Enzyklopädie online*. Mannheim: Bibliographisches Institut & Brockhaus.

Brüch, Josef (1926): „Die bisherige Forschung über die germanischen Einflüsse auf die romanischen Sprachen." *Revue de linguistique romane* 2, 25-112.

Brugmann, Karl (1917): „Der Ursprung des Scheinsubjekts ‚es' in den germanischen und den romanischen Sprachen." In: *Berichte über die Verhandlungen der Königl. Sächsischen Gesellschaft der Wissenschaften zu Leipzig*. Bd. 69. Leipzig: Teubner, 1-57.

Brunot, Ferdinand (1927): *Histoire de la langue française des origines a 1900. Tome IX: La révolution et l'Empire. Première partie: Le français langue nationale*. Paris: Colin.

Brunot, Ferdinand (1933): *Histoire de la langue française des origines à nos jours. Tome I: De l'époque latine à la Renaissance.* Paris: Colin, 4e edition [[1]1905].

Brüser, Martina & André dos Reis Santos (2002): *Dicionário do Crioulo da Ilha de Santiago (Cabo Verde). Wörterbuch des Kreols der Insel Santiago (Kapverde).* Tübingen: Narr.

Bustos Tovar, José Jesús de (2005): „Las Glosas Emilianenses y Silenses." In: R. Cano (ed.), *Historia de la lengua española.* Barcelona: Ariel, 2.ª edición, 291-309 [[1]2004].

Cannon, Garland (1990): *The Life and Mind of Oriental Jones.* Cambridge: Cambridge University Press.

Cano Aguilar, Rafael (1999): *El español a través de los tiempos.* Madrid: Arco/Libros.

Company Company, Concepción (2006): „Tiempos de formación romance II. Los futuros y condicionales." In: C. Company Company (ed.), *Sintaxis histórica de la lengua española.Primera parte: La frase verbal. Volumen I.* México: Universidad Nacional Autónoma de México / Fondo de cultura económica, 349-418.

Coquebert de Montbret, Eugène (1831): *Mélanges sur les langues, dialectes et patois; renfermant, entre autres, une collection de versions de la parabole de l'enfant prodigue en cent idiomes ou patois différens, presque tous de France; précédés d'un essai d'un travail sur la géographique de la langue française.* Paris: Bureau de l'almanach du commerce.

Corriente Córdoba, Federico (2004): „El elemento árabe en la historia lingüística peninsular: actuación directa e indirecta. Los arbismos en los romances peninsulares (en especial, en castellano)." In: R. Cano (ed.), *Historia de la lengua española.* Barcelona: Ariel, 185-207.

Coseriu, Eugenio (1974): *Synchronie, Diachronie und Geschichte. Das Problem des Sprachwandels.* München: Fink (= dt. Übersetzung von: *Sincronía, diacronía e historia. El problema del cambio lingüístico,* Montevideo 1958).

Coseriu, Eugenio (1992): *Einführung in die allgemeine Sprachwissenschaft.* Tübingen: Francke, 2. Auflage [[1]1988].

Coseriu, Eugenio (2008a): „Das sogenannte Vulgärlatein und die ersten Differenzierungen in der Romania. Eine kurze Einführung in die romanische Sprachwissenschaft." In: E. Coseriu, *Lateinisch – Romanisch. Vorlesungen und Abhandlungen zum sogenannten Vulgärlatein und zur Entstehung der romanischen Sprachen. Bearbeitet und herausgegeben von Hansbert Bertsch.* Tübingen: Narr, 40-105 (= dt. Übersetzung von: *El llamado ‚latin vulgar' y las primeras diferenciaciones romances. Breve introducción a la lingüística románica.* Montevideo 1954).

Coseriu, Eugenio (2008b): „Das Vulgärlatein und die Entstehung der romanischen Sprachen." In: E. Coseriu, *Lateinisch – Romanisch. Vorlesungen und Abhandlungen zum sogenannten Vulgärlatein und zur Entstehung der romanischen Sprachen. Bearbeitet und herausgegeben von Hansbert Bertsch.* Tübingen: Narr, 106-328.

Coseriu, Eugenio (2008c): „Das Vulgärlatein und der romanische Sprachtypus." In: E. Coseriu, *Lateinisch – Romanisch. Vorlesungen und Abhandlungen zum sogenannten Vulgärlatein und zur Entstehung der romanischen Sprachen.* Bearbeitet und herausgegeben von Hansbert Bertsch. Tübingen: Narr, 359-367 (= dt. Übersetzung von: „Le latin vulgaire et le type linguistique roman", in: J. Herman (éd.), *Latin vulgaire - latin tardif. Actes du Ier Colloque international sur le latin vulgaire et tardif (Pécs, 2-5 septembre 1985),* Tübingen 1987, 53-64).

Cysouw, Michael & Bernhard Wälchli (2007): „Parallel texts: using translational equivalents in linguistic typology." *Sprachtypologie und Universalienforschung* 60, 95-99.

D'hulst, Yves (2006): „Romance plurals." *Lingua* 116, 1303-1329.

Dante Alighieri (1996): *De vulgari eloquentia*. Torino: Società Editrice Internazionale [ca. 1304/[1]1529] (dt. Übersetzung: *Über das Dichten in der Muttersprache*. Darmstadt: Reichl 1966).

Dardel de, Robert (1964): „Considérations sur la déclinaison romane à trois cas." *Cahiers Ferdinand de Saussure* 21, 7-23.

Dardel, Robert de & Jakob Wüest (1993): „Les systèmes casuels du protoroman. Les deux cycles de simplification." *Vox romanica* 52, 25-65.

De Carvalho, Paolo (2000): „La déclination biscuelle de l´ancien français: conservation ou innovation?" In: A. Englebert, M. Pierraro, L. Rosier & D. van Raemdonck (éds.), *Actes du XXIIe Congrès International de Linguistique et de Philologie Romanes, Bruxelles 23.-29. juillet 1998. Volume VI: De la grammaire des formes à la grammaire du sens. Travaux de la section „Morphologie et syntaxe"*. Tübingen: Niemeyer, 119-128.

Detges, Ulrich (2003): „Wie arbiträr sind Zahlwörter? Zahlwortsysteme romanischer und anderer Sprachen." *Romanistisches Jahrbuch* 54, 29-56.

Detges, Ulrich & Richard Waltereit (2002): „Grammaticalization vs. reanalysis: a semantic-pragmatic account of functional change in grammar." *Zeitschrift für Sprachwissenschaft* 21, 151-196.

Detges, Ulrich & Richard Waltereit (eds.)(2008): *The Paradox of Grammatical Change. Perspectives from Romance*. Amsterdam: Benjamins.

Deutschmann, Olaf (1971): *Lateinisch und Romanisch. Versuch eines Überblicks*. München: Hueber.

Devoto, Giacomo (1968): *Geschichte der Sprache Roms*. Heidelberg: Winter (= dt. Übersetzung von: *Storia della lingua di Roma*, Bologna [[1]1940]).

Dietrich, Wolf (1995): „Das Rumänische als Balkansprache." *Romanistik in Geschichte und Gegenwart* 7, 137-154.

Dietrich, Wolf (1998): „Griechisch und Romanisch." In: G. Holtus, M. Metzeltin & C. Schmitt (Hgg.), *Lexikon der Romanistischen Linguistik (LRL). Band 7. Kontakt, Migration und Kunstsprachen. Kontrastivität, Klassifikation und Typologie*. Tübingen: Niemeyer, 121-134.

Dietrich, Wolf & Volker Noll (2012): *Einführung in die spanische Sprachwissenschaft. Ein Lehr- und Arbeitsbuch. Begründet und fortgeführt bis zur 5. Auflage von Wolf Dietrich und Horst Geckeler*. Berlin: Schmidt, 6., neu bearbeitete und wesentlich erweiterte Auflage [[1]1990].

Diez, Friedrich (1882): *Grammatik der romanischen Sprachen. Drei Theile in einem Bande*. Bonn: Weber, fünfte Auflage [[1]1836-1844].

Durante, Marcello (1993): *Geschichte der italienischen Sprache. Vom Latein bis heute*. Stuttgart: Steiner (= dt. Übersetzung von: *Dal latino all'italiano moderno*, Bologna: Zanichelli 1981).

Eckert, Gabriele (1986): *Sprachtypus und Geschichte. Untersuchungen zum typologischen Wandel des Französischen*. Tübingen: Narr.

Elcock, William D. (1975): *The Romance Languages*. London: Faber & Faber, new and revised edition [[1]1960].

Ernst, Gerhard, Martin-Dietrich Gleßgen, Christian Schmitt & Wolfgang Schweickard (Hgg.)(2003, 2006, 2008): *Romanische Sprachgeschichte. Ein internationales Handbuch zur Geschichte der romanischen Sprachen*. 3 Teilbände. Berlin: de Gruyter.

Ettmayer, Karl R. v. (1919): „Zur Kenntnis des Altladinischen." *Zeitschrift für romanische Philologie* 39, 1-17.

EWDS = *Kluge. Etymologisches Wörterbuch der deutschen Sprache. Bear-*

beitet von E. Seebold. Berlin: Walter de Gruyter, 25., durchgesehene und erweiterte Auflage 2011 [[1]1883].

Finke, Annerose (1987): „Zur direkten Satzfrage im Französischen und Lateinischen." In: W. Dahmen, G. Holtus, J. Kramer & M. Metzeltin (Hgg.), *Latein und Romanisch. Romanistisches Kolloquium I*. Tübingen: Narr, 270-292.

Fleischman, Suzanne (1982): *The Future in Thought and Language. Diachronic Evidence from Romance*. Cambridge: Cambridge University Press.

Fontana, Josep M. (1997): „On the integration of second position phenomena." In: A.v. Kemenade & N. Vincent (eds.), *Parameters of Morphosyntactic Change*. Cambridge: Cambridge University Press, 207-249.

Forner, Werner (2005): *S & I*. Variationelle Evidenzen für eine monogenetische Theorie der romanischen Pluralmarkierungen." *Zeitschrift für romanische Philologie* 121, 197-245.

Foulet, Lucien (1935): „L'extension de la forme oblique du pronom personnel en ancien français. Premier article." *Romania* 61, 257-315.

Gabriel, Christoph & Trudel Meisenburg (2014): *Romanische Sprachwissenschaft*. Paderborn: Fink, 2., überarbeitete Auflage [[1]2007].

Gaeng, Paul A. (1990): „La flexion nominale à l'époque du latin tardif: essai de reconstrucion." In: G. Calboli (éd.), *Latin vulgaire - latin tardif II. Actes du IIème Colloque international sur le latin vulgaire et tardif (Bologne 29 Août - 2 Septembre 1988)*. Tübingen: Niemeyer, 111-128.

Galmés de Fuentes, Álvaro (1996): „Mozárabe." In: M. Alvar (dir.), *Manual de dialectología hispánica. El español de España*. Barcelona: Ariel, 97-110.

Gardani, Francesco (2013): *Dynamics of Morphological Productivity. The Evolution of Noun Classes from Latin to Italian*. Leiden: Brill.

Gauger, Hans-Martin, Wulf Oesterreicher & Rudolf Windisch (1981): *Einführung in die romanische Sprachwissenschaft*. Darmstadt: Wissenschaftliche Buchgesellschaft.

Geckeler, Horst & Dieter Kattenbusch (1992): *Einführung in die italienische Sprachwissenschaft*. Tübingen: Niemeyer, 2., durchgesehene Auflage [[1]1987].

Gehrke, Hans-Joachim & Helmut Schneider (Hgg.) (2010): *Geschichte der Antike. Ein Studienbuch*. Stuttgart: Metzler.

Geisler, Hans (1992): *Akzent und Lautwandel in der Romania*. Tübingen: Narr.

Gerritsen, Marinel & Dieter Stein (1992): „On ‚internal' and ‚external' in syntactic change." In: M. Gerritsen & D. Stein (eds.), *Internal and External Factors in Syntactic Change*. Berlin: Mouton de Gruyter, 1-15.

Givón, Talmy (1971): „Historical syntax and synchronic morphology: an archeologist's field trip." In: *Papers from the 7th Regional Meeting Chicago Linguistic Society*, 394-415.

Gleßgen, Martin-Dietrich (2012): *Linguistique romane. Domaine et méthodes en linguistique française et romane*. Paris: Colin, 2e édition intégralement remaniée [[1]2007].

Goebl, Hans (1988): „Korsisch, Italienisch und Französisch auf Korsika." In: G. Holtus, M. Metzeltin & C. Schmitt (Hgg.), *Lexikon der Romanistischen Linguistik (LRL), Band IV. Italienisch, Korsisch, Sardisch*. Tübingen: Niemeyer, 829-836.

Goebl, Hans (1992): „Die Sprachatlanten der europäischen Romania. Entstehung, Struktur und Aufbau sowie ihre Leistung für die Wort- und Sachforschung." In: K. Beitl & I. Chiva (Hgg.), *Wörter und Sachen. Österreichische und deutsche Beiträge zur Ethnographie und Dialektologie Frankreichs. Ein französisch-deutsch-österreichisches Projekt. Referate des 3. Internationalen Symposiums des Instituts für Gegenwartsvolkskunde der Österreichischen Akademie der*

Wissenschaften vom 18. bis 21. September 1988 in Eisenstadt (Burgenland). Wien: Verlag der Österreichischen Akademie der Wissenschaften, 249-287.

Gossen, Charles Théodore (1971): „Remarques sur la declinaison en ancien picard." *Travaux de linguistique et de littérature* 9, 197-207.

Grad, Anton (1964): „Contribution à la syntaxe des pronoms personnels sujets en ancien français." *Linguistica* 5, 3-20.

Grice, H. Paul (1975): „Logic and conversation." In: P. Cole & J.L. Morgan (eds.), *Speech Acts.* New York: Academic Press, 41-58.

Gröber, Gustav (1904-1906): „Geschichte der romanischen Philologie" In: G. Gröber (Hg.), *Grundriß der romanischen Philologie. Band I.* Straßburg: Trübner, zweite verbesserte und vermehrte Auflage, 1-185 [[1]1888-1902].

Große, Ernst Ulrich (1975): *Altfranzösischer Elementarkurs.* München: Hueber.

Gsell, Otto (1982): „Les rosas dattan ora – Les röses da fora – le rose danno fuori: Verbalperiphrasen mit Ortsadverb im Rätoromanischen und im Italienischen." In: S. Heinz & U. Wandrszka (Hgg.), *Fakten und Theorien: Beiträge zur allgemeinen und zur romanischen Sprachwissenschaft. Festschrift für Helmut Stimm zum 65. Geburtstag.* Tübingen: Narr, 71-95.

Haase, Martin (2013): *Italienische Sprachwissenschaft.* Tübingen: Narr.

Hall, Robert A. (1950): „The reconstruction of Proto-Romance." *Language* 26, 6-27.

Harris, Martin (1978): *The Evolution of French Syntax. A Comparative Approach.* London: Longman.

Harris, Martin (1988): „The Romance Languages." In: M. Harris & N. Vincent (eds.), *The Romance Languages.* London: Routledge, 1-25.

Heap, David (2008): „The Linguistic Atlas of the Iberian Peninsula (*ALPI*): A geolinguistic treasure ‚lost' and found." *Toronto Working Papers in Linguistics* 27, 87-96.

Heinemann, Sabine (Hg.)(2008): *Sprachwandel und (Dis-)Kontinuität in der Romania.* Tübingen: Niemeyer.

Herman, József (1975): *Le latin vulgaire.* Paris: Presses universitaires de France, troisième édition revue et corrigée [[1]1967].

Heuss, Alfred (1998): *Römische Geschichte.* Paderborn: Schöningh, 6. Auflage, herausgegeben, eingeleitet und mit einem neuen Forschungsteil versehen von J. Bleicken, W. Dahlheim und H.-J. Gehrke [[1]1960].

Hilty, Gerold (1968): „Westfränkische Superstrateinflüsse auf die galloromanische Syntax." In: K. Baldinger (Hg.), *Festschrift für Walther von Wartburg zum 80. Geburtstag. 18. Mai 1968. Band 1.* Tübingen: Niemeyer, 493-517.

Hilty, Gerold (1975): „Westfränkische Superstrateinflüsse auf die galloromanische Syntax." *Romanische Forschungen* 87, 414-426.

Hinzelin, Marc-Olivier (2007): *Die Stellung der klitischen Objektpronomina in den romanischen Sprachen. Diachrone Perspektive und Korpusstudie zum Okzitanischen sowie zum Katalanischen und Französischen.* Tübingen: Narr.

Hofmann, Johann Baptist (1972): *Lateinische Syntax und Stilistik. Mit dem allgemeinen Teil der lateinischen Grammatik. Neubearbeitet von Anton Szantyr.* München: Beck, 2., verbesserte Auflage (Nachdruck 1997) [[1]1965].

Hofmann, Johann Baptist (1978): *Lateinische Umgangssprache. Mit einem Verzeichnis der behandelten Textstellen.* Heidelberg: Winter, 4. Auflage [[1]1926].

Hoinkes, Ulrich (2003): „Prinzipien der genealogischen Klassifikation der romanischen Sprachen." In: G. Ernst, M.-D. Gleßgen, C. Schmitt &

W. Schweickard (Hgg.), *Romanische Sprachgeschichte. Ein internationales Handbuch zur Geschichte der romanischen Sprachen. 1. Teilband*. Berlin: de Gruyter, 124-137.

Holmberg, Anders (2010): „Null subject parameters." In: T. Biberauer, A. Holmberg, I. Roberts & M. Sheehan (eds.), *Parametric Variation: Null Subjects in Minimalist Theory*. Cambridge: Cambridge University Press, 88-125.

Hopper, Paul J. & Elizabeth Closs Traugott (2003): *Grammaticalization*. Cambridge: Cambridge University Press, second edition [[1]1993].

Hualde, Jose Ignacio (2005): *The Sounds of Spanish*. Cambridge: Cambridge University Press.

Hunink (Hg.) (2011): *Glücklich ist dieser Ort! 1000 Graffiti aus Pompeji. Lateinisch/Deutsch. Ausgewählt, übersetzt und herausgegeben von Vincent Hunink*. Stuttgart: Reclam.

Hunnius, Klaus (1977): „Frz. ‚je': ein präfigiertes Konjugationsmorphem? Ein Forschungsbericht zur Frage der Prädetermination." *Archiv für das Studium der neueren Sprachen und Literaturen* 214, 37-48.

Iordan, Iorgu (1962): *Einführung in die Geschichte und Methoden der romanischen Sprachwissenschaft*. Berlin: Akademie (= dt. Übersetzung von: *Introducere în studiul limbilor romanice. Evoluția și starea actuală a lingvisticii romanice*, Iași 1932).

Janson, Tore (2006): *Latein. Die Erfolgsgeschichte einer Sprache*. Hamburg: Buske (= dt. Übersetzung von: *Latin. Kulturen, historien, språket*, Stockholm 2002).

Jeanjaquet, Jules (1931): „Les patois valaisans. Caractères généraux et particularités." *Revue de linguistique romane* 7, 23-51.

Jespersen, Otto (1917): *Negation in English and other Languages*. København: Høst & Søn.

Kabatek, Johannes (2000): „Galicisch." In: J. Wirrer (Hg.), *Minderheiten- und Regionalsprachen in Europa*. Wiesbaden: Westdeutscher Verlag, 285-295.

Kabatek, Johannes (ed.)(2008): *Sintaxis histórica del español y cambio lingüístico. Nuevas perspectivas desde las tradiciones discursivas*. Madrid/Frankfurt: Iberoamericana/Vervuert.

Kabatek, Johannes & Claus D. Pusch (2011a): „The Romance languages." In: B. Kortmann & J. van der Auwera (eds.), *The Languages and Linguistics of Europe. A Comprehensive Guide*. Berlin: De Gruyter Mouton, 69-96.

Kabatek, Johannes & Claus D. Pusch (2011b): *Spanische Sprachwissenschaft. Eine Einführung*. Tübingen: Narr, 2., überarbeitete Auflage [[1]2009].

Kaiser, Georg A. (2002): *Verbstellung und Verbstellungswandel in den romanischen Sprachen*. Tübingen: Niemeyer.

Kaiser, Georg A. (2002-2003): „Die Verb-Zweit-Stellung im Rätoromanischen. Ein typologischer Vergleich." *Ladinia* 26-27, 313-334.

Kaiser, Georg A. (2005): „Bibelübersetzungen als Grundlage für empirische Sprachwandeluntersuchungen." In: C.D. Pusch, J. Kabatek & W. Raible (Hgg.), *Romanistische Korpuslinguistik II. Romance Corpus Linguistics II. Korpora und diachrone Sprachwissenschaft. Corpora and Diachronic Linguistics*. Tübingen: Narr, 71-85.

Kaiser, Georg A. (2008): „Zur Grammatikalisierung der französischen Personalpronomina." In: E. Stark, R. Schmidt-Riese & E. Stoll (Hgg.), *Romanische Syntax im Wandel*. Tübingen: Narr, 305-325.

Kaiser, Georg A. & Franziska Maria Hack (2013): „Language change in comparison: The (special) case of Raeto-Romance." In: J. Fleischer & H.J. Simon (Hgg.), *Sprachwandelvergleich - Comparing Diachronies*. Berlin: de Gruyter, 73-98.

Kausen, Ernst (2012): *Die indogermanischen Sprachen von der Vorgeschichte bis zur Gegenwart*. Hamburg: Buske.

Keller, Rudi (2003): *Sprachwandel. Von der unsichtbaren Hand in der Sprache*. Tübingen: Francke, dritte, durchgesehene Auflage [[1]1990].

Kemenade, Ans van & Nigel Vincent (eds.)(1997): *Parameters of Morphosyntactic Change*. Cambridge: Cambridge University Press.

Kerlouégan, François, Danielle Conso & Pierre Bouet (1975): *Initiation au système da la langue latine. Du latin classique aux langues romanes. 1er siècle avant J.-C. - VIIIe siècle après J.-C. avec des travaux pratiques et leurs corrigés*. Paris: Nathan.

Kienpointner, Manfred (2010): *Latein – Deutsch kontrastiv. Vom Phonem zum Text*. Tübingen: Groos.

Kiesler, Reinhard (2006): *Einführung in die Problematik des Vulgärlateins*. Tübingen: Niemeyer.

Klausenburger, Jürgen (2001): *Coursebook in Romance Linguistics*. Muenchen: Lincom Europa.

Klinkenberg, Jean-Marie (1999): *Des langues romanes. Introduction aux études de linguistique romane*. Paris: Duculot, 2e édition [[1]1994].

Kloss, Heinz (1967): „‚Abstand languages' and ‚Ausbau languages'." *Anthropological Linguistics* 9, 29-41.

Koch, Peter (2003): „Romanische Sprachgeschichte und Varietätenlinguistik." In: G. Ernst, M.-D. Gleßgen, C. Schmitt & W. Schweickard (Hgg.), *Romanische Sprachgeschichte. Ein internationales Handbuch zur Geschichte der romanischen Sprachen. 1. Teilband*. Berlin: de Gruyter, 102-124.

Koch, Peter & Wulf Oesterreicher (2011): *Gesprochene Sprache in der Romania. Französisch, Italienisch, Spanisch*. Berlin: De Gruyter, 2., aktualisierte und erweiterte Auflage [[1]1990].

Ködel, Sven (2010): „Die napoleonische Spracherhebung in Tirol und Oberitalien in den Jahren 1809 und 1810." *Ladinia* 34, 11-50.

Kramer, Johannes (1976): *Literarische Quellen zur Aussprache des Vulgärlateins*. Meisenheim am Glan: Hain.

Kramer, Johannes (1990): „Sprachilloyalität." In: P.H. Nelde (ed.), *Language Conflict and Minorities. Sprachkonflikte und Minderheiten*. Bonn: Dümmler, 15-22.

Kramer, Johannes (2000): „Die Zahl der Sprecher der Sprache Roms in Geschichte und Gegenwart." *Romanistik in Geschichte und Gegenwart* 6, 3-31.

Kramer, Johannes (2011): „Latein, Proto-Romanisch und das *DÉR*om." *Romanistik in Geschichte und Gegenwart* 17, 195-206.

Kramer, Johannes (2013): *Kleines etymologisches Wörterbuch. Papiamento–Deutsch. Deutsch–Papiamento*. Hamburg: Buske.

Krefeld, Thomas (2003): „Methodische Grundfragen der Strataforschung. Questions fondamentales et méthodologiques relatives à la recherche sur les strates." In: G. Ernst, M.-D. Gleßgen, C. Schmitt & W. Schweickard (Hgg.), *Romanische Sprachgeschichte. Ein internationales Handbuch zur Geschichte der romanischen Sprachen. 1. Teilband*. Berlin: de Gruyter, 555-567.

Kristol, Andres M. (1998): „Die historische Klassifikation der Romania III. Rätoromanisch." In: G. Holtus, M. Metzeltin & C. Schmitt (Hgg.), *Lexikon der Romanistischen Linguistik (LRL). Band 7. Kontakt, Migration und Kunstsprachen. Kontrastivität, Klassifikation und Typologie*. Tübingen: Niemeyer, 937-948.

Kroch, Anthony & Ann Taylor (1997): „Verb movement in Old and Middle English: dialect variation and language contact." In: A.v. Kemenade & N. Vincent (eds.), *Parameters of Morphosyntactic Change*. Cambridge: Cambridge University Press, 297-325.

Kuen, Heinrich (1957): „Die Gewohnheit der mehrfachen Bezeichnung des Subjekts in der Romania und die Gründe ihres Aufkommens." In: G. Reichenkron (Hg.), *Syntactica und Stilistica. Festschrift für Ernst Gamillscheg zum 70. Geburtstag, 28. Oktober 1957*. Tübingen: Niemeyer, 293-326.

Kuen, Heinrich (1968): „Einheit und Mannigfaltigkeit des Rätoromanischen." In: K. Baldinger (Hg.), *Festschrift für Walther von Wartburg zum 80. Geburtstag. 18.Mai 1968. I.* Tübingen: Niemeyer, 47-69.

La Fauci, Nunzio (1997): *Per una teoria grammaticale del mutamento morfosintattico. Del latino verso il romanzo*. Pisa: Edizioni ETS.

La Fauci, Nunzio (1998): „Riflettendo sul mutamento morfosintattico: nel latino, verso il romanzo." In: P. Ramat & E. Roma (a cura di), *Sintassi storica. Atti del XXX congresso internazionale della Società di linguistica italiana. Pavia, 26-28 settembre 1996*. Roma: Bulzoni, 519-545.

Labov, William (1994): *Principles of Linguistic Change. Volume 1: Internal Factors*. Oxford: Blackwell.

Lang, Jürgen (1998): *Die Ausgliederung der Sprachräume auf der Pyrenäenhalbinsel. II: Die phonische Ausgliederung*. Erlangen: Institut für Romanistik.

Langacker, Ronald W. (1977): „Syntactic reanalysis." In: C.N. Li (ed.), *Mechanisms of Syntactic Change*. Austin: University of Texas Press, 57-139.

Lapesa, Rafael (1981): *Historia de la lengua española*. Madrid: Gredos, novena edición corregida y aumentada [[1]1941].

Lass, Roger (1980): *On Explaining Language Change*. Cambridge: Cambridge University Press.

Lathrop, Tom (2003): *The Evolution of Spanish*. Newark: European Masterpieces, fourth edition [[1]1980].

Lausberg, Heinrich (1939): *Die Mundarten Südlukaniens*. Halle: Niemeyer.

Lausberg, Heinrich (1967): *Romanische Sprachwissenschaft. II. Konsonantismus*. Berlin: de Gruyter. Zweite, durchgesehene Auflage [[1]1956].

Lausberg, Heinrich (1969): *Romanische Sprachwissenschaft. I. Einleitung und Vokalismus*. Berlin: de Gruyter, dritte, durchgesehene Auflage [[1]1956].

Lausberg, Heinrich (1972): *Romanische Sprachwissenschaft. III. Formenlehre*. Berlin: de Gruyter, 2., durchgesehene Auflage [[1]1962].

Le Dû, Jean, Yves le Berre & Guylaine Brun-Trigaud (2005): *Lectures de l'Atlas linguistique de la France de Gilliéron et Edmont. Du temps dans l'espace*. Paris: Comité des travaux historiques et scientifiques.

Ledgeway, Adam (2012): *From Latin to Romance. Morphosyntactic Typology and Change*. Oxford: Oxford University Press.

Lehmann, Christian (1985): „The role of grammaticalization in linguistic typology." In: H. Seiler & G. Brettschneider (eds.), *Language Invariants and Mental Operations. International Interdisciplinary Conference held at Gummersbach/Cologne, Germany September 18-23, 1983*. Tübingen: Narr, 41-52.

Leonhardt, Jürgen (2009): *Latein. Geschichte einer Weltsprache*. München: Beck.

Lightfoot, David (1997): „Shifting triggers and diachronic reanalyses." In: A. v. Kemenade & N. Vincent (eds.), *Parameters of Morphosyntactic Change*. Cambridge: Cambridge University Press, 253-272.

Linder, Karl Peter (1987): *Grammatische Untersuchungen zur Charakteristik des Rätoromanischen in Graubünden*. Tübingen: Narr.

Liver, Ricarda (2010): *Rätoromanisch. Eine Einführung in das Bündnerromanische*. Tübingen: Narr, 2., überarbeitete und erweiterte Auflage [[1]1999].

Lleal, Coloma (1990): *La formación de las lenguas romanas peninsulares*. Barcelona: Barcanova.

Lleal, Coloma (2005): „El judeoespañol." In: R. Cano (ed.), *Historia de la lengua española*. Barcelona: Ariel, 2.ª edición, 1139-1167 [[1]2004].

Lloyd, Paul M. (1987): *From Latin to Spanish. Vol. I: Historical Phonology and Morphology of the Spanish Language*. Philadelphia: American Philosophical Society.

Löfstedt, Bengt (1973): „Le problème de l'unité du latin vulgaire." *Actes du Congrès des Romanistes Scandinaves* 5, 107-111.

Longobardi, Giuseppe (2001): „Formal syntax, diachronic minimalism, and etymology: the history of French *chez*." *Linguistic Inquiry* 32, 275-302.

Loporcaro, Michele (2011a): „Phonological processes." In: M. Maiden, J.C. Smith & A. Ledgeway (eds.), *The Cambridge History of Romance Languages. Vol. 1: Structures*. Cambridge: Cambridge University Press, 109-154.

Loporcaro, Michele (2011b): „Syllable, segment and prosody." In: M. Maiden, J.C. Smith & A. Ledgeway (eds.), *The Cambridge History of Romance Languages. Vol. 1: Structures*. Cambridge: Cambridge University Press, 50-108.

LRL = Holtus, Günter, Michael Metzeltin & Christian Schmitt (Hgg.): *Lexikon der Romanistischen Linguistik*. 8 Bände. Tübingen: Niemeyer 1988-2005.

Lüdtke, Helmut (1978): „Die Verkehrswege des römischen Reiches und die Herausbildung der romanischen Dialekte." In: R. Kontzi (Hg.), *Zur Entstehung der romanischen Sprachen*. Darmstadt: Wissenschaftliche Buchgesellschaft, 438-447 (= dt. Übersetzung von: „Le vie di comunicazione dell'impero romano e la formazione dei dialetti romanzi", in: G. Straka (éd), *Linguistique et Philologie romanes. Xe Congrès International de Linguistique et Philologie romanes*. Tome 3, Paris 1965, 1103-1109).

Lüdtke, Helmut (1980): „Auf dem Wege zu einer Theorie des Sprachwandels." In: H. Lüdtke (Hg.), *Kommunikationstheoretische Grundlagen des Sprachwandels*. Berlin: de Gruyter, 182-252.

Lüdtke, *Helmut* (1998): „Lateinisches Kultursuperstrat und Romanisch." In: G. Holtus, M. Metzeltin & C. Schmitt (Hgg.), *Lexikon der Romanistischen Linguistik (LRL). Band 7. Kontakt, Migration und Kunstsprachen. Kontrastivität, Klassifikation und Typologie*. Tübingen: Niemeyer, 499-517.

Lüdtke, Helmut (2001): „Rekonstruktion." In: G. Holtus, M. Metzeltin & C. Schmitt (Hgg.), *Lexikon der Romanistischen Linguistik (LRL), Band 1,2. Methodologie (Sprache in der Gesellschaft / Sprache und Klassifikation / Datensammlung und -verarbeitung)*. Tübingen: Niemeyer, 653-670.

Lüdtke, Helmut (2009): *Der Ursprung der romanischen Sprachen. Eine Geschichte der sprachlichen Kommunikation*. Kiel: Westensee, zweite vermehrte und verbesserte Auflage [[1]2005].

Lyons, John (1971): *Einführung in die moderne Linguistik*. München: Beck (= dt. Übersetzung von: *Introduction to Theoretical Linguistics*, Cambridge 1968).

Lyons, John (1983): *Die Sprache*. München: Beck (= dt. Übersetzung von: *Language and Linguistics*, Cambridge: Cambridge University Press 1981).

Maiden, Martin (1995): *A Linguistic History of Italian*. London: Longman.

Maiden, Martin (1996): „On the Romance inflectional endings *-i* and *-e*." *Romance Philology* 50, 147-182.

Maiden, Martin (2011): „Morphological persistence." In: M. Maiden, J.C. Smith & A. Ledgeway (eds.), *The Cambridge History of Romance Languages. Vol. 1: Structures*. Cambridge: Cambridge University Press, 155-215.

Mallinson, Graham (2009): „Rumanian." In: B. Comrie (ed.), *The World's Major Languages*. London: Routledge, 253-268.

Mallory, James P. & Douglas Q. Adams (2006): *The Oxford Introduction to Proto-Indo-European and the Proto-Indo-European World*. Oxford: Oxford University Press.

Marchello-Nizia, Christiane (2009): „Word order from Latin to French: A case of grammaticalization (from pragmatics to syntactics) or of typological coherence?", in: C. Rossari, C. Ricci & A. Spiridon (eds.), *Grammaticalization and Pragmatics: Facts, Approaches, Theoretical Issues*. Bingley: Emerald, 1-18.

Martin, Jean-Baptiste (1990): „Französisch: Frankoprovenzalisch." In: G. Holtus, M. Metzeltin & C. Schmitt (Hgg.), *Lexikon der Romanistischen Linguistik (LRL). Band 5,1. Französisch*. Tübingen: Niemeyer, 671-685.

Massourre, Jean-Louis (2012): *Le gascon, les mots et le système*. Paris: Champion.

Mathieu, Eric (2009): „On the Germanic properties of Old French." In: P. Crisma & G. Longobardi (eds.), *Historical Syntax and Linguistic Theory. Historical Syntax and Linguistic Theory*. Oxford: University Press, 344-357.

Maurer, Theodoro Henrique Jr. (1959): *Gramática do latim vulgar*. Rio de Janeiro: Acadêmica.

McMahon, April M.S. (1994): *Understanding Language Change*. Cambridge: Cambridge University Press.

Meier, Harri (1941): *Die Entstehung der romanischen Sprachen und Nationen*. Frankfurt/M.: Klostermann.

Meier, Harri (1978): „Die Herausbildung der portugiesischen Sprache." In: R. Kontzi (Hg.), *Zur Entstehung der romanischen Sprachen*. Darmstadt: Wissenschaftliche Buchgesellschaft, 187-215 (= dt. Übersetzung von: „A formação da lingua portuguesa", in: *Ensaios de Filologia Românica*, Lisboa 1948, 5-30).

Meillet, Antoine (1912): „L'évolution des formes grammaticales." *Scientia (Rivista di scienza)* 12. Nachdruck in: A. Meillet, *Linguistique historique et linguistique générale*. Paris: Champion 1948, 130-148.

Meillet, Antoine (1931): „Sur une periode de bilinguisme en France." *Comptes rendus des séances del'Academie des Inscriptions et Belles-Lettres* 29-38 (Nachdruck in: A. Meillet, *Linguistique historique et linguistique générale. Tome II*. Paris: Klinksieck 1938, 90-98).

Meisel, Jürgen M. (2001): „The simultaneous acquisition of two first languages. Early differentiation and subsequent development of grammars." In: J. Cenoz & F. Genesee (eds.), *Trends in Bilingual Acquisition*. Amsterdam: Philadelphia, 11-41.

Meisel, Jürgen M. (2011): „Bilingual acquisition and theories of diachronic change: Bilingualism as cause and effect of grammatical change." *Bilingualism* 14, 121-145.

Meisel, Jürgen M., Martin Elsig & Esther Rinke (2013): *Language Acquisition and Change. A Morphosyntactic Perspective*. Edinburgh: Edinburgh University Press.

Meisenburg, Trudel (1996): *Romanische Schriftsysteme im Vergleich. Eine diachrone Studie*. Tübingen: Narr.

Meisenburg, Trudel (2000): „Vom Wort zum Flexiv? Zu den französischen Pronominalklitika." *Zeitschrift für französische Sprache und Literatur* 110, 223-237.

Meisenburg, Trudel (2001): „*Der Vorleser* in den romanischen Sprachen." In: J. Albrecht & H.-M. Gauger (Hgg.), *Sprachvergleich und Übersetzungsvergleich*. Frankfurt/M. Lang, 130-149.

Menéndez Pidal, Ramón (1964): *Orígenes del español. Estado lingüístico de la península ibérica hasta el siglo XI*. Madrid: Espasa-Calpe, quinta edición (según la tercera, muy corrigida y adicionada) [[1]1926].

Merlo, Clemente (1955): „Di una presunta sostituzione preromanza di -AS all' -AE di nominativo plurale dei termi in -A." *L'Italia dialettale* 20, 79-85.

Merlo, Clemente (1982): „Das ethische Substrat und die italienischen Dialekte." In: R. Kontzi (Hg.), *Substrate und Superstrate in den romanischen Sprachen*. Darmstadt: Wissenschaftliche Buchgesellschaft, 231-251 (= dt. Übersetzung von: „Il sostrato etnico e i dialetti italiani", in: *L'Italia dialettale* 9 (1933), 1-24).

Meyer-Lübke, Wilhelm (1894): *Grammatik der romanischen Sprachen. Band 2: Formenlehre*. Leipzig: Reisland.

Meyer-Lübke, Wilhelm (1897): „Zur Stellung der tonlosen Objektspronomina." *Zeitschrift für romanische Philologie* 21, 313-334.

Meyer-Lübke, Wilhelm (1920): *Einführung in das Studium der romanischen Sprachwissenschaft*. Heidelberg: Winter, dritte neubearbeitete Auflage [¹1901].

Meyer-Lübke, Wilhelm (1966): „Die Ziele der romanischen Sprachwissenschaft. Inaugurationsrede vom 16. Oktober 1906." *Vox romanica* 25, 2-12.

Michel, Andreas (2005): *Italienische Sprachgeschichte*. Hamburg: Kovač.

Müller, Bodo (1971): „La bi-partition linguistique de la France. (Mise au point de l'état des recherches)." *Revue de linguistique romane* 35, 17-30.

Müller-Lancé, Johannes (2012): *Latein für Romanisten. Ein Lehr- und Arbeitsbuch*. Tübingen: Narr, 2. Auflage [¹2006].

Mussafia, Adolfo (1886): „Una particolarità sintattica della lingua italiana dei primi secoli." In: *Miscellanea di filologia e linguistica. In memoria di Napoleone Caix e Ugo Angelo Canello*. Firenze: Le Monier, 255-261.

Nebrija, Antonio de (1980): *Gramática de la lengua castellana*. Estudio y edición de Antonio Quilis. Madrid: Editoria Nacional [¹1492].

Oesterreicher, Wulf (2001): „Historizität – Sprachvariation, Sprachverschiedenheit, Sprachwandel." In: M. Haspelmath, E. König, W. Oesterreicher & W. Raible (Hgg.), *Language Typology and Language Universals. Sprachtypologie und sprachliche Universalien. La typologie des langues et les universaux linguistiques. An International Handbook. Volume 2*. Berlin: de Gruyter, 1554-1595.

Orr, John (1936): „F > H, phénomène ibère ou roman?" *Revue de linguistique romane* 12, 10-35.

Palmer, Leonard R. (2000): *Die lateinische Sprache. Grundzüge der Sprachgeschichte und der historisch-vergleichenden Grammatik*. Hamburg: Buske, 2., unveränderte Auflage [¹1990] (= dt. Übersetzung von: *The Latin Language*, Norman ¹1954).

Paul, Hermann (1920): *Prinzipien der Sprachgeschichte*. Tübingen: Niemeyer, 5. Auflage [¹1880].

Penny, Ralph (2000): *Variation and Change in Spanish*. Cambridge: Cambridge University Press.

Penny, Ralph (2002): *A History of the Spanish Language*. Cambridge: University Press, second edition [¹1991].

Pensado, Carmen (1985): „La creación del complemento directo preposicional y la flexión de los pronombres personales en las lenguas románicas." *Revue roumaine de linguistique* 30, 123-158.

Pfister, Max (1978): „Die Bedeutung des germanischen Superstrates für die sprachliche Ausgliederung der Galloromania." In: H. Beumann & W. Schröder (Hgg.), *Aspekte der Nationenbildung im Mittelalter. Ergebnisse der Marburger Rundgespräche 1972-1975*. Sigmaringen: Thorbecke, 127-170.

Pfister, Max (1998): „Germanisch und Romanisch. a) Germanisch-romanische Sprachkontakte." In: G. Holtus, M. Metzeltin & C. Schmitt (Hgg.), *Lexikon der Romanistischen Linguistik (LRL). Band 7. Kontakt, Migration und Kunstsprachen. Kontrastivität, Klassifikation und Typologie*. Tübingen: Niemeyer, 231-245.

Pharies, David A. (2006): *A Brief History of the Spanish Language*. Chicago: The University of Chicago Press.

Pinkster, Harm (1987): „The strategy and chronology of the development of future and perfect tense *auxiliaries* in Latin." In: M. Harris & P. Ramat (eds.), *Historical Development of Auxiliaries*. Berlin: Mouton de Gruyter, 193-223.

Pinkster, Harm (1988): *Lateinische Syntax und Semantik*. Tübingen: Francke (= Revidierte und erweiterte Fassung der niederländischen Originalausgabe »Latijnse Syntaxis en Semantiek«, Amsterdam 1984).

Piotrowski, Michael (2012): *Natural Language Processing for Historical Texts*. San Rafael: Morgan & Claypool.

Pirazzini, Daniela (2013): *Theorien und Methoden der romanischen Sprachwissenschaft*. Berlin: de Gruyter.

Plank, Frans (1979): „The functional basis of case systems and declension classes: from Latin to Old French." *Linguistics* 17, 611-640.

Pöckl, Wolfgang, Franz Rainer & Bernhard Pöll (2013): *Einführung in die romanische Sprachwissenschaft*. Berlin: De Gruyter, 5., aktualisierte Auflage [[1]1990].

Poletto, Cecilia (2000): *The Higher Functional Field. Evidence from Northern Italian Dialects*. New York: Oxford University Press.

Pons Rodríguez, Lola (2010): *La lengua de ayer. Manual prático de historia del español*. Madrid: Arco.

Poplack, Shana & Stephen Levey (2010): „Contact-induced grammatical change: A cautionary tale." In: P. Auer & J.E. Schmidt (eds.), *Language and Space. An International Handbook of Linguistic Variation. Vol. 1: Theories and Methods*. Berlin: de Gruyter, 391-419.

Posner, Rebecca (1985): „Post-verbal negation in non-standard French: A historical and comparative view." *Romance Philology* 39, 170-197.

Posner, Rebecca (1996): *The Romance Languages*. Cambridge: Cambridge University Press.

Powell, J.G.P. (2007): „A new text of the *Appendix Probi*." *Classical Quaterly* 57, 687-700.

Prinz, Otto (1937): „Zur Entstehung der Prothese vor *s*-impurum im Lateinischen." *Glotta* 26, 97-115.

Pulgram, Ernst (1978): *Italic, Latin, Italian. 600 B.C to A.D. 1260. Text and Commentaries*. Heidelberg: Winter.

Pusch, Claus D., Johannes Kabatek & Wolfgang Raible (2005): „Romance corpus linguistics and language change - an introduction to the present volume." In: C.D. Pusch, J. Kabatek & W. Raible (Hgg.), *Romanistische Korpuslinguistik II. Romance Corpus Linguistics II. Korpora und diachrone Sprachwissenschaft. Corpora and Diachronic Linguistics*. Tübingen: Narr, 1-11.

Pusch, Claus D., Johannes Kabatek & Wolfgang Raible (Hgg.)(2005), *Romanistische Korpuslinguistik II. Romance Corpus Linguistics II. Korpora und diachrone Sprachwissenschaft. Corpora and Diachronic Linguistics*. Tübingen: Narr.

Ramat, Paolo (1987): *Linguistic Typology*. Berlin: Mouton de Gruyter (= engl. Übersetzung von: *Linguistica tipologica*, Bologna: Il Mulino 1984).

Ramsden, H. (1963): *Weak-Pronoun Position in the Early Romance Languages*. Manchester: Manchester University Press.

Real Academia Española (2009): *Nueva gramática de la lengua española. Morfología, Sintaxis I*. Madrid: Real Academia Española.

Reichenkron, Günter (1965): *Historische latein-altromanische Grammatik. I. Teil*. Wiesbaden: Harrassowitz.

Reinheimer, Sanda & Liliane Tasmowski (2005): *Pratique des langues romanes. II. Les pronoms personnels.*

Espagnol, français, italien, portugais, roumain. Paris: L'Harmattan.

Renzi, Lorenzo (1980): *Einführung in die romanische Sprachwissenschaft*. Tübingen: Niemeyer (= dt. Übersetzung von: *Introduzione alla filologia romanza*, Bologna 1976).

Renzi, Lorenzo (1994): *Nuova introduzione alla filologia romanza*. Bologna: Il Mulino, nuova edizione con la collaborazione di G. Salvi [[1]1985].

Renzi, Lorenzo & Alvise Andreose (2003): *Manuale di linguistica e filologia romanza*. Bologna: Il Mulino.

Reutner, Ursula & Sabine Schwarze (2011): *Geschichte der italienischen Sprache. Eine Einführung*. Tübingen: Narr.

REW = Meyer-Lübke, Wilhelm (1935): *Romanisches etymologisches Wörterbuch*. Heidelberg: Winter, 3. vollständig neubearbeitete Auflage [[1]1911].

Rheinfelder, Hans (1976a): *Altfranzösische Grammatik. Erster Teil. Lautlehre*. München: Hueber, 5. Auflage [[1]1952].

Rheinfelder, Hans (1976b): *Altfranzösische Grammatik. Zweiter Teil. Formenlehre*. München: Hueber, 2. Auflage [[1]1967].

Ribeiro, Ilza (1995): „Evidence for a verb-second phase in Old Portuguese." In: A. Battye & I. Roberts (eds.), *Clause Structure and Language Change*. New York: Oxford University Press, 110-139.

Richter, Elise (1919): „Das Scheinsubjekt ‚es' in den romanischen Sprachen." *Zeitschrift für romanische Philologie* 39, 738-743.

Rindler Schjerve, Rosita (1998): „Sprachkontaktforschung und Romanistik: theoretische und methodologische Schwerpunkte." In: G. Holtus, M. Metzeltin & C. Schmitt (Hgg.), *Lexikon der Romanistischen Linguistik (LRL). Band 7. Kontakt, Migration und Kunstsprachen. Kontrastivität, Klassifikation und Typologie*. Tübingen: Niemeyer, 14-31.

Rinke, Esther & Martin Elsig (2010): „Quantitative evidence and diachronic syntax." *Lingua* 120, 2557-2568.

Rizzi, Luigi (1986): „On the status of subject clitics in Romance." In: O. Jaeggli & C. Silva-Corvalán (eds.), *Studies in Romance Linguistics*. Dordrecht: Foris, 391-419.

Roberts, Ian (1993): *Verbs and Diachronic Syntax. A Comparative History of English and French*. Dordrecht: Kluwer.

Roberts, Ian (2007a): *Diachronic Syntax*. Oxford: Oxford University Press.

Roberts, Ian (2007b): „Introduction. The null subject parameter." In: I. Roberts (ed.), *Comparative Grammar. Critical Concepts in Linguistics. Vol. II: The Null-Subject-Parameter*. London: Routledge, 1-44.

Roegiest, Eugeen (1979): „A propos de l'accusatif prépositionnel dans quelques langues romanes." *Vox Romanica* 38, 37-54.

Roegiest, Eugeen (2006): *Vers les sources des langues romanes. Un itinéraire linguistique à travers la Romania*. Leuven: Acco.

Rohlfs, Gerhard (1930): „Vorlateinische Einflüsse in den Mundarten des heutigen Italiens?" *Germanisch-Romanische Monatsschrift* 18, 38-56.

Rohlfs, Gerhard (1968a): *Grammatica storica della lingua italiana e dei suoi dialetti. Morfologia*. Torino: Einaudi (= it. Übersetzung von: *Historische Grammatik der italienischen Sprache und ihrer Mundarten. II. Formenlehre und Syntax*, Bern 1949).

Rohlfs, Gerhard (1968b): *Vom Vulgärlatein zum Altfranzösischen. Einführung in das Studium der altfranzösischen Sprache*. Tübingen: Niemeyer, dritte, verbesserte Auflage [[1]1960].

Rohlfs, Gerhard (1969): „Toskanische ‚gorgia': eine etruskische Fata Morgana." *Zeitschrift für romanische Philologie* 85, 367-375.

Rohlfs, Gerhard (1971a): „Autour de l'accusatif prépositionnel dans les langues romanes." *Revue de linguistique romane* 35, 312-334.

Rohlfs, Gerhard (1971b): *Romanische Sprachgeographie. Geschichte und Grundlagen, Aspekte und Probleme mit dem Versuch eines Sprachatlas der romanischen Sprachen*. München: Beck.

Rohlfs, Gerhard (1977): *Le Gascon. Études de philologie pyrénéenne*. Tübingen: Niemeyer.

Rosenqvist, Arvid (1919): „Limites administratives et division dialectale de la France. (Avec deux cartes hors texte)." *Neuphilologische Mitteilungen* 20, 87-119.

Rowlett, Paul (1998): *Sentential Negation in French*. New York: Oxford University Press.

Rubenbauer, Hans & Johann Baptist Hofmann (1995): *Lateinische Grammatik. Neubearbeitet von R. Heine*. Bamberg: Buchner, 12. korr. Auflage [[1]1928].

Sala, Marius (1999): *Du latin au roumain*. Paris: L'Harmattan / Bucarest: univers enciclopedic.

Salvi, Giampaolo (2000): „La formazione del sistema V2 delle lingue romanze antiche." *Lingua e stile* 35, 665-692.

Salvi, Giampaolo (2004): *La formazione della struttura di frase romanza. Ordine delle parole e clitici dal latino alle lingue romanze antiche*. Tübingen : Niemeyer.

Salvi, Giampaolo (2011): „Morphosyntactic persistence." In: M. Maiden, J.C. Smith & A. Ledgeway (eds.), *The Cambridge History of Romance Languages. Vol. 1: Structures*. Cambridge: Cambridge University Press, 318-381.

Sánchez Miret, Fernando (2007): „Morfosintaxis histórica." In: J. E. Gargallo Gil & M. Reina Bastardas (coords.), *Manual de lingüística románica*. Barcelona: Ariel, 251-274.

Sankoff, Gillian (1982): „Usage linguistique et grammaticalisation: les clitiques sujets en français." In: N. Dittmar & B. Schlieben-Lange (eds.), *Die Soziolinguistik in romanischsprachigen Ländern. La sociolinguistique dans les pays de langues romane*. Tübingen: Narr, 81-85.

Schäfer-Prieß, Barbara & Roger Schöntag (2012): *Spanisch/Portugiesisch kontrastiv*. Berlin: de Gruyter.

Schlösser, Rainer (2001): *Die romanischen Sprachen*. München: Beck.

Schmid, Heinrich (1951-1952): „Zur Geschichte der rätoromanischen Deklination." *Vox Romanica* 12, 21-81.

Schmidt-Riese, Roland (2006): „Aspekte des Sprachkontakts Romanisch – Baskisch." *Romanistisches Jahrbuch* 56, 336-365.

Schmitt, Christian (1982): „Die Ausbildung der romanischen Sprachen. Zur Bedeutung von Varietät und Stratum für die Sprachgenese." In: P. S. Ureland (Hg.), *Die Leistung der Strataforschung und der Kreolistik. Typologische Aspekte der Sprachkontakte. Akten des 5. Symposiums über Sprachkontakt in Europa, Mannheim 1982*. Tübingen: Niemeyer, 39-61.

Schmitt, Christian (1987): „Die Ausbildung des Artikels in der Romania." In: W. Dahmen, G. Holtus, J. Kramer & M. Metzeltin (Hgg.), *Latein und Romanisch. Romanistisches Kolloquium I*. Tübingen: Narr, 94-125.

Schmitt, Christian (2000): „Latein und westeuropäische Sprachen." In: W. Besch, A. Betten, O. Reichmann & S. Sonderegger (Hgg.), *Sprachgeschichte. Ein Handbuch der Geschichte der deutschen Sprache und ihrer Erforschung. 2. Teilband*. Berlin: de Gruyter, 2., vollständig neu bearbeitete und erweiterte Auflage, 1061-1084.

Schmitt, Christian (2001): „Sprachnormierung und Standardsprachen." In: G. Holtus, M. Metzeltin & C. Schmitt (Hgg.), *Lexikon der Romanistischen Linguistik (LRL), Band I,2. Methodologie (Sprache in der Gesellschaft / Sprache und Klassifikation / Datensammlung und -verarbeitung)*. Tübingen: Niemeyer, 435-492.

Schøsler, Lene (2013): „The development of the declension system." In: D. Arteaga (ed.), *Research on Old French. The State of the Art.* Dordrecht: Springer, 167-186.

Schwarze, Christoph (1992): *Sprachgeschichte und Sprachwandel. Unter besonderer Berücksichtigung des Französischen, des Italienischen und des Spanischen.* Konstanz: Universität Konstanz, Fachgruppe Sprachwissenschaft.

Schwegler, Armin (1988): „Word-order changes in predicate negation strategies in Romance languages." *Diachronica* 5, 21-58.

Selig, Maria (1992): *Die Entwicklung der Nominaldeterminanten im Spätlatein. Romanischer Sprachwandel und lateinische Schriftlichkeit.* Tübingen: Narr.

Selig, Maria (1997): „‚Mündlichkeit' in mittelalterlichen Texten." In: M.-D. Gleßgen & F. Lebsanft (Hgg.), *Alte und neue Philologie.* Tübingen: Niemeyer, 201-225.

Selig, Maria (2006): „Die Anfänge der Überlieferung der romanischen Sprachen: Quellentypen und Verschriftungsprinzipien." In: G. Ernst, M.-D. Gleßgen, C. Schmitt & W. Schweickard (Hgg.), *Romanische Sprachgeschichte. Ein internationales Handbuch zur Geschichte der romanischen Sprachen. 2. Teilband.* Berlin: de Gruyter, 1924-1944.

Simoni-Aurembou, Marie-Rose (1989): „La couverture géolinguistique de l'Empire français: l'enquête de la parabole de l'enfant prodigue." *Espaces romans. Études de dialectologie et de géolinguistique offertes à Gaston Tuaillon. Volume 2.* Grenoble: Université Stendhal – Grenoble 3, 114-139.

Smith, John Charles (2011): „Change and continuity in form-function relationship." In: M. Maiden, J.C. Smith & A. Ledgeway (eds.), *The Cambridge History of Romance Languages. Vol. 1: Structures.* Cambridge: Cambridge University Press, 268-317.

Stark, Elisabeth (2007): „Sprachwandel und Sprachnormierung: Bembo, Boccaccio und die ‚Nicht-Determination'" In: D. Jacob & T. Krefeld (Hgg.), *Sprachgeschichte und Geschichte der Sprachwissenschaft.* Tübingen: Narr, 77-91.

Stefenelli, Arnulf (1981): *Geschichte des französischen Kernwortschatzes.* Berlin: Schmidt.

Stefenelli, Arnulf (1996): „Thesen zur Entstehung und Ausgliederung der romanischen Sprachen." In: G. Holtus, M. Metzeltin & C. Schmitt (Hgg.), *Lexikon der Romanistischen Linguistik (LRL). Band 2,1. Latein und Romanisch. Historisch-vergleichende Grammatik der romanischen Sprachen.* Tübingen: Niemeyer, 73-90.

Stefenelli, Arnulf (2003): „Die lateinische Basis der romanischen Sprachen." In: G. Ernst, M.-D. Gleßgen, C. Schmitt & W. Schweickard (Hgg.), *Romanische Sprachgeschichte. Ein internationales Handbuch zur Geschichte der romanischen Sprachen. 1. Teilband.* Berlin: de Gruyter, 530-545.

Stefenelli, Arnulf (2011): „Lexical stability." In: M. Maiden, J. C. Smith & A. Ledgeway (eds.), *The Cambridge History of Romance Languages. Vol. 1: Structures.* Cambridge: Cambridge University Press, 564-584.

Stein, Peter (1997): *Untersuchungen der Verbalsyntax der Liviusübersetzungen in die romanischen Sprachen. Ein Versuch zur Anwendung quantitativer Methoden in der historisch-vergleichenden Syntax.* Tübingen: Niemeyer.

Steinbauer, Dieter H. (2003): „Lateinische Sprachgeschichte." In: G. Ernst, M.-D. Gleßgen, C. Schmitt & W. Schweickard (Hgg.), *Romanische Sprachgeschichte. Ein internationales Handbuch zur Geschichte der romanischen Sprachen. 1. Teilband.* Berlin: de Gruyter, 504-515.

Stolz, Thomas (2007): „*Harry Potter* meets *Le petit prince* – On the usefulness of parallel corpora in crosslinguistic investigations." *Sprachtypologie und Universalienforschung* 60, 100-117.

Straka, Georges (1959): „Durée et timbre vocalique." *Zeitschrift für Phonetik und allgemeine Sprachwissenschaft* 12, 276-300.

Stroh, Wilfried (2008): *Latein ist tot, es lebe Latein! Kleine Geschichte einer großen Sprache*. Berlin: List.

Suchier, Hermann (1902): „Die Mundart der Strassburger Eide." *Beiträge zur romanischen und englischen Philologie. Festgabe für Wendelin Foerster zum 26. Oktober 1901*. Halle: Niemeyer, 199-204.

Swadesh, Morris (1971): „What is glottochronology?" In: J. Sherzer (ed.), *Morris Swadesh. The Origin and Diversification of Language*. Chicago: Aldine - Atherton, 271-284 (engl. Übersetzung von: „¿Qué es la glotocronología?" In: Swadesh, M.: *Estudios Sobre Lengua y Cultura*, Mexico, D.F. 1960).

Tagliavini, Carlo (1998): *Einführung in die romanische Philologie*. Basel: Francke, 2. verbesserte Auflage [[1]1973] (= dt. Übersetzung von: *Le origini delle lingue neolatine. Introduzione alla filologia romanza*, Bologna [7]1982 [[1]1949]).

Tamás, Lajos (1983): *Einführung in die historisch-vergleichende romanische Sprachwissenschaft*. Gerbrunn: Lehmann (= dt. Übersetzung von: *Bevezetés az összehasonlitó neolatin nyelvtudományba*, Budapest 1969).

Targète, Jean & Raphael G. Uriciolo (1993): *Haitian Creole – English Dictionary with Basic English - Haitian Creole Appendix*. Kensington: Dunwoody Press.

Tekavčić, Pavao (1980): *Grammatica storica dell'italiano. II. Morfosintassi*. Bologna: Il Molino [[1]1972].

THESOC = Oliviéri, Michèle & Jean-Philippe Dalbera: *Thesaurus occitan. Base de données linguistiques*. <thesaurus.unice.fr>

Thielmann, Philipp (1885): „Habere mit dem Part. Perf. Pass." *Archiv für lateinische Lexikographie und Grammatik* 2, 372-423 und 509-549.

Thomason, Sarah G. & Terrence Kaufman (1988): *Language Contact, Creolization and Genetic Linguistics*. Berkeley: University of California Press.

Thurneysen, Rudolf (1892): „Zur Stellung des Verbums im Altfranzösischen." *Zeitschrift für romanische Philologie* 16, 289-307.

Tobler, Adolf (1912): „Rezension von Jules Le Coultre, *De l'ordre des mots dans Chrestien de Troyes*, Dresden 1875." In: A. Tobler, *Vermischte Beiträge der vermischten Beiträge zur französischen Grammatik. Fünfte Reihe*. Leipzig: Hirzel, 395-415 (zuerst erschienen in: *Göttingische Gelehrte Anzeigen* 34 (1875), 1057-1082).

Torrego Salcedo, Esther (1999): „El complemento directo preposicional." In: I. Bosque & V. Demonte (eds.), *Gramática descriptiva de la lengua española. Vol. 2: Las construcciones sintácticas fundamentales. Relaciones temporales, aspectuales y modales*. Madrid: Espasa Calpe, 1779-1805.

Trask, Robert L. (1997): *The History of Basque*. London: Routledge.

Trask, Robert L. (2007): *Trask's Historical Linguistics*. London: Hodder Educatin, 2nd edition, revised by R. McColl Millar [[1]1996].

Väänänen, Veikko (1981): *Introduction au latin vulgaire*. Paris: Klincksieck, troisième édition revue et augmentée [[1]1963].

Varvaro, Alberto (1991): „Latin and Romance: fragmentation or restructuring?" In: R. Wright (ed.), *Latin and the Romance Languages in the Early Middle Ages*. London: Routledge, 44-51.

Varvaro, Alberto (2010): *Linguistique romane. Cours d'introduction*. Namur: Presses Universitaires de Namur (= frz. Übersetzung von: *Linguistica romanza. Corso d'introduzione*, Napoli 2001).

Vennemann, Theo (1974): „Topics, subjects, and word order: from SXV to SVX via TVX." In: J.M. Anderson & C. Jones (eds.), *Historical Linguistics. Proceedings from the First International Conference on Historical Linguistics. Edinburgh 2nd - 7th September 1973. Vol. 1: Syntax, Morphology, Internal and Comparative Reconstruction*. Amsterdam: North-Holland, 339-376.

Vennemann, Theo (1999): „Remarks on some British place names." In: G. F. Carr, W. Harbert & L. Zhang (eds.), *Interdigitations. Essays for Irmengard Rauch*. New York: Lang, 25-62.

Vidos, Benedek E. (1968): *Handbuch der romanischen Sprachwissenschaft*. München: Hueber (= dt. Übersetzung von: *Handboek tot de Romaanse taalkunde*, Nimwegen 1956).

Vincent, Nigel (1988): „Latin." In: M. Harris & N. Vincent (eds.), *The Romance Languages*. London: Routledge, 26-78.

Vincent, Nigel (1997): „The emergence of the D-system in Romance." In: A.v. Kemenade & N. Vincent (eds.), *Parameters of Morphosyntactic Change*. Cambridge: Cambridge University Press, 149-169.

Vincent, Nigel (1998): „Tra grammatica e grammaticalizzazione: articoli e clitici nelle lingue (italo)-romanze." In: P. Ramat & E. Roma (a cura di), *Sintassi storica. Atti del XXX congresso internazionale della Società di linguistica italiana. Pavia, 26-28 settembre 1996*. Roma: Bulzoni, 411-440.

VIVALDI = Kattenbusch, D. & F. Tosques (1998-2012): *VIVALDI – Vivaio Acustico delle Lingue e dei Dialetti d'Italia*. Berlin: Institut für Romanistik, Humboldt-Universität zu Berlin. <http://www2.hu-berlin.de/vivaldi/>

Völker, Harald (2009): „La linguistique variationnelle et la perspective interalinguistique." *Revue de linguistique romane* 73, 27-76.

Voßler, Karl (1953): *Einführung ins Vulgärlatein*. Herausgegeben und bearbeitet von Helmut Schmeck. München: Hueber.

Vries, Lourens de (2007): „Some remarks on the use of Bible translations as parallel texts in linguistic research." *Sprachtypologie und Universalienforschung* 60, 148-157.

Wackernagel, Jacob (1892): „Über ein Gesetz der indogermanischen Wortstellung." *Indogermanische Forschungen* 1, 333-436.

Walter, Henriette (1988): *Le français dans tous les sens*. Paris: Laffont.

Walter, Henriette (2001): *Honni soit qui mal y pense. L'incroyable histoire d'amour entre le français et l'anglais*. Paris: Laffont.

Waltereit, Richard (2012): „On the origins of grammaticalization and other types of language change in discourse strategies." In: K. Davidse, T. Breban, L. Brems & T. Mortelmans (eds.), *Grammaticalization and Language Change. New Reflections*. Amsterdam: Benjamins, 51-72.

Wanner, Dieter (1987): „Le latin vulgaire comme documentation du proto-roman." In: J. Herman (éd.), *Latin vulgaire - latin tardif. Actes du Ier Colloque international sur le latin vulgaire et tardif (Pécs, 2-5 septembre 1985)*. Tübingen: Niemeyer, 215-234.

Wanner, Dieter (2001): „From Latin to the Romance languages." In: M. Haspelmath, E. König, W. Oesterreicher & W. Raible (Hgg.), *Sprachtypologie und sprachliche Universalien. Ein internationales Handbuch. 2. Halbband*. Berlin: de Gruyter, 1691-1707.

Wartburg, Walter von (1950): *Die Ausgliederung der romanischen Sprachräume*. Bern: Francke.

Weerman, Fred (1993): „The diachronic consequences of first and second language acquisition: the change from OV to VO." *Linguistics* 31, 901-931.

Weinreich, Uriel, William Labov & Marvin I. Herzog (1968): „Empirical foundations for a theory of language change." In: W.P. Lehmann & Y. Malkiel (eds.), *Directions for Historical Linguistics. A Symposium*. Austin: University of Texas Press.

Werner, Heinz (1993): „What changes when ‚a language changes'?" *Theoretical Linguistics* 19, 93-128.

Wietersheim, Eduard von (1880): *Geschichte der Völkerwanderung*. Leipzig: Weigel, zweite vollständig umgearbeitete Auflage besorgt von F. Dahn [[1]1859-1864].

Windisch, Rudolf (1988) „Die Vorhersagbarkeit des Sprachwandels und seine Gründe." In: H. Thun (Hg.), *Energeia und Ergon. Sprachliche Variation – Sprachgeschichte – Sprachtypologie. Band II. Das sprachtheoretische Denken Eugenio Coserius in der Diskussion (1)*. Tübingen: Narr, 109-120.

Windisch, Rudolf (2008): „Externe Geschichte des Französischen." In: I. Kolboom, T. Kotschi & E. Reichel (Hgg.), *Handbuch Französisch. Sprache - Literatur - Kultur - Gesellschaft. Für Studium, Lehre,* Praxis. Berlin: Schmidt, 2. neu bearbeitete und erweiterte Auflage, 32-40 [[1]2002].

Winkelmann, Otto & Uta Lausberg (2001): „Romanische Sprachatlanten." In: G. Holtus, M. Metzeltin & C. Schmitt (Hgg.), *Lexikon der Romanistischen Linguistik (LRL), Band 1,2. Methodologie (Sprache in der Gesellschaft / Sprache und Klassifikation / Datensammlung und -verarbeitung)*. Tübingen: Niemeyer, 1004-1068.

Woledge, Brian, J. Beard, C. H. M. Horton & I. Short (1967/69): „La déclinaison des substantifs dans la *Chanson de Roland*. Recherches mécanographiques." *Romania* 88, 145-175 u. 90, 174-201.

Wolf, Heinz J. (1991): *Französische Sprachgeschichte*. Heidelberg: Quelle & Meyer, 2., durchgesehene und ergänzte Auflage [[1]1979].

Wolf, Lothar & Werner Hupka (1981): *Altfranzösisch. Entstehung und Charakteristik. Eine Einführung*. Darmstadt: Wissenschaftliche Buchgesellschaft.

Wright, Roger. 1976. „Semicultismo." *Archivum linguisticum* 7, 13-28.

Wüest, Jacob (1979): *La dialectalisation de la Gallo-Romania. Problèmes phonologiques*. Bern: Francke.

Wunderli, Peter (2001): „Die Romanische Philologie von Diez bis zu den Junggrammatikern." In: G. Holtus, M. Metzeltin & C. Schmitt (Hgg.), *Lexikon der Romanistischen Linguistik (LRL), Band I, 1. Geschichte des Faches Romanistik. Methodologie (Das Sprachsystem)*. Tübingen: Niemeyer, 121-175.

Wunderli, Peter (2013): *Ferdinand de Saussure: Cours de linguistique générale. Zweisprachige Ausgabe französisch-deutsch mit Einleitung, Anmerkungen und Kommentar*. Tübingen: Narr.

Zamboni, Alberto (2000): *Alle origini dell'italiano. Dinamiche e tipologie della transizione dal latino*. Roma: Carocci.

Zanuttini, Raffaella (1997): *Negation and Clausal Structure. A Comparative Approach of Romance Languages*. New York: Oxford University Press.

Zauner, Adolf (1921): *Romanische Sprachwissenschaft. I. Teil. Lautlehre und Wortlehre I*. Berlin: Walter de Gruyter, vierte, verbesserte Auflage [[1]1900].

Zauner, Adolf (1926): *Romanische Sprachwissenschaft. II. Teil. Wortlehre II und Syntax*. Berlin: Walter de Gruyter, vierte, verbesserte Auflage [[1]1900].

Abbildungsnachweise

Abb. 1.1: Wikimedia Commons: British Library of Political and Economic Science © 2010.
Abb. 2.1: Lizensiert unter Wikimedia Commons.
Abb. 3.1: Lizensiert unter Wikimedia Commons.
Abb. 3.2: Trask (1997: 4).
Abb. 3.3: Lizensiert unter Wikimedia Commons.
Abb. 3.4: Rohlfs (1971b: 244).
Abb. 3.5: Lizensiert unter Wikimedia Commons.
Quelle: Fritz Behrend: *Geschichte der deutschen Philologie in Bildern: Eine Ergänzung zu dem Deutschen Literatur-Atlas von Könnecke-Behrend*, Marburg 1927, S. 70.
Abb. 3.6: Bossong (2008: 322).
Abb. 3.7: Adaptiert nach Brun-Trigaud, Le Berre & Le Dû (2005: 300).
Abb. 3.8: Berschin, Felixberger & Goebl (2008: 261), adaptiert nach Rosenqvist (1919: carte II).
Abb. 4.1: Bleicken (1994:7)
Abb. 4.2: Wartburg (1950: Karte 10).
Abb. 5.1: Schmitt (1987: 101).
Abb. 6.1: Rohlfs (1971b: 246).
Abb. 6.2: Rohlfs (1971b: 245).
Abb. 6.3: Rohlfs (1971b: 324).
Abb. 7.1: Bonfante (1999: XXVI).
Abb. 7.2: Meier (1978: 206).
Abb. 7.3: Rohlfs (1971b: 279).
Abb. 7.4: Baldi (1999: 199).
Abb. 7.5: Mallory & Adams (2006: 17).
Abb. 7.6: Hualde (2005: 285).
Abb. 7.7: Baldinger (1958: 4).
Abb. 7.8: Wietersheim (1880), entnommen aus: http://gutenberg.spiegel.de/gutenb/dahn/voelker/bilder/karte1.gif
Abb. 7.9: Wartburg (1950: Karte 11).
Abb. 7.10: Meier (1978: 202).

Register